## 《徽州文化史》编委会

主　　任　杜　诚

副 主 任　刘　苹　　马康盛　　洪永平

学术顾问　王世华　　叶显恩　　栾成显

总 策 划　金久余　　潘振球

国家出版基金项目
NATIONAL PUBLICATION FOUNDATION

卞利 主编

徽州文化史【近代卷】

全国百佳图书出版单位
时代出版传媒股份有限公司
安徽人民出版社

## 图书在版编目(CIP)数据

徽州文化史·近代卷/卞利主编.
—合肥:安徽人民出版社,2014
ISBN 978-7-212-07590-3

Ⅰ.①徽… Ⅱ.①卞… Ⅲ.①文化史—徽州地区—近代
Ⅳ.①K295.42

中国版本图书馆 CIP 数据核字(2014)第 226671 号

## 徽州文化史·近代卷

卞　利　主编

| | |
|---|---|
| 出版人:胡正义 | 选题策划:胡正义　丁怀超　白　明 |
| 特邀编辑:唐　伽 | 责任编辑:孙文波　王世超　李　莉 |
| 装帧设计:宋文岚 | |

出版发行:时代出版传媒股份有限公司 http://www.press-mart.com
　　　　　安徽人民出版社 http://www.ahpeople.com
　　　　　合肥市政务文化新区翡翠路 1118 号出版传媒广场八楼
　　　　　邮编:230071
　　　　　营销部电话:0551—63533258　0551—63533292(传真)
制　　版:合肥市中旭制版有限责任公司
印　　制:安徽新华印刷股份有限公司

开本:710×1010　1/16　　印张:26.75　　字数:400 千
版次:2015 年 1 月第 1 版　2015 年 1 月第 1 次印刷

标准书号:ISBN 978-7-212-07590-3　　　定价:122.00 元

版权所有,侵权必究

世界文化遗产——黟县宏村

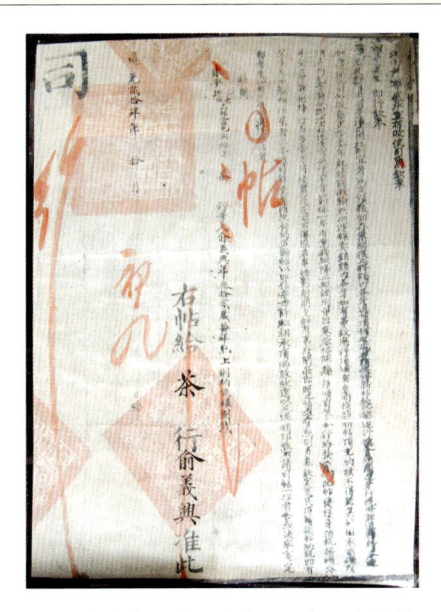

清道光二十四年(1844)江南等处布政司颁发给婺源茶商俞义兴号屯溪等处经营茶叶贸易的帖文

【近代卷】

徽州文化史

【近代卷】

毁于清咸同兵燹的歙县槐塘御建藏书楼

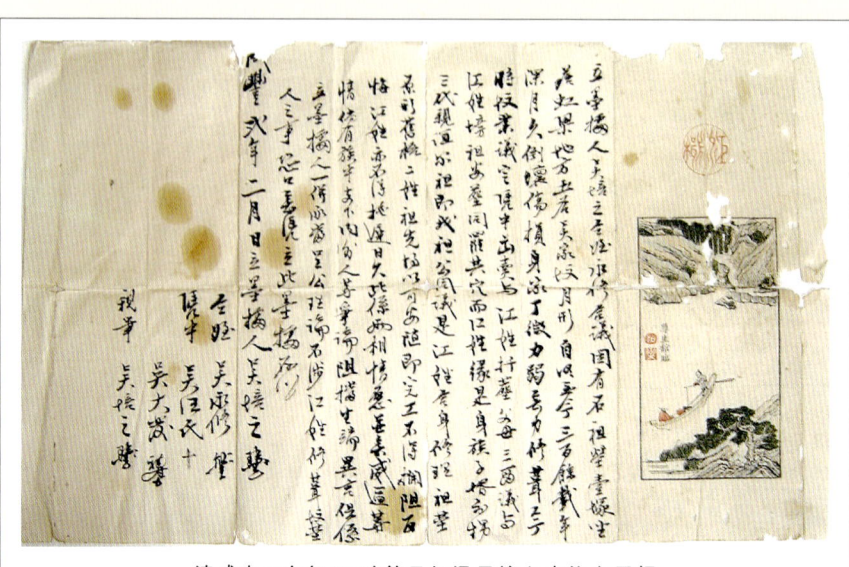

清咸丰二年(1852)歙县虹梁吴培之卖坟穴墨据

清咸丰七年(1857)绩溪龙川胡氏宗祠内奉宪严禁碑

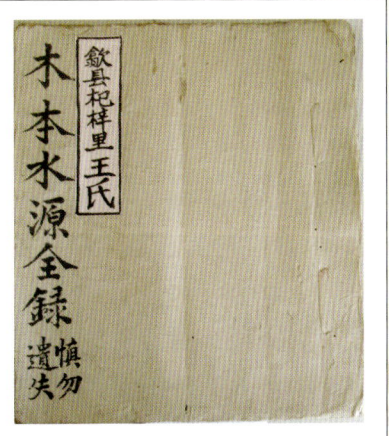

光绪年间汇录的王茂荫家族族谱

清光绪年间皖南茶税请免厘捐案实录

清末重修的绩溪县考棚

清末创办的绩溪县仁里思诚小学

建于清末的歙县呈坎村濠川小学堂

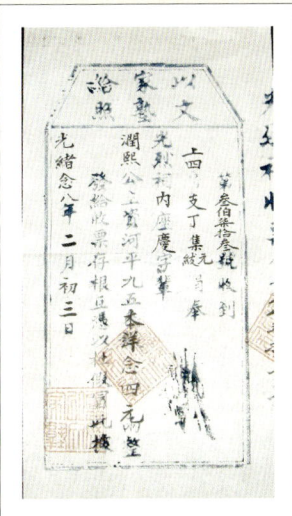

清光绪二十八年(1902)
黟县宏村以文家塾捐款给照

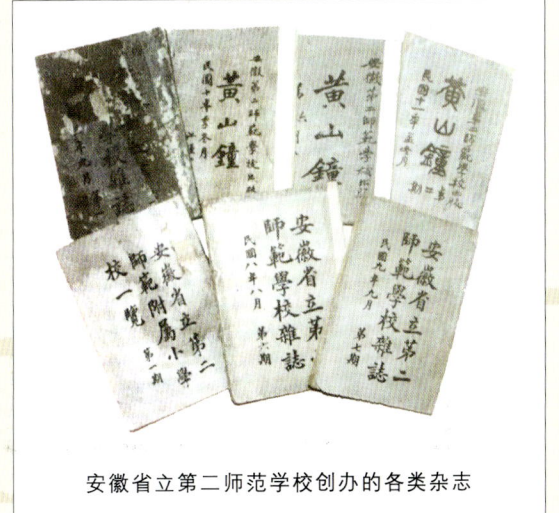

安徽省立第二师范学校创办的各类杂志

【近代卷】

徽州文化史

【近代卷】

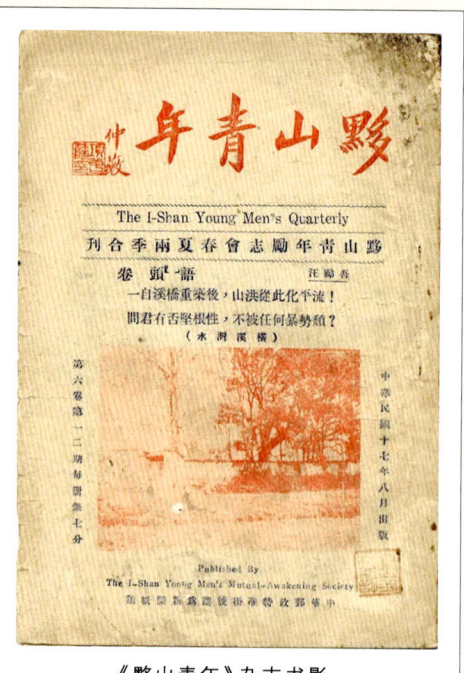

《黟山青年》杂志书影

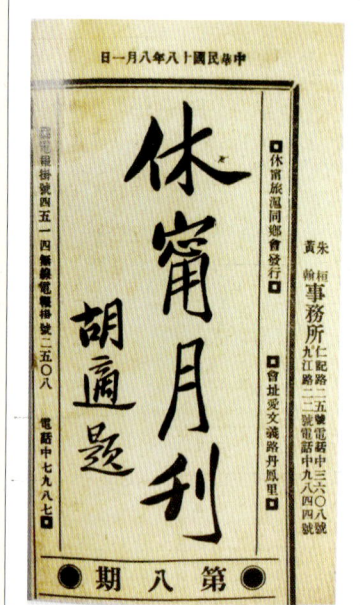

休宁县旅沪同乡会创办的《休宁月刊》

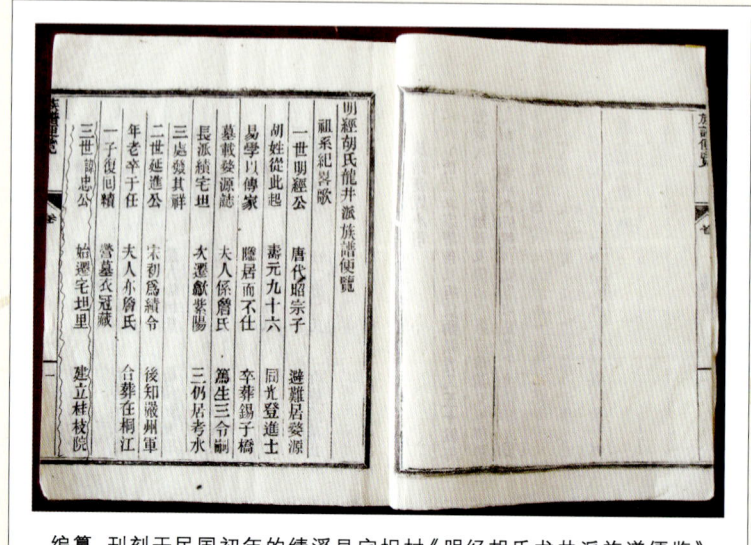

编纂、刊刻于民国初年的绩溪县宅坦村《明经胡氏龙井派族谱便览》

徽州区呈坎村罗氏宗族长春大社社屋内景

徽州区唐模村内祭祀张巡、许远的忠烈庙

绩溪县仁里村的土地庙

清末歙县上丰乡蕃村宁丰大社

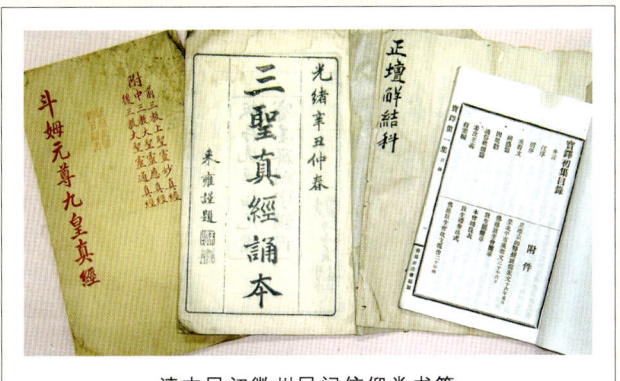
清末民初徽州民间信仰类书籍

徽州区唐模村千年银杏树旁一堵墙上许承尧撰写的《诘老树》和《老树对》诗

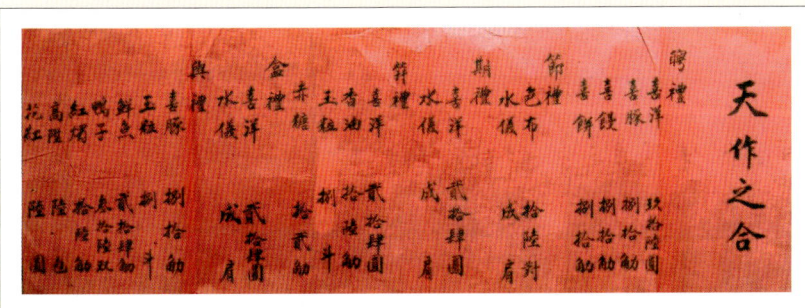
清代歙县民间结婚礼单

绩溪县上庄镇胡适故居中的胡适塑像

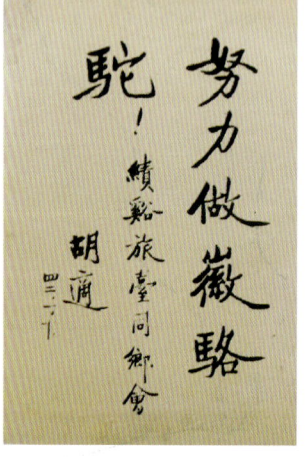

胡适为绩溪旅台同乡会题词"努力做徽骆驼"

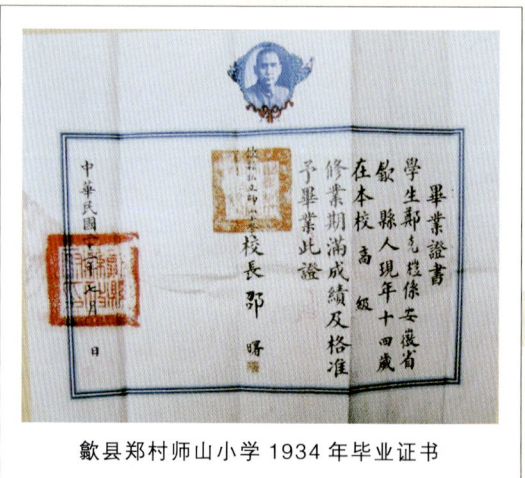

歙县郑村师山小学1934年毕业证书

黄宾虹像

歙县潭渡村黄宾虹故居

黄宾虹的山水画

徽州文化史

【近代卷】

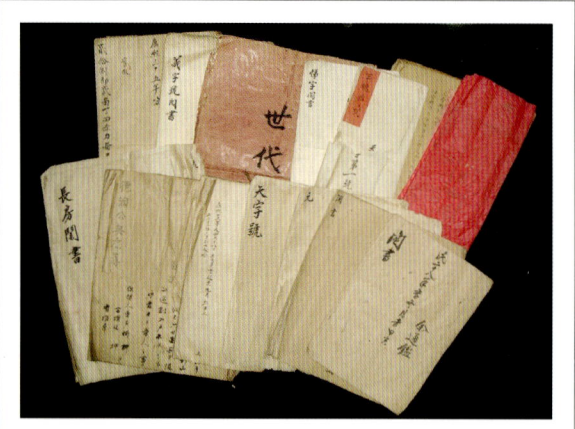

清至民国时期徽州各类文书契约

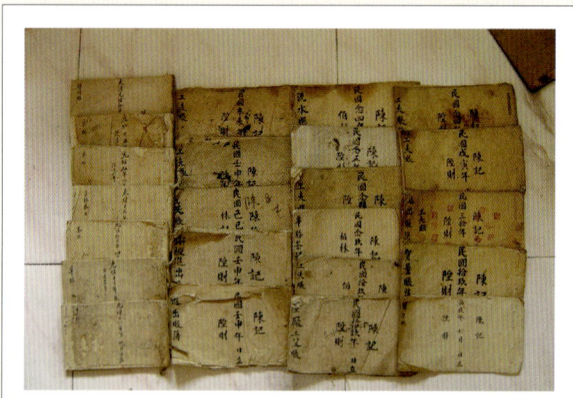

清末民初徽州茶商的账簿

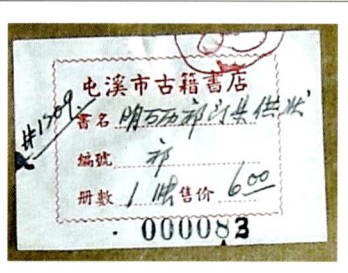

屯溪古籍书店出售徽州文书的标签

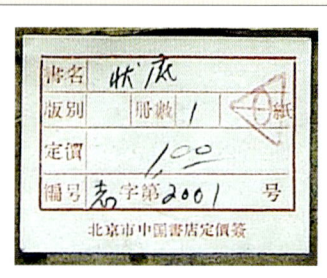

北京中国书店出售的徽州文书的标签

# 序

## 栾成显

  徽州位于皖南山区,黄山雄奇甲天下,白岳旖旎称神州。这里山清水秀,人杰地灵。思想伟人,学术巨子,灿若群星;新安文化,徽州艺术,万紫千红。勤劳的徽州人民在这里创造了璀璨夺目的历史文化,引领风骚千余年。提到徽州文化,人们总以博大精深相称。所谓博大,指其取得的辉煌成就,几乎涵盖了中华传统文化的各个方面,在思想哲学、道德伦理、语言文字、文学艺术、文化典籍、科技工艺等各个领域都有上乘表现,且自成体系;所谓精深,乃言徽州文化的水平并不是一般性的,其所展现的高深的思想造诣、精湛的艺术水准与丰厚的文化内涵,既显示了地域特色,同时也是那个时代最高水平的一个代表。它集中地体现了当时文化发展主流的诸多方面,异彩纷呈,贡献巨大。那么,如此博大精深的徽州文化是如何形成的呢?它的历史发展轨迹又是怎样的呢?

  徽州文化是在独特的地理和人文环境中生成的。

  地理环境是徽州文化形成的一个重要因素。徽州地处万山之中,川谷崎岖,峰峦掩映。虽然山川秀丽,风景绝佳,但"其地险狭而不夷,其土驿刚而不化"[①]。特别是其中能够开垦的土地所占比例很小,俗称"七山一水一分田,一分道路和庄园"。人们不得不在石头缝里种庄稼,所垦梯田拾级而上,指十数级不能为一亩。这与平原地区得天独厚的耕作条件形成了鲜明对比。在

---

① 罗愿:《新安志》卷二《叙贡赋》,文渊阁《四库全书》本。

农耕时代，这样的生存环境与其说是很差的，毋宁说是恶劣的。然而，徽州人并没有向恶劣的自然条件屈服，世世代代勤于山伐，能寒暑，恶衣食，不畏险阻，艰苦劳作。在与峭山激水的反复搏斗中，徽州人愈发坚忍不拔，培养了气质，缔造了精神。徽州山水的灵性，化为徽州人的品格。南宋休宁知县祝禹圭说，徽州"山峭厉而水清激，故禀其气、食其土以有生者，其情性习尚不能不过刚而喜斗，然而君子则务以其刚为高行奇节，而尤以不义为羞"①。南宋著名学者罗愿说："其山挺拔廉厉，水悍洁，其人多为御史谏官者。"②清代朴学大师戴震亦说："生民得山之气质，重矜气节。"③地理环境对徽人性格的影响是多方面的，其中最为突出者，即是赋予了徽州人一种刚性气质。或负豪使气，争为长雄；或刚而喜斗，难以力服，而易以理胜。其为官者，刚正不阿，多为御史谏官；其为学者，空所依傍，独立思考，多有创见。正是山区这种特殊的地理环境，造就了徽州人的骨骼，成就了徽州人的性格。

文化融合是铸就徽州文化的核心因素。秦汉以前，生活在徽州这片土地上的主要是山越人。山越人以伐山为业，刀耕火种，勇悍尚武，是为山地游耕文化。从大的方面来说，则属于中华文明源头之一的南方越文化。另一方面，徽州区域自秦置黟、歙二县，中原汉文化开始渗入。至东汉初年，即有中原大族迁徙徽州。中国历史上每逢朝代更替，常常发生动乱。当大动乱发生之际，不仅平民百姓，就是世家大族也会受到沉重打击，而被迫举家迁徙。如历史上有名的西晋末年永嘉之乱、唐末黄巢之乱以及宋金战争等，这些大动乱都引起了北方士民大举迁入徽州。迁徽后的世家大族仍聚族而居，重视教育，崇尚儒雅，带来了中原文明。随着人口繁衍与族群扩大，迁徽士民反客为主，而成为徽州的主要居民。在此期间，一些担任郡守的文人名宦，如南梁之任昉、徐摛，唐朝之薛邕、洪经纶等，都大力推行礼仪，实施教化，创办讲习，倡导文学等，影响至为深远。"追任昉之幽奇，踵薛邕之文雅"④，成为徽州的社会风尚。于是，中原文化渐渐占据了主导地位。然而并不能说，中原汉文化

---

① 朱熹：《休宁县新安道院记》，《新安文献志》卷一二《记》，弘治一〇年刻本。
② 罗愿：《新安志》卷一《风俗》，文渊阁《四库全书》本。
③ 戴震：《东原文集》卷一二《戴节妇家传》，《戴震全书》（六），黄山书社1994年版，第440页。
④ 王象之：《舆地纪胜》卷二〇，《续修四库全书》第五百八十四册《史部》，上海古籍出版社2002年版。

就取代了当地山越文化。唐人吕温说:歙州"地杂瓯骆,号为难理"①。瓯骆,即指越人;难理,指徽人争强好胜、健讼喜斗而言。徽州难治是出了名的,直到明清仍有此类记载。这说明山越文化的影响一直是存在的。在两种不同文化的交汇之中,免不了碰撞和冲突,但更多的是交融与汇合。这种融合是双向的。中原文化强有力地影响了山越文化,促其益向文雅;而山越文化也深深地渗透到中原文化之中,使之趋于刚健。在徽州文化的基本精神之中,诸如重视教育的儒家传统,崇尚儒雅的社会风气,维系族群的宗族观念,等等,都明显具有中原文化的特质;而其刚健有为的积极进取意识、吃苦耐劳的徽骆驼精神、向外拓展的开放风气等,则无疑皆反映出山越文化的元素。徽州文化既体现了中原文化的儒雅风范,又渗透着山越文化的刚强气质。中原文化与山越文化二者相辅相成,从秦汉至隋唐五代,经过长期的交汇融合,结果演绎成具有特色的徽州文化。徽州文化并非中原文化单纯的传承,而是具有了新的特色。例如,中原的农耕文明,本是一种定居文化,一般都安土重迁,而徽州文化则有所不同,无论科举出仕,还是外出经商,都大规模地走了出去,其中固然有地理条件这个因素,但也是由于徽州人具有向外拓展的开放精神所致。

总之,大规模移民活动促成的文化融合,以及独特的山区地理环境,孕育了具有特色的徽州文化。其基本精神,诸如崇文重教的儒家传统、刚健有为的积极进取意识、向外拓展的开放风气、吃苦耐劳的徽骆驼精神等,构成了徽州文化的主体,形成了徽州文化的核心。这些文化因素对徽州发展的影响巨大而深远,使其后的徽州能在一个高起点上异军突起。

在中国历史发展演变的伟大长河中,宋代以后进入了一个新的阶段。宋代以前中国的经济文化重心一直在黄河流域,在北方;而宋代以后中国的经济文化重心则移至长江流域,移到了江南。这一转移始于六朝唐代,至宋代最后完成。宋代土地私有制进一步发展,商品经济十分繁荣,海外贸易颇为兴盛。与经济重心南移的同时,徽州的地位随之大幅提升。徽州虽不处于江南三角洲的核心地带,但距离杭州并不遥远,"其地接于杭睦宣饶,四出无不

---

① 吕温:《唐吕和叔文集》卷五《表状·故博陵崔公行状》,《四部丛刊初编·集部》。

通",宋南迁后,"中兴实为辅郡,四朝涵育,生齿日繁,地利日辟,人力日至"①。辅郡,即畿辅之郡。徽州无疑属于当时江南最为发达的经济文化圈之内。其后,随着经济文化的进一步发展,徽州在全国经济文化发展坐标中的地位愈益突出,更加重要。

徽州文化的形成与发展并不局限于徽州本土。正如胡适所言,对徽人来说,有所谓的小徽州与大徽州。小徽州即指徽州本土,大徽州则指徽州以外的华夏大地乃至海外的广大空间。徽州文化既发达于徽州本土,又活跃在华夏大地。徽州本土的狭小促成了徽人的向外扩展。最初当是一种不得已的行为,而后则成了一种社会风尚。徽人通过经商、科举、出仕、游学、移居等种种途径,与外界建立了广泛的联系和交流。宋代之后,这种交流一直未有中断,明清时更为频繁,形成高潮。这种交流是双向的、互动的,相互影响,相得益彰。在这种交流中,徽州于经济上聚天下之财富,文化上得五方之风气,与此同时,徽商置业四方,称雄宇内,徽人出仕、游学,遍及各地。富有特色、独领风骚的徽州文化也随之传播四海,在各地开花结果。徽州成为那个时代经济文化发展的一个交汇之地与辐射中心。徽州文化的形成、发展与繁荣,乃是充分地利用了大徽州这个广阔的舞台,有赖于此者至大矣。

自隋唐兴起的科举制度,至宋代也进入了全面发展的阶段。宋统治者大力开科取士,使之成为选拔官员的主要手段。徽州人以其文化优势及时地抓住了这个历史机遇,科举出仕者大增。最新研究成果表明,两宋时期徽人登科总人数为861人,而在唐五代时期徽人登科者仅10人。宋代徽人担任过四品以上官职者达30余人②,所谓"宋兴,则名臣辈出"③是也。徽州人首先在政治上实现了崛起。

宋代理学的兴盛,把儒家思想推向了新的阶段,在中国思想文化发展史上具有里程碑之意义。理学起于北宋周敦颐、程颢、程颐等人,至南宋朱熹为其集大成者。此后盛行于世,元明清统治者独尊理学,成为中国封建社会后期官方的意识形态。朱熹理学甚至影响东亚,远播欧洲。以徽州为故里的朱

---

① 罗似臣:《徽州新城记》,《新安文献志》卷一三《记》,弘治十年刻本。
② 参见傅璇琮主编,龚延明、祖慧编撰:《宋登科记考》,江苏教育出版社2009年版;于静:《宋代徽州科举研究》附录《宋代徽州地区登科情况一览表》,见中国知网硕士论文。
③ 罗愿:《新安志》卷一《风俗》,文渊阁《四库全书》本。

熹及其理学,对徽州本土影响至深至大。经过元代的发展,形成了新安理学学派。"朱子之学虽行天下,而讲之熟、说之详、守之固,则惟新安之士为然。"①徽州人成为践行理学的典范。而徽州本是"程朱桑梓之邦","婺源之有朱子,犹邹之有孟子、继曲阜之有孔子也"②。自南宋"咸淳五年(1269)诏赐文公阙里于婺源"③之后,向有"程朱阙里""东南邹鲁"之称,即徽州乃为中国封建社会后期儒家代表人物的发祥之地,其所处地位不言而喻。

宋代以后,徽州迎来的另一个历史发展机遇,则是商品经济的兴盛繁荣。宋元以降,特别是明中叶以后,商品经济显著发展。这是中国古代商品经济发展的一个新的高峰。其显著特点是:主要民生用品商品化程度增大;长距离贩运贸易发展;商路增辟和新兴商业城镇增加;大商业资本兴起,等等。总括起来即是全国性市场形成。明清时代商品经济的发展与全国性市场的形成,为徽商的崛起提供了广阔的舞台。不过,商品经济的发展只是一个客观条件,它对当时的人们来说,机会大致是相同的。那么,历史为什么选择了徽州人,最后是徽商称雄四海呢?这与徽州文化有密切关系。在以农为本、安土重迁的时代,外出经商首先要克服死守故里的观念。徽州人能够做到"十三十四,往外一丢",勇于外出经商,并且成为一种风尚,是很不简单的。这种向外拓展的开放精神,正显示了徽州文化的特色。当然,徽州人外出经商有地理条件这个因素,由于山多田少而不得不外出谋生。但明代各地因饥荒、徭役而外出逃生者极为众多,这些人沿街乞讨者有之,为人帮工者有之,充当奴仆者有之,更多的人则是四处流浪,难以控制,史称"流民"。终明之世,流民一直是无法解决的一大社会问题。而徽州人外出则主要是从事商业活动,并且取得了巨大的成功。这是因为,徽州文化崇文重教,教育十分发达,"十户之村,不废诵读",莫不有学有师。正是教育的普及为经商准备了必要的条件。无需赘言,目不识丁是难以外出经商的,即使中小商人,也必须具备一定的文化知识。至于那些在全国性市场环境下从事商贸活动、进行大商业资本运作的富商巨贾,更需要较高的文化素养。徽商许多人本来就是儒者,他们以儒家理念来指导其商业活动,贾而好儒,而被称为儒商。正如戴震所言,徽

---

① 赵汸:《东山存稿》卷四《商山书院学田记》,文渊阁《四库全书》本。
② 赵宏恩:《重修文公祠记》,道光《婺源县志》卷三四《艺文志·纪述三》,道光六年刻本。
③ 道光《婺源县志》卷一四《人物志·朱子世家》,道光六年刻本。

人"虽为贾者,咸近士风"①。富有特色的徽州文化在徽商崛起的过程中起了重要作用,毋庸置疑。而徽州宗族也有开放的一面,对徽商的经营活动提供了强有力的支持。他们筹集资金,为徽商创业提供资本;输送人力,以建立徽商对行业的垄断;利用宗法,来强化徽商的商业组织,等等。徽州宗族成为徽人外出经商的可靠保障和坚强后盾。

关于徽商取得的巨大成就,当时颇有记载。明人谢肇淛说:"富室之称雄者,江南则推新安,江北则推山右。新安大贾,鱼盐为业,藏镪有至百万者,其他二三十万则中贾耳。"②活跃于明清时代的徽商,足迹几遍宇内,从偏远的沙漠到神秘的海岛,乃至于海外;其资本雄厚,积累了巨万财富,藏镪百万、千万;他们掌握着某些行业的垄断性经营,如盐业、典当业等;他们拥有各个商帮之首的地位;他们从明中叶兴起,至嘉靖、万历时达到繁盛,在清代又有一个大的发展,称雄于全国商界数百年之久。徽商活动的意义远远超出商业本身,对当时的经济、文化等都发挥着重要的作用与影响,促进了社会的变迁。明中叶以后商品经济的发展,不仅是中国古代商品经济发展的又一个高峰,而且出现了一些新的因素,如全国性市场的形成、新的生产关系萌芽,等等,显露出从传统走向近代的曙光,具有时代转型之意义。在这一时代转型的潮流中,徽商所扮演的角色不只是受益者,也是推动者;不只是参与者,更是开拓者。即明清商品生产的发展和全国性市场的形成及商人集团的兴起,二者也是一个互动过程,并非是商品生产发展了,全国性市场形成了,然后才有商人集团的兴起。当时,徽商经营的范围甚大,地域极广,影响至深。"其货无所不居,其地无所不至,其时无所不鹜,其算无所不精,其利无所不专,其权无所不握。"③商业的繁荣也促进了商品生产的发展和全国性市场的形成,在这一方面徽商等商人集团与有力焉,贡献尤大。徽商乃为这一商品经济发展大潮的领军者,而处于时代发展之前列。

徽商是在具有特色的徽州文化背景下发展起来的,而徽商在经济上的成功反过来又在各方面影响着徽州的文化发展,从而造就了明清时代徽州文化的昌盛。经济与文化互动,在徽州历史上被演绎得淋漓尽致。徽商取得的财

---

① 戴震:《东原文集》卷一二《戴节妇家传》,《戴震全书》(六),黄山书社1994年版,第440页。
② 谢肇淛:《五杂俎》卷四《地部二》,上海书店出版社2001年版。
③ 万历《歙志》志二〇,《传》卷一〇《货殖》,万历三十七年刻本。

富成为徽州文化昌盛的物质基础。徽商对教育科举、文化艺术、建筑园林、公益事业等投入了大量财富；还以其雄厚的经济实力为徽州培养造就了大批人才，包括一批出类拔萃的文化人才，从而铸就了徽州文化的辉煌。明清时代的徽州文化光辉灿烂、万紫千红。如徽州教育、新安理学、徽派朴学、新安画派、徽派篆刻、徽州版画、徽州刻书、徽州三雕、徽派建筑、徽州园林、新安医学，以及自然科学、数学、徽剧、徽菜等，几乎在各个文化领域都取得了辉煌成就，有的领域臻于极致，后世难以企及。其水平之高、贡献之大，世所公认。它们既有地方文化之特色，同时也是当时主流文化的一个代表，或在中国文化史上占有一席之地，而成为灿烂的中华文化之一瑰宝，具有典型性与普遍性的特点。

随着商品经济的繁荣与徽商的成功，人们的思想观念也发生了深刻的变化。明后期文坛领袖、徽人汪道昆说："大江以南，新都以文物著。其俗不儒则贾，相代若践更。要之，良贾何负闳儒！则其躬行彰彰矣。"①又说：商农"各得其所，商何负于农？"②清代徽州学者俞正燮亦说："商贾，民之正业。"③他们不仅发出了"商何负于农"的质疑，而且正面肯定了商贾本是民之正业，商与农是平等的，从根本上批驳了商不如农的传统观念。这种文化自觉，显然是对历来重农抑商政策的否定，是对当时仍在流行的商为四民之末观念的批判，是对几千年来根深蒂固传统的挑战。其意义已不限于地域文化范畴，而是发出了时代的先声。

逮至近代，由于徽州传统文化的厚重，不免给其转型带来了负面影响。徽商在近代失去了领袖群伦的地位，而徽州社会的转型亦步履蹒跚。尽管如此，徽州文化在向近代转型的进程中仍不乏亮点，值得关注。徽派朴学大师戴震，作为18世纪中国唯物主义哲学家，其思想显露出的近代气息，具有早期启蒙之意义，已众所周知。鸦片战争前，俞正燮秉承徽人的刚毅气质和求实精神，发表了许多离经叛道之论，勇于向传统观念宣战，被称为中国思想界

---

① 汪道昆：《太函集》卷五五《诰赠奉直大夫户部员外郎程公暨赠宜人闵氏合葬墓志铭》，《四库全书存目丛书》本第一百一十七册《集部》，齐鲁书社1997年版。
② 汪道昆：《太函集》卷六五《虞部陈使君榷政碑》，《四库全书存目丛书》本第一百一十八册《集部》，齐鲁书社1997年版。
③ 俞正燮：《癸巳类稿》卷三《征商论》，《续修四库全书》第一千一百五十九册《子部》，上海古籍出版社2002年版。

三贤之一,特别是其维护妇女权益、主张男女平等的诸多阐发,更展现了朴素的人权观念和平等思想。咸同兵燹后,寄居徽州的学者汪士铎,对早婚等诸多陋习痛加批判,阐述了早期的人口思想;又对儒家仁政、德政进行批驳,而主张学习西方的科学技术。同一时期,徽籍大臣王茂荫所提出的货币理论与财政政策,切中时弊,见解卓越,阐发深刻,在中国近代经济思想史上占有重要地位,成为马克思在《资本论》中提到的唯一中国人。黄宾虹作为近代新安画派的代表人物,在总结前人的基础上,多有创变,独树一帜,成为继渐江之后的又一个高峰。徽班进京,被公认为京剧发展的源头之一。在自然科学方面,徽州数学家汪莱成就斐然,他提出的 P 进位制的理论,实为现代计算机原理之先河。至于徽人胡适,作为五四时期新文化旗手的地位与作用,无需赘言。其主张固然是对传统文化的一种反驳和扬弃,然而,从其批判精神来说,却是与朱熹、戴震这些徽州先贤们一脉相承的。而以上这些在徽州文化转型中闪光的人物,也无一离不开深厚的徽州文化沃土的孕育。

回顾徽州历史文化的发展进程,交织着人与自然的磨合,不同文化的融合,以及经济与文化的互动。历经千锤百炼的磨砺,造就了具有较高素质的徽州人。徽州文化是时代发展的产物,宋代以后经济文化重心南移和商品经济的发展,为徽州的崛起提供了前所未有的机遇。徽州文化又是利用大徽州即本土以外的广阔舞台而发展起来的。归根结底,徽州文化是具有较高素质的徽州人所创造的,是高素质的徽州人及时地抓住了时代发展的机遇,充分利用大徽州的广阔舞台,而创造的光辉灿烂的徽州文化。

博大精深的徽州文化构成了徽学研究的深厚根底。而对徽州文化史的探索,无疑是徽学研究的一个重大课题。继大型学术丛书《徽州文化全书》出版之后,多卷本的《徽州文化史》又付梓问世,不啻为徽学研究之一盛事。受安徽省徽学学会之嘱,不揣浅陋,写此粗略文字,以为该书之引。

2014 年 8 月于北京

# 目 录

序 / 001

引 论 / 001

**第一章　鸦片战争与咸同兵燹时期的徽州文化 / 021**

一　徽商开始衰落 ……………………………………………… 022
　（一）陶澍盐法改革与徽商的衰落 …………………………… 023
　（二）咸同兵燹加剧了徽商的衰落 …………………………… 027

二　经世致用思想与实践 ……………………………………… 029
　（一）汪士铎对徽州陋俗的批判及经世致用思想 …………… 029
　（二）王茂荫的货币思想和对徽州社会与文化的批判 ……… 033

三　关注现实的纪实性文学作品涌现 ………………………… 037
　（一）黄崇惺与《凤山笔记》 ………………………………… 038
　（二）郑由熙戏曲、诗词文学作品对徽州现实的关怀 ……… 040
　（三）柯华辅、柯钺父子及程梯功描写残酷战争的诗歌 …… 044

四　新安医学继续走向辉煌 …………………………………… 047

五　徽州科技的余绪 …………………………………………… 051
　（一）数学成就 ………………………………………………… 051
　（二）郑复光的天文学和物理学成就 ………………………… 056

六　民俗文化趋于保守……………………………………………058

## 第二章　咸同兵燹后至光宣时期的徽州文化 / 061

　　一　徽州宗族文化的新旧交融………………………………………062
　　　　（一）宗族遭受重创……………………………………………062
　　　　（二）宗族传统集体记忆的恢复与重建………………………071
　　　　（三）新宗族文化的萌芽………………………………………077
　　二　刘汝骥与清末徽州宪政调查和改革……………………………080
　　　　（一）刘汝骥与徽州宪政调查…………………………………081
　　　　（二）刘汝骥与安徽谘议局议员选举…………………………086
　　　　（三）刘汝骥与徽州地方自治…………………………………094
　　　　（四）刘汝骥与徽州物产会的兴办……………………………096
　　三　清末科举制的废除与徽州新式学堂的兴办……………………100
　　　　（一）清末科举制的废除与徽州新式学堂的兴办……………100
　　　　（二）清末徽州新式教育场域内外各种势力的角逐…………114
　　四　徽州技艺的艰难前行……………………………………………120
　　　　（一）徽墨制作技艺的整体凋零和胡开文墨业的异军崛起…120
　　　　（二）万安罗盘的制作技艺……………………………………125
　　　　（三）徽州绿茶制作和祁门红茶的发明………………………129
　　五　新安医学向中西医结合转型……………………………………139
　　　　（一）新安医学依然处于总结发展时期………………………139
　　　　（二）新安医学向中西医结合转型……………………………140
　　六　徽州文学与艺术的重塑…………………………………………142
　　　　（一）诗词齐争辉………………………………………………142
　　　　（二）新安画派代表人物虚谷的绘画成就……………………150
　　　　（三）黄士陵与黟山派篆刻的崛起……………………………152
　　七　徽州学术传承与转型……………………………………………156

（一）汤球及其史学成就 ………………………………………… 157
　　（二）鲍康的古钱币学研究 ……………………………………… 159
　　（三）汪宗沂的学术成就 ………………………………………… 162
八　徽州民俗与民间文化的嬗变 ………………………………… 164
　　（一）对残害徽州妇女的陋俗进行批判 ………………………… 165
　　（二）对丧葬陋俗的批判 ………………………………………… 172
　　（三）对吸食鸦片陋俗的批判和严禁 …………………………… 178
　　（四）赌博陋俗及其禁赌举措 …………………………………… 180
　　（五）民间信仰与民间文化的嬗变 ……………………………… 190

## 第三章　民国初年的徽州文化 / 199

一　五四新文化运动和新思想在徽州的传播 …………………… 200
　　（一）胡适和新文化运动 ………………………………………… 200
　　（二）五四运动和新思想在徽州的传播 ………………………… 205
二　徽州宗族文化的新突破 ……………………………………… 207
　　（一）外来思想的影响与价值观念的变化 ……………………… 208
　　（二）徽州礼仪文化的变化 ……………………………………… 210
　　（三）胡适的丧礼改革 …………………………………………… 211
　　（四）宗族管理方面的新变化 …………………………………… 216
　　（五）对家国关系的新认识 ……………………………………… 226
三　民国初年徽州学校教育的发展 ……………………………… 228
　　（一）国民小学的建立和初等教育的发展 ……………………… 228
　　（二）中等及职业教育学校如雨后春笋般涌现 ………………… 234
四　民国初年徽州的学术文化 …………………………………… 242
　　（一）许承尧及其学术成就 ……………………………………… 242
　　（二）胡适的学术成就 …………………………………………… 245
　　（三）江谦的学术贡献 …………………………………………… 249

（四）周诒春的教育思想和实践 ………………………………… 252
　　（五）吴承仕的经学成就 …………………………………………… 255
　　（六）陶行知的平民教育思想和实践 …………………………… 258
五　报刊的兴办与徽州地方社会的改造、乡土文化的传播 ……… 262
　　（一）民国初期徽州报刊的起步与发展 ………………………… 264
　　（二）旅外徽州人所办报刊与改造徽州乡土社会的努力 …… 273
　　（三）《徽州日报》的创刊与徽州乡土文化的传播 ……………… 277
六　转型期新安画派的继承与创新 …………………………………… 286
　　（一）黄宾虹对山水画及其新安画派的传承与创新 ………… 286
　　（二）汪采白对新安画派的贡献 ………………………………… 297
七　民国初年徽州地方志编纂理念的创新及实践 ………………… 301
　　（一）民国初年修志活动的展开 ………………………………… 302
　　（二）民国初年徽州方志编纂的创新实践 ……………………… 304
　　（三）民国初期徽州方志纂修活动评价 ………………………… 309
八　民国初年徽州妇女的日常生活 …………………………………… 311
　　（一）徽州妇女经济地位的提升 ………………………………… 311
　　（二）徽州女子教育的发展 ……………………………………… 318
　　（三）徽州女性意识的觉醒与争取身体解放的努力 ………… 324

## 第四章　抗战前后的徽州文化 / 329

一　抗战的全面爆发和徽州的抗战动员 …………………………… 330
　　（一）动员机构的建立 …………………………………………… 330
　　（二）动员措施 …………………………………………………… 331
二　抗战前后徽馆业的兴盛与徽馆伙友要求加资事件 ………… 341
　　（一）抗战前后徽馆业的兴盛 …………………………………… 341
　　（二）徽馆的组织结构、投资及经营 …………………………… 344
　　（三）徽馆伙友要求加资事件 …………………………………… 351

三　抗战时期徽州宗族文化的变化 …………………………… 355
　（一）族人积极参与宗族活动 ………………………………… 355
　（二）宗族经济与祭祀活动受到影响 ………………………… 356
　（三）升主活动中的经济与血缘问题 ………………………… 359
　（四）家族与时俱进，积极支援抗战 ………………………… 361
　（五）宗族与驻军血脉相连，互相声援 ……………………… 364

四　抗战时期徽州教育的繁荣 ………………………………… 366
　（一）抗战前后徽州中小学校的发展 ………………………… 366
　（二）抗战期间徽州高等教育的起步 ………………………… 370
　（三）中小学师生积极投身抗日救亡宣传活动 ……………… 371

五　抗战结束后婺源的回归与划出 …………………………… 374
　（一）婺源回皖问题的形成 …………………………………… 374
　（二）抗战结束前婺人力争回皖的努力 ……………………… 376
　（三）抗战结束后婺源回皖运动的再次高涨 ………………… 381

六　抗战结束后徽州文书的外传与徽学研究的初步发展 …… 388
　（一）抗战胜利后徽州文书的发现和外传 …………………… 388
　（二）"徽学"的提出和徽学研究的初步发展 ………………… 390

**附　录 / 395**

**参考文献 / 403**

**后　记 / 410**

**《徽州文化史》后记 / 412**

# 引　　论

  步入清代中叶以后，徽州社会已经进入了变革的前奏。清政府的盐法改革、鸦片战争和随之而来的咸（丰）、同（治）兵燹（以下简称"咸同兵燹"）给徽州带来了深重的灾难。无论是徽商的活动中心长江三角洲地区，还是徽州本土的一府六县之地，都受到了空前的战火洗劫。曾经在明清时期盛极一时的徽州社会与文化，在内外交困等多重因素的冲击下逐渐步入衰落时期。

  与此同时，承接历史的惯性，在同现实的抗争中，近代的徽州文化依然步履蹒跚地缓慢向前发展着。对传统徽州社会与文化的批判、反思与总结，探索适应社会变革与时代变化的徽州文化发展方向，寻求恢复、重建和振兴徽州社会、经济与文化发展的道路，成为徽州近代文化发展的主旋律。

  徽州文化在艰难发展中向着近代转型。

# 一　鸦片战争爆发前的徽州社会与文化

鸦片战争前的徽州社会，正如中国社会一样，在历经了清代中叶以来的辉煌之后，逐渐褪去了耀眼的光环，失去了蓬勃进取的精神，开始走向衰落，整个社会充斥着腐败衰退的气息。

作为徽州的社会基础和准基层组织，徽州宗族仍旧在乡村社会中继续发挥着控制作用，几乎徽州全部乡民都按照姓氏和血缘，被纳入不同的宗族体系之中，"聚族而居，每村一姓或数姓，姓各有祠，支分派别，复为支祠。堂皇闳丽，与居室相间。岁时举祭礼。族中有大事，亦于此聚议焉。祠各有规约，族众公守之。推辈行尊而年齿高者为族长，执行其规约，族长之能称职否，则视乎其人矣。祠之富者，皆有祭田，岁征其租，以供祠用，有余则以济族中之孤寡"①。宗族通过建祠堂、修家谱、营祖墓、做祭祀

绩溪县龙川胡氏宗祠

等方式，将全体宗族成员以祭祀祖先和祭扫祖墓的名义，严密控制在宗族缙绅的管理体系之中。整个徽州社会，在宗族的严密控制下，尊卑、长幼、夫妇之间，等级森严，"乡族聚皆聚族而居，多世族，世系数十代，尊卑

---

① 民国《歙县志》卷一《舆地志·风土》。

长幼犹秩秩然,罔敢僭忒。尤重先茔,自唐宋以来,邱墓松楸世守勿懈,盖自新安而外所未有也。主仆之分甚严,役以世,即其家殷厚有赀,终不得列于大姓。或有冒于试者,攻之务去"①,看不到一丝文明进步的曙光。宗族已成为徽州社会进一步向前发展的严重桎梏。

僵化的朱熹理学顽固地统治着徽州的社会,正如赵汸所云:"新安自南迁后,人物之多,文学之盛,称于天下。当其时,自井邑田野以至远山深谷,居民之处,莫不有学有师,有书史之藏。其学所本,则一以郡先师子朱子为归,凡六经传注、诸子百氏之书,非经朱子论定者,父兄不以为教,子弟不以为学也。是以朱子之学虽行天下,而讲之熟、说之详、守之固,则惟新安之士为然,故四方谓'东南邹鲁'",即使是民间的婚丧嫁娶活动,也"多遵文公家礼"。②朱熹之理学几乎支配了徽州社会的各个方面,其"饿死事小、失节事大"、"存天理,灭人欲"思想深入人心,以致"新安节烈最多,一邑当他省之半"。③对朱熹理学和礼教的坚守,使徽州社会几乎处在停滞的状态。

歙县陶行知纪念馆中万世师表楼

在窒息沉闷的社会中,徽州青壮年男性在外辛苦经营,老弱妇幼则在家留守。脆弱的社会治安体系,在乾隆中期来自安庆和江西等地棚民的大规模冲击下,不堪一击,致使大量棚民最后通过合法的途径成为徽州的编户齐民。"徽宁在万山之中,地旷不治,有赁耕者即山内结棚栖焉,曰棚民。棚民之多,以万计也。"④棚民的大规模拥入和无序开垦,给徽州脆弱的生态环境造成了难以修复的灾难,"自乾隆三十年以后,异民临境,遍山锄种,近日地方效尤。每遇蛟水,山崩土裂,石走

---

① 民国《婺源县志》卷四《疆域志七·风俗》。
② 赵汸:《东山存稿》卷四《商山书院学田记》。
③ 赵吉士:《寄园寄所寄》卷二《镜中寄·孝》。
④ 高廷瑶:《宦游纪略》卷上。

沙驰,堆积田园,国课永累。且住后来龙山场,合族公业,亦尽开挖锄种。人居其下,命脉攸关。此日坑河满积,一雨则村内洪水横流,祠前沙石壅塞。目击心伤,人皆切齿"①。局部地区良好生态环境的破坏,为徽州近代社会的发展付出了沉重的代价。

陶澍像　　　江春画像　　　歙县江村的江春故居

鸦片战争前夕,陶澍在两淮盐业中实行的票盐法改革,一举动摇并最终摧毁了徽商在两淮盐业中的垄断地位,使徽商四大经营领域之首的徽州盐商从此步入衰落的深谷,昔日"两淮八总商,邑人恒占其四,各姓代兴"②之繁盛局面风光不再。随之而来的是徽州盐商的大量破产,歙县江村江氏、潭渡黄氏都在此时倾家荡产,并最终一败涂地。曾盛极一时号称"以布衣与天子交"的两淮盐业八大总商之一的江春,"自陶澍清欠帑后,公私皆没入,旧时翠华临幸之地,今亭馆朽坏,荆棘满地,游人限足不到"③。徽州传统经营四大领域的典当、木材等业也在明代中叶至清前期鼎盛之后,走向了衰落。只有茶业在近代特殊的社会、政治与经济环境中一枝独秀。

在沉闷窒息的徽州社会中,鸦片战争前夕终于迸发出了思想解放的火花。著名思想家、乾嘉考据学派皖派领袖戴震率先提出了"理学杀人"的口号,这在奉程朱理学,特别是朱熹理学为圭臬的徽州社会,无疑是一枚重磅炸弹。戴震在精严考据的基础上阐发义理,大胆揭露和批判了程

---

① 祁门《环溪王履和堂养山会簿》。
② 民国《歙县志》卷一《舆地志·风土》。
③ 阮元:《研经室再续集》卷二《歙县江鹤亭橙里二公传》,《续修四库全书》本。

朱理学"以理杀人"①的虚伪，提出了"体民之情，遂民之欲"和"富民为本"的思想，闪烁着近代民主主义思想的曙光。俞正燮则扛起了提倡妇女解放的大旗，激烈反对节妇贞女，抨击妇女裹足缠脚；指出，"是女再嫁与男再娶者等。……其再嫁者，不当非之"②，并责难"男儿以忠义自责则可耳，妇女贞烈，岂是男子荣耀也？"③至于裹足，他经过细致的考证，一针见血地指出："古有丁男丁女，裹足则失丁女，阴弱则两仪不完"④，因此，应当严禁裹足。俞正燮倡导解放妇女和男女平等的思想，对被"三从四德"思想束缚的徽州妇女和徽州社会而言是一种挑战。所有这些，都为徽州传统社会向近代社会转型奠定了思想基础。

## 二　鸦片战争与咸同兵燹对徽州社会文化的影响

鸦片战争前夕，长期的贸易失衡迫使英国殖民者将毒害中国人民的鸦片大量输入中国。鸦片的大量输入和民众的大量吸食，不仅使中英之间的鸦片贸易异常繁荣，而且严重损害了中国人民的身体健康。对此，来自徽州的思想家俞正燮指出，"鸦片为害，使民贫，尚可通变；其使民弱，则所关甚大"⑤。为此，林则徐于道光十九年(1839)在虎门

---

① 戴震：《戴震集》卷九《与某书》。
② 俞正燮：《癸巳类稿》卷一三《节妇说》。
③ 俞正燮：《癸巳类稿》卷一三《贞女说》。
④ 俞正燮：《癸巳类稿》卷一三《书旧唐书舆服志后》。
⑤ 俞正燮：《癸巳存稿》卷一四《鸦片烟事述》。

进行销烟。道光二十年(1840),英国以虎门销烟为借口,正式发动了对中国的战争,即"鸦片战争"。道光二十二年(1842),鸦片战争以中国的战败告一段落,清朝政府与英国签署了《南京条约》。

鸦片的大量输入中国,给中国的社会造成了严重危害。对此,光绪《婺源乡土志》云:"鸦片流毒遍海内,婺人嗜之者亦多,自士大夫以及负贩细民,靡然成癖。虽穷僻山居,无他市肆,而烟寮随在皆有。"①故徽州知府刘汝骥说:"徽俗不论贫富,吃烟者十人而六七,面黧骨削,举目皆是。"②吸食鸦片已经成为徽州与赌博、缠足并行的三大陋俗之一。

鸦片的大量输入和吸食,给徽州社会造成了极其严重的影响。一方面,它摧残了徽州民众的身体健康;另一方面,民众吸食鸦片,既浪费钱财,又助长懒惰之习,影响了社会经济的发展,正如《胡适口述自传》中所说的那样,"鸦片鬼的堕落,实有甚于一般游手好闲的懒汉。他们终年耕耘所获,还不足以偿付烟债。"③成瘾的吸烟者甚至倾家荡产,卖妻鬻子。所有这些都有力地说明,鸦片输入徽州和民众吸烟成瘾,直接危害民众的健康,侵蚀着吸烟者的肌体,耗费了社会的财富,败坏了社会风气,给近代徽州带来了深重的灾难。

鸦片战争后,特别是中英《南京条约》签订后,中国开始沦为半殖民地半封建社会。清王朝政权的腐朽,经济的持续衰退,主权的逐步丧失,使广大人民生活在水深火热之中。

---

① 光绪《婺源乡土志》第六章《婺源风俗·续前六》。
② 刘汝骥:《陶甓公牍》卷一〇《禀详·徽州府禀地方情形文》。
③ 胡适口述,唐德刚译注:《胡适口述自传》,广西师范大学出版社2005年版,第22页。

爆发于咸丰元年(1851)的太平天国运动,在咸丰三年(1853)攻克南京并在此建立太平天国政权,安徽成为太平天国重要的根据地。清军和太平军在包括徽州在内的安徽地区展开了激烈的争夺战。咸丰四年(1854),太平军正式进入徽州,同治三年(1864)九月,太平军自徽州奔入江西。在长达十余年的拉锯战中,曾国藩的两江总督行营驻扎徽州祁门县,徽州人民备受荼毒,徽州府歙县、休宁、婺源、祁门、黟县和绩溪等一府六县先后被太平军攻陷总次数达 66 次之多。清军与太平军在徽州激烈交锋及由此导致的人民生命财产备受荼毒等一系列事件,被称为"咸(丰)、同(治)兵燹"。

咸同兵燹给徽州社会造成了极大的灾难。主要表现在以下几个方面:

一是人口的锐减。长达十余年的兵燹造成了重大人员伤亡,民国《安徽通志稿》云:"安徽以长江中游屏蔽太平天国首都,受兵之祸尤烈。曾国藩驻在皖南徽州数年,万山之中,村落为墟。"[1]婺源"遭咸丰兵燹,十室九空"[2]。绩溪则"生人已十亡其八"[3]。在绩溪岭北的上庄,聚居于此的明经胡氏宗族更是损失惨重,据统计,该族兵燹前有男女老幼人口 6000 余口,战后"剩余丁口不过一千二百人左右,人口减少了百分之八十"[4]。

二是田地荒芜,经济衰退。早在鸦片战争之前,徽州的经济就呈现出衰退的迹象,咸同兵燹更是雪上加霜,直接导致了徽州经济的进一步衰退,出现了"百业衰替,人口凋减,生计迫蹙"[5]的局面。婺源县"咸丰兵燹后,人民死亡无算,田亩荒废无算"[6],"壮丽之居,一朝颓尽,败垣破瓦,满目萧条"[7]。部分地区,因农具被兵燹"毁弃殆尽,耕牛百

---

[1] 民国《安徽通志稿·食货考》。
[2] 民国《婺源县志》卷首《江峰青·重修婺源县志序》。
[3] 民国《绩邑柳川胡氏宗谱》卷首《历代旧谱序·同治八年胡绍曾序》。
[4] 胡适口述,唐德刚译注:《胡适口述自传》,广西师范大学出版社 2005 年版,第 22 页。
[5] 民国《歙县志》卷一《舆地志·风土》。
[6] 民国《婺源县志》卷首《凡例》。
[7] 刘汝骥:《陶甓公牍》卷一二《法制科》。

无一存,谷豆杂粮种籽无从购觅"①,致使农业生产一时难以恢复,经济发展裹足不前。

三是徽商一蹶难振。咸同兵燹不仅给在外经营的徽商带来了深重的灾难,传统的吴楚贸易被兵燹中断,大量徽商将资产财富转移至徽州本土,"当'粤贼'东下,徽人贾于四方者尽挈资以归"②,"徽商在常、昭,恐遭劫数,囊金回乡"③,将财富转移至徽州本土窖藏。但咸同兵燹在徽州惨烈异常:"蔓延四乡,大肆荼毒,无山不搜,无地不到,无暴不极,无毒不臻,掠人日益千计,破产何止万家!杀人则剖腹抽肠,行淫则威劫凶迫。村村打馆,丝粟无存;处处焚烧,室庐安在?"④在曾国藩驻师祁门期间,"纵兵大掠,而全部窖藏一空"⑤。清政府为镇压太平军而开征的厘金税,更是把徽商推向了破产与灾难的深渊,"商民由富而贫,由贫而至于赤贫,皆由厘金累之"⑥。

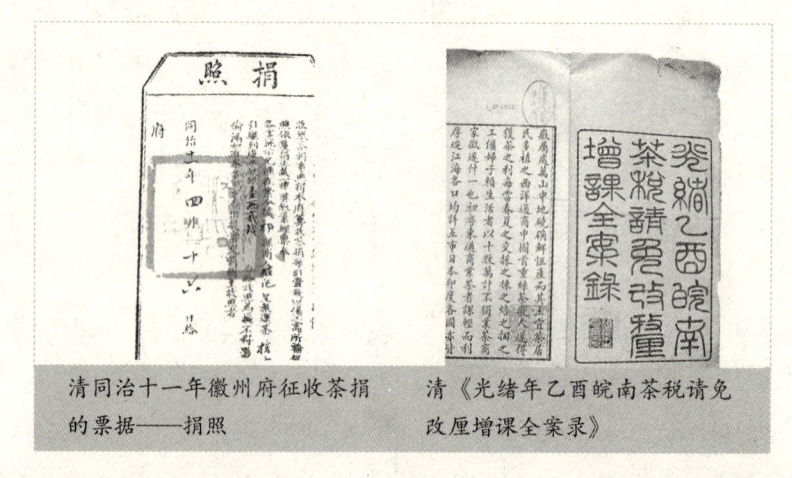

清同治十一年徽州府征收茶捐的票据——捐照　　清《光绪年乙酉皖南茶税请免改厘增课全案录》

四是徽州社会残破不堪。受到咸同兵燹的重创,徽州社会残破不堪。"洪、杨起义,由湘鄂蔓延江南以及浙江数省,烽火连天,士农工商

---

① 黄崇惺:《凤山笔记》卷下。
② 黄崇惺:《凤山笔记》卷下。
③ 《鳅闻日记》卷下。
④ 许承尧:《歙事闲谭》卷三一《休宁县众绅士公禀曾都宪》。
⑤ 陈去病:《五石脂》。
⑥ 张廷骧:《不远复斋见闻杂志》卷二《陶公三疏》。

不能各安其业,兄弟妻子转徙流难,房屋俱焚,人将相食,后由曾宪将兵戡乱,而生人已十亡其八,所有编简半付红羊矣。……咸同间逃出在外,不知几何。"①祠堂被毁、谱牒被焚,徽州宗族受到几乎毁灭性的打击,受创较深的绩溪旺川,"自咸丰十年粤匪蹂躏,祠宇被毁,谱籍皆成灰烬。数年间,殁者甚多,无庙可祔"②。在绩溪上庄宅坦村,龙井胡氏宗族也遭到重创,"洪杨之乱,久战江南,吾乡无一片干净土,公私焚如,百不存一。虽同治中叶大难削平,而疮痍满目,十室九空"③。在绩溪县城,"自咸丰十年二月初一'贼'由旌德至,陷我绩城。八月,复攻破丛山关,郡城失守,直至同治三年,五载之中,杀戮焚掠,迄无虚日,动辄'贼'众百万,虽深山幽谷、绝巘巉岩,搜掳遍至,人民十不存二,半膏锋镝,半没饥寒,尸骸遍于道路,村落尽为垝墟。乃又瘟疫灾害并至"④。

光绪绩溪《南关憪叙堂宗谱》对咸同兵燹的记录

咸同兵燹期间被战火付之一炬的歙县槐塘御建藏书楼

五是文化备受浩劫。一批文化名人罹难于战乱,学校、书院大量被毁,书籍典藏焚于战火。"其焚掠之惨、胁迫之苦,较他郡为尤烈。"徽州府城盛极一时的问政书院、紫阳书院尽皆毁于兵燹之中,问政书院仅存隶书门额,紫阳书院则全部被焚掠一空,地处歙县西乡的槐塘御书藏

---

① 民国《绩邑柳川胡氏宗谱》卷首《历代旧谱序·同治八年胡绍曾序》。
② 民国《旺川曹氏宗谱》卷一《旧序》。
③ 民国《明经胡氏龙井派宗谱》卷首《明经龙井派续修宗谱记》。
④ 光绪《南关憪叙堂宗谱》卷一《新序》

书楼被战火焚烧。大量珍贵的档案、志书、家谱等典籍和名人字画或被洗劫,或沦于战火,祁门县罹于咸同兵燹,"简册剥残,书籍焚毁,如省志、郡邑志千百什一,几于无存"[1]。许多地区的"宗祠册籍自经洪、杨兵燹,均荡然无存,祀产无不遗失"[2]。绩溪龙井胡氏宗族"自遭兵燹,祠谱无存,总牌亦失遗大半"[3]。歙县西乡大族林立,各类名家书画、碑帖等收藏丰富,但咸同兵燹后,大多被付诸战火,如棠樾鲍艾温所藏"法书名画半为贼焚,其存者居人取以易饼,犹鲜有筹者"[4]。

总之,在咸同兵燹之战火洗劫下,徽州社会陷入了前所未有的残破与凋敝之中。

## 三 咸同兵燹后至光宣时期徽州社会文化的变革

咸同兵燹给徽州社会、经济与文化带来深重的灾难。为尽快恢复社会秩序,抚平战争创伤,咸同兵燹后,从徽州府县各级官员,到地方乡绅和宗族,渐次展开了恢复社会经济与文化、重建家园的活动。

针对兵燹造成的"元气未复"[5]之窘状,从徽州知府到各县知县,都以招民垦荒、振兴实业为宗旨,致力于社会经济的恢复与重建。"惟现在实业待兴,孔亟体察我徽情形,农、林、蚕三科目,尤为当务之急。"[6]为此,徽州知府刘汝骥要求徽州人解放思想,更新观念,改变传统观念,"严樵采之禁,则林业可兴;辟风水之谬,则矿业可兴易;组织公司,优奖艺徒,则工业、商业可兴。曰:穷则变,变则通"[7]。正是由于寻求

---

[1] 同治《祁门县志》卷首《重修祁门县志序》。
[2] 民国《新安柯氏宗谱》卷二六《杂记》。
[3] 《亲逊堂奉先录》第一册《始祖至廿五世》。
[4] 许承尧:《歙事闲谭》卷二〇《鲍艾温"粤乱"时之收藏》。
[5] 刘汝骥:《陶甓公牍》卷一二《法制科·休宁县民情之习惯》。
[6] 刘汝骥:《陶甓公牍》卷五《批判·徽州府茶业董事花翎知府洪廷俊等禀批》。
[7] 刘汝骥:《陶甓公牍》卷一二《法制科·婺源民情之习惯》。

变通的路径,徽州各地的父母官们分别从地方实际出发,提出了一系列发展经济、稳定社会、兴办教育和文化事业的主张与实践。

在地方官府发展实业的政策激励下,徽州的经济得到了缓慢的恢复,"徽州商业,以茶为大宗。闻近岁茶行亏折,每至数十万元之巨,大半为日本、印度茶所夺"[①]。衰败的茶业在不断的改良中获得了生机。同治五年(1866),休宁精制的绿茶"特贡",远销沙俄。光绪二年(1876),由黟县余干臣和祁门胡云龙分别在祁门历口和贵溪创制的祁门红茶获得成功,并"运售浔、汉、沪、港等处"[②]和欧美等国。光绪二十二年(1896),休宁屯溪余伯陶等茶号试制的"抽心珍眉"和"特制贡熙"绿茶也行销海内外。一批实业家和企业正在崛起,同治年间,歙县汪正大用土丝线织造的"徽州罗绢"远销省内外,并在宣统二年(1910)获南洋劝业大会特等奖。光绪八年(1882),休宁苏鹤舜在万安创办聚和烟店,年加工烟丝140担。不唯经济得到恢复,教育文化也得到了发展,咸同兵燹后不久,徽州府即迅速修复了被战乱焚毁的问政书院和紫阳书院,婺源县也以茶捐添置该县紫阳书院膏火及乡会试盘缠。

徽州各地的地方官们还致力于整顿吏治,在咸同兵燹后响应倡修《安徽通志》的号召,开始纂修府县志,徽州知府何家骢在为新修《祁门县志》撰写的《重修祁门县志序》中指出:"倘此时不振起而修之,坠绪茫茫,以后更难旁搜而远绍。"祁门县令周溶"慨然以修辑邑志为己任",聘请休宁名士汪韵珊纂修《祁门县志》。尽管因战乱初平、百废待兴,同治时期徽州真正纂修成书的仅有《祁门县志》和《黟县志》两部县志,但通过纂修方志以笼络人心、安定地方社会秩序的目的应当说是基本达到了。

在民间,宗族和乡绅充分发挥了自己的作用。咸同兵燹后,徽州许多地区的宗族和乡绅在宗祠遭毁、谱牒被焚、祭祀中断的情况下,率先开始了整修宗祠、编纂族谱和升主祭祀活动,修复宗族和乡绅的历

---

① 刘汝骥:《陶甓公牍》卷一〇《批判·歙县蔡令世信详批》。
② 刘汝骥:《陶甓公牍》卷一二《法制科·祁门民情之习惯》。

史记忆,强化宗族的向心力和凝聚力。绩溪龙井宅坦胡氏宗族在咸同兵燹战乱结束后,即迫不及待地着手进行宗族的恢复与重建活动,率先于同治十年(1871)修复了被战乱损坏的祠堂——亲逊祠,并同时进行了祠堂的升主活动。接着,又借助三十四世孙胡志高战乱中背负而幸免于兵火的嘉靖《龙井胡氏宗谱》和乾隆《考川胡氏统宗谱》等全部族谱及三十六世孙胡道升"燹后访求宗祠田簿税册,得于村人破纸篓中"①的宗族资料,以三十六世孙胡宝铎为首的龙井胡氏族内乡绅自同治十三年(1874)着手展开了族谱的编纂工作,并初步编成了宗谱的稿本。最后,全面恢复了宗族的春、冬二祭的宗族祭祀活动。祁门红紫金氏宗族也是在"咸丰年间,粤贼扰乱十余年,房屋烧毁一空,男逃女散,惨不胜言。因谱牒散失,幸同治初年,四方平静,查考宗谱,半属遗亡"②之后,有感于族谱"所以敬宗收族,使人人仁孝之心油然其自动也"③,而纂修族谱,以期重整和振兴宗族。

值得一提的是,咸同兵燹后,风云变幻,沧海桑田,国内外时事的变动,已使徽州无论是地方官府还是乡村宗族都深刻意识到,除了通过传统的方式继续维持统治之外,还必须进行彻底的变革,才能适应形势发展的变化。为此,自所谓的"同治中兴"以后,徽州地方官府已经寻求政治上的变革和观念上的革新,以达到稳定和发展的目的。

光绪三十三年(1907),天津静海人刘汝骥受命赴徽州就任知府。面对洋货充斥、经济衰退之状,刘汝骥从振兴农工商和实施宪政入手,拉开了徽州近代改革的序幕。在徽州知府任上,刘汝骥从徽州各地民情风俗习惯调查开始,"就徽地言徽事、教徽民,或于风化、民智,不无坠露轻尘之益用"④,责成各地成立谘议局、物产会、不缠足会,整顿学堂,发展农工商实业,严禁吸食鸦片,革除迷信和赌博陋习。用刘汝骥颁布的《详报物产会开会文》所言,就是"当务之急,莫要于讲树艺之

---

① 民国《明经胡氏龙井派宗谱》卷八《龙井宅坦前门相公派》。
② 民国《祁西金氏族谱》卷八《谱略》。
③ 民国《祁西金氏族谱》卷一《序》。
④ 刘汝骥:《陶甓公牍》卷一〇《禀详·徽州府禀地方情行文》。

事,研究制茶、造纸之方法。其急需扩充者,如祁门之磁土,岁可供全国陶业之用,歙县之煤矿,绩溪之五金各矿,倘得大化学家、大矿学家、大资本家赓续而合作之,更开万事无穷之利。利必归农,本富,此其基础,地不爱宝,新学亟待发明"①。

在刘汝骥的改革推动下,徽州各地迅即行动,兴办新式学校,成立物产研究会、谘议局和选举事务所,致力于发展经济,培养人才,实施宪政。然而,随着清王朝预备立宪骗局的破产,徽州各地蓬勃展开的宪政改革和发展经济举措也迅速走向消亡。

在民间,面临前所未有之变局,徽州宗族和乡绅逐渐意识到,保守残缺、顽固坚持传统的宗族控制已无法继续维持下去。因此,一些开明的宗族和乡绅也不断发出兴办实业、教育,培养实业人才的主张。

总之,咸同兵燹之后特别是光绪、宣统年间,徽州上自官府、下至宗族和乡绅,在意识到前所未有之危机后,纷纷采取了一系列举措,展开改革与自救,推动经济发展,促进社会稳定和文化振兴。种种原因,这一改革和自救收效甚微,并最终沦于失败。但它所引发的思想解放和观念更新,给沉闷得几乎窒息的徽州社会多少带来了希望的曙光。

## 四 民国初年对徽州文化的反思与总结

1912年,随着中华民国的建立,徽州的历史也翻开了新的一页。但由于传统的积淀深厚、落后腐朽程朱理学的束缚,徽州社会掀起了一股对徽州文化的反思与总结之风。尤其是旅外的徽州人,对徽州文化的反思与总结,甚至批判尤为深刻。

创刊于1920年的《黟山青年》对徽州保守残缺的文化传统进行了

---

① 刘汝骥:《陶甓公牍》卷一〇《禀详·详报物产会开会文》。

有力的批判,指出"可怜的乡愚,脑筋里满含着腐败守旧性,闭塞愈深,野蛮愈甚"。对妇女长期被压迫的历史,该刊有着深刻的批判:"我黟男子,大多数在外经商,竞争权利,无待赘述,惟女子则毫无权利竞争之可言,盖我黟男子,远出经商,女子则主持家政,各事仰男子之鼻息,致男子视女子为玩物,动辄加以侮辱,然女子亦惟有吞声忍泪,甘受荼毒,此不啻数千年相沿之例也。"①为此,该刊强烈呼吁男女平权。创刊于1925年的旅居浙江海宁徽州人报刊《徽侨月刊》在发刊词中,对民国建立以来徽州人觉悟低下进行了抨击,指出:"吾徽人处此青天白日旗帜之下,大都还没有新觉悟,且建设方面,更未见实行。"②致力于改造社会、建设桑梓的《微音》月刊则对徽州传统的迎神赛会等迷信进行了无情的批判,指出:"旧社会上底迎神、赛会和烧锡箔、拜菩萨等事,任谁都知道是一件渺茫而无意识,徒耗许多有用的金钱而无一毫益处的事。"③为此,在批判徽州因循守旧、不事革新之文化的同时,《微音》月刊号召徽州人进行普遍的教育运动,办刊办报,开启民智,讲求实业,并为此掀起了建设新徽州的运动。④

与旅外激进青年批判徽州传统守旧文化的同时,一些致力于徽州文化及乡邦文献抢救的学人则开始了对徽州传统文化的抢救、整理与总结工作。早在清朝光绪末年,歙县的黄宾虹即与另一位徽州文化的整理者许承尧展开了对徽州文化的抢救、整理、研究与总结工作。黄宾虹极言徽州文化的博大精深,并致力于研究与整理工作,指出徽州文化为中华文化之国粹,提出了"宣歙国学"的概念。许承尧更是集毕生之精力和财力,购置和抢救徽州乡土文献,并为之进行整理和研究,撰成31卷本《歙事闲谭》和16卷本《歙县志》。

新文化运动之领军人物胡适,更是对徽州传统文化情有独钟,厚

---

① 《黟山青年》第三卷第3期。
② 《徽侨月刊》,转引自王振忠:《徽州社会文化史探微》,上海社会科学院出版社2002年版,第462页。
③ 胡希圣:《破除迷信之难》,载《微音》月刊第23、24期合刊。
④ 参见吴建:《建筑新徽州之基础》,载《微音》月刊第26期。

爱有加。他不止一次地说"我是安徽徽州人"①,充满着对徽州文化的眷恋与自豪。他赞扬徽州人的开拓进取精神,云:"徽州人正如英伦三岛上的苏格兰人一样,四出经商,足迹遍于全国。"②他称赞朱子理学和乾嘉徽州学术,认为徽州人离家外出、冒险经商的传统,使得徽州人长住大城市,在文化教育上每能得到一个时代的风气之先,眼界也因此开阔许多。他指出:"在中古以后,有些徽州学者——如十二世纪的朱熹和他以后的,尤其是十八九世纪的学者像江永、戴震、俞正燮、凌廷堪等等——他们之所以能在中国学术界占据较高的位置,都不是偶然的。"③胡适深受先贤戴震考据学派的影响,提出了"大胆的假设,小心的求证"④主张。在新文化运动中,胡适率先打出反对文言文、提倡白话文的旗帜,并身体力行地创作出大量白话文诗作,一首"我从山中来,带着兰花草"道出了胡适对徽州文化的无限眷恋。

作为中国保守落后的宗族制度,徽州宗族在民国以后,也开始尝试着对其自身进行改造。清末民初纂修的徽州族谱,自治、民主、民权、自由、博爱和法制等思想与观念,得到贯彻。1917年纂修的绩溪《鱼川耿氏宗谱》在《家族规则》一章中,明确提出了自治和博爱思想,云:"政体变更,渐归法制。家族者,国家之箇体也家族自治者,即国治之模型也。……其宗旨纯正,法意周密,诚能

---

① 胡适口述,唐德刚译注:《胡适口述自传》,广西师范大学出版社2005年版,第13页。
② 胡适口述,唐德刚译注:《胡适口述自传》,广西师范大学出版社2005年版,第15页。
③ 胡适口述,唐德刚译注:《胡适口述自传》,广西师范大学出版社2005年版,第16页。
④ 胡适:《胡适文存》一集,卷二《论国故学》,黄山书社1996年版。

民初绩溪《鱼川耿氏宗谱》封面

依法行之,实足以救世而励俗,兴族而强国。""爱众亲民,为弟子职,西儒则更推之爱国家、爱种族,使一族之众、一乡之人犹且争气结怨,恃强构讼,不特有惭合群进化之义,亦非任恤睦姻之道也。嗣后务率其族之人,推爱身之念以爱其家,推爱家之情以爱其族,更推爱族之义爱其乡。迨其爱护之观念允实弥满,则进而达于国家种族矣。"①此外,该族谱还以世界的视野,提倡励学与劝业,云:"环球交通,文明日启,非复闭关时代之可以安常习故也。一国之强弱,一家之盛衰,无非视其人物之知识能力为进退,是教育普及为保国保家之要素。……生货出口少,熟货出口多者,其国强,此西人之言也。吾国生产事业群趋于商之一途,而于工则墨守师承,不知增高审美思想。……嗣后宜趋重工业,天然品则讲求种植之法,人工品则研究精进之术,使聪明才智之士破除官吏思想,从事实业,倡导兴族强国,皆基于此。"②刊于1915年的绩溪《涧洲许氏宗谱》明确规定宗祠的祠首应当仿照国家选举法由族众投票公选,云:"本祠首事人笃,宜仿国家新定选

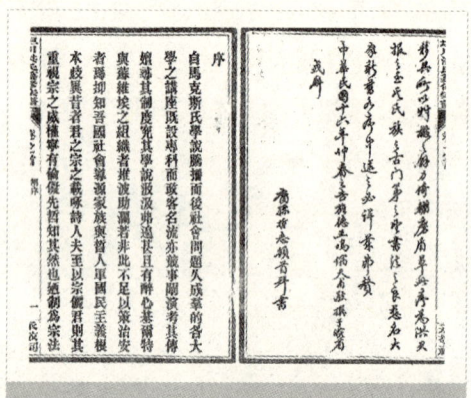

民初绩溪《坦川洪氏宗谱》之《序》

举法,由族众投票公举,以得票多寡为去取准绳。一经选定,不得推诿,一年一次,善则留任,不善则不举。"③针对马克思学说和西方诸学说纷纷传入中国所造成的"党系庞杂,国是莫定"状况,1927年,绩溪胡祥木在为《坦川洪氏宗谱》撰写的《序言》中指出:"今日救时之策当取

---

① 民国《鱼川耿氏宗谱》卷五《祠规·家族规则》。
② 民国《鱼川耿氏宗谱》卷五《家族规则》。
③ 民国《涧洲许氏宗谱》卷一〇《祠规附家法》。

旧宪,酌以新潮,因势利导,治功可蕲。若必攻错他山,则在彼将变橘为枳,在我则削足适履,恐利未行而害已先著矣。"①

民国初年,在欧风美雨的东渐下,死寂沉闷的徽州终于有所觉醒,社会各个阶级和基层,或保守,或激进,都对徽州传统的社会与文化进行了认真的反思、总结与研究。

这一时期,徽州的方志编纂,承接清末乡土历史地理志的纂修余绪,一批乡土历史和地理书得到编纂和出版。1915年,由许家栋编纂的《歙县乡土志》完稿,随之,《徽州乡土地理》《绩溪乡土历史》《绩溪乡土地理》《黟县乡土地理》和《祁门乡土地理》等也相继编纂或出版完成。另有《婺源县志》《黟县志》《歙县志》和《绩溪县志稿》等也相继得到纂修或出版,尚有《丰南志》等数部乡镇志编纂完成。这些志书的纂修,实际上都是这一时期当地官员和学者对徽州文化反思与总结的产物,反映了民国初年徽州社会与文化的基本状态。

尤为值得注意的是,这一时期完整的徽州被人为地肢解。1934年,国民党为"围剿"苏区的需要,自唐代设立,一直隶属于歙州、徽州管辖的婺源县被从徽州划出,隶属江西省。徽州完整版图的割裂,对徽州文化的完整性和徽州民众的心理造成了巨大的创伤。"安徽文化精神及侨外团体组织,胥以朱子为表率,婺源为朱子故乡,流风至今未泯,徽州之视婺源,犹东鲁之于曲阜,南粤之于中山。"②婺源的划出徽州和安徽,曾经引发了两次大规模的回皖运动,并在1947年最终促成婺源回归徽州和安徽。两次大规模的回皖运动,是徽州文化血脉在这一时期得以张扬的根本原因之所在。

---

① 民国《坦川洪氏宗谱》卷首《序》。
② 《中华民国国民政府军事委员会委员长令婺源县政府文》,转引自叶义银:《婺源县志》,档案出版社1993年版,第654页。

## 五　抗战前后徽州的社会与文化

1937年7月7日,抗日战争全面爆发。同全国其他地区一样,徽州也进入了全面抗战阶段。但徽州独特的地理环境,最终未能使日军铁蹄踏入。不过,日军对徽州各地的狂轰滥炸和上海等沿海地区新闻媒体、社会团体和学校等的大规模内迁徽州,对徽州社会、经济与文化的发展,带来了深刻的影响。徽州作为抗战的后方,亦曾容纳了大量的驻军,徽州民众为支持和宣传抗战,曾经创造了丰富多彩的文化。

1937年11月,绩溪县城受到了日军飞机的轰炸,南门外之余许两族祠堂被炸毁,死伤军民20多位。国民党第67师奉命驻守绩溪,并以上庄之宅坦村为总部。同月,国民党第19集团军从上海退守徽州,总司令罗卓英把总部设于歙县棠樾。

抗战期间,徽州文化教育事业畸形发展。1937年,《徽州晚报》在

绩溪县旺川村一户民居墙壁上由67师题写的抗战标语

屯溪创刊。次年1月,屯溪抗敌后援会成立,工商学界千余人举行游行,开展抗日大宣传。为共御外侮,第二次国共合作达成,新四军于歙县岩寺集结。4月,安徽省皖南行署自芜湖迁至屯溪。5月,安徽省民众总动员委员会皖南办事处在屯溪成立。9月,国民政府军事委员会所属抗敌演剧二队来到屯溪,举行商界和学界千人大合唱,开展抗日救亡宣传活动。12月,《皖报》屯溪版在屯溪出版发行。1939年、1940年,日军三次对屯溪进行空袭,造成了大量伤亡。

随着上海和南京等地学校的迁入,徽州的战时教育得到了很大发展;一批文化名人的抗日创作也达到了一个高峰。屯溪则因前线一些

单位和人口的内迁,一度成了"小上海"。

抗日战争爆发,安徽省大部地区被日寇占领,中学大多停办。徽州地处山区,日寇不敢贸然侵犯,成了抗战时期东南的小后方。当时党政军机关一下迁来了好几百个,在外徽商纷纷返里,沦陷区学校不少迁到徽州办学,普通中学因而大为发展,这是民国时期徽州中学教育发展的特别情况。

抗战期间,徽州接受了不少内迁中学。其内迁中学情形有两种:一种只是内迁暂住,办学时间较短,只一学期左右。如1937年秋迁到屯溪的南京中央大学实验中学、迁到歙县棠樾的南京私立钟英中学、在黟县复校的东吴大学附中。有的内迁时期较长,它们是:1937年迁到屯溪的私立南京安徽中学徽州分校(简称"皖中")、1938年迁到屯溪的私立南京现代中学、同年由芜湖迁到歙县的私立芜关中学徽州分校、在黟县继东吴大学附中而创办的复旦大学附属中学皖校、由宣城迁旌德江村的宁属六县联立中学、1942年迁来屯溪的国立江苏临时中学和上海法学院附中、1943年迁到绩溪的江苏第五临中等八所。这些学校的大多数,抗战胜利后也随之迁走。它们在抗战期间招收了为数不少的徽州子弟入学,为徽州培养了众多人才;一批优秀教师在徽州任教,对徽州办学也产生了积极的影响。到抗战胜利的1945年上半年,徽州共有普通中学19所,比1936年增加16所,其中省立、县立等公办中学12所,私立中学7所,完全中学9所,初级中学10所。抗战期间是民国时期徽州普通中学发展最迅速的时期。

国难当头,一批文人学士激发了创作的热情,许承尧在抗战时期创作的诗歌。为徽州文学的发展增添了璀璨的一页:"卫国不反顾,慷慨赴成行。丈夫有躯干,掷去何堂堂。雷霆万钧力,誓以血肉当。"诗歌慷慨悲壮、深沉雄浑,抒发了诗人的爱国情怀。寓居北京、坚决拒绝北京伪文物研究会美术馆馆长之聘的黄宾虹,更是创作了《黍离图》,并题诗抒发自己的愤懑之情:"太虚蠓蠛几经过,撇眼桑田海又波。玉黍离离旧宫阙,不看斜照伴铜驼。"两位堪称近代徽州双子星座的文化大师,以一种国破家亡、誓死赴难的悲愤之情,共同为徽州抗战时期的文化谱写了壮丽的篇章。

与此同时,明末清初参加抗清斗争的徽州历史人物得到了学界的关注,一批知名学者借对历史上徽州民族英雄如金声、渐江的研究以发挥自己的作用。这些研究,为徽学的产生奠定了基础。抗战胜利后,南京街头百物杂陈,徽州文书被流落南京的徽州难民出售,这是深藏徽州民间近百万件徽州文书的首次外传。这批徽州文书的一部分被当时复旦大学的方豪收购和研究,为徽学的最终形成铺平了道路。

发生在抗战胜利后第二年,即1946年的第二次婺源回皖运动,再次激起了徽州人团结一心的文化情结。这次声势浩大的婺源回皖运动,最终促成了脱离徽州怀抱十余年的婺源回归徽州和安徽。这次婺源回皖运动与其说是一种政治运动,不如说更是一种前所未有的徽州文化运动。徽州文化在婺源两次回皖运动中,起到了重要的血脉和纽带的作用。

一部近代徽州文化史,实际上是一部徽州传统社会文化的艰难转型史,也是一部徽州人在社会经济文化衰退之中寻求重振昔日辉煌的抗争与发展史。它虽然没有古代,特别是宋明以来徽州文化所取得的成就那般耀眼和灿烂,但它实实在在地反映了徽州人不甘落伍、不畏艰辛的进取精神和拼搏意志。徽州先贤鲍幼文在1937年撰写的《徽州人之进取精神及其对学术之贡献》一文,曾自豪地说:"徽州人生于山川奇秀之乡,又因与环境奋斗之结果,而形成独立不惑之精神,但为探求真理,辄不避艰辛,竭诚以赴;心知其非,则据理力争,甘冒时俗之不韪。故徽州文化往往能自成一种风气,久之风声所播,乃广被于海内。""徽州人精神之顽强坚毅,有如此乎!"徽州人正是依靠这种锐意进取、顽强开拓的精神和意志,才使得徽州文化拥有了虽历万般劫难,而独能传承发展的内在动力。

# 第 一 章
## 鸦片战争与咸同兵燹时期的徽州文化

　　进入19世纪之后,随着陶澍票盐法改革的实施,徽州盐商在两淮盐业中几乎占垄断地位的优势丧失殆尽。随之而来的鸦片战争的失败,特别是咸同兵燹给徽商和徽州本土带来了深重的灾难,不仅在外经营的徽商遭到重创,更为严重的是,博大精深、积淀千年的徽州文化也受到了空前的劫难。面临前所未有的大变局,一些有识之士开始对徽州社会和文化发展进行深刻的思考。

　　与此同时,传统徽州学术和民俗文化在这一时期尽管因战争而趋于沉寂,但依然按着其惯性,缓慢地向前发展。新安医学、徽州传统科学技术在影响逐步萎缩的情况下,系统自身仍然保持着发展的势头,成为至清中期科技繁荣发展的余绪。而纪实性文学作品的大量涌现,则是这一时期徽州文化发展中的一大亮点。

## 一　徽商开始衰落

　　从明代中叶崛起、引领中国商业发展潮流近400年的徽州商人,至清代康(熙)、雍(正)、乾(隆)时期发展到鼎盛阶段。但无限荣光的背后,也隐藏着严重的发展危机,徽商一如清帝国这艘疲态尽显的巨轮,从嘉庆、道光以后逐渐开始走下坡路。其实,从严格的学术意义上来说,嘉、道以降的徽商是衰而不落,与其在闭关时代盐、典、茶、木四大经营行业占据主导地位的全面繁盛期相比,近代徽商在中国商业发展舞台上已不再拥有话语权,在金融业、航运业、轻工业等领域没有再产生影响力非凡的商人。虽然一代又一代的商人还在源源不断地从徽州本土走出,但他们中的绝大多数人奔波商海依然是在沉重的生存压力下,为了改善家庭生计而被迫作出的无奈选择。

　　徽商的衰落是一个重要的学术命题,以张海鹏先生为代表的学者对其进行了多方面的讨论,总其要者可以归结为三点:第一种论点持依赖官府说。学界比较一致的看法,认为徽商与封建权力的联系过于紧密,一是徽商的发展壮大过分依赖政治权力;二是将从商作为从政做官的敲门砖和手段,缺乏发展的独立性,一旦政治上有风吹草动,就很容易受到影响。第二种论点是"贾而好儒"说。认为徽商最大的群体特征是"贾而好儒",但这是把双刃剑,徽商在经商过程中讲究商业道德,具有超凡的洞察力和把握商机的能力,能按照儒家的道德规范行事,提高了知名度和美誉度。但这种观念又会反过来阻碍徽商向近代商人的转变,徽商的核心价值是儒家文化,成功后表现出对士的尊崇,对雅文化的狂热投资,对子侄、族人读书做官的执着追求与热心赞助,甚至为求功名一掷千金。商人投入到儒业和科场功名中,使得从商人数减少,群体实力减弱。第三种论点秉持"奢侈"说。指出,徽商致富后,建园林宅第,雕梁画栋,蓄婢纳妾,锦衣玉食,穷奢极欲,不仅消耗了大量资本,严重影响了资本的积累,而且还对当时的社会经济和社会风气产生了直接的影响。

这些论说都具有一定的学理性,都从某些侧面切中了徽商衰落的命脉,不过对于一个庞大的商人群体来说,衰落绝对不是单一因素所致、短时间内一蹴而就的,而是多种因素综合作用、多个阶段迭相交合的结果。

深入考察嘉、道以后,徽商发展的具体进程就可以很明显地看出:道光年间清政府的盐法改革剥夺了徽州盐商的垄断权,使其无法再轻易获得高额垄断利润,对原本就已深陷经营困境举步维艰的徽州盐商形成致命一击,这是造成徽商衰落的制度性因素。接踵而至的咸同兵燹如同滔天大浪,把奄奄一息的徽商卷入万劫不复的东流逝水中,这则是导致徽商衰落的客观社会因素。

## (一)陶澍盐法改革与徽商的衰落

盐商是徽州商人的中坚力量,人数众多,资本雄厚。徽州盐商是在制度的保障下获得了高额利润。明朝初年的盐法实行开中制,"召商输粮而与之盐,谓之开中"。具体言之,就是商人把政府所需的粮、布等实物输送到边防卫所,取得贩盐的专利执照,即盐引,然后凭引到指定的盐场支盐,再到指定的地区销盐。随着时间的推移,出现了专以报中、售引为业的边商和专以守支、行盐为业的内商之别。万历年间,盐法趋坏,边商中引、内商守支俱不得利,引价弥贱。万历四十五年(1617),盐法道袁世振在两淮推行纲法。所谓纲法,是指"遵照盐院红字簿,挨资顺序刊定一册,分为十纲,每纲扣定,纳过余银者整二十万引,以圣、德、超、千、古、皇、风、扇、九、围十字编为册号,每年以一纲行旧引,九纲行新引"。同时规定:"此十字纲册,自今刊定之后,即留与众商,永永百年,据为窝本,每年照册上旧数派行新引,其册上无名者,又谁得钻入而与之争鹜哉?"①袁世振创立的纲法制从制度上保证了盐商垄断盐业运销的世袭权利,促使盐商积累起巨额商业资本。

　　清代早期的盐法承袭明末纲法,"清之盐法,大率因明制而损益之"②。盐引每年由部颁发,凡商人所认额引,均需按年缴纳课税,照额运销,如有课未缴足、引未运倾者,即将该商引窝革退,另招商接充,其无力运者亦如是办理,不准转租。康熙中叶以后,两淮盐商"生意年年俱好,获利甚多",尤其是乾隆年间,淮盐在各销售口岸出现供不应求的情况。徽州盐商进入黄金时代,积累起巨额财富,出现了一批富可敌国的大盐商。"盐商富者千万计",百万以下的皆为小商。两淮盐场是徽州商人的集中经营地,扬州也从而成为徽州盐商的大本营。吴氏、黄氏、汪氏等都是赫赫有名的盐商大家族,徽州盐商的奢华在李斗《扬州画舫录》中有着生动的记述。繁盛的背后,盐商的经营危机出现了,体现在官盐滞销,私盐盛行。据台湾学者徐泓先生的研究,官盐滞销,主要原因在于成本太高,以致盐价昂贵,无法与低价的私盐竞争。乾隆后期,淮盐的重要行销地江楚两岸的盐价成本每引都达12两以上,较乾隆初年每引成本6两增长了一倍以上。此外,盐商还要负担许多浮费和摊派,如扬州总商的办公费、新院到任、修理衙署、口岸费等浮费以及官员、胥吏的需索等,一年合计达200万~300万两。两淮盐商在极盛时,其利润为一成至两成,到了乾隆后期,随着官定成本调涨一倍,实际营运成本又因场价与运费上涨一倍至三倍以上,使得盐商转盈为亏。还有一个客观因素导致盐商成本增加,就是乾隆后期银钱比价发生变动,使得盐商在银钱比价上亏损三成到四成五。盐商为了获利,只有提高盐价。以楚岸价格为例,乾隆初年涨至0.0242两,乾隆

---

① 陈子龙等:《明经世文编》卷四七七《两淮盐政编·纲册凡例》。
② 《清史稿》卷一二三《食货志四·盐法》。

中期的盐价维持 0.028 至 0.0273 两,为乾隆初年的 1.15 倍;嘉庆年间涨到 0.0389 两,甚至涨到 0.041 两,是乾隆初年盐价的 2.7 倍,乾隆中期的 1.5 倍。① 正如史料所记载的那样:"辗转抬价居奇,成本之重以此,运销之滞以此,官价昂而私盐日炽亦以此。本重价昂,私充课绌,而盐务遂一败涂地亦以此。"② 道光年间,纲法制下的两淮盐业已敝坏至极,"时两淮私枭日众,盐法亦日坏。其在两淮,岁应行纲盐百六十余万引。及十年,淮南仅销五十万引,亏历年课银五千七百万。淮北销二万引,亏银六百万"③。两淮盐课的历年亏盐课银已达 6300 万两,严重影响到清政府的财政收入。

　　对两淮盐法的种种弊病,两江总督兼管两淮盐政陶澍有着清醒的认识。他在认真调查后,指出:"江广之民膏血尽竭于盐,贫家小户往往有兼旬弥月坚忍淡食,不知盐味者,而邻私乃乘机灌入,此非私贩之销售所能胜于官,实由盐价太昂,有以致之也。"因此,他建议"革去奸商,另招殷实之商,而殷实之商又必须明定章程,删去浮费,使不受总商摊派之累,然后肯来"。④ 道光十一年(1831)十二月,陶澍上奏提出在两淮试行票盐制,具体办法是:在淮北中正、板浦、临兴三个盐场"分设行店,听小民投行购买,运往售卖,择各场要隘之地,设立税局,给以照票,注明斤数及运往何处售卖字样"⑤。盐票一式三联,由运司刷印,一存运署,一留各场分司,一给民贩。中正、板浦、临兴三场"各取上一字编列号数,盖用运司印信颁发三场大使收存。民贩纳税请票时,该大使于票内填注民贩姓名、籍贯、运盐引数、往销州县,按道里远近,立限到岸,听其销卖。运盐出场由卡验收,不准越卡,亦不准票盐相离及侵越别岸,违者并以私论"。每买盐自十引至百引以上为一票,不得过于零碎,每盐四百斤为一引,盐价六钱四分,再加上课税和其他经费,

---

① 参见徐泓:《清代两淮盐商没落原因的探讨》,《徽学》第七卷,黄山书社 2012 年版,第 10 页。
② 光绪《重修两淮盐法志》卷一三〇《征榷门·窝价》。
③ 《清史稿》卷一二三《食货志四·盐法》。
④ 陶澍:《陶文毅公全集》卷一一《敬陈两淮盐务积弊附片》。
⑤ 陶澍:《陶文毅公全集》卷一三《淮北滞岸请试行票盐附片》。

共银一两八钱八分,"其捆工、包索听民贩自行经办"①。票盐制不同于纲盐制之处在于"纲商有定,票商无定",即纲商"有专卖域,谓之引地",票商则无定域;纲商本重势重,票商千金、数百金皆可办百引之票;纲商"捆盐有定额",票商"纳一引之课,运一引之盐额";纲商"世世相承以为业",票商"来去亦任其自便"。简而言之,票盐制打破了大盐商的垄断权,有利于中、小盐商的自由行盐。从道光十二年(1832)七月起,票盐制在淮北31个州县开始推行,取得了良好的效果。改票以前,淮北每年每纲行盐二十万引,"自道光十二年改票以后,每年行销票盐四十六万余引内,融销淮南悬引二十二万,代纳课银三十一万余两,并票盐溢课协贴淮南银三十六万两"②。故"以一纲行两纲之盐,即以一纲收两纲之课"③,为从来所未有。道光三十年(1850),时任两江总督陆建瀛采纳护理运使童濂建议,仿照淮北票盐法,在淮南推行票盐制。此次盐法改革可谓是几家欢乐几家愁,对徽州盐商来说,这绝对不是一件好事情,首当其冲受到改革的冲击。一方面票盐制打破了总商借垄断盐引而获得高额利润的权利,另一方面允许财力相对单薄的中小商人涉足盐业经营,则打破了徽州盐商在两淮盐业中的主导地位,两淮盐业不再是财势雄厚的徽州盐商独家垄断的行业,在商界呼风唤雨的无限荣光也从此不再。

  道光年间,清政府在两淮盐业中推行的票盐制,从制度上将徽州盐商的垄断特权剥离出来,将原本就积欠课税甚多、无力回天的盐商推向了万劫不复的境地。昔日在两淮八大总商中占据四席之位的徽州盐商有的被抄没家产以抵亏欠,如歙县大盐商江春在乾隆皇帝巡游扬州时多次接驾,其财富连乾隆也啧啧称叹,在乾隆御宇五十年,举行千叟大宴时,以江春为首的一部分两淮总散各商受邀出席,如此沐浴"天恩",就连一般官员也享受不到。就是这位"以布衣上交天子"的大

---

① 光绪《重修两淮盐法志》卷五二《转运门·淮北改票》。
② 光绪《重修两淮盐法志》卷一六〇《杂记门·艺文》。
③ 《清史稿》卷一二三《食货志四·盐法》。

盐商,在陶澍清理积欠后,家产被抄,昔时繁华临幸之地也落得亭馆朽坏、荆棘遍地的悲惨下场。淮安黄钧宰在《金壶浪墨》卷一《纲盐改票》中曾生动地记载了淮北盐商在改票前后的经济变化:"吾郡西北五里曰河下,为淮北商人所萃,高堂曲榭,第宅连云,墙壁垒石为基,煮米屑磁为汁,以为子孙百世业也。城北水木清华,故多寺观。诸商筑石路数百丈,遍凿莲花。出则仆从如烟,骏马飞舆,互相矜尚。其黠者与名人文士相结纳,藉以假借声誉,居然为风雅中人。一时宾客之豪,管弦之盛,谈者目为小扬州。改票后不及十年,高台倾,曲池平,子孙流落,有不忍言者。旧日繁华,剩有寒菜一畦,垂杨几树而已。"

### (二) 咸同兵燹加剧了徽商的衰落

如果说盐法改革只是沉重打击了徽州盐商的发展,那么19世纪五六十年代爆发的太平天国战争则横扫了整个徽商群体,不但破坏了徽商的经营地,而且对徽商的桑梓故里徽州也造成极大的破坏。在内外夹击下,徽商的营商环境进一步恶化,徽商的衰落进一步加剧。1851年1月11日,洪秀全率领太平军在广西桂平金田地区发动起义,由于战争形势的飞速发展,太平军的势力迅速壮大,1853年3月19日,占领了六朝古都南京,天王洪秀全宣布太平天国定都于此。从此,长江中下游地区(主要是湖北、江西、安徽、江苏、浙江等省)便成为清军与太平军之间拉锯战的主战场。而这一流域也正是徽商经营的最主要区域,不仅各大城市的许多重要行业部门操纵在徽商手中,如汉口的盐业、典当业、米业、木业、棉布业、药材业,南京的木业、米业、典当业、丝绸业,扬州的盐业、典当业以及苏州的米业、丝绸业、茶业、木业等,而且在新兴的工商业市镇中,徽州商人也极为活跃。但是在战争中,清军与太平军在长江水域的军事对峙和互相攻击,导致长江航运中断长达十余年,徽商无法再利用长江水运进行大宗商品的长途贩运,徽商失去了生存和发展的重要基础。另一方面,徽商在江南市镇中的商业活动也陷于瘫痪。徽商中从事吴楚贸易的大多是资财雄厚的行商，而长江中下游地区从事商业活动者，还有分布于大中城市以及新兴市镇的坐贾，扬州、苏州、南京、杭州等当时的大城市皆是徽商活动的大本营，徽商经营的盐、茶、木、典四大支柱行业也主要是分布在这些城市和市镇，但这些城市和市镇绝大部分都没能逃脱战争的洗劫，由此带来工商业活动完全停顿的严重后果。据清代官方档案记载，咸丰二年（1852）以后，长江流域南京上游各大镇"多被焚掳净尽，商本或早经收回、铺户又乏本歇业"①，商业活动极度萧条。长江下游的各主要城市以及各中小市镇也受到严重破坏，商业遭到毁灭性的打击，如徽商集中地苏州，"商贾每多歇业"，战后丝绸业的织机数比战前减少54%。以该地区为主要活动区域的徽州商帮的盐、典、茶、木四大支柱行业受到战乱的冲击，该四大行业的衰落最终决定了徽商无可挽回地走下坡路的趋势。

此外，战争不仅使徽商经营活动的大环境严重恶化，而且对徽商本土产生了巨大的破坏力，从1854年太平军攻入祁门县，徽州便成为清军和太平军交锋的主要战场。清军、太平军、地方团练三种军事力量无不对徽州百姓搜刮抢掠，使得徽州社会"窖藏为之一空"，如民国《绩溪庙子山王氏谱》所记述的那样："咸同以来，洪、杨构乱，东南涂炭。绩民之迫于荒，罹于难，困厄于疠疫，往往晨啜康覈而午毙于道，或裹白刃死，或数日不得食，流亡转徙以之他乡，比户而计，十无二三存焉。"②为躲避战乱，辗转返回徽州的商人不但未能保存资本，反而变得一贫如洗，"后闻（众朝奉）携资返徽，仍遇贼匪，丧失罄尽"③。如绩溪庙子山王兆明，"业农兼擅铜业，设肆于休宁之万安街，洪、杨之乱，资为避地，更历休歙诸地逃食"④。《徽难哀音》记述了一个徽商在战争

---

① 《咸丰三年五月十八日安徽巡抚革职留任李嘉瑞奏》，转引自彭泽益：《中国近代手工业史资料》第一卷，生活·读书·新知三联书店1957年版。
② 民国《绩溪庙子山王氏谱》卷末四《目乙一·后序》。
③ 《鳅闻日记》卷下，转引自张海鹏、王廷元：《徽商研究》，人民出版社2010年版，第612页。
④ 民国《绩溪庙子山王氏谱》卷二〇《世传六·家传》。

中的遭遇,休宁人汪登载在汉口开设一个商店,每年秋天他都前去汉口盘点货物,到初冬才返回休宁。太平天国战争中,有一年他仍按照旧例携眷属佣工从休宁北城出发前去汉口,但由于平时养尊处优,一走到崎岖山路,没半天就疲惫不堪,坐在路边歇息,突然传来谣言,草木皆兵,军队要打过来,佣工眷属都忙着各自逃生,丢下汪登载一个人,"不得已爬至南山林木深处,石壁岩下匿身焉。乃惊魂乍定而饥肠雷鸣……一农人亦来避难者,包袱中带有米粿三四枚。汪见之,取囊中金条一,市米粿……农人不允,汪饥饿而死"。战争中,徽商的生命财产受到严重威胁,朝不保夕,家园受到严重破坏,无论徽商在何地经营,从事的是何等行业,规模是何等大小,都无一例外地受到战争的洗劫。在战争中,清政府以"戡乱"的名义,大幅度提高茶叶税率并开征厘金,同时强迫徽商"赈饷"和捐助团练,大量分流了徽商的商业资本和利润。十余年的战争使得徽商元气大伤,重振乏力。

## 二 经世致用思想与实践

鸦片战争特别是咸同兵燹,给徽州社会带来了深重的灾难,不仅在外经营的徽商受到重创,而且更为严重的是,徽州本土积累千年的文化受到了空前浩劫。这前所未有的大变局,引起了有识之士对徽州文化的深深思考。

与此同时,传统徽州学术在这一时期虽然因战争而趋于沉寂,但依然按着其惯性,缓慢地向前发展着。

### (一)汪士铎对徽州陋俗的批判及经世致用思想

最能代表对徽州文化进行思考的是咸同兵燹避难于绩溪的江宁

名士汪士铎。

汪士铎(1814—1889),原名鏊,字振庵,又字晋侯、悔村,号悔翁、芝生、无不悔翁。道光二十年举人,胡林翼门徒,咸丰三年太平军占领南京后,汪士铎逃难至皖南绩溪,侨居宅坦村五年。在宅坦村避乱期间,他目睹并真实地记录了清军和太平军在绩溪的鏖战过程,对包括绩溪在内徽州的社会与文化有着直观的感受和深刻的反思与批判。

1.对早婚陋俗的批判

历史上特别是明清时期,徽州一向有早婚的习俗,究其所原,大概是由于男子外出经商谋生的需要。徽州山多田少、人众地寡,在人口急剧膨胀的情况下,为摆脱衣食不足的生存危机,徽州人自幼便养成了外出经商谋生的习惯,所谓"前世不修,生在徽州,十三四岁,往外一丢"[①]。所以,徽州同四川一样,为了早日成婚就外经商,往往年未及冠即匆匆结婚。明代地理学家王士性说:"蜀中俗尚幼婚,娶长妇,男子十二三岁即娶,徽俗亦然。然徽人事商贾,毕娶则可有事于四方。"[②]的确,徽州早婚的习俗中充满了很多的无奈。

早婚不仅给身心尚未完全发育成熟的少年男女带来体弱多病的弊端,而且更重要的是少年新婚之别、踏上茫茫经商征途后,居家苦守的新婚少女不得不肩负起侍候奉养公公、婆婆等重任。程且硕在他的《春帆纪程》中,甚至对这种充满着少妇辛酸的陋俗大加赞赏,说:"男尚气节,女慕端贞,虽穷困至死,不肯轻弃其乡。女子有自结缡未久、良人远出,终其身不归而谨事姑嫜,守志无暇,没齿无怨。此又余歙邑之独善于他俗者也。"[③]由于经商的艰辛,这种少年夫妻的新婚之别往

---

① 程成贵:《徽州文化古村——六都》,安徽大学徽学中心编印 2000 年版,第 188 页。
② 王士性:《广志绎》卷五《西南诸省》。
③ 程庭:《春帆纪程》。

往变成生死诀别,商人妇的空守孤房以至终身的事例,在徽州可谓比比皆是。因此,徽商的经商成功史,在某种程度上说也是一部徽州妇女的心酸血泪史。

徽州在太平天国以后,由于受到战乱的破坏,人口锐减,因此,为求尽快恢复人口,早婚习俗遂日益泛滥起来。这种早婚习俗,直接给人口的素质带来了严重的影响。在受创较重的绩溪县,男女婚嫁年龄原本较为正常,"婚嫁每在二十岁外,'粤匪'而后,户口凋零,家家俱望添丁,婚嫁年龄较早,久而沿为习惯。绩人又素无远志,学问、经济之企望,其取偿也易盈。为父母者,但早为子女完婚,子孙众多,含饴是乐,其愿已足。痨瘵病多,人种日弱。学问牵于爱欲,而程度日低;经济繁于食齿,而困难日甚"①。早婚的危害,给徽州人带来的一个直接后果就是人口素质的大幅下降。

在绩溪宅坦避乱期间,汪士铎目睹徽州早婚现象的普遍,在其撰写的《乙丙日记》中,对徽州文化中的早婚和人口过多繁殖进行了有力的批判,认为,"徽州人固陋,喜人多婚早,每十五六皆嫁娶,其风气也,十六皆抱子,故二十年即加一倍。顺治元年一人者,至今二千零四十八人。然皆经商挑担,无一中用者,多则气薄也。徽州二百二十年,遂至二千零四十八人,与别府一人至一百二十八者比,则婚娶早之故也"②。又云:"徽六邑,绩溪最苦,地狭人多也……故人多于他邑,而愚于他邑,贫于他邑"。③ 造成这一现象的原因何在,汪士铎认为,"推原其故,他邑人皆经商在外,故生子少,妇人独居故也。又或携眷迁徙,故人不多而富"④。因此,应当"严禁男子二十五岁以内,女子二十岁以内嫁娶"⑤。汪士铎指出,早婚陋习和多子观念不仅造成了贫穷,而且带来了战争。要想使徽州得到发展,必须改变早婚习俗,并"禁赌博、

---

① 刘汝骥:《陶甓公牍》卷一二《法制科·绩溪民情之习惯·婚嫁之年龄》。
② 汪士铎:《汪悔翁乙丙日记》卷三。
③ 汪士铎:《汪悔翁乙丙日记》卷三。
④ 汪士铎:《汪悔翁乙丙日记》卷二。
⑤ 汪士铎:《汪悔翁乙丙日记》卷二。

洋烟、性理、鬼神、巫祝、星卜、盗贼、私斗、光棍、游荡、硝黄、邪教十二事,犯皆斩立决"①。

2.对儒家德政和仁政的批判

针对太平天国起义冲击下的清朝危局,汪士铎将其归罪于儒家的所谓"德政"和"仁政"。因此,汪士铎对孔孟儒家的尚仁思想进行了尖锐的批判,指出:"孔子之弊过仁(酿乱)、过文(无用),不善用所短而讳言兵,又不善用其长而不服善,好驳人,妄议论人,长于修己,短于治世,不自服其迂腐,浮夸大言,高自标致,综练名实,始知其尽属想象之空谈,或亿万中间有一二幸验者,遂坚执为左证,今人更加之蒙蔽、粉饰、巧诈、怠玩,不杀小人而忌君子,以至此极也。"②他还认为,贾谊的《过秦论》一文批评秦朝暴政,不施仁义,但恰恰相反,秦朝的灭亡"《过秦论》归于仁义不施,此官话不着痛痒也。王命论,乃时文家荒唐之言,全无着实之处"③。

对宋明理学儒家空谈误国,汪士铎也进行了无情的批驳,指出:"由今思之,王(弼)、何(晏)罪浮桀、纣一倍,释、老罪浮十倍,周(敦颐)、程(颢、颐)、朱(熹)、张(载)罪浮百倍,弥近理,弥无用,徒美谈以惑世。"④汪士铎认为:"孔孟、宋儒、如来、文殊、维摩诘、老庄、文列皆顿门,务为高阔虚空,无形影之心性,无用之虚说也。"⑤特别是"宋元以来左袒孟氏,遂不敢议其非,学者几视为固然,真陋儒之固也"⑥。最后,他得出结论,认为:"今日之失,与宋明末之失,皆笃信孔孟之祸也。"⑦因而主张科举考试"不用孔孟""不用六经"。

针对帝王崇儒重道,把儒家伦理道德奉为至高无上教条的做法,汪士铎愤懑地指出:"君德不在崇儒重道、偃武修文,而在英明吏治、综

---

① 汪士铎:《汪悔翁乙丙日记》卷二。
② 汪士铎:《汪悔翁乙丙日记》卷二。
③ 汪士铎:《汪悔翁乙丙日记》卷二。
④ 汪士铎:《汪悔翁乙丙日记》卷三。
⑤ 汪士铎:《汪悔翁乙丙日记》卷三。
⑥ 汪士铎:《汪悔翁乙丙日记》卷三。
⑦ 汪士铎:《汪悔翁乙丙日记》卷三。

核名实、兼资文武、知人善任；君心不在宽仁慈,而在英武。世不以文教日盛为善,不以麟凤一切为瑞,不以彗孛为妖,以丰年无水旱为瑞。"①

汪士铎以一个避乱徽州的局外人来分析徽州文化中因循守旧的惰性,并批判了儒家的德政、仁政思想和宋明以来空谈误国的理学思想,提出了向西方学习科学技术的主张,"课士禁用时文,而讲农田水利,商贾导之,航海而至域外四洲,工人兼习泰西之法"②。汪士铎指明了徽州社会和文化发展的方向,是鸦片战争和咸同兵燹后徽州思想界探索徽州社会与文化发展变革的代表。

### (二)王茂荫的货币思想和对徽州社会与文化的批判

#### 1.王茂荫的货币思想

王茂荫(1798—1865),字椿年,号子怀,歙县人。道光十二年进士,历任吏部主事、江西司员外郎等职。咸丰元年,补授陕西道监察御史。咸丰三年被擢升为户部右侍郎兼管钱法堂事。作为马克思《资本论》中提到的唯一的中国人,王茂荫最大的贡献在于提出了发行纸币和反对发行大钱的主张。

为了缓解清政府鸦片战争后白银大量外流、镇压太平天国巨额军费开支所造成的财政危机,咸丰元年,王茂荫向朝廷上奏《条议钞法折》,系统提出了十条发行纸币的建议,认为:"济用权宜,似莫逾于此。"这十条建议分别是推钞之弊、拟钞之值、酌钞之数、精钞之制、行钞之法、筹钞之通、广钞之利、换钞之法、严钞之防。十条建议可以概括为三个方面:

第一,发行纸币只是"用钞以辅银,而非舍银而从钞"。纸币发行后,银币并不退出流通,而是"以银两计钞",使银两与纸币同时流通,

---

① 汪士铎:《汪悔翁乙丙日记》卷三。
② 汪士铎:《汪悔翁乙丙日记》卷三。

并自由兑换,即"听民等向银号兑换行用,并听为随处上纳钱粮、兑换银钱之用"。

第二,为防止造成通货膨胀,坚决反对无限制发行纸币,认为,"极钞之数,以一千万两为限",且"钞宜以银两计"。① 行钞应做到"行之以渐,限之以制""定数"发行。否则,"钞无定数,则出之不穷,似为大利,不知出愈多,值愈贱"。

第三,要从制度上规范纸币的发行和使用。"制钞行钞各法,非不力思防弊,然恐法久而弊生。再请法行之后,不得另有更张,致民观听惶惑以坏法;造钞之制,不得渐减工料,致失本来制度以坏法;民人有伪造者,即照钞文治罪,不得轻纵以坏法。"②

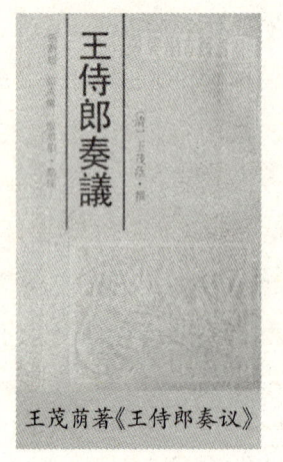

王茂荫著《王侍郎奏议》

王茂荫的上述行钞主张是为了缓解财政危机而提出的,它与当时清王朝统治者的意图是一致的,但由于其具体主张与清廷意图又是难以相同的,故在建议提出之初,就遭到了朝臣的驳议,奏疏未被批准采纳。虽然咸丰三年五月开始实行发钞(官票),年底发行"宝钞",但由于这些都是不能兑现的,并且数量很大,与王茂荫的主张和建议相违背。尽管如此,王茂荫还是被清政府于是年十一月任命为户部右侍郎兼管钱法堂事。

早在《条议钞法折》中,王茂荫即坚决反对肃顺等提出的发行大钱的主张,并列举了自汉朝以来铸大钱的弊端,指出:"钞之利不啻十倍于大钱。"③擢升户部右侍郎兼管钱法堂事不久,王茂荫更是上奏《论行大钱折》,考证历代大钱兴废,极言铸大钱之弊,认为,"官能定钱之值,而不能限物之值。钱当千,民不敢以为百;物值百,民不能以为千"。历代铸大钱"未有行三年而不改变废罢者,未有不称盗铸云起,物价腾

---

① 王茂荫:《王侍郎奏议》卷一《台稿上·条议钞法折》。
② 王茂荫:《王侍郎奏议》卷一《台稿上·条议钞法折》。
③ 王茂荫:《王侍郎奏议》卷一《台稿上·条议钞法折》。

贵,公私非便者"①。

然而,王茂荫的主张并未得到清政府的重视。次年,他又上《再议钞法折》,对清政府发行不兑现纸币,造成"兵丁之领钞者,难于易钱市物;商贾之用钞者,难于易银置货。费力周折,为累颇多",提出了尖锐的批判。这一奏疏彻底触怒了咸丰皇帝,受到其严厉的申斥。王茂荫旋即被调离了户部。这就是马克思在《资本论》第一卷第一篇注八十三中所提及的事件。

2. 王茂荫对徽州社会与文化的批判

王茂荫不仅关心清政府的财政和政治,而且对家乡徽州的社会与文化也非常关注。咸丰八年(1858),王茂荫在亲眼目睹富民、商贾财产被夺和社会治安恶化等情况后,专门写成《歙邑利弊各事宜》②,对歙县的讼棍为非作歹、土棍扰害乡曲、盗贼猖獗、残骸厝坟、尾滩拦索等诸多弊端进行痛斥,提出了包括歙县在内的徽州必须保护富民、抚恤商民、严拿讼棍和土棍、革除颓风、严捕盗贼、严禁残害厝坟、严禁尾滩拦索、照例办理命案、用猛以警顽梗、减除板串和税契收费等一系列主张,认为这样才可减轻商民困苦,才能维护社会安定,促进徽州经济发展和社会进步。对徽州咸同兵燹中的弊端和防守之策,王茂荫认为:"守徽州与他郡不同,他郡务在分垣,徽州务在守边界。边界守得住,全郡可保;若边界不守,全郡即将糜烂。"③对徽州劝捐和团练之危害,"不肖之绅衿"借捐练勇,扰害当地商民,王茂荫也向咸丰帝作了痛陈和揭露,指出:"因经手之人冒销不可胜计,现在均已成空,乃复立续捐局,用不肖绅衿数人,按户诛求。有不遵者,或带勇登门以扰之,或锁押牵连以逼之。有老幼同系者,有弃房变产者。……怨声载道,叫苦连天,民情皇皇,不可终日。"④他建议朝廷派人赴徽州"先将前后捐数

---

① 王茂荫:《王侍郎奏议》卷六《省稿一·论行大钱折》。
② 曹天生点校整理:《王茂荫集》下篇《王侍郎遗稿》卷一三《歙邑利弊各事宜》,中国档案出版社2005年版,第173—176页。
③ 王茂荫:《王侍郎奏议》卷五《寺稿下·请饬徽州知府驰赴婺源防堵片》。
④ 王茂荫:《王侍郎奏议》卷七《省稿二·论徽州续捐局扰害折》。

查定,俾无隐没,再与核算;立即除勒捐锁押之威,以安民心;严拿花会肆扰之勇,以除民患;去不肖之绅衿而延访公正有才之士与商,劝捐带勇,扼要为防"。在《论徽州练局积弊折》中,王茂荫则痛陈了徽州练局及花会浪费捐费、勒捐地方、滋扰商民的情况,指出:"徽州之难,由于练勇非人。而练勇所以非人,则知府达秀误以花会之人为之也。该府初颇禁花会,缘禀生潘炳照素结门丁李作塘为兄弟,窥该府方欲练勇,因共诱以听开花会即可敛钱聚勇,平时无需养费,有事可以得用。既入听,遂招向为会首之吴玉富行之。树旗帜大书义练局,聚无赖不法之徒以广开赌场。"因此,王茂荫认为,"徽祸始终,皆由花会"。对李作塘和汪致安依仗徽州知府与学政搜刮民财而引致的徽州民怨沸腾,甚至出现"苦不苦,茶厘只扣二分五;清不清,拉着捐户拜门生"和"学政一日不去,徽难一日不止"的民谣。王茂荫以"严除祸本"的名义,敦请朝廷"尤宜饬地方官严行禁断,务必绝其根株,地方有幸"①。

王茂荫出身于徽商之家,为此,他特别重视对商人利益的保护。在道光二十八年(1848)撰写的《歙邑利弊各事宜》中,就有两处涉及保护商人利益问题:一是"请恤商民。邑民十室九商,商必外出,家中惟存老弱。地方讼棍往往借端生事,肆为欺凌或诱其年久分析之,不肖亲房将伊田产盗卖,虚填契价,勒令取赎,否则强行管业,或诱其族邻以无据之账,挟同逼索,以便分肥,种种栽害难以枚举,商民仗身谋生,多属帮伙,非能殷富,外出既无能与较,暂归念将复出,自顾身家,亦不敢与较,隐忍含泪,不知凡几,愿有以护恤之"。二是"请严禁尾滩拦索也。由水路初入歙境,地名尾滩,其滩高峻,船最难上,至此

---

① 王茂荫:《王侍郎奏议》卷八《省稿三·论徽州练局积弊折》。

正极吃力,两岸无赖之徒,使穷民妇女以小舟拦截于前,肆行强索。每船数百数千,相所载之轻重,必饱其欲乃去,在岸者坐而分肥。倘船户客商不给,稍事争论,则在岸无赖群起助虐,其祸匪轻,行旅病之,此害宜除"。王茂荫对徽州的讼棍与土棍批判尤为严厉,徽州"健讼"民风早在宋代即已形成,明清时期尤甚,明末歙县知县傅岩就曾说过,"新安健讼,每有一事,冒籍更名,遍告各衙门,数年不已,以图拖害"[①]。清康熙时休宁知县廖腾煃亦说:"本县莅任两载,自惭凉德,不能化民无讼。然讼中之弊,不竭力革除,致使小民因讼破家,而奸胥讼棍反觅生涯。尔民膏血几为吸尽。"[②]延至近代,徽州健讼之风丝毫没有收敛,讼棍更加肆无忌惮。对此,王茂荫指出:"间有不肖之徒,平素结交吏役,勾串往来,遇富室有事,多方拨弄,或搭台防火,或包揽把持,或招摇撞骗,或卖弄刀笔,情状甚多,愿访拿而严办之。"强烈要求"请拿讼棍"。对祸害徽州乡里的土棍,王茂荫也有揭示,云:"棍徒扰害乡里,设局诱赌,窝贼肆窃,遇事生风,借端讹诈,甚至强奸妇女,拦索财物,恃其凶横,无所不至。良儒莫敢谁何,保约不敢举报,极为地方之害。"为此,王茂荫也极力要求"请拿土棍"。此外,王茂荫还敦促徽州地方要"用猛以警顽梗"。[③]

王茂荫对徽州现实政治和文化的批判,反映了他对咸同兵燹时局中徽州社会经济与文化发展的冷静思考和深深忧虑。

## 三 关注现实的纪实性文学作品涌现

鸦片战争前夕的徽州文学创作相对低迷保守,以歙县程恩泽

---

① 傅岩:《歙纪》卷五《纪政迹·事迹》。
② 廖腾煃:《海阳纪略》卷上《告词规条示》。
③ 曹天生点校整理:《王茂荫集》下篇《王茂荫遗稿》卷一三《书札目录》之《歙邑利弊各事宜》,中国档案出版社 2005 年版,第 173—176 页。

(1785—1837)为代表的诗学思潮,与讲求变革与经世致用的时代,显然是格格不入的。

鸦片战争之后和咸同兵燹期间,一批徽州文人墨客或亲历战争,目睹战争的残酷与民生的艰辛;或深受战争创伤,挣扎在水深火热之中。记述战争、描述战争的残酷性以及关注民生,成为这一时期文学创作的主流。同时,赞扬徽州山水之美、讴歌美好家园的文学作品也不少。

### (一)黄崇惺与《凤山笔记》

咸同兵燹给徽州社会、经济与文化带来了深重的灾难,一批徽州籍文人墨客亲身经历了战争给徽州社会造成的创伤,并用手中的笔真实记录了清军与太平军在徽州各地惨烈的作战过程。其中,黄崇惺的《凤山笔记》就是其中的代表。

黄崇惺,原名崇性,字麟士,号次苏,又号次孙,歙县潭渡人。咸丰元年举人,同治十年授庶吉士,历任福建归化、福清知县,署福建汀州同知,卒于官。一生勤于撰述,诗文雅,著有《二江草堂诗集》《集虚斋文》《劝学赘言》《草心楼读画集》等书,尤于乡邦风土掌故撰述为丰,著有《郡志辨证》一部,重刊《潭滨杂志》。同治元年(1862)以前,黄崇惺居于家乡潭渡,耳闻目睹太平天国与清军在徽州战事。同治元年以后,携家客居江汉,游京师,故同治二年(1863)之后,则据奏报之文纪之,遂撰《凤山笔记》二卷,一万五千余言,逐年详细记录咸丰二年至同治三年清军在徽州驻防及与太平军作战之始末,该书述论结合,是研究徽州太平天国史不可多得的史料之一。是书为未刊稿,因许承尧全文录于《歙事闲谭》而得以保存。

《凤山笔记》以黄崇惺亲身经历并结合奏报档案文献,以写实的笔法,全面记录了清军在徽州驻防以及与太平天国交战的事实。内容翔实可信,又于军事得失,言之甚详,其不满曾国藩湘军之处,皆可于言外得知,这是徽州人评论当时时事之舆论的代表之作。对曾国藩毁祁门城以造碉堡之事,黄崇惺尤为义愤,云:"然碉之设亦无所用。同治癸亥,'贼'破祁门,碉内之兵不能阻也。徽州山径丛密,必如大小金川,三里五里,碉堡林立,'贼'始不敢越碉而攻。"①

《凤山笔记》还翔实地记录了咸同兵燹时期徽州的社会状况。对当地百姓承平日久,忽遇兵燹、张皇不知所措的情形,《凤山笔记》写道:

> 咸丰二年冬,粤西"贼匪"自长沙渡洞庭,攻武昌。三年春二月,遂陷安徽行省,长驱东下,连陷沿江诸郡县之地,直窜江宁,踞之。徽州大震。州西接池州,南[北]达宁国,北[南]接江西饶州,皆与"贼"氛蜜迩。而人士习于承平日久,不知兵革之事。闻"贼"踪日近,皆愕然眙不知所何为。②

《凤山笔记》对花会赌博盛行,也有详细描述,云:

> 花会之戏,自闽地来,而徽州行之极盛。其戏为三十六门,各以二字为标目。摘前人诗句为题,使人射之得者一钱偿三十由是人争趋之。妇女稚孺,亦日从事于此。占卦卜字,祷庙祈梦,以求其兆。更有露宿墓下,或问某村常见怪异,平时不敢过者,亦皆本趋占祷,不知畏避。然获利者,十不一睹,而破家亡身者往往而有。徽有俗谚云:"福建刀兵响,徽宁作战场。"③

---

① 许承尧撰,李明回等校点:《歙事闲谭》卷一九《黄次苏〈凤山笔记〉》,黄山书社 2001 年版,第 662 页。
② 许承尧撰,李明回等校点:《歙事闲谭》卷一九《黄次苏〈凤山笔记〉》,黄山书社 2001 年版,第 637—638 页。
③ 许承尧撰,李明回等校点:《歙事闲谭》卷一九《黄次苏〈凤山笔记〉》,黄山书社 2001 年版,第 660 页。

对咸同兵燹中徽州受祸之惨、徽州人困顿之社会现状,《凤山笔记》着墨尤多。如对咸丰十年八月徽州府城被太平军攻陷后焚掠胁迫之惨、民众逃窜避乱山中之艰,描述特别翔实。

深山穷谷之中,无处不被其扰,其焚掠之惨,胁迫之苦,较他郡为尤烈。徽人向之累于捐输者,今且为"贼"掳胁,火其居,拘其身,而索其财矣。向之惮于迁徙者,今且无地可迁,无物可载,壮者不能挈其家,老者不能顾其子。其始奔窜山岭,惟畏"贼"至;其后则寒饿困殆,求一饱而不可得,不复能奔窜,亦不知"贼"之可畏矣。

黄崇惺的《凤山笔记》真实地记录了太平军和清军在徽州反复争夺、激烈厮杀的事实,是等文人士大夫关注现实、关心民生的真实写照。

### (二)郑由熙戏曲、诗词文学作品对徽州现实的关怀

郑由熙(1830—?),字晓涵,号歠岚,又号坚庵,歙县丰口人。晚清著名诗人、戏曲家。清同治初年优贡生,以军功保举知县,历任江西瑞金、新昌知县,补靖安县令。郑由熙一生勤于创作,著述丰富。安徽省图书馆编《安徽省馆藏皖人书目(—1949)》收有郑由熙著作7种,即《木樨香》1卷,《雾中人》1卷,《雁鸣霜》1卷(此即许承尧所称之《暗香楼乐府》3种),《晚学斋外集》4卷,《晚学斋曲》3种附诗词1卷,《晚学斋诗集》12卷、续1卷、文2卷、涟漪词1卷,《涟漪词》2卷。

郑由熙生活在清朝末年,本来平静的仕宦文人生活因太平天国运动的爆发而发生改变。他于咸丰三年太平军攻占南京时,携带家室逃归故乡徽州,躲避战乱,伏处十年,感愤之余,渐有著录。咸丰十年,徽州府沦陷于太平军后,郑由熙仓皇出走江西上饶避难。此后,身行万

里,遍游闽越燕齐,足迹遍及大江南北。

亲身经历了徽州的咸同兵燹,郑由熙创作了大量乐府诗词和戏曲作品,以戏曲、诗词等文学形式记述战乱中的徽州官员、民众和社会的情态,是研究咸同兵燹时期徽州政治、经济、社会与文化不可多得的重要史料之一。

1. 郑由熙戏乐府作品对徽州咸同兵燹的记录

郑由熙创作的乐府作品主要有《木樨香》《雾中人》和《雁鸣霜》各一卷,合为《暗香楼乐府》三种。

《木樨香》主要是记载咸丰五年(1855)太平军初次攻陷徽州府城歙县后知县廉骥元和县丞张君殉难事迹。是年,太平军由祁门县榉根岭攻入徽州,守岭之江长贵兵力单薄,一战即溃,太平军长驱直入,一举攻克徽州府城,徽州兵备道徐荣战死,歙县知县廉骥元上任未久,倡练团练尚未成功,乃亲自出城门劝导民众抵抗,但无人响应,被迫遣部下将县印封存送至绩溪,而自己则自经于县衙桂花树下,县丞张某亦自焚而死。《木樨香曲为邑侯星瞻廉公骥元作》,就是为记录和表彰廉骥元死节之事而创作的。

> 公署吾歙之明年三月,"粤贼"犯郡,力尽援绝,城不守。署有桂花树,自经死。"贼"退,花盛开。予从郡人士祭其灵,并挽以诗。
>
> 君不见象山史氏开秋花,忽变玉树为丹葩。又不见淮南佳种产岩谷,八公才士应运出。寻常瑞应非奇征,不及我公忠诚动草木。父老且勿悲,士女切勿哭,我歌木樨香一曲。(一解)妖氛突炽旄头星,烽烟无堠车无軿。士卒如梦初叫醒,兵不足,壮丁续。壮丁者,谁发秃,阵马权当更牛骑,有米有钱军中嬉。(二解)里魁应募夜郎大,"寇"来逻营兵不在。道路拾遗半军械,壮丁壮丁甚矣备。(三解)元戎十乘先启行,孤城都大公能当。鼓声如雷旌旗张,燎火烛天日月光。(四解)全军皆墨"贼"氛逼,十里五里侦探

疾。我寡"贼"多,公无奈何;行三十里,求援赤子。耕者尔来,耰锄是抵;负者尔来,制梃可使;居者尔来,揭竿而起。谆谆藐藐,行行止止。岂无天良,所惜者死。(五解)登陴四望,肝肠寸断;乃升公堂,乃召隶卒。斋印邻封,鉴前车覆;望阙再拜,顿首出血。城不克全,贼不克灭;臣"贼"当诛,死有余辜。抚桂花树,自经于署;忠魂能香,秋花春芳。(六解)天欲斯人传不朽,直把清明当重九;广寒分与十分秋,杏艳桃娇一齐丑。窥虽不仁,畏公如神,谓公亦犹人,胡不明哲以保身。越十日,"贼"行乱平,公颜如生,花香满城。(七解)噫嘻乎!枝上花,腔中血,地下冤,天上雪,苍苍冥冥表忠烈,青史无权笔如铁。(八解)①

按,廉骥元忠烈自尽,连太平军也为之所感,占城十日即退出城。太平军撤出歙县城后,歙县人纷纷前往祭奠。时方二月,桂花盛开,众议以为天为义烈所感。正是"秋花春放人惊骇,那知他感动神灵道理核"。郑由熙进一步将廉骥元殉烈事迹放大,从而达到赞美其忠烈之举的艺术效果。

《雾中人》也是记载和反映咸同兵燹中湘军首领李元度失徽州城的文学作品。李元度,湖南平江人。咸丰二年(1852),曾国藩在湖南办团练,李元度应召入幕。后随军攻克武昌、汉阳。五年,曾国藩于湖口、九江战败,退守南昌,他返湘募平江勇一军赴援。八年七月,领兵七百人防守江西玉山,与太平军激战获胜,加按察使衔。咸丰十年八月,李元度受命防守徽州,为太平军侍王李世贤攻克,因被革职拿问。《雾中人》得名系由郑由熙奉亲避乱黄山曹竹寺中,太平军已临其门,赖大雾侥幸未被俘虏之事。该词大意是:咸丰四年张芾奉命守徽州,筹饷练兵,严扼入徽各岭险隘,使徽州免遭兵燹者三年。而李元度于咸丰十年取代张芾后,载书数十箧至徽州,自诩知兵,尽撤各岭防务,

---

① 郑由熙:《木樨香》,清光绪十六年刻本。

一意守城。徽州本为山城,无险可扼,虽经官绅泣诉力争,但刚愎自用的李元度不为所动,城乡团练亦被李元度悉数解散。这样,咸丰十年九月,太平军攻破丛山关,长驱直入进攻徽州府城。李元度料知城不可御,遂亲率骑兵由紫阳门仓皇弃书逃遁,徽州府城失陷。此次府城沦陷,徽州受创尤惨,故徽州人对李元度也怨恨尤深。《雾中人》就是在这一背景下撰写而成的,文字一面描述自己一家侥幸靠大雾逃脱的经历,一面颂扬张芾的守城练兵之功,而对李元度,则极力丑诋之。该书前有绩溪程秉钊撰写的《序》,秉钊也有小诗记其事,其二章云:

丛山峨峨旧有关,一夫力守万夫艰。如何才下当关令,已见红巾满敌山。

深源枉自书空字,骑劫原非善将兵。今日登临经广武,绝怜竖子未成名。①

2.郑由熙诗歌对咸同兵燹时期徽州社会的记述

在郑由熙创作的大量诗歌中,除了对徽州大好山水的描述之外,不少记述了咸同兵燹时期徽州民生的艰难和叹息。其中,以《无米谣》和《米珠谣》两首诗歌为代表:

### 无 米 谣

"有米无米,饿死老弟",亦童谣也。"贼"据城久,民死于饿者半与。爰衍其意为篇:

无米年无米,阿兄逃,阿弟死,逃者存亡未可知,死者之肉充人饥。道旁老妪哭且诉,釜中胡为烹吾儿。老妪老妪尔勿哭,明日尔死烹尔肉。(一解)有米有米,舂声如雷,贼食米饱,马食米肥。马鸣萧萧居大厦,难民不知贼中马。(二解)有米食粟,无米

---

① 许承尧:《歙事闲谭》卷四《郑晓涵〈暗香楼乐府〉三种》,黄山书社2001年版,第132页。

食糠。糠难下咽为羹汤,杂以青草草半黄。饥馑刀兵天不忍,山头剐出观音粉。(三解)前村后村,短发髽髻。有米有米,一金一升。有金不敢下山买,山下蠕蠕长发伙,抱金而亡吁可怜,有明至今五百年。(相传明初有形家言徽人五百年后抱金而亡)

米 珠 谣

(皖浙米贵于珠,流亡至信州者络绎,惨于闻见,因成是语)

贫妇牵儿上街市,褴褛衣裳旧罗绮。女红一日钱半百,买米盈盂杂糠秕。但供儿饱娘忍饥,儿啼不忍止勿饮。道旁携手各呜咽,嫁奁归取明珠遗。一颗明珠一升米,赧颜致辞齿羞启。市侩仰视置不理,何物药笼抛薏苡。明珠虽好煮不熟,金屋女郎抱珠死。

郑由熙创作的诗歌,充分体现了咸同兵燹时期徽州下层民众的真实生活,是作者关心民间疾苦、痛斥残酷现实的感情流露。这些作品实际上反映了清末徽州文学家、戏曲家和诗人关注现实思想观念的一次大的转变。

### (三) 柯华辅、柯钺父子及程梯功描写残酷战争的诗歌

柯华辅,字翼之,号竹泉,歙县水竹坑人。身处咸同兵燹劫难之中,于咸丰三年后,受命襄治歙县南乡团练事务。咸丰十年四月,太平军从浙江淳安入歙,柯华辅率领乡兵团练武装御于六甲岭,扼守五昼夜,妻王氏死之。后投靠曾国藩,办采访忠义局。柯华辅工于诗歌,酷嗜鼓琴,名所居曰"弹琴咏诗之室"。和同邑张文淦、曹应忠及程荣功、程校功、程梯功三孝廉之间,互相唱酬,留下不少优美的诗篇。自经咸同兵燹离乱后,创作的诗歌变得哀怨起来。在《元旦喜晴》五言诗中,柯华辅抒发了闻听军书捷报后的喜悦之情,云:"雪少一冬暖,春光半

月回。九天新日朗,无色瑞云开。世运从新转,军书捷报来。江山含喜气,草木仰栽培。"①

柯钺(? —1864),字晓铨、筱泉,号衾瞻,柯华辅之子,歙县水竹坑人。自幼聪慧,"才名冠一时"。道光二十九年(1849)拔贡生,廷试一等第二名,被擢为知县,后选为桐城县教谕。咸丰元年中举,官刑部主事,留心政治,尤负时望。咸丰十年,协防京城,以功加五品卿衔。不久,考取军机章京第一,以丁忧回原籍歙县。后被曾国藩罗致戎幕,每与曾国藩商讨辩论军事事务,因坚持己见,深得曾国藩器重。曾国藩曾评之曰:"柯君清才正气,人所不及。"因积功保加四品衔。同治三年七月,柯钺在清军收复南京后病故。曾国藩为其奏请旌恤,称其"以儒生从戎,劬学力行,清正不阿,从公尽瘁,赍志云殂"②,授赠太仆寺卿衔,荫一子县丞。

柯钺博洽能闻,在诗歌创作领域成就尤大。其《别桐阳》一诗云:"一宿蓬庐久住难,谁教漂泊在江干。路犹未了多于债,身不能闲负此官。书卷屡荒空叹惜,家言无愧是平安。年来久缺循陔膳,那忍留连苜蓿盘。"又有《青阳杂诗》云:"行尽万重山,烟树在脚底。岭坳豁中断,突见危楼起。沙水帀三面,雉堞随迤逦。陡下望池门,街衢平如砥。江南地无尘,况当新雨洗。履声触不骄,橐橐响盈耳。"柯钺的诗抒情之中充满着现实主义的色彩。其所作的《从军》诗二首,充分反映了战争的残酷,诗云:"轻衣血染几春秋,画米量沙费苦筹。谁谓贾生年独少,论功他日不封侯。"

歙县水竹坑村的柯钺故居

---

① 许承尧:《歙事闲谭》卷二六《柯氏诸人诗》,黄山书社2001年版,第945页。
② 许承尧:《歙事闲谭》卷四《柯钺》,黄山书社2001年版,第130页。

"春辞楚客夏东行,一滞吴门遽请缨。怒马纵横嘶夜月,满天星斗下坚城。"①此二首《从军诗》,是柯钺告别曾国藩跟随李少荃从军江苏时撰写的,诗文对清军与太平军战斗的激烈场面描写十分生动,是咸同兵燹中难得的从军作战诗歌作品。

程梯功,字鹤槎,歙县城荷花池人。少时负奇气,有睥睨一世之概。中道光十四年(1834)举人,后屡应春闱不第。性嗜酒,精于书法,能兼有各家之长,尤以草书见重。所书楹帖,极沉郁顿挫之致。城居数十年,足不出入官府,闭户诵读,与仲兄鄂山相唱和,咸同兵燹期间,避居水竹坑柯华辅之半舫园,课徒自给,归途近百里,往来悉徒步,草笠芒履,劳苦困顿,至死不悔。其所创作的诗歌,柯华辅在同治二年(1863)为其《初桄斋诗集》所作的序文中有着高度的评价,云:"其诗雄浑豪迈,弸中彪外,浓而不失于秽,新而不伤于巧。其为文长于议论,洒洒数千言,如长江大河,浑浩流转。至骈体、试帖、词曲之类,皆能各擅其胜",是一位堪称上乘的书法家、文学家和诗人。其《渔梁观灯》五言诗云:"欲洗风尘眼,寒波不断流。红灯千嶂夕,白练一条秋。诗酒归吾辈,山川足壮游。肯将烟景负,凉月上芦洲。"歙县渔梁山水尽现于诗文之中。又有描写咸同兵燹乱后回忆之诗,题《月下上饮忆孙骏卿孙国骦字骏卿却寄》云:"乱后客衣单,风窗话夜阑。酒增平日量,月比故乡寒。贫病吾家惯,兵戈世路难。遥怜桥上客,孤愤满西干。"许承尧亦称"其诗古体甚佳,有《述怀》长篇,述乱离事,极真切沉痛。近体实伤纤巧,如《咏雁字》三十首用上下平韵,似近试帖矣"②,其评价可谓较为公允。

---

① 许承尧:《歙事闲谭》卷二六《柯氏诸人诗》,黄山书社2001年版,第945页。
② 许承尧:《歙事闲谭》卷二六《程鹤槎〈初桄斋诗集〉》,黄山书社2001年版,第942—943页。

## 四　新安医学继续走向辉煌

新安医学在走过了明代和清代前中期的辉煌之后,至清代晚期依然循着历史的足迹向前发展着,医学世家传承的家庭链现象十分突出,一批名医世家在新安医学的传承与发展过程中发挥了重要作用。

咸同兵燹时期,战乱之中,清军和太平军特别是当地民众伤亡惨重,随之而来的是瘟疫流行,徽州社会对医学和医家的需求呈现出前所未有的态势。一批新安医学世家在继承祖传医学的基础上,继续本着"医学乃仁学"的宗旨,在咸同兵燹

徽州清代的医书抄本

时期,以超凡的医术和百倍的劳作,投入紧张而繁重的治病救人活动之中,涌现出一批名闻遐迩的新安医家,极大地推动了新安医学的发展和繁荣。

李能谦像

李能谦(1809—1877),字光瑞,一字启赞,黟县碧山人。传承先祖李文意、父李寿昌家传医术,年刚弱冠,即负医名。他擅长诊治瘟病及疮疡,善于辨识病理。在咸同兵燹期间,驻扎于祁门的两江总督曾国藩患病,延请李能谦为之诊治,不日即痊愈。督办皖南四府一州镇压徽州太平军的张芾常患风疾头痛,也为李能谦治愈。在驻守徽州的湘军瘟疫弥漫之际,李能谦亦充分施展自己娴熟的医术,经其治愈者以千百计。李能谦也因此被曾国藩保荐授予六品卿衔。惜因战乱,其医学著述多散佚不存,仅有《启赞医

案》行世。

戴葆元(1828—约1888),字新田,婺源县桂岩人。自幼业儒,习举子业,例贡生。因屡试不第,遂弃儒而业医,继承祖传医学,在江西景德镇戴同兴药店悬壶治病四十年。术业日进,就诊者盈门,每于午后挨户珍视。咸丰、同治年间,两江总督左宗棠驻军里村,瘟疫流行,士卒染疫者甚众,戴葆元为之施药诊治,全活甚多,被赠以"春满杏林"匾额而受到褒扬。戴葆元喜爱读书,行医之余,每有心得,辄录于笔端,积而成《本草纲目易知录》(又名《万方针线易知录》)8卷和《家传课读》4卷,从而为丰富和发展新安医学作出了自己的贡献。

叶馨谷(1820—1890),名昶,号涪兰,休宁县北街人。原籍歙县梓坑的叶馨谷,自幼苦读诗书,但因体弱多病,遂遵父命师从名医程有功学医十年。医术学成后,叶馨谷徙居休宁北街行医,善治温热病及疑难杂病。咸同兵燹期间,徽州境内战火连绵,"邑邱墟,蹂躏无虚岁"[①]。死者枕藉,瘟疫肆虐,伤寒、霍乱流行,叶馨谷亲自出资,在休宁、歙县和黟县等地开设药局,自制丸散膏药等成品药,并不顾传染,深入疫区,送药施治,大量病人为此得以治愈存活。与徽州毗邻的浙江、江西和安徽池州、宁国等府县慕名求医者门庭若市,叶馨谷声名鹊起,一时间,在广大患者中,流传着"见了叶馨谷,死了不要哭"的民谣。叶馨谷卒后,其孙叶光祖将其生前效验医方加以整理,编成《红树山庄医案》12卷。

歙县医学世家江村儿科,在咸丰、同治时期传至江文珂时,驰名遐迩。江村儿科强调健脾胃、保津液,其名方一直传承至今。而歙县郑村南园喉科自郑梅涧、西园喉科自郑于靖以后,代有传人。西园喉科传承至郑塵时,获得了很大发展,郑塵以"不为良相,即为良医"自许,用他自己的话来说,就是"医虽小道,济世则其功巨,廷读书未竟,弃儒学医,涉历二十余年,每临病症,常兢兢恐误,以是免衍尤。尝谓病自《金鉴》列十三科,惟喉科为最要"[②]。故此,郑塵一面从事临床治疗喉

---

[①] 民国《婺源县志》卷一二《兵戎》。
[②] 转引自王乐匋:《新安医籍考》,安徽科技出版社1999年版,第500页。

科病症,一面总结经验,著述《喉科秘钥》,不料突然患病,亡于咸丰元年。郑塵病逝后,其夫人许氏矢志抚孤,然幼子五岁又病亡。许氏遂以女流而继承郑氏喉科医学,配制喉科丹方末药,对症施治,疗效极佳,人称"西园女先生"。咸同兵燹期间,许氏避乱隐居黄山。与此同时,道光二十一年(1841),该县许氏娘家人许村许佐廷(1816—?),访得西园喉科世家郑塵秘传善本喉科著作《喉科秘钥》,用了三昼夜将其全文抄录。以后,遇到疑难喉科症状,按抄录之药房要领施治,疗效显著。咸丰十一年(1861),在漕运总督吴棠举荐下,到江北负责筹防善后事务。同治三年,许佐廷著述的《经验喉科》由江苏兴化西鸿文堂刊刻问世。同时,他结合自己的治疗经验,将《喉科秘钥》增订为两卷本并付梓。该书内载七十四喉科症状及施治要领。同治七年(1868),许佐廷把《喉科秘钥》和《紫珍集喉科》合刊为《喉科合璧》。此外,许佐廷还著有《喉科白腐要旨》,附刊于《喉科秘钥》之末,其《凡例》云:该书"为喉科之提纲挈领,专指属虚伤燥立言,故症治以肺肾为主,用药以养阴清润为归,此发前人之所未发"[①]。郑塵之《喉科秘钥》被许佐廷重新合刊后,影响巨大,"风行海内,不胫而走,一时纸为之贵"。许佐廷不仅精通喉科,而且于儿科也十分擅长。他将自己辑录的治疗幼儿的医方订为《活幼珠玑》2卷,于同治十三年付梓,白文彬在为该书所作的《序言》中指出:"医之重于天下也,亦其本则同,而其流不一,然如今世称小儿一科为尤难。……古歙许子乐泉,今良医也,心焉悯之,悉意于此,辑为《活幼珠玑》一书,辨论详

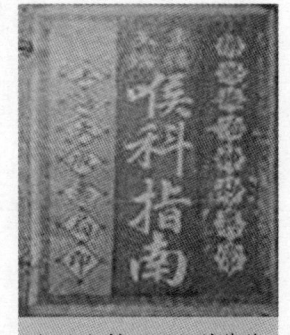

---

[①] 转引自王乐匋:《新安医籍考》,安徽科技出版社1999年版,第505页。

尽,几于小儿一科,无所不备。其理既真,术亦易施,洵拯婴救难之宝筏津梁也。"① 正因为许佐廷以喉科为主,兼治儿科,故唐郁在为《喉科秘钥》所作之《序》中盛赞其"精岐黄术,名重一时,而于喉科一门尤为独擅"②。西园喉科至此,暂由许氏传承。许氏承桃继子郑永杓等长大成人后,再次继承西园喉科,并传于其子郑纂钦,此后,西园喉科在郑家和许家后人代代相传下,终至长盛不衰,一直延续至今。

鸦片战争及咸同兵燹期间,徽州籍医家以其掌握的高超的医术,为饱经战乱之苦和瘟疫之灾的清军和太平天国官兵以及徽州民众进行诊治,治愈了数以万计的患者和伤者。于悬壶施药之际,他们在极其艰难的环境中,依然坚持将自己的治疗经验记录下来,并对前人的医学著作进行潜心探讨,留下了极其丰富的医学著述。歙县名医汪宏即是在兵燹时获得宋臣校正的单行古本《神农本草经》,精心进行校订,并博引《灵枢》《素问》《千金》《外台》诸书,于光绪十一年(1885)撰成《注解神农本草经》6卷。所有这些成就都是新安医学的宝贵遗产,是新安医学在战争环境下仍然得以继续走向辉煌的中流砥柱。一些医家甚至弃医从戎,投身到保家卫乡的战斗之中。如黟县医家吴麟书,在同治二年太平军进入黟县之时,率领弟子与之作战,最后战死疆场。同样是黟县名医胡梦麟(1794—1862),以自己高尚的医德,投入咸同兵燹中的瘟疫救治工作,并出资熬制汤药,普济众生,但在同治元年的清军与太平军的交战中遇害身亡。新安医学名家在咸同兵燹中,以救死扶伤为己任,冒着枪林弹雨,有的战死疆

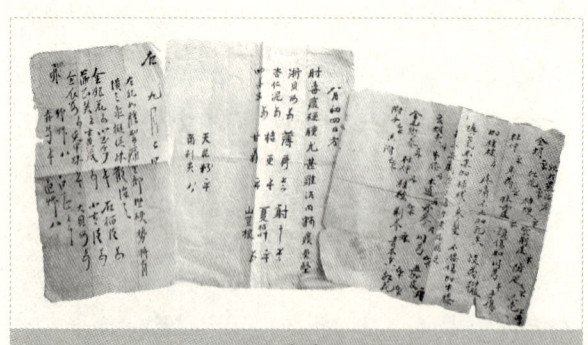

徽州医生给患者开的处方

---

① 转引自王乐匋:《新安医籍考》,安徽科技出版社1999年版,第481页。
② 转引自王乐匋:《新安医籍考》,安徽科技出版社1999年版,第501页。

场,有的不幸阵亡,这种崇高的儒医道德与行为,为新安医家在特殊时期谱写了动人的篇章。在极其艰难的环境中,各科医学世家薪火相传,终致新安医学脉脉相传,相续发展,成为祖国医学宝库中一朵耀眼的奇葩。

## 五　徽州科技的余绪

鸦片战争至咸同兵燹时期,徽州传统科学技术在逐渐走向衰落的过程中,依然保持着发展的势头,成为明清科技发展的余绪。

### (一) 数学成就

1. 项名达及其数学成就

在数学领域,寄籍浙江仁和(今浙江杭州市)的歙县桂溪人项名达取得了突出的成就。

项名达(1789—1850),原名万淮,字步莱,号松侣。嘉庆二十一年(1816)中举,考授国子监学政。道光六年(1826),考中进士后,改授知县,但被其放弃履任。项名达返回故里后,闭门谢客,专攻数学。对"方圆互通"理论充满着浓厚的兴趣,在前人基础上深入研究,项名达创立了"零整分递加"法。此法即把全弧不拘分为奇数等份或偶数等份,通弦或正矢均可以示为分弧的通弦或正矢的幂级数。他又将著名数学家董祐诚的"四术"概括为"二术",经过精确计算和研究,得出计算正弦值和正矢值的两个公式。由此"二术",可推出"四术",并推衍出所谓"杜氏九术"。项名达在董祐诚对椭圆周长研究的基础上,作出了重要的成就。董氏以初等数学方法进行推导,但结果错误。项名达在其撰写的《椭圆求周术》一书中,对求周长之法进行了研究和阐释,即将椭圆周分成若干等份,通过分点向长、短轴作垂线,连接两分点以之为椭圆分弧弦。以勾股定理和椭圆性质求分弧之弦长。分点无限增多之时,椭圆周长即等于分弧之弦的总和。项氏之法类似积分之法。后世从事此项研究,多得力于项氏,即所谓"得松侣暗示之功为多"。项名达一生著述丰富,计有《下学庵勾股六六术》及《图解》,后附《勾股形边角相求法》33题,合为一卷。另有《象数原始》7卷。《象数原始》是项名达临终嘱托好友数学家戴旭帮其整理而成的,项名达卒后,戴旭从名达侄儿处寻得书稿,为之校算增订,于咸丰八年历时六月整理定稿,共7卷。《象数原始》是项名达的代表性著作。

2. 罗士琳及其数学成就

另一位徽州著名数学家罗士琳在数学上也取得了突出的成就。罗士琳(1789—1853),字次璆,号茗香,歙县呈坎人,寄籍扬州。以国子监生循例贡太学,尝考取天文生。咸丰元年,恩诏征举孝廉方正之士,郡县交荐,以老病辞。咸丰三年春,太平军攻陷扬州时遇难。据《清史稿·罗士琳传》记载,少年时,士琳曾从其舅江都太史恩复受举业。已乃去,专力步算,博览科技书籍,日夕研习数年。

罗士琳是清代影响较大的数学家之一。最初,他专攻西法,撰著历法专书《宪法一隅》。后又将中国古代数学名著《九章算术》中有关应用题改用"比例法"计算,其中运用正比、反比、复比、连比、配分,以及分比、合比等比例法,集成《比例汇通》一书。该书理论联系实际,便于初学者使用和掌握。罗士琳在数学上的最主要成就,是他注疏并考证了大量宋元以前的数学著作。如对元代数学家朱世杰所著的《四元玉鉴》的校订和阐发,撰成《四元玉鉴细草》24卷,就是其中的代表性成果。

《四元玉鉴》是朱世杰在对秦九韶、李冶"天元术"研究的基础上所取得的重要成果。

罗士琳像

在该书中，朱世杰将"天元术"发展为"四元术"。但由于《四元玉鉴》在明代失传，至清代中叶才再次发现，然能读懂者已微乎其微。本来，著名学者阮元拟请李锐为《四元玉鉴》作细草，但李锐不幸去世。阮元遂将这一任务交给了罗士琳。罗士琳根据多种版本的《四元玉鉴》，进行艰苦的校订补正工作，对疑难者增加例题，加以详细推演运算，并予以阐发，最终撰成巨著《四元玉鉴细草》。罗士琳的辛勤钻研，使我国数学史上濒于失传的"四元术"得以重见天日，其贡献是卓著的。对此，梁启超曾给予高度评价，云："茗香为阮云台弟子，早岁已通天文，中岁得《四元玉鉴》，嗜之如性命，竭十二年之力，为之校，为之注，为之演《细草》二十四卷，复与同县学友易蓉湖（之瀚）为之释例。四元复见天日，自茗香始也。"又云："此后李壬叔译代数之书，始知四元即我国之代数。而其秘实启自茗香。"在访得朱世杰另一部数学著作《算学启蒙》的朝鲜刻本后，罗士琳也很快予以校订，勘定书中二十四处错误，并以《识误》为题，附录于该书之中。

　　罗士琳为弥补阮元撰写的《畴人传》，续写了六卷本的《续畴人传》，补充了《畴人传》应收而未收的科技名家传记。时年七十七岁高龄的阮元对门生的这一行为予以赞许，并欣然为《续畴人传》作序。《续畴人传》对杨辉、元好问、蒋周、朱世杰、赵诚、明安图、陈标新、张肱、孔广森等17位科学家传记进行了补遗，同时续补了钱大昕、凌廷堪、李潢、程瑶田、汪莱等27位清代科技专家传记。

　　众所周知，《唐书》有新旧之分。旧唐书虽然保存了大量原始的历史资料，但编撰比较粗疏。《旧唐书》由于长期没有印本，书中存在不少残缺和相互歧异之处。罗士琳、岑建功、刘文淇的《旧唐书校勘记》66卷，是研究唐书的重要参考书。"茗香贫而乐，守道无凡情。读书万卷破，养亲九旬盈。数学最精究，可接梅宣城。愧我非昌黎，何能重侯生。"[①]这是梁章钜在《浪迹丛谈》卷一一附写罗士琳的诗。该诗，

---

① 梁章钜：《浪迹丛谈》卷一一《附罗茗香茂才》。

对罗士琳一生作了中肯的小结,从诗中亦可看出,罗士琳是一孝子。罗士琳在他的晚年,将一生所著书刊刻成《观我生室汇稿》。咸丰元年,清廷征举"孝廉"方正之士,郡县一致推荐罗士琳,但他已年过六十,遂以"老病"予以推辞。又二年,于扬州死于太平天国兵乱。

3. 戴煦及其数学成就

戴煦(1805—1860),初名邦棣,字鄂士,号鹤墅,又号仲乙,休宁双溪人。先世因经营盐业而徙居浙江钱塘(今浙江杭州市),以商籍第一入杭州府学,旋补增广生员。后决意进取,循例为贡生。戴煦自幼与兄戴熙默坐诵读,十岁后便酷爱数学,昼读书,夜布算,思考有得,辄起身秉烛记录之。兄戴熙督学广东,被召至幕府校书年余而归。时戴熙以英吉利人战舰用火轮,寄言谓"吾弟精思,必得其制"①。戴煦乃由水、火、土、气四元行入手,著《船机图说》,未成。旋命外甥王学录成之,共三卷。里居期间,与谢家禾同读书,谢家禾死后,为其校刊遗书三种。后与项名达交往甚挚,项名达病重时,曾遗书戴煦,云:"拙作《象数原始》一书未竟,足下为我续成,感且不朽。"嗣项名达之子项锦标索名达之稿,逾六月将其定稿。由于戴煦学识渊博,且为人重友情,讲信义,当时一批著名数学名家罗士琳、张福僖、徐庄愍和李善兰等,皆来与之订交,或切磋得失。他曾经以刘辉《九章》"重差"1卷,李淳风校注但详其数,未详其理,为之补撰《重差图说》。又著《勾股和较集成》1卷、《四元玉鉴细草》若干卷,内容略同罗士琳同名著作《四元玉鉴细草》,但图解明畅过之,此皆为戴煦少年之作。

中年以后,戴煦学术更加精密,所著《对数简法》2卷,项名达亲为作序,推崇备至,云:"求对数旧法言之甚详,而数重绪多,初学恒未易

---

① 诸可宝:《畴人传三编》卷四《戴煦传》。

了。鄂士先生揭其精要而变通之,著为《对数简法》,首论开方,自浅入深,而约以七术。继复立累除法,省数十次开方用表,已备极能事。尤妙者,舍开方而求假设数。夫对数折半真数开方,开至单一下多空位之零数,于是真数对数遂得其会通。此开方所由首重也,顾必累开不已,始得会通。何如迳就会通处假一数以通之?迨展转相通,而七十二对数之等差,已备具于假设诸数,一比例而定准之数出矣。以是知数之为用,带零求整难,设整御零易。凭所知,课所求,顾推而入难;借所求,通所知,逆转而出易。苟悟此,可以得驭数之方,岂惟是对数一门有裨后学耶?"后又续《对数简法》1卷,项名达依然为之序,并予以高度评价,曰:"今鄂士以此阐对数逐次乘除法递加根也,二数三数,至多数递加积也,根定而积从。于此探对数之真源,即于此显递加之神应。读是书者,果因端竟委而观其通,会心自不远也。"徐端愍公在跋文中,也盛赞戴煦之《对数简法》,并将其与李壬叔《对数探源》相比较,云:"余近见李君壬叔《对数探源》一书,深明对数较之理,而戴君此书,专明假设对数之理,其续编专明对数根之理。二君皆学有新得,互相发明,洵足为后学津梁,而戴君书尤为明快。"①

戴煦还著有《外切密率》4卷及历时八年撰写的《假数测圆》2卷,这两部著作是戴煦几何学研究的代表性成果。夏鸾祥在为两部著作所作的序文中,盛赞戴煦"数虑凝思,无幽不烛"②。

戴煦生平冲淡静默,避俗唯恐不及,专心致志于数理之学,且学贯中西,取得了杰出的成就。诚如诸可宝引用他人之言而赞誉的那样,"吾人心力不能高出泰西万万哉,曷察其倾倒于先生者,何如乎?是故今日言对数,固莫得而加已,而开山之功,吾尤为先生首屈一指云"③。

在音韵学研究领域,戴煦亦有突出成就,著有《音分古义》2卷和《庄子内篇顺文》1卷。

---

① 诸可宝:《畴人传三编》卷四《戴煦传》。
② 诸可宝:《畴人传三编》卷四《戴煦传》。
③ 诸可宝:《畴人传三编》卷四《戴煦传》。

咸丰十年，太平军攻陷杭州，戴煦投井自杀，卒年五十六岁。

## （二）郑复光的天文学和物理学成就

郑复光(1780—1862)，字元甫，又字浣香、瀚香，歙县长龄桥人，清末著名天文学家和物理学家。郑复光自幼爱好博览群书。曾考入国子监监生，但无意读书入仕。精于数学，尝游扬州，与数学家汪莱、李锐和罗士琳等交游，互相探讨算理。于天文历算和光学仪器尤精。为扩大视野，取得实证资料，郑复光曾到江苏、山西、陕西、江西、云南和广东等地。所游之处，他都悉心收集资料，潜心观察实验。游扬州时，郑复光偶然看到取影戏，从中受到启发，遂与族弟郑北华"相与研寻，颇多弋获"①，从物、像和镜三者之间关系中领悟到物投镜和镜成像的原理。道光二十二年，郑复光将日常观察和听到的各种自然与日常生活中的异象，排比为两百多条，用天文、热学、光学和化学等原理加以系统阐释，撰成《费隐与知录》一书。道光二十六年(1846)，郑复光经过多年精心研究，又著成《镜镜詅痴》，内分原明8篇、择圆5篇、述作13篇，末附《火轮船图说》，共5卷。该书简要分析了各种反射镜和折射镜的镜质和镜形，系统地论述了光线通过各种镜子之后的成像原理。书中创造了一些光学概念和名词来解释光学仪器的制造原理和使用方法，说明了利用望远镜进行天文观测的各种方法。可以说，该书是当时中西光学知识的集大成之作。

郑复光还根据自己的研究成果，制作出了中国第一台测天望远镜。在《镜镜詅痴》卷五《作远镜》中，郑复光对望远镜制作和使用原理

---

① 郑复光：《镜镜詅痴·自序》。

进行了深入探讨,并将望远镜划分为窥筒远镜、观象远镜和游览远镜三种类型,认为:"远镜之类三,用各异,宜制造亦异。"①对每一种望远镜,他都详细阐述了制作和使用方法,指出:"察镜力法:凹以侧收限,凸以顺收限。二镜相合法:凸深者,凹宜深;凹浅者,凸宜浅。度长短法:俱深则距短,俱浅则距长。求比例法:以凸之顺收限为则,凸限十二,凹限一者,则相距亦十二,恰当其分,所谓足距也。"②他运用上述方法对神秘的天空进行了近代科学意义上的实验观测。正如宋子良在《郑复光和他的〈镜镜詅痴〉》一文中所指出的那样:"《镜镜詅痴》所反映出来的系统性、理论性及实验研究方法,在中国古代科学著作中是相当突出的。郑复光及他的《镜镜詅痴》把中国古代光学推进到接近近代光学的水平,为近代科学在中国的广泛传播作了一定的准备,起到了承上启下的作用。郑复光及《镜镜詅痴》的重大意义也正在这里。"③

郑复光著《费隐与知录》书影

郑复光的学术成就是多方面的,除上述天文学和物理学之光学成就外,郑复光在代数学和几何学上也有很深的造诣,其研究成果体现在他撰著的《笔算说略》《筹算说略》《周髀算经浅注》《割圆弧积表》《正弧六术通法图解》等著作中。

鸦片战争爆发后,年届花甲的郑复光还以高度的爱国热情,致力于御敌战船的设计与模型制造。他吸取西方蒸汽机和火轮船制造原理,撰写了《火轮船图说》一书,并附上自己绘制的战船各部件的详图。

郑复光涉猎广泛,学识渊博,成就非凡。许承尧曾对他予以高度的评价,云其"通算学,学极精,实程春海最推重之,包安吴为作《费隐与知录》序,以汪孝婴、李四香从伦比"④。民国《歙县志》则称郑复光

---

① 郑复光:《镜镜詅痴》卷五《作远镜》。
② 郑复光:《镜镜詅痴》卷五《作远镜》。
③ 《中国科技史料》,1987年第3期。
④ 郑复光:《郑元甫札记》卷末《许承尧手书》。

"以明算知名海内,凡四元、几何、中西各术无不穷究入微"①。

## 六　民俗文化趋于保守

咸同兵燹时期的徽州民俗,整体而言并无大的变化和变革,所谓"居民习如故常"②。这是民俗文化相对较为稳定的特征所决定的。

不过,在乾隆中叶至嘉庆、道光年间,棚民的大量侵入和鸦片战争之后洋货特别是鸦片的输入,徽州各地的民俗文化还是发生了微妙的变化。

"地多灵草木,人尚古衣冠。"咸同兵燹时期,徽州的服饰民俗保存了较多传统的因素,休宁县"衣冠之古,乡村甚于街市。一袍也,十年不变样;一鞋袜也,隔岁不移形"③。绩溪县,"绩俗向朴,兵燹前俱穿布,衣帛者不一二。穿土葛布、土麻布,穿夏布者少,穿丝绸者更少。冬则穿粗布,如常熟布、余姚布,富而老者穿棉袍。次穿夹袍,裘不多见。有护膝无套裤,背心两外幅俱有袋,谓之'银衣',幅短少袖狭。冬用毡帽、布鞋、礼服,布与羽毛居多"④。"道光、咸丰间,衣必土布,用必土货,其好尚惟以朴实坚固者为合度。"⑤战乱以后,绩溪服饰的款式和用料开始发生细微的变化,"兵燹以后,渐次两湖装式,宽衣广幅阔袖。夏穿纱罗,次亦穿夏布、洋布。冬穿轻裘,次亦穿棉袍,布必用细。着绸缎衣服者,十有二三,土布罕见。套裤、背心均极趋时"⑥。

饮食民俗是徽州民俗文化中重要组成部分。徽州向有饮食俭

---

① 民国《歙县志》卷一〇《人物志·郑复光》。
② 许承尧撰,李明回等校点:《歙事闲谭》卷一九《黄次苏〈凤山笔记〉》,黄山书社2001年版,第647页。
③ 刘汝骥:《陶甓公牍》卷一二《法制科·休宁县民情之习惯》。
④ 刘汝骥:《陶甓公牍》卷一二《法制科·绩溪风俗之习惯》。
⑤ 刘汝骥:《陶甓公牍》卷一二《法制科·绩溪县民情之习惯》。
⑥ 刘汝骥:《陶甓公牍》卷一二《法制科·绩溪风俗之习惯》。

朴的民俗传统,乾隆中叶以后,随着苞芦和番薯的大量引种,徽州民间传统的饮食习俗也开始发生变化。在粮食严重不足的徽州地区,苞芦成为下层民众的基本食粮。在歙县,"歙山多田少,产米常供不给求,东、西两乡犹能输其羡于邻境,惟南乡与北乡之黄山农家多种苞芦以自食,非小康之家,即不易得,米面不常食"①。"手捧苞芦果,脚踏木炭火,皇帝神仙不如我",这首徽州民谣深刻地反映了这一事实。

在居住民俗上,传统徽州的粉壁黛瓦马头墙式民居依然是徽州住宅的主体,但在战乱中被大量焚毁。低矮潮湿的泥土式建筑,成为徽州下层民众特别是迁居至此的棚民居住的主要房屋。在休宁县,"低小之屋,或以土为墙,或以草为瓦,四都源瑶、碣源之棚民,以及烧炭挖栲、种山葡苞芦者,大率类此。不讲光线,仅蔽风雨,床与灶接,人与畜居。或一室一妇也,或十室八室而无二三妇也"②。

徽州民居的马头墙

咸同兵燹期间,徽州民众整体上依然恪守传统的民俗礼仪,忠孝节义传统成为士绅和民众对待兵燹的主要精神理念和行为方式,"黟县绅民忠义奋发,邑里争光。黟县僻居山陬,人多尚义,大节凛然,洵足争辉下邑。黟、祁等县山中之民,风气朴古,赴义急公"③。传统的祠祭和墓祭等祭祀仪礼,即使在咸同兵燹最剧烈时期,依然没有发生哪怕是些许的变化,黟县湾里在咸丰五年刊刻的《祠规》,就是按照原有的规定和安排,要求裴氏族人"春秋祭祀酒醴,肴馔必尽诚洁,绅士之辈行尊者主祭祀事。即与祭者,亦宜衣冠整肃,随分序立,毋得错乱不虔,有乖礼仪。至祭毕而饮,无论族长、首事,一应与祭之人,俱得与

---

① 刘汝骥:《陶甓公牍》卷一二《法制科·歙县风俗之习惯》。
② 刘汝骥:《陶甓公牍》卷一二《法制科·休宁风俗之习惯》。
③ 同治《黟县三志》卷三《地理志·风俗》。

席。但宜端坐静饮,毋得喧哗。及归,人给饼一双,五十者二双,以次渐加"①。这种年复一年的春、秋二祭,无论是内容还是形式,几乎没有发生任何的改变。不过,大部分遭受兵燹浩劫的地区,不仅祠堂遭毁、祭器被焚、人口大量死亡,致使春、秋抑或春、冬二祭的民俗活动,在绝大多数地区都已难以举行。正如歙县新馆鲍氏宗族所指出的那样,"吾族自咸丰间遭'粤匪'蹂躏,继以水灾,居庐大半为墟,人亦仅存什一。零落之况,古所罕有。时著存堂、春和堂两祠宇,榱桷半圮,器物荡然,春、秋祀事无以为礼"②。

祁门县大洪岭脚的白骨墓碑

持续的战乱,使得徽州很多地区成为废墟,生灵涂炭,尸横遍野,劫后余生的民众为清理掩埋尸骨,先后设立不少义冢。因此,这一时期徽州的民间信仰也发生一些变化。为安抚那些在战乱中死亡的无主尸体,绩溪余川村成立了纂孤会,雇请纸扎名师制作温、刘、马、赵四大元帅,祈求菩萨保佑。同时,邀请僧人做斋,超度死去的亡灵。在傍晚时分四处施撒米饭豆腐,祭祀孤魂野鬼。

民俗文化具有一定的稳定性。应当说,在整个咸同兵燹期间,无论是物质生产民俗、生活民俗,岁时节令、民间信仰,还是乡里组织民俗、社会民俗以及民间语言等,徽州民俗基本上维持了较为稳定的状态,即使信仰民俗中的祭祖活动,因为战乱而中断,但其本身都并没有发生大的变异。一俟战乱结束,社会回归正常状态,这一民俗文化活动便很快得到恢复。徽州士绅和民众就是在这种相对稳定和较为保守的传统民俗中,惯性地向前发展着。

---

① 咸丰《湾里裴氏宗谱》卷一《祠规》,清咸丰五年木活字本。
② 光绪《歙新馆鲍氏著存堂宗谱》卷三《祠规序 祠规 续议祠规》,清光绪元年木活字本。

# 第 二 章
## 咸同兵燹后至光宣时期的徽州文化

  咸同兵燹期间,徽州遭到严重破坏,社会一片萧条,经济一蹶不振,文化几至停滞。兵燹以后,徽州官府、士绅、宗族纷纷行动起来,采取一系列举措,以期尽快恢复和重建徽州城乡经济、文化和社会秩序。特别是在刘汝骥出任徽州知府时期,积极响应朝廷号召,在徽州进行全面整顿与改良,革除陋俗,成立教育会、劝学所、自治研究所等机构或组织,致力于推行宪政,使徽州进入了一个新的发展阶段。但是,在外国资本主义不断入侵下,腐朽落后的清王朝最终被推翻,徽州的宪政也因此无果而终,最后退出了历史舞台。

## 一 徽州宗族文化的新旧交融

咸同兵燹中,徽州长达十年的清军与太平军拉锯战,给徽州社会、经济和文化发展带来了惨烈的重创,乡村社会的宗族组织更是受到严重的破坏,宗族祠堂被无以计数地焚毁,宗族谱牒也多毁于战火。人口大量减少,土地荒芜,徽商深藏家乡故里的财富也被洗劫一空。

### (一) 宗族遭受重创

太平天国运动给徽州社会经济造成严重破坏,其中对徽州宗族的打击几乎是毁灭性的。咸丰十年前后,清军与太平军在徽州展开多次激烈的战斗,造成了大量人口的死亡和逃亡,庐舍、祠堂被损毁,田地荒芜,宗族田地也因为田契的丢失而面临失去的危险。徽州宗族遭到前所未有的破坏,也面临着前所未有的困境。

#### 1.宗族人口的消减

咸同兵燹造成徽州宗族人口的大量消减。虽然对兵燹造成安徽人口的损失有多种说法,但人口下降一半以上是比较公认的看法。自咸丰三年初太平军进入安徽,至同治三年太平天国运动失败,十二年间,安徽始终是太平军与清军反复较量、争夺十分激烈的地区之一。太平军和清军在战争中都大肆屠杀,据1933年《安徽通志稿·大事记稿》统计,十一年中黟县和绩溪都被反复攻占达15次之多,祁门和婺源各11次,休宁10次。徽州府是安徽省遭兵最频繁的地区,所属六县共被攻占66次,平均每县11次。战争期间还时有大规模饥荒发生,人口大量死亡或逃散。皖南地区的徽州首县歙县在太平天国期间人口至少减少了一半,即从战前的近62万人降至战后的31万人。徽州各县亦不能幸免,胡适的父亲胡传曾于同治四年(1865)被族人推选负责统计幸存的族人,经过数月的彻底调查,他吃惊地发现战前的6000多族人仅剩下1200人,幸存者只有原来的1/5。故曹树基推测徽州在兵燹中人口损失60%左右,而其中的70%死于瘟疫。① 更有甚者,有的族谱记载族人消减情况甚至达到70%以上,宣统绩溪县《枢密葛氏宗谱》之《谱跋》即云:"自咸丰十年'粤匪'犯境,人丁惨遭七八,乃数百年来一大劫也。"

人口的大量消减必然带来宗族正常的继嗣出现问题。在《徽州文书》(第一辑)第一册收录了黟县榆村邱氏文书,其中有一份徽商遗嘱,主要讲述的是继嗣问题,其间包含了颇为丰富的内容,现将遗嘱全文抄录如下:

> 立遗嘱祖应书字集文。我祖世林公生余父兄弟两人,伯父嘉成,父讳嘉满。伯父不幸仙游于道光十二年,所生一子应爵亦于咸丰年间病故。时有三子,次、三均早逝,惟存长子国大,行年已花甲外,尚乏子嗣,令人言之无不堕泪。又况年前频遭兵燹,我族各股支丁半遭浩劫。此邱氏所以愈叹凋零也。
>
> 第我父辛苦一生,无多产业,与我伯父各分得房屋一角,典首园坦各一块。迨我年十五就业北门城外,在汇源布号始作学生。道光戊子时已弱冠,颇能立志成家。而我母常多疾病,娶媳胡氏得以侍奉汤药。不期是年冬,母竟见背,享年近六旬。方赖椿庭垂庇,不数年,岁在甲午,我父又沉疴不起,春秋古稀有五。斯时痛不欲生,惟以嗣续为念,不得不苟延残喘,果获我父母灵爽,此

---

① 参见曹树基:《中国人口史》第五卷《清时期》,复旦大学出版社2001年版,第499—500页。

后连举两男，未逾年，先后均殇。

壬寅移居榆村，是冬归葬我父母于郭隅外碧阳书院之右，敬立墓阡。越三年，儿国邦生。岁丁未，谢福元店事。我年已四旬，捐资纳监。比年王姓邀开同和布号，配搭小股。咸丰三年，"粤寇"窜扰。店中交易虽盛，而东避西迁，几难安业。数年中，我复加捐贡生。旋又为国邦纳监。时儿年十四，娶媳项氏。忽忽者，我年五十矣。差喜同和生意日有起色，讵料同治二年，大股"贼"过，银钱货物不下万余，焚掠一空。店事如此，家事更不堪言。父遗房屋悉被"贼"毁。因国大见商，我将老屋基地凑于大侄，断卖于金铃，且侄又不能经营，并置园坦与其耕种，禅糊口计，以尽亲亲之谊。同治三年，旧同事邀开兆成布号，分栈屯溪。国邦在屯理账。

四年，邦儿产一女，次年又产二女，时未抱子，而我六旬以外。邦儿性尚敦笃，谨慎可嘉，方期光我门闾，胡天道难知，突于同治癸酉得内伤症，医药罔效，延至光绪元年冬月病故，惜年三十一。悲哉！痛哉！壮者既殁而衰者独存，家门不幸卒至于此！承族房怂恿立继，劝以族内二房春隆侄次子承国邦之嗣。族议已定，二房以妇人意见争论纷纷，不肯承继我三房。此事遂罢。春隆侄复借去洋拾员。复蒙族长应楠兄劝以他姓入嗣，援本族上年二房应沛、应根兄等承祧之例，只得于光绪二年春间负此从承祧之例，为祖宗血食之计，名唤百寿。四年夏间又继一孙，名唤百和。光绪六年，众祠捐资，合族立有字约，惟以后加继再不必另输银两。五年春间，与寿孙聘礼项朝祥翁女为孙媳。不意光绪五年冬月，百寿病殇，不育。后于光绪九年春间，加继一孙，名唤百福，俱为项氏媳抚育教养。

所有我一生历来辛苦，一一书明，俾汝辈长大成立，方知我的笔亲传。则汝兄弟亦须同气支持经理，以安汝继父之灵，亦稍慰焉。窃念我贸易五十余载，从无苟且欺人之事。至今吾年八旬有三,日薄西山,朝不保暮,不得不急为谆嘱,故将我自置田地、屋宇品搭均分,抑俟我及媳项氏百年后归各管理。惟愿两孙恪遵家训,生事死葬,视若己出。异日门楣有庆,瓜瓞绵绵,我邱氏有厚望焉。所分田地、屋宇,族房人等如有寻衅争论,两孙将我祖遗嘱鸣公理论。而汝辈亦各宜谨慎保守,勿争勿竞,深念我先人基业之不易。幸甚!幸甚!

光绪十六年岁次庚寅,孟夏月吉日立遗嘱祖应书,经见孙婿范守箴、余德芝、张崇禄(画押),依口代笔世愚侄吴天送(画押)。①

从这份遗嘱中最先得到的印象是立遗嘱者的乏嗣困境。先理清此邱氏的世系情况。遗嘱叙述的家族历史始自祖父世林公,世林公生嘉成、嘉满。嘉成生子应爵;应爵生三子,次子和三子均早逝,长子国大年龄已到花甲之外,还没有儿子。嘉成一支似乎至此已绝。

再看嘉满(也就是立遗嘱者的父亲)一支,嘉满似乎也只生有一子应书。应书生三子,长、次先后早殇,三子国邦。国邦三十一岁即死,有三个女儿,没有儿子;过继百寿、百和、百福。

乏嗣的主要原因就是家族人口的凋零。人口凋零一是因为婴幼儿的死亡率非常高,也就是早殇与早逝者比较多。嘉成一支绝后的主要原因就是独子应爵的次子和三子均早逝,长子国大已过花甲年龄仍没有儿子。嘉满一支也是如此,独子应书的长子和次子也都早殇。二是成人死亡率也比较高,这主要是因为疾病与战乱所导致,尤其是咸丰年间的太平天国运动,对徽州的影响极大。立遗嘱者的三子国邦三十一岁就因病而死,死时也是没有儿子。三是因为生育率不高,嘉成只有独子应爵,嘉满只有独子应书。人口史研究者认为,徽州、江西与江南作为流动的商业性社会,"人们对于生育的控制是具有相当理性的","商业区域预防性人口控制的社会经济背景大体与现代西方相

---

① 刘伯山:《徽州文书》,广西师范大学出版社 2005 年版,第一辑第一册,第 200 页。

似"。① 这种看法无法得到有力的佐证,但商业人口因为两地分居、高死亡率等原因,在生育率上明显低于其他职业人口。这点与商人为了续嗣而在外广置侧室进而造成两头大的婚姻家庭状况是相符的。

2. 继承文化的变迁

乏嗣就要继嗣,普遍的认识是宗族继嗣制度遵循昭穆承继的原则,即在本族内选择辈分相当、年龄合适之人过继为后。虽有爱继与应继之分,但爱继也多局限于宗族。但从邱氏遗嘱上我们看到的是另一个方面。确实继嗣的第一对象是本族二房的后代,而且在族内也得到讨论达成了共识,然而因为二房妇人意见不统一,族内承继之举只好作罢。只好由族长建议,将继嗣目标转向他姓,而且还要向宗族缴纳一笔费用。这里反映出了一些民间继嗣文化及其变迁,略述如下:

第一,女性在继承方面的话语权可能在增加。邱氏妇人意见能够扭转原先已经达成的族内共识。虽然不清楚原先的"族议已定"是如何形成的,但是妇人因素显然是要考虑的,而且从"妇人意见纷纷"可以看出,不是一个妇人的问题,过继者也许有母亲、祖母、伯母、叔母等,这些人之间的意见也许不统一,最终否定了原先的"族议"。如果"妇人意见"不是作为借口,那么说明在战后继承问题上,女性发言权有所增加。

第二,异姓入继得到宗族管理层的认可。一般的认识是,家法族规严禁他姓入继,族长更是宗族严厉的执法者,保证宗族血缘关系的纯洁。然而这份遗嘱竟然是族长劝应书过继他姓为孙。不论是族长还是房长,这样的建议都具有反宗法原则的性质。也许严禁他姓承继仅仅是一纸空文,过继他姓的事例也确实不胜枚举,在宗族内部更是防不胜防。尤其是在徽州经历了巨大的人口损失之后,绝大多数宗族和房支都面临着乏嗣的困境,这样,宗族也就撕开了那层已经很薄很薄的面纱,开始公开主张他姓入继了。实际上,二房也同样面临着乏

---

① 曹树基:《中国人口史》第五卷《清时期》,复旦大学出版社 2001 年版,第 871—872 页。

嗣的困境，并已经进行过他姓入继，这也是族长劝三房以他姓入继的根据之所在。从遗嘱里可以看到，族长主张他姓入继，是在本族昭穆入继因二房妇人意见而无法实现的情况下发生的。而在徽州面临一些大的灾难时，这种乏嗣的困境是一个普遍的现象，因此可以合理想象，在太平天国战乱之后，徽州社会普遍陷入乏嗣的困境，也普遍存在着他姓入继的现象。从这个意义上说，族长劝以他姓入继虽然有悖于宗法原则，却也是徽州社会对宗族延续的一种主动调适。

第三，加继现象更加突出了对宗族人口消亡的恐惧。高死亡率始终是徽州人心头挥之不去的巨大阴影，乏嗣也始终是徽州人难以摆脱的困境，为了保证后继有人，徽州乏嗣者才需要采用加继的手段。所谓加继，就是在已经过继了后代的情况下接着再次，甚至是第三次过继。遗嘱中，应书于光绪二年过继百寿，光绪四年（1878）又继百和，光绪九年（1883）加继百福。过继外姓并不是无偿的，必须要得到宗族许可，其中最重要的是要向祠堂缴纳一笔费用。应书当初准备过继二房春隆侄的次子，同时被春隆借去大洋十元。遗嘱特意点明这点，说明了此次的"借"就是过继中的一种变相收费，也可以说是一种彩礼银。族内过继收取费用的情况是一种普遍现象。那么，他姓过继该如何收费呢？一般情况下，彩礼银还是要付给对方家庭的，除此之外，过继之家还要向本宗族内的祠堂缴纳一定的费用。遗嘱记载，在过继了百寿、百和之后，过继者于"光绪六年，众祠捐资，合族立有字约，惟以后加继再不必另输银两"。这说明过继他姓的家庭，必须得到宗族内部的某种认同，其手续就是，先向宗族祠堂捐资，然后合族订立字约，保证过继来的他姓子孙可以合法地继承他的门户与财产。

第四，特殊时期延续宗族的无奈之举和道德辩白。遗嘱所言，"为祖宗血食之计"，故被迫他姓入继。然而，宗法原则拒绝他姓承嗣的一个理由也是"为祖宗血食之计"，因为如果祭祀者是入继来的他姓，祖宗因为与他没有真实的血缘关系，无法享用到祭品。"为祖宗血食之计"既成了严防他姓入继的理由，也成了被迫他姓入继的理由。由此可见，历史上的宗族制度有着相当大的弹性，刚性的宗法原则也有着柔性的甚至是完全相反的变通。按照中国人普遍接受的观点，绝后之家往往因为某种过错而遭受到上天的惩罚，才导致后继无人。立此遗嘱者是无法回避这种道德折磨的，应书是商人，而商人也多是唯利是图之辈，因此，他才为自己辩白："窃念我贸易五十余载，从无苟且欺人之事。"事实到底如何，当然无从考究，但这种道德拷问，说明了中国传统文化中的确有很多独立于法律之外的制约人们行为的道德力量。

异姓承嗣虽然为传统宗法所不容，但在特殊时候又是宗族延续的一个保证，这种悖论的确困扰了很多族人，尤其是乏嗣的族人。在家谱中，对于异姓承嗣，有一些特殊的规定，如有的明确规定，异姓螟蛉子不入宗谱，"本族家法，异姓不得乱宗，倘有螟蛉，一概不书"①。

有的在制度上加以变通，于宗谱外另立一附谱，专收螟蛉子，如："立异姓子为嗣者，另为附谱列传，不修入宗谱，但于宗谱继父传内书子某，下注'系立螟蛉子，传见附谱'。如并无亲生子，于宗谱图内继父名下注'子见附谱'。从此以后，凡螟蛉子不许与本宗互相过继，如违，责令改正，即已入附谱之螟蛉，亦不许再立异姓子为嗣。"②

对于战乱所导致的某一个时期大量异姓过继现象，有些宗族采用一些临时性的变通办法，只是作为暂时的特例处理而收入宗谱，如："异姓不许乱宗，一子亦不许双祧。旧例綦严，兹因咸丰中遭'粤逆'之乱，迫于时势，姑从权收录，此后仍永禁止，不得援此为例。"③

还有一些宗族，对异姓承嗣者有选择性地收录，如："异姓承继者有三，良家子则书，贱家、逆家子不书，觅寄不明者不书。"④

除此之外，也有一些宗谱，把异姓过继子完全收录入宗谱，只是在后面注明来自何姓，如："旧谱凡例曰：……其有异姓来继者，传代已久，仍旧书之，但注其所出之实，亦明经公氏胡而不泯本李之义，以推

---

① 宣统《仙石周氏宗谱》卷二《凡例》。
② 光绪《仙源杜氏宗谱》卷首《凡例》。
③ 光绪《仙源杜氏宗谱》卷首《凡例》。
④ 民国《清华胡氏宗谱》卷首《旧条例十一条》。

及之之意也。按：……异姓入继有紊宗枝，尤为我族所不收者也。"①该宗族旧谱收异姓承嗣者，但新谱则明确不收。

还有一种最开明的做法，就是收录异姓子，而且在家谱中不注明他的异姓身份；与之不同的是，同宗过继者则要注明出处。修于光绪年间的《檀岭王氏宗谱》中有一篇《驳谱例不收螟蛉议》就是这种观点的代表，主张"异姓宜浑"，反映了民间开明知识分子抱持另外一种齐家收族之理念：将承继之异姓上谱，不注明异姓身份，不留下任何异姓的痕迹，将异姓包容进来，然后融化于血缘宗族之中，从而彻底解决长期困扰宗族发展的异姓承继及其后代的身份地位与权利义务方面的纷争。

以上六种宗谱收录螟蛉子的办法，即一概不收入宗谱、不入宗谱而收入附谱、特殊时期暂时收入宗谱、有选择性地收入宗谱、收入宗谱但注明本姓、收入宗谱但不留下任何异姓的痕迹，可能颇具代表性。咸同兵燹后，徽州宗族继承方面的最大变化，就是对异姓承继保持的开放态度，这点从光绪年间的邱氏遗嘱、《仙源杜氏宗谱》和《檀岭王氏宗谱》中对异姓承继的处理可以看出来。

3. 宗族经济的破坏

太平天国战乱导致徽州宗族经济受到严重破坏。族田是宗族的经济基础，关乎祭祀、教育、救济等众多宗族民生问题。徽州宗族人口的消减，加上买卖契约的毁坏，导致族田大量丢失或转手。据民国黟县《鹤山李氏宗谱》卷末《敬德堂字据契墨案卷簿序》："我族自咸同间'粤寇'扰乱，流离迁徙，会簿被焚，一是失所依据久矣。幸吾父丽春公视祖宗事如己事……夜则访问于老农世祥，日则如其所指，周览而厘定焉。弊弊月余，始复旧物。"鹤山李氏因为战乱，会簿被焚，以后很长时期失去证据。该族有一个热心的丽春公，把族事当作家事，他为了恢复各祀产，日夜走访当地老农，查勘田产范围，经过了一个多月的时间，最后终于恢复了祖上的祀产。光绪三十三年，丽春公的儿子世禄

---

① 道光《西递明经胡氏壬派宗谱》卷一《明经胡氏壬派宗谱凡例》。

再次进行仔细检查，"列成字据、契默、案卷三项。命长男昭仁用楷书分条抄录，俾后人开卷了然，非徒残阙无虞，而祀事亦可绵延勿替"。据该谱《利济会序》载，李氏宗族在咸同兵燹后，"惟会内簿据遭寇遗失，当经先后呈请前邑宪张及今邑宪谢批准立案，各存在案"。

族田还可以清理，失去的还有可能收回。邱应书遗嘱中曾说，同治二年，"大股'贼'过，银钱货物不下万余，焚掠一空。店事如此，家事更不堪言。父遗房屋悉被贼毁"。兵乱对商业的破坏是毁灭性的。不仅太平军如此，清军同样如此，曾国藩为了筹集军饷，曾在徽州挖掘徽商在家乡窖藏的银两，对徽州宗族财富进行打劫。除了本土，在商业最繁华的江南地区，徽商最集中，损失也最惨重。徽商王元奎，从小就和父兄一起在浙江淳安经商，跟随湘军，以为可以一边经商一边避乱，可是他的父亲还是死于太平军之手。太平天国之后他回归家里时，已是家徒四壁了。

除了经济被破坏之后，战乱还造成了家族财富的大转移。很多小家庭遭到灭门之祸，还有些家庭只遗留下老弱女性。因此，家族结构被破坏，经济基础丧失，其统治能力也不复存在。残缺家庭往往重新组合，造成家庭财富的转移。《清稗类抄·婚姻类》记载："同治壬戌，'粤匪'难作，江南几无孑遗，徽、宁、池、太等郡男丁百无一二。有妇女随人，不计一文钱，而任人选择者，且有潜藏金叶珠宝于身，以购妇而致富者。先是，皖南山多于田，人习懋迁，重商贾，轻稼穑，俗尚奢侈，家蓄资财，急金银，缓谷米，岁恒仰给于外，稍歉缺，即有钱无食。闻寇入境，恋家而不谋远徙，坐以待毙，老幼男丁非杀则掳。惟余一二妇女，无所依归，故携其劫掠余资，以苟延残命耳。"

**4. 宗族礼仪被破坏**

徽州宗族最重礼仪，礼仪之中又最重祭礼。咸同兵燹使得徽州宗族的祭祀功能不复以前。民国黟县《鹤山李氏宗谱》卷末《添祥公冬至会序·其二》就记载了这种情况："吾族之中冬至祀会始于康熙乙亥之岁，共二十股，一应祭祀悉有成规，历数十传世世相继，日增月盛，无怠无荒,可谓美善已备。迨咸丰之际频逢危难,人心离散,所有簿据、祭器等物,遭寇遗失,零星散落,兼司理者相继殂谢,以致各款乖张掣肘。所幸同治二年裔孙有祥等,素在乡里检剩余之簿据,集各房之会长,细查详察,数载于兹,是得条目所缺祭器物件随时增办,一应仍遵原议。惟有嗣后本会子孙增入盆股,续入正股,兼有绝支将盆分替于本会股下者,向未登正详明,尤恐年久无从稽考。兹复公议,重录于左,庶几久远共襄守成而勿替云。同治五年岁次丙寅仲冬月裔孙有钢谨述。"战乱中的鹤山李氏宗族,首先面临的是生死存亡问题,根本顾不上行使家礼中的种种礼仪。祭礼主要在祠堂举行,而徽州的祠堂是遭受破坏最严重的,祠堂中不仅有各种簿据,还有继嗣用的各种器具,这些东西要么被毁坏,要么遗失,散落各地。同时,祠堂管理者、祭祖主持者也死的死、逃的逃、抓的抓。没有相关器具,没有懂祭仪的人,没有经济基础,因此当时鹤山李氏宗族的祭祀礼仪"乖张掣肘"表现出不合情理、不合规矩,甚至彼此矛盾和冲突的状况。鹤山李氏宗族反映了当时徽州其他宗族所面临的普遍状况。

除了祭祀之外,其他礼仪也受到了战乱的影响。

### (二)宗族传统集体记忆的恢复与重建

如何恢复和重建社会秩序,发展经济和文化,处在新旧之交的徽州宗族在咸同兵燹之后,逐渐开始了对宗族的改造,采取各种措施,力图恢复兵燹中被中断的宗族集体记忆。尽管这种恢复集体记忆的努力,大多还打上传统的宗族烙印,如重新纂修族谱、大规模修复祠堂、恢复祖墓的祭祀、举行升主活动等,但这些旧式的宗族文化中,也透露出新时代的曙光。

下面仅以受创较深的绩溪县宅坦村龙井胡氏宗族致力于宗族集体记忆的恢复与重建为例,来分析和说明在咸同兵燹后徽州宗族文化的新旧嬗变。

宅坦村位于安徽省绩溪县西部山区,北宋开宝末年,绩溪县令胡延进将子胡忠送于该村就读,后遂定居于此,成为宅坦村之开基祖与明经胡氏宗族龙井派之始迁祖。鸦片战争之前的明清时代,宅坦村经济发达,人文昌盛,读书、力田、经商成为这一胡氏宗族聚居村的生产与生活常态。但在长达四年之久的咸同兵燹中,宅坦龙井胡氏宗族同徽州其他地区的宗族聚居村庄一样,受到了几乎毁灭性的打击。我们根据民国《明经胡氏龙井派宗谱》的资料统计,仅直接在战乱中死亡和失踪的人数,宅坦龙井胡氏宗族就有441人之多,这尚不包括《宗谱》记载的在此期间自然死亡的人数。实际上,在清军和太平军的拉锯战中,宅坦村中男女老幼为躲避战乱,因饥饿而死于逃难途中的村民难以计数。正如民国《明经胡氏龙井派宗谱》所指出的那样,"洪、杨乱后,户口凋零"①。"洪、杨之乱,久战江南,吾乡无一片干净土,公私焚如,百不存一。虽同治中叶,大难削平,而疮痍满目,十室九空。"②龙井胡氏宗族《亲逊堂奉先录》亦云:"自遭兵燹,祠谱无存,总牌亦失遗大半。……宗祠于咸丰十一年被'贼'毁坏。"③与宅坦毗邻的余川汪氏宗族,同样经历了咸丰兵燹的浩劫,"道光、咸丰时,门祚鼎盛,丁口殷繁。中经乱离,十丧四五"④。咸丰兵燹使包括龙井宅坦胡氏宗族在内的徽州宗族和乡村社会受到了严重的创伤,人口锐减,田地抛荒,宗祠被毁,文献被焚,整个宅坦的经济和社会陷入满目疮痍之中。

兵燹后,面对人口锐减、宗祠被毁、文献被焚这一凋敝局面,如何

---

① 民国《明经胡氏龙井派宗谱》卷首《明经胡氏续修龙井派宗谱例言》。
② 民国《明经胡氏龙井派宗谱》卷首《序》。
③ 《亲逊堂奉先录》第一册《始祖至廿五世》,稿本。
④ 民国《余川越国汪氏族谱》卷首《序》。

恢复和重建乡村社会经济,重振战前的辉煌?显然,从宗族自身做起,重新恢复宗族的凝聚力,是最为重要而关键的举措。用唐力行的话来说,就是修复和重建"宗族的记忆系统"[①]。

首先是重修宗祠,这也是咸同兵燹和其他战乱后徽州其他地区恢复和重建宗族的一贯做法。毕竟祠堂是祖先神灵魂魄之所和宗族权力的象征,因此,历经战乱浩劫后,重修宗祠——亲逊祠成了宅坦龙井胡氏宗族的首要任务。本来,亲逊祠刚在道光时期整修一新,但因"乱后宗祠后进全堂经'贼'残毁",亟待进行修缮,以重塑宗族信心。三十六世胡业(1818—1871)不忘母亲嘱托,亲自率领诸弟"出赀专修,躬亲董理,焕然一新"[②]。不唯如此,胡业之子三十七世胡佩玉(1837—1918)还出资整修了亲逊祠前道路,同时又命其子"出赀重建祠碓"[③],"以助饷平乱授都司衔,晋封三品"[④]的三十六世孙胡道升(1832—?)也加入了修缮亲逊祠的行列。经过整修,至同治十年,亲逊祠再次焕发了新姿。

其次,重新勘定祠谱,进行升主活动。龙井宅坦胡氏宗族的宗族文献大多在咸同兵燹中焚毁或散佚,祠堂整修一新后,如何勘定祠谱,举行升主活动,这是包括宅坦龙井胡氏宗族在内徽州地区所有宗族恢复与重建宗族记忆与汇聚宗族人心的当务之急。如歙县堨田汪氏宗族在咸同兵燹结束后的同治十二年(1873),即把理主活动作为宗族的首要任务,并专门为此制定了《同治十二年岁次癸酉理主条规》,云:"我祠自乾隆四十一年理主后,迄将百载,两龛主位几无安奉。兼以前值乱时,主牌间有遗失,乱后失祀而未进主者,亦复居多。若不及时溯系追源,历年既长,益难稽考。为此,阖祠公议理主条规,俾司事者有所遵循办理。"[⑤]根据龙井宅坦胡氏宗族现存民国时期的各种宗祠谱,

---

① 唐力行:《千丁之族,未尝散处:动乱与徽州宗族记忆系统的重建——以徽州绩溪县宅坦村为个案的研究》,《史林》2007年第2期。
② 民国《明经胡氏龙井派宗谱》卷八(一)《龙井宅坦前门相公派》。
③ 民国《明经胡氏龙井派宗谱》卷八(一)《龙井宅坦前门相公派》。
④ 民国《明经胡氏龙井派宗谱》卷八(一)《龙井宅坦前门相公派》。
⑤ 光绪《歙西堨田汪氏家谱》卷一《理主条规》。

073

包括《亲逊堂聚神谱》《亲逊堂奉先录》《像牌谱》和《殊荣谱》四大类。《聚神谱》是一种不按排行只以去世时间先后登录龙井胡氏宗族族人神主及上堂经过的宗祠草谱，该谱现存三册，其中第一册为清光绪三十年（1904）九月订立。该册登录了清光绪三十年至民国六年（1904—1917）龙井胡氏亲逊堂前门、上门、中门、下门、后门共五个门派去世先人祠堂牌位的名录，并根据具体情况分别于名字前钤有校对特进、春分、冬至等印章，另钤有"龙井亲逊祠印"，盖于逝者名字之上。其中"春分"和"冬至"是指牌位进祠的时间，即在春分和冬至祠祭时上堂。"特进"则是指上牌位时间是宗祠特地安排的，隐含着牌位主人拥有一定社会地位的因素。《亲逊堂奉先录》，共44册，清末至民国抄本。系龙井胡氏宗族亲逊堂宗祠谱，封面以粉红色底纸隶书书写"亲逊堂奉先录"为题签。该书收录了自始祖胡昌翼至四十世辞世族人的神主名录。每一神主名上都钤有胡亲逊祠篆字印章，其下还盖有"入圹"字样的印记，即神主牌位在越主时从牌座上取下成捆放入类似棺椁的砖圹中。因老祠谱于咸同兵燹中毁失殆尽，现存《亲逊堂奉先录》系清同治十年后陆续编辑而成。同年，龙井宅坦胡氏宗族在亲逊祠整修落成后，旋即开始了升主活动，此次升主活动，因"自遭兵燹，祠谱无存，总牌亦失遗大半。辛未年迁主之役，只得照各门支谱誊作底本，另写总牌。惟仓卒蒇事，多有未惬心之处"①。应当说，这次升主活动确实是仓促的，留下许多遗憾。但正是此次升主仪式的举行，使龙井宅坦胡氏宗族重新整理了宗族的文献，"辛未迁主，所誊各门支谱共九本。前所存总牌，共录草谱六本，单牌录草谱一本。存疑者，另录草谱三

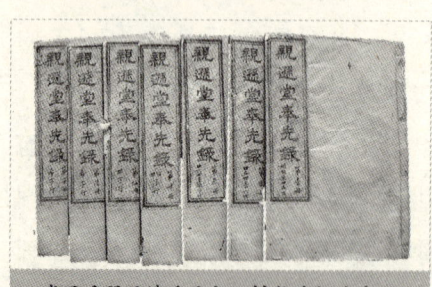

咸同兵燹后绩溪县宅坦村龙井胡氏宗族亲逊堂奉先录

---

① 《亲逊堂奉先录》第一册。

本"①,凝聚了宗族的人心,为升主以后龙井胡氏宗族的恢复与重建奠定了良好的基础。升主活动举行后,宅坦龙井胡氏宗族重新步入了健康发展的轨道,人口迅速增长,经济和社会发展迅速回升。

再次是纂修族谱。宗祠整修和升主活动的顺利举行,为族谱的编纂提供了条件。同治十三年,在三十六世孙胡道升和胡宝铎的倡议下,宅坦龙井胡氏宗族成立了谱局,由胡道升兼领谱局,胡宝铎任主编,着手开展《明经胡氏龙井派宗谱》的编纂工作。修谱活动得到了族人的热烈响应和强烈认同,一时间"登高一呼,群山皆应"②。据民国《明经胡氏龙井派宗谱》记载,此次参与协修宗谱的宗族成员达12人之多,其中既有"鲁仲连之称"的三十四世孙胡绍铨(1844—1902),③也有三十五世孙胡道源(1821—1883)"协理谱局",④但参与更多的主要还是三十六至三十七世孙的龙井宅坦胡氏宗族精英。"阖族人士远采旁搜,披旧图,咨故老,吊古冢,访遗碑,四更寒暑,将我龙井世系纂录成帙。"⑤遗憾的是,这次族谱编修只是完成了稿本,即因胡宝铎服官京师和经费短缺而未能付梓。直至1920年再设谱局,方才在胡宣铎主持下完成了定稿并最终付梓。不仅绩溪的宅坦胡氏宗族如此,即使在徽州的其他地区也是如此。如婺源李氏宗族的聚居区严田,咸丰七年(1857),李氏宗族"惨遭兵燹,煌煌区制,片瓦无存。……自'粤匪'扰婺以来,各派宗谱焚于贼火者有之,残缺失次者有之"⑥。咸同兵燹后,聚居于婺源各地的宗族在经历失去家园和谱牒的惨痛后,纷纷于同治和光绪年间,捐资重建祠堂、重修谱牒,以维系已经中断的宗族记忆和文化。"名宦、乡贤、昭忠、节孝等祠,如各姓宗祠,经理维持,皆历久不懈。"⑦在黟县,明末徙居渔亭的余姓宗族,在咸同兵燹期间遭受重创,

---

① 《亲逊堂奉先录》第1册,清末至民国间抄本。
② 民国《明经胡氏龙井派宗谱》卷首《序》。
③ 参见民国《明经胡氏龙井派宗谱》卷七(四)《龙井宅坦下门东滋公派》。
④ 参见民国《明经胡氏龙井派宗谱》卷七(二)《龙井宅坦前门构公派》。
⑤ 民国《明经胡氏龙井派宗谱》卷首《序》。
⑥ 光绪《严田李氏宗谱》卷首《序》。
⑦ 《陶甓公牍》卷一二《法制科·婺源绅士办事之习惯》。

自咸丰四年太平军进入渔亭后,连年驻扎于此,先将余氏宗族祖坟上树木悉数砍光,后又将祖坟墓碑及石塝全部拆去,以致祖坟塌倒。这在"尤重先茔,自唐宋以来,邱墓松楸世守勿懈"①的徽州,是根本无法容忍的。因此,余氏宗族在战乱间隙,即动员宗族成员捐钱捐租,创建清明祀会,"经理坟茔,尽心修理各处坟墓,以慰先祖之心"。同时,安排族内支丁前往坟墓进行标挂祭祀。②

清代同治年间编纂、民国始成的龙井胡氏宗谱

最后是制定了宗族的族规家法,规范了宗族的活动。同治《明经胡氏龙井派宗谱》的稿本今已不存,但因民国《明经胡氏龙井派宗谱》"体例悉依旧谱"、"惟有(同治)甲戌稿之基础",故其中包括《祠规》等在内的诸多内容基本反映了同治年间宅坦龙井胡氏宗族重建的努力。同治十年,咸丰兵燹结束之际,宅坦龙井胡氏宗族即开始了宗族的恢复与重建工作,通过制定宗族的族规家法,对龙井宅坦胡氏宗族的活动进行规范,从而为胡氏宗族的复兴创造了条件。该族的《祠规》由彰善四条(训忠、训孝、表节、重义)、瘅恶四条(忤逆、奸淫、贼匪、凶暴)、职守四条(修祭事、训祠首、保祠产、护龙脉)、名教四条(振士类、厚风俗、敬耆老、正名分)共四篇十六条组成。可以看出,这一系统的《祠规》包含了重振龙井宅坦胡氏宗族伦理、经济、社会和文化等各个方面,相当系统全面,其中尤以《训祠首》《保祠产》和《正名分》最为重要。祠首肩负着管理和振兴宗族的重任,祠产则是宗族活动开展的经济基础,而正名分则是对族内尊卑等级秩序的强调。

宅坦龙井胡氏宗族恢复被战乱中断之宗族集体记忆系统的举措,可以说是十分落后甚至是腐朽的。整个过程充斥着对传统宗族社会尊卑、男女尊卑等级秩序的维系,散发着陈腐的气息,看不到丝毫进步的曙光。

---

① 光绪《婺源县志》卷三《风俗》。
② 参见《咸丰八年—同治四年清明会簿》,原件藏南京大学历史系资料室。

### （三）新宗族文化的萌芽

1.国法与家法关系的重新认识

同宅坦龙井胡氏宗族不同,同属绩溪的梁安高氏宗族和南关懋叙堂许氏宗族则在咸同兵燹后充分认识到了宗族制度落后的一面,并在新的历史背景下,重新审视宗族特别是其家法、国法不分所造成的野蛮落后局面,力图将家法与国法区别并统一起来,形成一个各有所司的整体。

在光绪八年刊行的《绩溪县南关许氏懋叙堂宗谱》中,许氏宗族就对家法与国法的关系作了一番认真的梳理和说明,指出:"家法治轻不治重,家法所以济国法之所不及,极重,至革出祠堂、永不归宗而止。若罪不止此,即当鸣官究办,不得私行。山乡恶俗,有重责伤人及活埋者,此乃犯国法,非行家法也。"①这与明代徽州宗族那种家法、国法不分,甚至公然违犯国法剥夺族人生命的家法,显示出了符合时代发展潮流的进步。

而光绪三年刊本《梁安高氏宗谱》则在首先要求宗族成员必须"遵国法",及时足额完纳封建国家的"皇粮国税"的前提下,对宗族的家法和国法之间的关系进行了辩证的解释,指出:"王法者,朝廷所设以治吾民者也。无王法,则天下乱。苟平日不畏王法,恐一旦犯法而不自知,及遭刑戮,悔之晚矣。此君子所以怀刑也。故为绅、为士、为民皆当畏法,则敬官府、早完粮。苟非万不得已,不可轻与人结讼,自能远耻辱而保身家矣。"②该宗族还在《家法》中进一步对国法与家法的关系进行了阐述,指出:"或谓罪无大小,皆待治于国法,而家法止治小罪,立之何益?不知小过不惩,将成大恶,故小惩而大戒,此《周易》履霜所以戒坚冰也。既立家法,期于必行。又恐行之不善,或行家法而遂僭国法,或行家法而反坏家法。此岂立家法之意哉。何谓行家法而僭国法?盖国法有五刑之属,而家法不过杖责与驱逐二条者。若罪不止

---

① 光绪《绩溪县南关许氏懋叙堂宗谱》卷八《家法》。
② 光绪《梁安高氏宗谱》卷一一《家政·高氏祖训十条》。

此,即非家法所得而治矣。假使泥家法之名,因而置人于死,如打死及活埋之事,此行家法而僭国法也。何谓行家法而坏家法?杖责、驱逐皆祖父施于子孙,尊长施于卑幼者。假使尊长有过,而卑幼遂假家法之名以施于尊长,是欲行家法而先为悖逆,此行家法而反坏家法也。家法止于杖责、驱逐,所罪不止此,则送官究治。不得私立死刑、杖责、驱逐之法,尊长可施于卑幼,卑幼不得施于尊长。行家法者,必以是法为准。"①从《梁安高氏宗谱》的"祖训"和"家法"中,我们不难发现,家法和国法之间是彼此互动的,家法的立法精神必须在国法的框架下进行,不得与国法相抵触,不得违反国法的基本精神。

纂修刊刻于宣统年间的绩溪《仙石周氏宗谱》,对国法与家法的关系更是作了进一步阐释,明确指出:"家法治轻不治重,家法所以济国法之所不及,极重至革出祠堂,永不归宗而止。若罪不至此,即当鸣官究办,不得僭用私刑。山乡恶俗,有重责伤人及活埋者,此乃犯国法,非行家法也。"②也就是说,家法和国法是各有分工的,家法必须在不违反国法的前提下制定和执行,家族不得僭越国法私自用刑。违犯家法者,家族可以使用本族的家法予以惩处,而违犯国法的族内子弟,家法还要给予补充或追加惩罚。

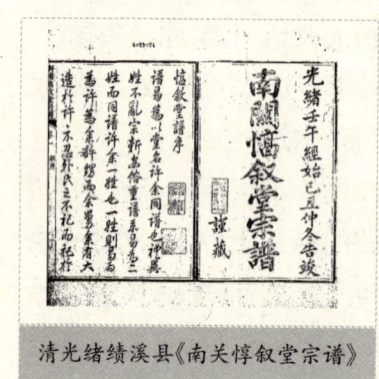

清光绪绩溪县《南关惇叙堂宗谱》

2.职业选择新旧观念的冲突

在职业选择上,明清时期的徽州要求宗族子弟必须首先学会治生,各安生理。明代隆庆年间,祁门文堂陈氏宗族就在乡约家会中,要求"每会行礼后,长幼齐坐,晓令各户子姓各寻生业,毋得群居、博弈、燕游,费时失事,渐至家业凌替,甚至乖逆、非为等情"③。为此,陈氏乡

---

① 光绪《梁安高氏宗谱》卷一一《家政·家法》。
② 宣统《仙石周氏宗谱》卷二《周氏宗谱家法》。
③ 隆庆《文堂乡约家法》,明隆庆刻本。

约一再告诫族众:"人生在世,须是各安其命,各理其生,如聪明,便用心读书;如愚鲁,便用心买卖;如再无本钱,便习手艺及耕种田地,与人工活。如此,方才身衣口食,父母妻子有所资赖。即如草木之生地虽不同,然勤力灌溉,亦要结果收成。若生理不安,则衣食无出,饥寒相迫,妻子相闹,便去做那非理不善的事。求利未得,而害已随之,大则身亡家破,小则刑狱伤残。"①

在徽州传统的四民职业选择中,士是第一等的,其次为商、为农、为工,所谓"人生斯世,士、农、工、商各执一业。吾邑地狭人稠,无田可耕,故人多逐末,奔走江湖,车马舳舻,几半天下。为族人者,纵莫能上之读书为士、下之力田为农,至于为工、为商,守分安生,何所不可?乃有不务生业、游手好闲、赌博骗财、诱人为非者,真盛世之敝民,乡族之巨蠹也"②。

传统徽州作为一个宗族社会,对宗族成员的要求是必须拥有职业以谋生,不能游手好闲。但还有一点就是不能从事卑贱、低下的职业。即使到了民国初年,个别宗族还是在族规家法中要求族人,"人而无恒,不可以作巫、医"③。这里实际上是把作巫为医当作卑下职业,禁止族人从事。这种陈旧腐朽的职业观念,严重束缚了徽州社会人群职业的选择。

事实上,经历了咸同兵燹的重创,徽州许多宗族在职业选择观念上已经发生了重大的变化。制定于宣统年间的绩溪涧洲许氏宗族职业选择法则就突破了传统的限制,云:"我祖宗忠烈报国,勤俭传家,最忌飘流游荡,后世子孙须务正业者,士农工商是也。有业便可营生,无业便坏终身。古人谓'少壮不努力,老大徒伤悲',其警世人勤业之谓也。至于地理、医道、择吉等事,虽非正业,亦不可谓之'邪术',第必研究精通,方可为之。"④只是要求族人不管从事什么职业,都要在"精"字上下功夫,即所谓"生业有四:曰士,曰农,曰工,曰商,凡人必业其一以为生,当随其才智而为之,然皆不外于专志坚精。勤励不息,乃能有

---

① 隆庆《文堂乡约家法》,明隆庆刻本。
② 万历《歙西岩镇百忍程氏本宗信谱》卷一一《族约篇第九》。
③ 民国《河间凌氏宗谱》卷一《家训条款》。
④ 民国《涧洲许氏宗谱》卷一《涧洲许氏祖训》。

成。仰事俯畜,可以饶裕"①。绩溪南关憼叙堂许氏宗族虽然并未视地理、医道为邪术,但仍持谨慎的态度,曰:"至于地理、医道,虽非邪术,恐学之不精,误人不少,切不可图其事之安逸而轻学以害人,受人饮食财物而反害人,不如乞丐。"②

咸同兵燹以后的徽州宗族文化就是这样,在新旧交替中发生着细微的变化。尽管绝大多数徽州宗族依然用封建的纲常礼教来约束族众,其所编纂的族谱也大部分强调封建落后的尊卑等级名分,但一些相对较为开明的宗族则开始了用新的理念来规范宗族的行为,融入历史和时代发展的潮流之中。

## 二 刘汝骥与清末徽州宪政调查和改革

新政是清末十年统治阶层为缓解自身统治危机而发起的改革运动。光绪二十六年(1900)八月,八国联军攻占北京,慈禧太后与光绪皇帝仓皇出逃西安,内外交困、日趋衰败的现状迫使清朝最高统治集团认识到变革势在必行,次年一月二十九日,尚在西安的清廷便发布上谕,极言积弊之深与改革之切,命内外臣工参酌中西政治,各陈己见。四月,成立督办政务处,陆续推行新政,教育、军事、法律等改革先后迈开步伐。而作为新政最为重要的一个方面——立宪政体却迟至光绪三十一年(1905)才启动,该年八月,五大臣出洋考察宪政,翌年九月,清廷宣布"预备仿行宪政"。光绪三十三年(1907)八月,改考察政治馆为宪政编查馆,负责筹划宪政的实施,九月二十日,清廷下谕在中央先设资政院"以立议院之基础",著派溥伦、孙家鼐充任总裁,随后又令各省督抚在省会筹设谘议局,饬各府州县监督所属绅民公举贤能之

---

① 宣统《富溪程氏中书房祖训家规封丘渊源考》。
② 光绪《绩溪县南关许氏憼叙堂宗谱》卷八《家训》。

士充任该局议员,参与省政,府州县筹设议事会。清末宪政帷幕正式拉开,也由此成为中国政治参与的开端。

徽州府各县在知府刘汝骥的推动下,积极开展宪政调查,实现地方自治,在一定程度上影响了近代徽州社会与文化的走向。刘汝骥,字仲良,号李青,直隶静海人,散馆,授编修,曾任多地监察御史,于光绪三十三年(1907)正月奉旨补授徽州知府。由《陶甓公牍》卷首所收录的《丙午召见日记》和《丁未召见恭记》可知,刘汝骥因条陈甚有见地而颇得慈禧信任,先后两次入宫觐见,就立宪政体、兴办学堂、振兴工艺、中外形势等问题向慈禧、光绪奏陈了个人看法,慈禧训令刘汝骥就任知府后要整顿学堂流弊,体恤百姓,严饬州县实心办事。刘汝骥出任徽州知府时仅三十九岁,正值年富力强的壮年时代,极欲在仕途上有所作为,因而上任伊始便颁布裁革门丁、禁演淫戏、劝禁缠足、破除迷信、严禁烟馆等多条示谕,大力推行新政。

### (一) 刘汝骥与徽州宪政调查

对地方民事、商事习惯进行调查的目的是为地方自治找到切入口。光绪三十三年十月,宪政编查馆通知各省设立调查局,下设编制、统计两科,负责办理宪政,编制法律,统计政要。次年四月,安徽巡抚冯煦择地设局,任命"于新旧法政均能观其会通"的分发试用道顾赐书为总办,饬令"妥订章程,详细调查,按类分编,以备编查馆之采辑。并照章通饬司道及府厅州县各衙门添设统计处,就该馆事项分别列表汇送该局,以收通力合作之效"[①]。安徽宪政调查局要求本省各州县"一切政俗自应切定调查,以作议案之依据"。安徽谘议局为此制定调查章程,将调查分为经常调查和特别调查两类,经常调查自宣统元年(1909)起,凡关于地方政务兴革之事件,每年调查一次,以次年四月为

---

① 《安徽巡抚冯煦奏派员办理调查局并开办情形折(光绪三十四年三月十七日)》,张湘炳、蒋元卿、张子仪:《辛亥革命安徽资料汇编》,黄山书社1990年版,第181—182页。

期,报告到谘议局,以凭参酌情事。经常调查分教育、实业、财政、自治四大纲,按纲系目,制成各种表格,附以调查方法,由各州县发交自治公所会同省谘议局籍贯隶属于该州县之议员慎重调查填写。特别调查是在谘议局闭会以后,"凡本局议员之报告,本省人民之陈请有未便率为呈请抚部院者,则由协议会议决公推常驻议员一人或二三人前往调查,俾得悉情伪而可否之"①。

刘汝骥奉令在徽州设立统计处,委派各县学识兼优、热心公益之士绅组织统计学会,分项调查,撰写报告。徽州各县统计处的成立,以绩溪县为最早,调查报告也由该县乡绅最早提交。各县负责调查事项的士绅分别是歙县的鲍鸿、汪达本、鲍振炳,休宁的王世勋,婺源的汪开宗、汪镜芙、董晋璧,祁门的方振钧,黟县的余攀荣,绩溪的朱瑞麒等人。调查有固定格式,先分成若干大类,再细分为若干小类,各县士绅将实地调查所得按类填写,编成报告后汇送到府,刘汝骥进行审核编订,再上报安徽巡抚。刘汝骥对调查一事重视有加,多次与六县乡绅往返信函,时刻加以催促,他在《致绩绅朱石松秀才瑞麒》一信中指出:"前据曹绅作朋赍呈调查法制报告,展读大箸,风俗、绅士二项尤为击节,当即面交学会格纸二百页,嘱转致缮清寄府,以便汇核编纂,此公一去杳如黄鹤,怪事怪事,仍请执事将民情、风俗、绅士三项习惯报告先行缮好邮递敝处,是所切望。"②正如信中提及的,调查的主要内容分为法制科下民情、风俗、绅士三项,具体子目如下:

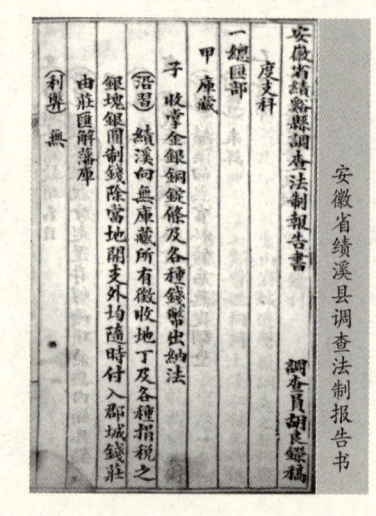

---

① 《安徽谘议局调查章程》,《安徽谘议局第一期报告书》,安徽省图书馆古籍部藏。
② 刘汝骥:《陶甓公牍》卷一一《笺启·致绩绅朱石松秀才瑞麒》。

表2-1 清末徽州宪政调查表式

| | | |
|---|---|---|
| 民情之习惯 | 甲:从生活上观察民情 | 子:住居之流动固定 |
| | | 丑:共产析产之趋势 |
| | | 寅:食用好尚之方针 |
| | | 卯:生产者不生产者之分数 |
| | 乙:从行为上观察民情 | 子:权利义务之观念 |
| | | 丑:诉讼之诬实 |
| | | 寅:婚嫁之年龄 |
| | | 卯:溺女之年龄 |
| | 丙:从成绩上观察民情 | 子:职业趋重之点 |
| | | 丑:制造之品类 |
| | 丁:从团体上观察民情 | 子:集会结社之目的 |
| | | 丑:交际间之况状 |
| | 戊:从教育上观察民情 | 子:受学者百分之比例 |
| | | 丑:报纸之销数 |
| | 己:从道德上观察民情 | 子:犯罪以何项为最多 |
| | | 丑:自杀之多寡 |
| 风俗之习惯 | 祭祀 | |
| | 丧葬 | |
| | 婚娶 | |
| | 居处 | |
| | 服饰 | |
| | 饮食 | |
| | 岁时 | |
| | 乐歌 | |
| | 方言 | |
| | 游谶 | |
| | 神道 | |
| | 宗教 | |

续表 2-1

| 绅士办事之习惯 | 甲:属诸人者 | 子:资格 |
| --- | --- | --- |
| | | 丑:责任 |
| | | 寅:任免 |
| | | 卯:期限 |
| | | 辰:功过 |
| | | 巳:有给无给 |
| | 乙:属诸事者 | 子:宗旨 |
| | | 丑:权限 |
| | | 寅:能力 |
| | | 卯:秩序 |
| | | 辰:效果 |
| | | 巳:有继续力无继续力 |
| | | 午:规则 |
| | | 未:经费 |

可见调查的内容包罗万象,几乎涵盖了徽州社会的各个层面。因调查出自多人之手,各自的认真程度难免参差不齐,这就使得调查报告详略不一。其中以绩溪县的调查最为详细深入,刘汝骥赞许道:"察阅法制三册附风俗表一册,详明精核,切实不浮,统计表亦大致不差,惟农田表似据官册照抄,稍欠精核,此亦非咄嗟所能立办者也。该绅等办事实心,确有见地,迥非率尔操觚、敷衍塞责者所能望其肩背,嘉慰何已。"①黟县则显得颇为潦草,属于刘汝骥笔下的敷衍塞责者,士绅提供的资料多为辗转抄自前代方志,内容非常单薄。尽管如此,这次调查还是对徽州的民情、风俗、绅士办事习惯作了一次比较全面的梳理,为地方官体察民情、了解基层社会提供了难得的参考。安徽巡抚朱家宝对徽州府上报的六县民情风俗绅士办事习惯报告册作出批示:"据送该府六县民情、风俗、绅士办事习惯报告册均悉,察阅编辑各条

---

① 刘汝骥:《陶甓公牍》卷三《批判·户科·绩溪县职贡生曹作朋禀批》。

尚属详瞻,良深嘉慰。"①不过这只是当时众多调查中的一种。根据安徽宪政调查局的分期调查计划可知,民情、风俗、绅士办事习惯调查属于法制科第一股第一期;第二期的商事习惯、民商事共同习惯,第三期的民事习惯都有待调查。刘汝骥指出:"民政、财政为统计最要之事,现已奉颁馆表,酌举要例,转行遵办,此后查报事项,应按照馆表填送,毋庸照省章办理,以求简要而省复繁。"②

调查户口是筹备立宪的重要基础,晚清婺源秀才詹鸣铎在其章回体自传小说《我之小史》第十三回《办自治公禀立区,为人命分头到县》中曾对户口调查作过详细描述:"但试问看官这调查户口,却是何事?盖朝廷变法之后,预备立宪,查立宪政体,立法、司法、行政有三大机关,立法、司法权归社会,而行政则属官府。所谓地方自治,即是以人治人的意思。且立宪基础,百废待兴,自治方针,法良意美,一切开办,当以调查户口为入手。在昔夫子式负版者,盖'负版'系持邦国国籍,即此调查户口的事业。夫子式之,为重民数,即重此调查户口的民数。中国向归户部经理,发逆乱后,曾为调查,得男女四万万之数,故有'四万万同胞'之说,也叫作'四百兆同胞'。自后保甲局、十家牌,视为具文,第循故事。今国家设立民政部,调查户口,务须切实举行,以故移文及省,由省而郡而县而乡,分区划段,为宪政中绝大关系。且其办法,以地方乡绅就地筹款,公举调查员担任,而一切胥吏之诈索,官样之文章,屏除殆尽。揆情度理,亦属简便易行。所谓调查户口,即是此事。"③光绪三十四年(1908)十二月十日,《民政部奏调查户口章程折》称:"臣等窃维立宪政体以建设议院为成效,而采用两院制度之国,其议员必有半数以上出于民间之公选,额数之分配不可不以人口之多寡为衡,而选举权及被选举权之限制又不可不以年龄、职业、籍贯、住址

---

① 刘汝骥:《陶甓公牍》卷一二《法制科·申送六县民情风俗绅士办事习惯报告册文》。
② 刘汝骥:《陶甓公牍》卷三《批判·户科·绩溪县职贡生曹作朋禀批》。
③ 詹鸣铎著,王振忠、朱红整理校注:《我之小史》,安徽教育出版社 2008 年版,第 213 页。

等资格为准。"①清廷为此颁布了《调查户口章程》，决定自宣统元年开始全国范围的户口总数调查。徽州府属各县根据部署在辖境内进行了户口调查，歙县县令陈德慈奏陈刘汝骥，拟在四乡按户收费60文作为调查经费。刘汝骥鉴于民政部已通饬严禁借端需索，担心民众贫富不一，如若一律征收60文，会激起事端，便令歙县会同士绅妥议章程，以于事无误，于民无扰。经过数月努力，各县陆续将户口调查结果上报徽州府，如绩溪县辖十五都693村，共计正户15512户，附户3713户，均已悬挂门牌，发给证书，刘汝骥接到禀报后指令该县速将人户名册先行造送，派员抽查以求实际。宣统元年六月，婺源县县令魏正鸿申送该县覆查户口总数表，正附户共计50668户，男女人数共计217943口。刘汝骥对此颇为激赏，令以后凡遇婚嫁生死及侨居迁移等事，应即督饬调查员随时报告添注以求翔实。

### （二）刘汝骥与安徽谘议局议员选举

选举是推行宪政的重要内容，端绪纷繁。议员选举分两级进行，县一级为初选，获选者到府一级进行复选，复选当选即为省谘议局议员。谘议局议员的选举，是中国尝试迈向民主政治路程上前所未有之盛事。②清廷颁布了统一的章程，对选举人资格、被选举人条件、选举方式均作了详细的规定。光绪三十四年六月二十四日，宪政编查馆奏拟定《各省谘议局及议员选举章程》③，规定了选举人和被选举人的资格：

**第三条**：凡属本省籍贯之男子，年满二十五岁以上，具左列资

---

① 《民政部奏调查户口章程折》，《大清法规大全》卷六，政学社宣统二年印本。
② 参见谢国兴：《中国现代化的区域研究——安徽省》，台湾"中央研究院"近代史研究所专刊第64种，1991年版，第174页。
③ 《宪政编查馆等奏拟订各省谘议局并议员选举章程折（光绪三十四年六月二十四日）》，中国第一历史档案馆：《清末筹备立宪档案史料》，中华书局1979年版，第671—673页。

格之一者,有选举谘议局议员之权:一、曾在本省地方办理学务及其他公益事务满三年以上著有成绩者;二、曾在本国或外国中学堂及与中学同等或中学以上之学堂毕业得有文凭者;三、有举贡生员以上之出身者;四、曾任实缺职官文七品、武五品以上未被参革者;五、在本省地方有五千元以上之营业资本或不动产者。

第四条:凡非本省籍贯之男子,年满二十五岁,寄居本省满十年以上,在寄居地方有一万元以上之营业资本或不动产者,亦得有选举谘议局议员之权。

第五条:凡属本省籍贯,或寄居本省满十年以上之男子,年满三十岁以上者,得被选举为谘议局职员。

第六条:凡有左列之情事之一者,不得有选举权及被选举权:一、品行悖谬,营私武断者;二、曾处监禁以上之刑者;三、营业不正者;四、失财产上之信用,被人控实,尚未清结者;五、吸食鸦片者;六、有心疾者;七、身家不清白者;八、不识文义者。

第七条:左列人等停止其选举权及被选举权:一、本省官吏或幕友;二、常备军人及征调期间之续备后备军人;三、巡警官吏;四、僧道及其他宗教师;五、各学堂肄业生。

第八条:现充小学堂教员者,停止其被选举权。

宪政编查馆要求筹备选举的基本内容有八项[①]:

(1)通饬设立自治讲习所、宣讲所为初选举预备;(2)发各属调查选举人名表式、调查须知、调查手续,使调查有所依据;(3)拟定告示草式,分发各属,使斟酌变通,广行张贴;(4)拟定期限清单,分发各属使归一律,并藉以见办理之勤惰;(5)拟定投票开票规则,投票纸、投票匦得数清单,初选当选人执照之定式;(6)电询关于选举资格解释之疑义,得复电,即刷印多张,分发各属,并将各省询电复之件一并摘录;

---

① 参见《官长调查(续)》,1909年1月12日《申报》。

(7)划清选举区域；(8)筹拨经费。

安徽谘议局的开办，完全是奉令行事。光绪三十三年十二月四日，安徽巡抚冯煦在省垣开办谘议局，作为筹划谘议局选举的临时办事机构，次年十月奉命改为谘议局筹办处，分设总办、督办等职，订立章程，分科办事，正式筹办谘议局选举事宜，要求全省各府厅州县将选举理由编成白话告示，广为张贴，并由各属派人分赴城乡进行演讲，答疑解惑。徽州府属各县根据安徽谘议局筹办处的进度要求逐步开展选举工作，与徽州府之间就选举区域划分、选举资格调查、选举事务所设立、选举人名册登记等事项进行了繁复的公文往来，知府刘汝骥事无巨细，作了大量的批示。比照选举人和被选举人的资格规定，刘汝骥明确提出："选政如何重要，罚则如何严明，果实有串通舞弊情事及不合被选举资格之人，一经判实，即遵馆章办理，断不能失宪政之信用，贻地方之后害。"①但是由于事属草创，相关人员对选举步骤和规则缺乏了解，以致在具体选举过程中出现了各种问题，刘汝骥也坦陈："徽州本人文渊薮，近则稍稍陵替矣。其黠者以匿名攻讦为事，其贤者遂杜门谢客，对于此事尚漠然无所动，于中始之弗慎。第四章选举变更、第五章选举诉讼之事将层出迭起而未有已，不敢谓其有效也。"②

在选举筹备阶段，刘汝骥遵章在署内设立了选举事务所，拣选公正士绅在籍陕西遇缺题奏道汪廷栋、奉天候补道李淦、内阁中书程锦龢、四品封职洪廷俊等人办理选举事宜。他又以绅商散处四乡，山路崎岖，村落未及周知为由，撰刻简明告示千余张分发到县，派丁分赴各都各图交绅董张贴，随时加以解释演说。鉴于选举事务繁杂无序，非多数绅董划区调查不易速于蒇事，刘汝骥令各县迅速划立选举区域，经数日努力，休宁县划分为八区，绩溪县、黟县均划分为五区，祁门县先是划为五区，因地方广狭与人口多寡之间很难分配匀当，便重新划分为八区，歙县和婺源因辖境较广，被划分为十区。詹鸣铎记录了婺

---

① 刘汝骥：《陶甓公牍》卷九《批判·宪政科·歙县第八区耆民禀批》。
② 刘汝骥：《陶甓公牍》卷一〇《禀详·徽州府禀设立选举事务所文》。

源县为划分选举区发生的一起事例,从中可以窥见地方士绅在划分选举区中对乡村权势的争夺。如上所述,婺源县起初被划为十区,北乡的凤山、庐源属段莘选举区,虹关、察关、士堡、环川属沱川选举区,凤山的查某"财雄一乡,好名心切,闻新政令下,将来中央之权,散归社会,于是运动益力",便合约各村,借丽泽文社名义,欲于凤山自立一选举区,以为日后的自治张本。众人公议之后,举某生到县同县令杨兆斌谈及此事,但被回绝。随后在选举中出现了种种弊端,詹鸣铎考虑到庐源既然不能自立,就力促凤山成此好事,以舍远就近;遂修书一封致某生。而此时凤山也正在筹议,漫无着落,适得此信,众人群情激奋,当下议决会合各村,征求同意。某生持詹鸣铎原信到环川、虹关、察关、士堡等处,各村皆同意自立,由是同具公禀,委派专人到县承办,即蒙批准,凤山被立为十二调查区,上文的查某为调查长,各村分段为调查员。庐源村五段的调查员为詹鸣铎,六段的调查员为詹荣森。后凤山被改为北三区自治公所,查某为区长,各段为段董。①

选举区域既定,对选举人进行资格调查,登记造册等事宜即被提上日程。为按期进行选举,安徽省谘议局筹办处派祝崧年赴徽州现场,督促选举人资格调查登记造册事宜,刘汝骥亦再三严札催促,并专门委派士绅汪达本帮同查催。祝崧年先后深入六县视察办公,汪达本逐县劝谕,在各方的督迫下,六县陆续将选举人名册呈送到府。因期限紧迫,绅员的重视程度不同,各县汇送到府的初选人名册存在各种各样的问题。如婺源县上报的初选人名册,既没有套用安徽省谘议局筹办处颁发的登记册表格样式,也没有分区填写,而是笼统混杂在一起。刘汝骥饬令该县按照定式,分区造册,每区一式十本,十区共三十本,多雇书手日夜缮写,其语词颇为严厉:"倘再错误逾延,定即详请撤参不贷,凛之切切。"②刘汝骥的盛怒与婺源县此前的消极态度有关,在

---

① 参见詹鸣铎著,王振忠、朱红整理校注:《我之小史》第十三回《办自治公禀立区,为人命分头到县》,安徽教育出版社2008年版,第214—215页。

② 刘汝骥:《陶甓公牍》卷九《批判·宪政科·婺源县杨令兆斌详送初选人名册批》。

婺源县令杨兆斌筹办选举的申报册上,刘汝骥已严厉指责该县的不作为。杨兆斌称婺源僻处山陬,户鲜殷实,士习亦坏,合格当选之人未易多得。刘汝骥指出,婺源幅员既广,人文鼎盛,茶商、木商有5000元以上之资本及不动产者更不乏人,"该县何卒然出此愤语,此本府之无从索解者矣"。此外,从光绪三十四年十月二十七日起,刘汝骥便分发简明告示到各县,并不断下发多种批札。但时过三个月,杨兆斌无一字回复,直至次年一月初才草草陈报,所谓另文详报者,二十日也未见只字片语。刘汝骥认为该县"玩视要政,不明时局,莫此为甚。本应详请示惩以儆泄沓,姑先手示申饬,仰即会督士绅迅速调查宣示草册,赶造正册,限二月十五日以前专差送府以赎前愆,懔之慎之,勿再玩忽,切切"①。但杨兆斌仍然玩忽懈怠,在选举人调查登记上草草应付了事,实际上这也从一个侧面折射出地方官员在地方自治推行过程中的真实态度。

宣统元年闰二月初,选举人名册登记工作完成。比较六县呈报的选举人登记名册,以黟县较为完善,其余各县有失之迁就者,有失之遗漏者,有失之错误者,都存在不尽完善之处。如歙县申送的初选人名册中,程锦龢、徐巽、徐谦皆漏填科分,鲍琪豹误填顺天籍,二区胡士梅、九区程开均漏填住址,第一区李嘉善已据原籍绩溪填写,其在本籍并未呈请注销,第十区二十七号谢升瑞、四十四号又有此名,可知审查不细。②

选举资格调查结束后,选举便进入主体程序——投票。投票规则主要依据《谘议局选举章程》和《城镇乡地方自治选举章程》,如《谘议局选举章程》分为总纲、初选举、复选举、选举变更、选举诉讼、罚则、专额议员选举方法、附条八章,共115条。投票所一般设立在选举区内适中之地,以方便投票人。负责投票事宜的人员为管理员、监察员,如休宁县委任胡钦顺、许桂林、吴荣等16人为投票监察员,按区派充,以胡

---

① 刘汝骥:《陶甓公牍》卷九《批判·宪政科·婺源县杨令兆斌申报筹办选举批》。
② 参见刘汝骥:《陶甓公牍》卷九《批判·户科·歙县陈令德慈申送初选人名册批》。

荣庆、方家燦充当开票监察员。① 按章程规定,管理员应停止选举权,黟县只好每区仅设一名投票管理员,由程希濂、胡肇桂、叶登瀛、孙树昌、汪保和派充,监察员由余毓元、王淦、吴翔藻等十人充当,开票管理员由陈训导、程定保派充。② 四月初,进行初选投票,投票期间,所谓运动选举法层出不穷,詹鸣铎曾描写了投票中发生的事件,很具代表性。"初次办选举,有不开通的人民,委实不知何事。有运动的先立门外,见有人来,教他投票写某某名,后来开匦,毫不一致,全无选举的真正民意。凤山某生,以曹某运动当选,设法推翻,又到邑改组覆选,从多数取决,复到段莘投票。此番以实力制造民意,搜罗票纸,自行带去,填名投匦。我村共计有三十票,他来运动,我以一手和盘托出,交他带去,此乃惠而不费顺水人情,这种选举,真叫何苦!中国人无资格,大都如是。后来曹某果然无形消灭,某生则得一议员。"③

各县选举一般分两天进行,第一天投票,第二天投票检票。由于票数分散或投票人积极性不高,第一次投票大多不能选出额定人数,还要进行第二次甚至第三次投票,如休宁县于宣统元年四月初四日开票,实际投票人数共623名,以当选九人除之再折半,应达到34票才能当选,但仅有吴嗣箴一人当选,还缺8人。初十日再行投票,共投379票,以8人除之,需47票又十六分之六,折半为23票又十六分之十一,应以24票为当选数,金沄、王世勋、李鸿遇等8人当选。黟县则进行了三次投票才选举出8人。在核算投票数和选举人应得多少票才能当选时总是存在这样那样的问题,有将各次票数累计核算者,有票数与票额不符者,各县将当选人姓名、职衔、得票数及初选情形开折造册申送到府后,由知府刘汝骥进行审核,再返回县里进行更正,最终确定所有当选票额均按照每次投票人实数核算办理。初选结束后立即受理选

---

① 参见刘汝骥:《陶甓公牍》卷九《批判·户科·休宁县刘令敬襄申批》。
② 参见刘汝骥:《陶甓公牍》卷九《批判·户科·黟县罗令贺瀛申批》。
③ 詹鸣铎著,王振忠、朱红整理校注:《我之小史》第十三回《办自治公禀立区,为人命分头到县》,安徽教育出版社2008年版,第215页。

举投诉,人们可以就选举人资格、票数等问题提出自己的疑问。应当说此类投诉是保证选举公正的必要一环,但实际上往往会异化为互相攻讦的契机,因而不时出现联名具禀或捏名控告之事。刘汝骥也颇为头疼,他无奈地说道:"近来联名具禀之事日益加多,或封交邮局径寄,或雇遣乡民赍投,既非本人亲呈,即无从知其真赝。其被捏捏人及有被告并无原告之事,亦往往而有一经彻查跟究,长舌巧妇又率变为乌有先生。"①所以他郑重指出邮递匿名是非正式之诉讼,姑存之以观其后。②

根据《谘议局议员选举章程》第六十一条规定,当选人接到知会后应二十日内呈明情愿应选,逾期不复者即作为不愿应选处理。徽州各县完成初选后,休宁、黟县各辞选一人,祁门县辞选二人,随即照额推补。宣统元年五月,徽州各县将初选选举人名册汇报到府,总计徽州六县共得初选当选人60名,正好符合分配定额。③

初选选举人即为复选投票人,初选选举人确定后,发给投票执照,再集中到府进行投票,选出安徽省谘议局议员,是为复选。由于各县初选选举人家境贫富不一,各县距离府城也远近不一,在交通落后的时代,往返车马及伙食、住宿等费用非数十元不可,家境寒畯之士殊难负担,刘汝骥便在复选期间指派招待员二人专门安排复选选举人的食宿,其经费由刘汝骥捐廉支给,有富裕士绅及附郭而居者自愿提供食宿均从其便,旅途伕马一项则由各该初选监督量路之远近分别筹给,这也是仿照科举时代公车之例的变通做法,足见对选举的重视。④ 安徽省谘议局筹办处分给徽州府议员的名额为6名,候补3名。宣统元年六月十日为复选投票之日,徽州府六县的初选当选人已先期齐集府城,刘汝骥会同参议洪廷俊、程锦稣及管理员、监察员全部到投票所公同监督。徽州府进行的初选、复选共计8个多月,分发两次告示1000

---

① 刘汝骥:《陶甓公牍》卷九《批判·户科·休宁县岁贡韩熙禀批》。
② 参见刘汝骥:《陶甓公牍》卷九《批判·宪政科·歙县第八区耆民禀批》。
③ 参见刘汝骥:《陶甓公牍》卷一〇《禀详·徽州府详送复选选举人名册文》。
④ 参见刘汝骥:《陶甓公牍》卷一〇《禀详·徽州府详复选投票办法文》。

多张,制备初选、复选投票纸 6000 多张,再加之其他费用,共支洋银 115.196 元,钱 19 千零 84 文,以钱合银,统用洋银 129.075 元,经会商各绅,由书院息银项下如数借拨。安徽巡抚朱家宝对徽州府在选举中所支各款均无浮滥,搏节办事之举极为赞赏,记大功一次。① 至此,徽州府的议员选举圆满结束。

表 2—2　徽州府当选安徽省谘议局议员、候补议员表

| 类别 | 姓名 | 县份 | 年龄 | 职衔 | 得票数 |
| --- | --- | --- | --- | --- | --- |
| 议员 | 黄家驹 | 歙县 | 37 | 光绪庚子辛丑并科举人,拣选知县 | 7 票 |
| | 洪廷俊 | 休宁 | 65 | 花翎知府衔 | 7 票 |
| | 江 谦 | 婺源 | 35 | 附生,曾举经济特科南洋公学毕业,分部员外郎(后被选为资政院议员) | 7 票 |
| | 赵文元 | 婺源 | 40 | 光绪壬寅举人,江西法政学堂最优等毕业,江西候补知县 | 7 票 |
| | 吴翔藻 | 黟县 | 43 | 附贡生,署庐州府训导 | 7 票 |
| | 周懋和 | 绩溪 | 56 | 岁贡生 | 7 票 |
| 候补议员 | 康 达 | 祁门 | 34 | 光绪丁酉拔贡,内阁中书(后因江谦被选资政院议员,出缺叙补) | 5 票 |
| | 汪国杰 | 歙县 | 33 | 光绪科副贡,日本宏文学校毕业 | 20 票(再选) |
| | 余家鼎 | 婺源 | 58 | 附贡,浙江候补知县 | 19 票(再选) |

资料来源:1.刘汝骥《陶甓公牍》卷一〇《禀详·徽州府详选举议员衔名册数文》;2.《安徽谘议局议员名籍一览表》,载《安徽谘议局第一期报告书》。

---

① 参见刘汝骥:《陶甓公牍》卷一〇《禀详·徽州府申报复选事竣文》。

### (三) 刘汝骥与徽州地方自治

地方自治分两级，府厅州县为上级，城镇乡为下级，由下级开始试办。宣统元年一月八日，清廷颁布了宪政编查馆订立的《城镇乡地方自治章程》和《城镇乡地方自治选举章程》。《自治章程》第一章第一节第一条即开宗明义："地方自治以专办地方公益事业，辅佐官治为主，按照定章，由地方公选合格绅民，受地方官监督办理。"城指府厅州县治所在之城厢，镇指一般市镇村集人口在五万以上者，不满五万者即为乡。自治机关包括议决机关与执行机关两种。议决机关在城、镇、乡均称议事会，议员任期两年；执行机关在城镇称董事会，董事由议事会于选民中选出，任期两年，在乡则设乡董、乡佐各一人，由乡议事会于选民中选出，任期两年。而县级议决机关有二：一为议事会，由议员组成，任期三年；一为参事会，参事由议员互选，人数为议员数的十分之二。

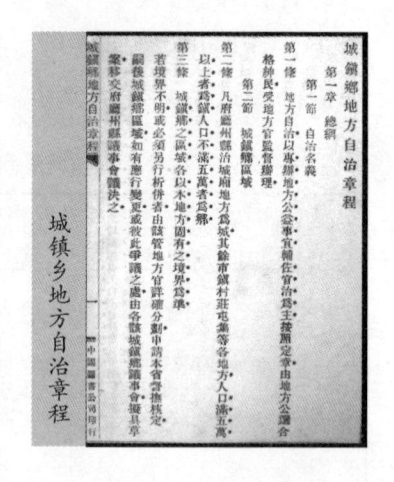

安徽省遵照清廷有关规定，先于光绪三十四年十一月开办自治讲习所，以培养自治人才，后成立自治筹办处。宣统元年，安徽省制定了城镇乡自治实施进度：宣统元年六月至宣统二年六月，办完城厢自治；宣统二年六月至宣统三年（1911）六月，办完镇区自治；宣统三年六月至宣统四年（1912）六月，办完乡区自治。徽州府根据安徽省自治筹办处的进度安排，开始推行地方自治，虽然时隔不久即被辛亥革命打断了进程，但其已经开

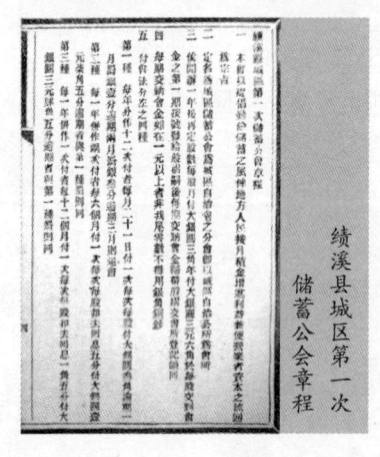

展的工作还是产生了一定的影响。

筹备自治公所是基础性事宜,刘汝骥敦促各县尽快设立。歙县分东南西北四乡,北乡六区组织成镇自治公所,由所长程源铨捐助开办经费。① 东乡一带土客杂居,田畴不治,情况较为复杂,但东乡士绅仍然提前筹办,组织歙东自治公所,选举了所长、参议。② 因南乡地域广阔,便分为三镇,士绅吉林候补知府汪士仁等人集第二镇民众在深渡设立自治公所,刻期办公。③ 士绅拣选知县程恩浚等人联络七区合成为歙南第一镇,人口达七万以上,其"生聚之藩、地利之饶"甲于其他镇乡,自治公所设在王村,非常便利。④ 黟县士绅余攀荣、李淦等人也禀请设立自治研究所,试图为自治推行过程中出现的问题提供对策。不过刘汝骥出于整体筹划的考虑,以"兹事体大,固不可不求完备,亦未便自为风气"为由未予批准,殊为遗憾。但刘汝骥对余攀荣洁诸士绅克己奉公,非但从未开支薪水,反而自行筹措常年自治经费之举大为赞赏,认为"深合自治名义,嘉慰何已"⑤。与歙县各乡设立自治公所的积极态度相比,祁门县则甚为消极,虽然已奉令设立自治公所与统计处,但办事并无一人。当其他五县按照规定在宣统二年十月十日之前将各自城乡人口细数及镇乡区划图呈报到府之时,唯独祁门县没有上报,刘汝骥对此严厉督责,令新任县令孔庆尧赶紧调查城乡人口造册送核,毋再玩延。⑥

宣统三年四月,徽州各县城董事会先后成立,选举出总董、陪董。刘汝骥在各县申报册中要求各总董、陪董及名誉董事、董事等人要实力任事,为六月下旬议事会、董事会两会的成立做好准备。

---

① 参见刘汝骥:《陶甓公牍》卷三《批判·户科·歙县直隶试用道程源铨等禀批》。
② 参见刘汝骥:《陶甓公牍》卷三《批判·户科·歙县湖南候补知县洪瀠等禀批》。
③ 参见刘汝骥:《陶甓公牍》卷三《批判·户科·歙南吉林候补知府汪士仁等禀批》。
④ 参见刘汝骥:《陶甓公牍》卷三《批判·户科·歙南拣选知县程恩浚等禀批》。
⑤ 参见刘汝骥:《陶甓公牍》卷三《批判·户科·黟县罗令贺瀛详邑绅前芜湖县训导余攀荣奉天候补道李淦等设立自治研究所批》。
⑥ 参见刘汝骥:《陶甓公牍》卷三《批判·户科·祁门县杜令英才禀批》、《批判·户科·祁门县孔令庆尧禀批》。

## （四）刘汝骥与徽州物产会的兴办

奖励实业是清末新政的一项重要举措。晚清时期面对凋敝的经济状况，朝野上下产生了急切希望发展工商业的普遍社会心态和需求，清政府为此制定了振兴工商的措施，主要包括设立商部、制定经济法规、奖励工商、劝办商会等方面的内容，在经济政策上对商品赛会进行扶持，由此促成20世纪初"赛会热"在中国大地的兴起。光绪三十一年（1905）清朝商部颁行《出洋赛会通行简章》20条，支持商人出国参加万国博览会。次年十月，农工商部又开设京师劝工陈列所，"专供陈列中国自制各货，供人观览，以为比较改良之张本"①。各省会和通商巨埠均有仿行，各种类型的劝工会、劝业会、物产会等地方性博览会纷纷而起。宣统二年在南京举办的南洋劝业会为中国举办的第一次全国性博览会，规模宏大，会场占地700余亩，设各省展览馆30余个，并设三所参考馆，分别展出美、英、日、德等国展品，会期长达5个月，参观人员20余万次。为了举办南洋劝业会，两江（江西、江苏、安徽）所属各府州设立了镇江、苏州、徐州、徽州等39个物产会，其任务是先在本地征集土特产品，举办展览，然后再择优运往南洋劝业会赴赛，徽州物产会就是在这样的背景下产生的，"照得宣统元年奉南洋商督宪札饬创办物产会，征集物品送宁陈赛"②。

接到筹办物产会的草案简章后，刘汝骥便遴选地方绅商办理此事，主要人员为歙县商会总理许鸿熙、休宁县知府衔洪廷俊、婺源县同知衔赵文光、祁门县候选训导方振均、黟县商会总理余毓元、绩溪县五品封职程全，他们被聘为物产会创立员，会同地方官绅切实筹办，刘汝骥还饬令各县县令督同办理。考虑到选择赛会场所，布置会场，蒐采物产进行陈列以及准备参加南洋劝业会等诸多事宜，刘汝骥利用各县

---

① 农工商部统计处：《第二次农工商统计表·农政》，1910年。
② 刘汝骥：《陶甓公牍》卷一《示谕·物产会颁发奖品示》。

初选士绅集中到府城进行复选选举的机会，邀集阖府士绅共同集议：第一，决定组建一个联合机关以居中协调筹划，于会场所在地选取一人为主任，因会场设在休宁县屯溪镇，便推选休宁人洪廷俊担任；第二，征集物产之事由士绅在各自县内进行，分别向许鸿熙、赵文光等六位物产会创立员负责，以期责任既专，实心任事。因洪廷俊复选当选省谘议局议员，当年八月份就要到省城赴任，不能终始其事，遂令屯溪镇上的绅董湖北候补知州曹蕊、候选布经历宁恩举人郑景侨、同知衔宁本纯、试用巡检程康、梓州同衔贾日华等人帮同办理，以收通力合作之效。

举办物产会，首在得人，其次在于筹集经费。刘汝骥原本打算就各地迎神赛会演戏项中提拨经费，因顾及民智未开，恐滋烦扰，便劝地方绅商捐助。刘汝骥对经费一事用力独多，他写信告诫洪廷俊，南洋劝业会会期长，运费旅费所需甚巨，须宽为筹备，亦须实力撙节。在会场处所的选择上，他们决定借用茶税总局，该处不但面积宏敞颇为合宜，而且可以省去建筑装潢的费用，但后来因事搁浅，由士绅另外借用屯溪中街凤邻巷下首邻河的孙怡泰茶行，面积也够使用，并另借江晋丰茶行招待各分会会员。物产会事务所暂时设在屯溪德源钱庄，职员有监督、创办、坐办、会计员、调查员、庶务员、书记员、内外账房司事、内外陈列所司事、生物场司事、游艺场司事、招待员、稽查员等几类。各县所派员绅经刘汝骥亲笔致书敦促劝勉，也开始组织绅、学、农、工、商各界按照刊发调查表广为搜采物产。

对物产会会期的安排，刘汝骥到省城面禀劝业道请示机宜，并晤商劝业会事务所调查科科长陶逊，经一番讨论，他们均认为年前开会为宜，便立即星夜兼程返回徽州督促进行，决定于十一月初八日为开会期，以十二月初八日为闭会期，会期一个月。

徽州物产会开办的宗旨与国外赛珍会、展览会不甚相同，"本会专以蒐集本府歙休婺祁黟绩出品，陈列比较，鼓励农工商界之进步为宗旨"，所以搜集物产不求严苛。在物产征集的途径上，歙县、婺源、祁门、黟县、绩溪五县各设分会征集汇送,休宁县的物产由本镇绅商征集送会。各县士绅广泛征集的物产主要可分为农业部类六、水产部类三、药材部类二、开采部类三、狩猎部类一、工艺品染织部类一、服装部类二、陶瓷部类一、髹漆部类二、五金部类五、竹木部类二、玉石部类一、笺扇部类一、化学制造部类二种、美术品绘画部类二、煅冶部类一、手工编制部类三、教育品教授用具部类三、图书部类一。征集到的物品全部装潢完好,签注详明,共44类1110种,由刘汝骥编成出品目录以便检查,并令会员各自撰写切实简明的解说书,以供审查员、评议员研究之用。①

在会场的布置方面,孙怡泰茶行门首悬挂"徽州府物产会"匾额一方,东西建牌楼两座,事务所设在门内东偏附卖票所。票分两种,一为入场券,售价铜钞三枚;一为优待券,先期送绅、学二界,不取分文。由正门入厅,是为教育品陈列所,再进为招待所,由招待所而东,是为天然产品陈列所,再进为工艺品陈列所,又进为美术品陈列所,逶迤而至东北隅,是为书记室,又设有生物场、游艺场以娱视听。放置物品的器具视其容积各装配二层玻璃橱10个,两层木板架10个,三层木板架底、木板架各20个,高低适合观览人的视线。会场大门外的小贩、食摊栉比而居,还罗致嘉卉文禽,准备灯彩花炮,渲染会场的气氛,增加参观者的兴趣。

为保证物产会顺利进行,刘汝骥还会同办事员绅制订了详细的入场观览规则。会期临近,刘汝骥专门颁发物产会开会示,以简明扼要的语言阐发了物产会的宗旨,号召绅商士庶人等前来参观,并注意不得扰乱会场秩序,"此次物产会,本府专以'惟土物爱'四字为宗旨,与各埠赛珍会、展览会用意迥不相同,凡饮食日用所必需,无论卖品非卖品,皆得赴会陈列,以资比较而求进步,开会时间任人观览,惟不得紊乱秩序,致干查究。勖我商民联翩至止,共谋进益,共膺褒赏,本府有

---

① 参见刘汝骥:《陶甓公牍》卷一一《笺启·致物产会》。

厚望焉"①。宣统元年十一月初八日，徽州物产会在屯溪孙怡泰茶行隆重开幕，一时观者如堵。我们从事后刘汝骥的答词中能够看出刘汝骥兴奋的心情，当天到会庆祝的学堂学生有300余人，刘汝骥特捐廉100元交由劝学所总董制成奖品，按人分发以作纪念。②

经遴选员绅对参会物产进行审查，评定分数，请奖在案，宣统二年七月二十二日奉督宪核定颁发奖牌，由事务所转送到徽州府，共发金牌5面，银牌17面，铜牌59面，证明书81张。其中，歙县参会物品有10种获三等铜牌；休宁县参会物品有42种获得奖项，获得一等金牌的3种，获得二等银牌的10种，获得三等铜牌的29种；婺源县参会物品有4种获得奖项，二等银牌1种，三等铜牌3种；祁门县参会物品有9种获得奖项，二等银牌1种，三等铜牌8种；黟县参会物品有2种获得三等铜牌；绩溪县参会物品有14种获得奖项，一等金牌2项，二等银牌4项，三等铜牌8项。获得一等金牌的物品分别为休宁县农业公司出产的肥丝、胡开文百寿图墨、黄锡祉肥丝，绩溪县程敷楷国、省、府、县图四帧、胡继本细丝。③

徽州物产会结束后，安徽巡抚在刘汝骥的禀文中作出批示："该府物产会征集物品分类骈罗，若网在纲，有条不紊，所需会费尽由绅商捐助。该府劝导有方，与该绅等踊跃从事均堪嘉许，应先传谕嘉奖，并准于闭会时择其为出力者，由府发给名誉执照，以示优异。"④可见徽州物产会取得了应有的成效。

---

① 刘汝骥：《陶甓公牍》卷一《示谕·物产会开会示》。
② 参见刘汝骥：《陶甓公牍》卷一一《笺启·答词》。
③ 参见刘汝骥：《陶甓公牍》卷一《示谕·物产会颁发奖品示》。
④ 刘汝骥：《陶甓公牍》卷一〇《禀详·详报物产会开会文》。

# 三　清末科举制的废除与徽州新式学堂的兴办

## （一）清末科举制的废除与徽州新式学堂的兴办

清末新政期间，兴办新式教育成为各界的共识，其主要指导思想是吸收西方教育理论学说，对传统教育资源加以改造利用，构建适应新形势的教育体系，为新政培养各式实用人才。光绪三十一年九月十四日，清廷发布上谕："著各省所有书院，于省城均改设大学堂，各府及直隶州均改设中学堂，各州县均改设小学堂，并多设蒙养学堂。其教法当以四书五经纲常大义为主，以历代史鉴及中外政治艺学为辅。务使心术纯正，文行交修，博通时务，讲求实学。庶几植基立本，成德达材。"[1]于是，书院改办学堂开始大规模铺开。为指导新式学堂的发展，光绪三十年《奏定学堂章程》颁行，该章程对各级学堂的年限、学习科目、学生管理通则、考试办法等方面作出了规定，此为首次在全国范围内推行的学制，虽然规定的学习年限过长，但是学制的组织形式比较完备，对后来的学校教育制度影响较大。

对学堂兴办产生巨大推动作用的举措是光绪三十一年科举制的停废。时至清末，科举制度已为千夫所指，尤其被视为推广新式教育的严重阻碍，"是故变法必自设学堂始，设学堂必自废科目始"[2]。"科举一日不废，即学校一日不能大兴，将士子永远无实在之学问，国家永

---

[1] 朱寿朋：《光绪朝东华录》第四册，中华书局1958年版，第4719页。
[2]《粤督陶奏图存四策折》，《皇朝经世文新编续集》卷一《通论》。

远无救时之人才,中国永远不能进于富强,即永远不能争衡于各国。"①经过朝野多方讨论,光绪三十一年九月二日,袁世凯、张之洞等封疆大吏联名会奏,立停科举以推广学校教育。清廷最终于当日宣布,从次年起停废科举考试。科举的废止,切断了万千士子的仕进之途,但因学堂亦能授予各种旧式功名,许多人退而求其次,并转而投身其中。同年《大公报》的一则报道提及当时学堂发展的情形,科举废止后,"考试学堂者毂击肩摩,译学馆现已大加扩充,拟于明春出示招考,添设一班,以广学额而资造就"。原先对新学堂持观望态势的士绅也转而支持新式教育的发展,废科举的次年,兴学之风大盛,"各处学堂,以是年创设者,不可屈指计。以今观之,自兴办学堂以来,此年之进步,可谓一跃而至极点矣"②。

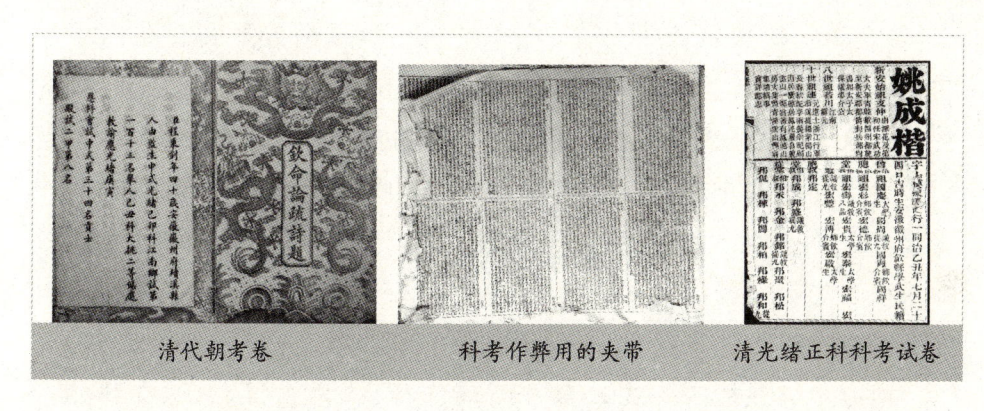

清代朝考卷　　科考作弊用的夹带　　清光绪正科科考试卷

徽州没有自外于新式学堂普遍开办的时代洪流。早在光绪二十六年(1900),歙县基督教堂就在城内创办了徽州境内最早的新式学堂——崇一学堂,但此后数年,新式学堂的发展一直裹步不前,直至新政推行,此种情况才有所转变,新式学堂在徽州府属各县如雨后春笋般渐次设立起来。总体看来,徽州新式教育的发展呈现出如下几个特征。

---

① 朱寿朋:《光绪朝东华录》第四册,中华书局1958年版,第4998页。
② 《论我国学校不发达之原因》,1909年5月24日《申报》。

## 1. 学堂数量可观，教育层次完备

根据光绪《皖政辑要》、现存徽州府属各县方志以及《申报》《安徽白话报》中的记载统计出，截至1912年，作为基础教育层次的徽州高等、两等与初等小学堂的数量约

清代私塾课本读物

为128所，其中，就学堂性质而论，官立者13所、公立者46所，私立者69所；[①]以学堂设立的层次来划分，高等小学堂26所，两等小学堂52所，初等小学堂44所，女子小学堂6所；而就学堂的分布地点来统计，城内小学堂为38所，乡间小学堂为90所。[②] 从该组数字不难看出，官立、公立学堂的数量低于私立学堂，乡间小学堂的数量高于城内小学堂，小学堂的分布呈遍布城乡格局。但是，这些小学堂对徽州府属各县的民众来说，显然满足不了广大学龄儿童的入学需求，那么，承担起基层教学任务的重担便压在了散落乡间的私塾上面。徽州知府刘汝骥曾言，"私塾不能改良，教育何由发达？自非造就多数师范，不足收画一整齐之效。据称歙县蒙塾多至千余，平均计之，一塾得学童十人，是千塾已有盈数学童矣"[③]。私塾所起作用可见一斑。

地方士绅在推广新式教育方面权势日重，公立、私立学堂开办者的身份自不待言，而所谓的官立学堂的日常管理、监督工作也多由士绅承担，开办者并不事必躬亲。也正如日本学者市古宙三所指出的，

---

[①] 赵利栋在《1905年前后的科举废止、学堂与士绅阶层》一文中把学堂分为官立与公立、私立两类，以此说明士绅积极开办公立、私立学堂。该文探讨的主要问题是科举废止为什么没有在士绅群体内部产生大的社会反响，作者认为是清政府在废止科举时将传统的功名与新式的教育相配合，吸引士绅投身新式教育，并进而通过官方扩展其权力。而本文把官立、公立学堂视为一类，与私立学堂区分开来，主要是从经费筹措这个角度进行划分，对此文中将有所分析。

[②] 此处征引徽州府属各县方志主要有民国《歙县志》卷二《建制志·学校》；民国《黟县四志》卷一〇《政事志·学校二》；《绩溪县志》第二十六章《教育体育》，黄山书社1998年版；《休宁县志》卷二四《教育体育》，安徽教育出版社1990年版；《婺源县志》第十七篇《教育体育》，档案出版社1993年版。

[③] 刘汝骥：《陶甓公牍》卷五《批判·学科·紫阳师范生张舜口等禀批》。

士绅集团因科举废除后,学堂也能授予相应的旧式功名,他们便迅速地转变了态度,不仅送其子弟入学,还积极出资开办学堂;不仅创办了几乎所有的私立学堂,还由他们发起并创办了大部分公立学堂。① 其实,学堂官与私的区分不在于举办者的身份差别,因为对于官、公、私立学堂来说,主其事者总是地方士绅,在这一点上,三者间没有本质的区别,"学堂所以作育人材,朝廷责之疆吏,疆吏责之地方官,举凡筹款项、定章程、建校舍、招生徒,官不能自办,必委之地方董事"②,他们之间的区别主要是在经费的筹措动用方面。学堂每年费用动辄数十金或数百金。清末,在巨额军费、外债的逼迫下,国家财力已困窘至极,根本无力支付兴办新式教育所需的大量经费。传统教育资源也就成为各地官员诉诸的对象,"查兴办学堂者……以去冬开办为最多……大半系旧日书院改装面目而已"③。教育资源是个广义词,既包括书院、官学等教育机构的基础设施,也包括教育经费。地方旧式教育经费主要有官学与各类书院的田房租息、宾兴款产、地方派捐等几类。官立、公立学堂的开办费用多由主事者动用旧式教育经费,或动用地方公有款产筹措。试举数例:休宁高等小学堂"官立。在城南隅,就海阳书院改设,光绪三十三年正月由书院同人开办。以书院宾兴、田租、盐捐为常年经费"④。祁门高等小学堂"公立。在东门外,就东山书院改设,光绪三十一年由知县胡德修开办。以书院田产、茶厘及茶铺捐、园户捐为常年经费"⑤。绩溪两等小学堂计八所,"官立者一,在城西,就考棚改

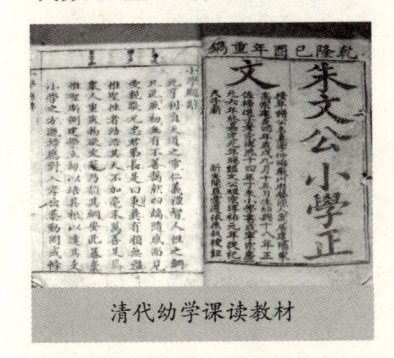

清代幼学课读教材

---

① 参见市古宙三:《1901—1911 年政治和制度的改革》,转引自费正清:《剑桥中国晚清史》(下卷),中国社会科学出版社 1985 版。
② 《学堂董事说》,1905 年 3 月 12 日《申报》。
③ 《安徽全省学堂调查表》,1905 年 3 月 21 日《申报》。
④ 光绪《皖政辑要·学科》卷五一《普通》。
⑤ 光绪《皖政辑要·学科》卷五二《普通》。

设,名曰明伦,光绪三十三年二月由知县刘以信开办,以盐典捐税、书捐及至知县捐廉为常年经费"[①]。歙县公立务本两等小学堂"在邑北许村,光绪三十三年由里人许家修、许炳文、许煜唐等建立,以本地茶捐为基金,并分等酌收学费,历举许家修、许煜堂、许志芬为堂长"[②]。上述官立学堂与公立学堂所动用的款产界限是很难作出严格区分的。

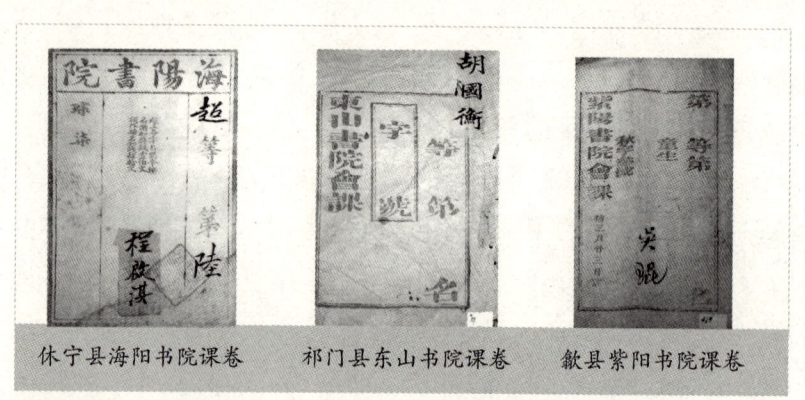

休宁县海阳书院课卷　　祁门县东山书院课卷　　歙县紫阳书院课卷

私立学堂多由地方士绅召集志同道合者联手开办,或由某一家族开办,推举族内有学识者进行管理。以宗族名义开办的学堂可称之为族学,其费用来自族产,辅以族中热心助学者捐给。由个人开办的学堂,其开办费用自筹,招收学生后酌情收取学费。与官立、公立学堂相比,私立学堂的经费规模稍显细弱。如黟县初等小学堂的经费来源,"计五所,皆私立。一在北门余氏支祠内,名曰环山,光绪三十三年五月由绅士余赓扬合族开办,以本祠津贴及族捐为常年经费,学生33名;一在城中正街程氏支祠,名曰连云,光绪三十二年(1906)四月由绅士程希濂开办,以学费为常年经费,学生41名;一在西乡三都中街贻善祠内,名曰碧山第一初等,光绪三十三年七月由绅士汪腾浣等开办,以学费为常年经费,学生30名;一在西门外汪祠内,亦名碧山,光绪三十四年正月由绅士汪遐龄开办,以学费为常年经费,学生40名;一在东乡屏山,名曰启蒙,光绪三十三年二月由绅士舒元珪合族开办,以舒氏宗祠

---

[①] 光绪《皖政辑要·学科》卷五二《普通》。
[②] 民国《歙县志》卷二《营建志·学校》。

各支祠贴助款及下庙醮费为常年经费,学生42名"①。

光绪三十年颁发的《奏定中学堂章程》规定,"设普通中学堂,令高等小学毕业者入焉,以施较深之普通教育……中学堂定章,各府必设一所,如能州县皆设一所最善"②。徽州府境内只有一所中学堂——新安中学堂,在城内就试院改设,由士绅许承尧于光绪三十一年四月开办。开办之初,呈请两江总督张人俊批准,在茶厘二成项下每年拨银5000两作为学堂经费,当时事属草创,学生多不合格,又学校未经改造,借紫阳书院设立,校屋不够使用,学生只暂定为60名。次年,校舍告成,添招学生20名,嗣后逐年加额,一度达到104名,学生不收学费,每名每年收膳费24元。新安中学堂初任监督许承尧,光绪三十四年易为洪汝闿,宣统元年改为黄家驹,后又多次易人。③

对视为整个教育母体的师范教育的重要性,时人有所论述,"即就教育而论,不论官立学堂、民立学堂,莫不公认师范为当今唯一之急务矣"④。徽州境内的师范教育机构有紫阳师范学堂、婺源师范传习所、绩溪师范传习所。紫阳师范学堂设在紫阳书院内,光绪三十二年由许承尧创办,以年龄稍长、文理精通者入师范科,并设师范传习所,嗣新安中学堂校舍告成,紫阳书院遂专为师范学堂之用,招贡廪、增附各生60名,遵照官定初级师范章程分门教授。此外,紫阳书院的学款年息4000余元,前经进士汪宗沂等人请准,一半在芜湖创办师范学堂,一半资助出洋留学。因学生赴芜湖路途遥远颇感不便,出洋留学又少完全资格者,遂收还该款作为基金,补充紫阳师范学堂与新安中学堂常年经费。⑤ 婺源县师范传习所设在城内北门保安山,光绪三十二年七月由绅士江藜青开办。以房租、茶税为常年经费,学生32名。绩溪县师

---

① 光绪《皖政辑要·学科》卷五二《普通》。
② 《奏定学堂章程·中学堂章程》,湖北学务处本,转引自舒新城:《中国近代教育史资料》中册,人民教育出版社1961年版,第506页。
③ 参见民国《歙县志》卷二《营建志·学校》;光绪《皖政辑要·学科》卷五二《普通》;刘汝骥:《陶甓公牍》卷一〇《禀详徽州府禀地方情形文·整顿学堂》。
④ 《本馆论说》,1904年10月22日《时报》第177号。
⑤ 参见光绪《皖政辑要·学科》卷五二《普通》。

范传习所为官立,附设于东山高等小学堂,光绪三十四年二月由知县文化舒开办。以劝学所拨款为常年经费,学生24名。① 由这三所学堂培养的学生为徽州各处的小学堂提供了师资,一定程度上缓解了兴办新式教育师资匮乏的难题。

实业教育在徽州也有发展。清末,为增强国力,振兴实业成为有识之士倡导的目标,实业教育被列入与普通教育同等重要的位置。徽州地处山区,盛产茶叶,行销海内外,茶业与盐业、典当、木业成为徽商主营的四大行业。为改良茶叶,提高产品的竞争力,茶商出资开办茶务小学堂,专事茶叶研究,"惟种植、焙制多沿旧法,不思研究不足以兴大利,刻有茶商筹款组织茶务初等小学堂,并延聘教员,招考学生入堂"②。徽州知府刘汝骥也认为"惟现在实业待兴,孔亟体察徽州情形,农、林、蚕三科目尤为当务之急"③,鼓励兴办实业学堂。光绪三十四年,休宁人戴瑛在隆阜创设休宁县农业初等小学堂,设有蚕桑科,开有实业课。宣统二年茶商吴俊德等人投资在屯溪阳湖创办徽州农业学堂,暂分为甲、乙、丙三班,甲班为农业本科,先授以蚕业实习科,乙班为农业预科,两年毕业后授以农业实习科,丙班为初等小学简易科,四年毕业后授林业实习科。

从制度层面来说,徽州府构建了一个从小学堂、中学堂到师范学堂等层次的,相互之间能够衔接的教育体系。遍布城乡的小学堂满足了大众的识字要求,而中学堂为继续深造者提供了机会,师范学堂则解决了初等教育迫切需要的师资问题。在徽州这样一个独立的地域范围内,新式教育构成了一个比较合理完善的体系。

2.教育行政机构渐次完善

光绪三十二年四月,《各厅州县劝学所章程》颁布,废止各府州县儒学之教授、学正、教谕及训导各署,设立劝学所,此为近代中国地方

---

① 参见民国《歙县志》卷二《营建制·学样》;光绪《皖政辑要·学科》卷五二《普通》。
② 刘汝骥:《陶瓿公牍》卷一〇《禀详·徽州府详办初等农业学堂文》。
③ 《茶商组织茶务小学堂》,1910年11月12日《申报》。

教育行政机关之滥觞。徽州府属各县的劝学所设置情况如下表所示。

表 2-3 徽州府属劝学所设置情况表

| 州县 | 地址 | 成立年月 | 学务 | 总董 | 学区 | 经费 |
|---|---|---|---|---|---|---|
| 歙县 | 张文毅公祠 | 光绪三十年九月 |  | 汪国杰 | 18 | 钱粮平余及珠兰花捐征信册费 |
| 休宁县 |  | 光绪三十四年十月 |  | 王世勋 |  |  |
| 婺源县 | 附师范传习所 | 光绪三十三年二月 |  | 汪开安 | 5 |  |
| 祁门县 | 借城西民房 | 光绪三十三年二月 |  | 方振均 | 22 |  |
| 黟县 | 城内考棚 | 光绪三十二年十月 | 李淦 | 程朝宜 |  |  |
| 绩溪县 | 附东山学堂 | 光绪三十三年三月 | 胡家谟 | 王昭三 |  |  |

资料来源：光绪《皖政辑要·学科》卷五〇《建置》。

劝学所以本地方长官为监督，另设专职总董一员，由县视学兼充，综核各州县学务和劝导各地兴办学堂。各州县内划分若干学区，各区设劝学员一人，由总董选择本区土著之绅衿，禀请地方官札派，其薪水、公费多寡各就本地情形酌定。劝学员于本管区内调查筹款兴学事项，与总董拟定办法，劝令各村董切实举办。此项学堂经费，皆责成村董就地筹款，官不经手，劝学员只是随时稽查报告于劝学所。另外，劝学员随时登记学龄儿童，挨户劝导，并任介绍送入学堂之责，以使学务日见推广。宣统二年由于《地方学务章程》的颁布，劝学所与地方自治机构在行政职权上发生争执，地方学务由地方自治机构办理，而劝学所为行政机构，仅负赞助、监督教育的职责，成为地方教育机关的辅助机构。

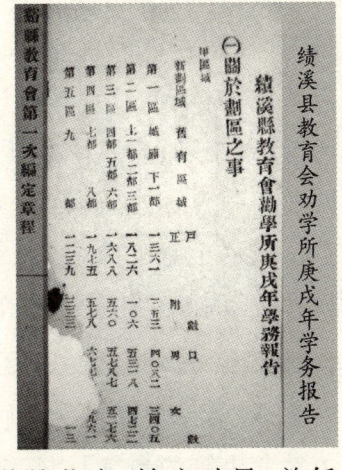

教育会则为教育行政补助机关,根据定章,省治设总会,府厅州县各设分会,以期与学务公所及劝学所联络一气,鼓励教育之进行。皖南教育会由安、徽、宁、池、太、广皖南各属设置于芜湖,皖北各属设教育会设于省垣。徽州各属分会情况如下表。

表 2-3 徽州教育分会情况表

| 州县 | 成立年月 | 正副会长历任 | 正副会长现任 | 会员 |
| --- | --- | --- | --- | --- |
| 歙县 | 光绪三十四年三月 | | 程锦稣、洪汝闿 | 12 |
| 休宁县 | 光绪三十四年九月 | | 朱梯年、韩熙 | |
| 黟县 | 光绪三十二年十一月 | 胡元吉、汪绩芳 | 程定保、何周敏 | 102 |
| 绩溪县 | 光绪三十三年四月 | | 周懋如、胡晋接 | 15 |

资料来源:光绪《皖政辑要·学科》卷五〇《建置》。

教育会均由绅、民发起,经提学使批准后,并陈请地方官立案,方为成立。教育会处理日常事宜,如设立教育研究会与师范传习所,调查境内官立、私立各学堂管理教授情况,对境内教育作统计报告,筹设宣讲所、图书馆、教育品陈列所、教育品制造所,并搜集教育标本,刊行有关教育书报等。①

从这个意义来看,教育会可视为地方教育政策制定实施的研究机构,通过召集会员议事,教育会能及时了解到地方教育所出现的问题,通过提案的办法,对某一具体问题进行广泛讨论,然后形成决议,提交地方官员作为教育决策的参考材料。光绪三十四年十月十三日,皖南教育会借芜湖皖江中学堂开成立正式大会,所议事件为各属劝学所应划分学区,议定的划分学区之法即按照都图查明户口,每区有户口若干,即知有学生若干,应设学堂若干。在次日的会议上,会员汪蠡臣提出,教育会

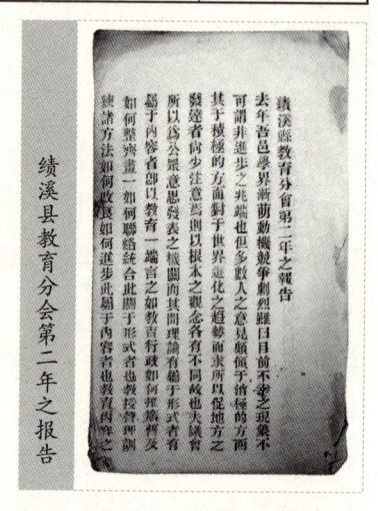

---

① 参见《学部奏定教育会章程》,参见光绪《皖政辑要·学科》卷五〇《建置》。

要研究教育实际,不能徒事裁判,如皖南各处学堂名目不一,学级划分未尽完善,进入小学堂、中学堂的学生程度与其所处阶段究竟是否相符,还应认真研究,以免滥竽充数,粉饰门面。①

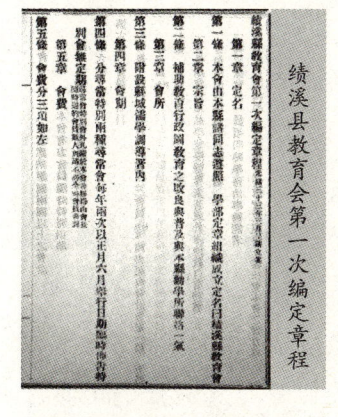

对于劝学所、教育会在徽州地域社会运作的情形,《安徽白话报》与《申报》有所记载,休宁县官立学堂自光绪三十四年暑假后全体解散,无人再来入学,主持校务者茫然无措中与屯溪民立学堂商量,请其送修业生数人入校以壮声势。面对此种窘况,休宁县令函请四乡绅商及学界中人赴县商量对策,要求劝学所公举总董,对休宁学务加以整顿。② 实际上,在光绪三十三年,休宁教育会就已经开会两次,只是尚未禀报在案。此前由劝学员韩熙发起,拟推举余正宜为劝学总董,但是学界以余学识不足,难孚众望,遂拟改举郭伯铭为总董,而以韩熙、汪缉之、汪鸿、朱剑为之副。③ 政策的制定与其实施的效果总是有所间离,胡适曾著文谈到家乡的视学员考察教育的情形,"有时候府里、县里派两个视学员,名为考查学堂,其时那视学员脚迹没有到过南京、上海,他哪里晓得什么叫作学堂,学堂究竟是个什么样儿。他走下乡,看见外面有学堂的名儿,里面有伊唔伊唔的声音儿,就算他做个学堂里(哩),回去报告起来某处有几个学堂,某处办的好,某处办的不好,由他说说罢了"。④ 实际上,这种情况在清末中国的学界并非鲜见,因为新学制主要是参照日本的教育情形制定的,在中国这块庞大的肌体上是否会产生抗体还有待检验,只是统治者贪求速度,推行过快,学界中人的素质远远跟不上学制的转变。他们头脑中或许还不知劝学所到底为何,就被选为劝学员、总董,这样,难免不出现疲于应付或敷衍塞责的局面。

---

① 参见《芜湖通信·皖南教育会开会纪事》,《安徽白话报》第 2 期,光绪三十四年九月二十一日。
② 参见《休宁通信·整顿学务》,《安徽白话报》第 1 期,光绪三十四年九月初一日。
③ 参见《休宁改举劝学总董》,1908 年 9 月 26 日《申报》。
④ 胡适:《徽州谈》,《安徽白话报》第 5 期,光绪三十四年十月二十一日。

宣统元年五月，祁门禀请改派劝学总董，因为现任劝学总董方振钧自光绪三十三年上任以后，两年中只条陈数事，并未劝办一所小学堂，虽然新任县令屡屡督促方振钧认真办理学务，但他始终不予合作，最终该县县令会同省视学员禀请撤换。①

3.宗族力量助推新式教育，旧式族学得到继承改造

前已叙及，晚清徽州私立学堂的数量高于官立、公立学堂，这实得因于徽州民间兴学力量的推动。徽州传统社会"堪称为正统宗族制度传承的典型"②。明清时期，为追求科举功名，光宗耀祖，徽州宗族高度重视族内子弟的培养，积极兴办义学、义塾、书院等宗族性教育机构，为子弟业儒就学提供条件。虽然清末科举已经废止，但是徽州社会重文兴教的传统依然延续，新型功名仍在诱导读书者为之汲汲，而地方官员也对宗族举办新式小学堂不遗余力地加以提倡，"日前提学司以安省多未设立族学，因特札饬各州县会同学董，各就村乡市镇殷实富户劝其兴办族学，以期教育普及"③。在给祁门知县赵元熙《劝学章程》的批文中，刘汝骥写道："详及章程均悉，该董所陈各节，甚有见地，第四条尤为当务之急。惟必沿袭义塾名目，其义犹狭而不广。徽州聚族而居，祠堂、文会，此自然适用之校舍，一族之中，得贤且达者主持其事，就原有祀产而推广之。除岁时祭扫外，尽数移作培植子弟之用。族学之兴，当翘足可待。"④对宗族的族学，刘汝骥极力予以推崇和提倡，用他自己的话来说，就是"本府于族学一事，极力提倡。我徽聚族而居，就祠堂、文会而扩充之，尤属轻而易举，其以此校为椎轮大路可也"⑤。在刘汝骥的激励和倡导下，一批私塾族学进行了改良，逐渐更名并发展成为近代新式学堂，光绪三十四年，耿介和耿坤积极筹划，共

---

① 参见《祁门禀请另委学董》，1909年5月25日《申报》。
② 叶显恩：《徽州和珠江三角洲宗法制比较研究》，周绍泉、赵华富：《'95国际徽学学术讨论会论文集》，安徽大学出版社1997年版。
③ 《劝办族学》，1907年3月28日《申报》。
④ 刘汝骥：《陶甓公牍》卷五《批判·学科·祁门县赵令元熙详劝学章程批》。
⑤ 刘汝骥：《陶甓公牍》卷五《批判·学科·黟县罗令贺瀛详送附生汪炌桥私立小学堂规章批》。

同努力,将绩溪鱼川村内的耿氏宗族塾学更名,成立鱼川私立初等小学堂。此举得到了绩溪县教育会和劝学所的鼎力支持,为徽州山区近代初等教育树立了楷模。与此同时,鱼川初等小学堂也根据清朝颁布的《奏定学堂章程》,聘请了堂长和教员,开设了新式的《修身》《中国文字》《算术》《历史》《地理》《格知》《图画》《手工》等课程。对休宁知县刘敬襄到任不及一年,即取得显著的办学实效,刘汝骥感到极为欣慰,云:"该令到任未及一年,劝学所、教育会依次成立,并劝办小学多处,各乡士绅皆闻风而起,联袂而兴。教育普及之希望,不至图托梦想,嘉慰何已。"①而对婺源县令魏正鸿申详的该县简易识字学塾,刘汝骥尤为赞誉有加,云:"此项简易识字学塾,愈多愈好。揆之近日情形,实为对症好药。据禀,该县会同劝学所汪绅开安已劝设十有五所。办事勤奋,良深嘉慰。此外,窎远乡僻,仍当逐渐推广,总以莫不饮食、莫不识字为的。十室必有忠信,满街都是圣人,此本府所朝夕企望者也。"②

从族学推行的现实条件来看,徽州聚族而居的传统使得适龄儿童相对集中,宗族并有从事族人教育的专项开支,将族学改造为新式学堂也就成了一种既充分又必要的现实需求。宗族所办学堂大多借用宗族祠堂或就原有书屋改办,所招生源以本族子弟为主,如果校舍等硬件设施允许,邻近村落的适龄学童也可招收入学。小学堂所授课程按照学部颁定标准,袭用不同的教法、教程,如初等小学堂一般分作四级,每级分授修身、国文、算术、格致、史地等科目。学级增加,要求也相应提高。如对国文课的教学安排上,第一年"讲动静虚实字区别,兼授虚字实字连缀法,习字即以所授者告以写法"。第二年"积字成句法、俗语联字法,习字同前"。第三年"积句成章法或指日用字演成白话七八句,习字同前"。③但是,由于有不少小学堂的教员是直接从塾师转换过来的,他们的知识储备很难适应新学制的要求,而地方官府

---

① 刘汝骥:《陶甓公牍》卷五《批判·学科·休宁县刘令敬襄禀批》。
② 刘汝骥:《陶甓公牍》卷五《批判·学科·婺源县魏令正鸿禀批》。
③ 光绪《皖政辑要·学科》卷五二《普通》。

限于财力,又迫于上峰的催逼,便在改办族学的过程中放松了对他们的资格要求,以至于出现了胡适笔下的情景:"如今学堂虽是开了,然而那学堂的先生何尝不是从前教'开宗明'、《三字经》的先生呢?那教授的方法何尝不是从前竹板、界方的方法呢?这种革面不革新的学堂,列位,究竟有什么功用呢?究竟有什么功用呢?"①乡间诸老对入学儿童所学课程也一时难以转变观念,颇有微词:"屯溪两等小学堂今年始开办……教科尚称完备,学生亦有数十人,闻教科内音乐、体操两门颇为注重,每当日斜散课,小学生整队旅行,口吟多哩迷梵之音,不绝于道,彼少见多怪之父老乃喟然曰:'移风易俗莫善于乐,不图于吾身而观见之'。"②族众将学堂出现的此类现象归诸办学堂之人,希望他们能够以身作则。绩溪金紫胡氏甚至将对教员与管理员的要求明文规定下来:"人见今日入学堂子弟多染浮嚣习气,遽以是为学堂诟病,不知此非学堂之咎,乃办理学堂人之咎也。盖校风之美与教员、管理员有密切关系,学校教科修身为重,然修身非可徒以言教也,必其为教员、管理员者遵循教则,实事求是,以一己之修身,示儿童模仿之活标本焉,而感化力乃大。"③

  徽州宗族对新式学堂兴办的推动作用主要体现在经费的筹措上,宗祠祭祀余款、各支祠贴助款、族中富足之家的捐助以及资助本族子弟参加科举考试的宾兴费等款项都被移作学堂经费。刘汝骥非常支持此举:"近日兴学宗旨以教育普及为要,该县明达士绅皆能组织族学以为之倡。丰川、案川两校其经费统取资于本族祀会盈余,办法甚是,并由四团文会费内每年补助洋一百元,既经公认亦属可行。"④婺源境内八所初等小学堂的经费大多由宗族筹措。如双杉王氏族立小学堂,光绪三十三年由附生王文铨邀集族人商议创设,将双杉书院改作堂址,以本祠经文、纬武两会岁科、宾兴款为常年经费,不足部分由王氏

---

① 胡适:《徽州谈》,光绪三十四年十月二十一日《安徽白话报》第五期。
② 《徽州·屯溪最近之调查》,1907年5月19日《神州日报》。
③ 民国《绩溪金紫胡氏宗谱》卷首下《祠记》。
④ 刘汝骥:《陶甓公牍》卷五《批判·学科·黟县罗令贺瀛详批》。

宗族雷、霆、电、震四大房分摊津贴,全年共计370元,并推族人王文铨为堂长。① 其余几所小学堂的经费主要来自宗祠津贴、宾兴款和族人捐助,如"一在东乡江湾义丰仓内,三十二年二月由绅士江谦合族开办,以本族长庚会贴助及学费为常年经费,学生六十一名。一在南乡三十一都曹门,借用汪氏祠,三十二年二月由绅士胡亶时开办,以同人捐助及学费为常年经费,学生三十三名。一在北乡沱川村,借湖山书屋改设,三十三年二月由绅士余显模开办,以本村文会田租及茶捐为常年经费,学生十六名;一在城内董氏祠内,三十二年二月由董氏合族开办,以本祠宾兴款及各支祠捐助为常年经费,学生二十七名"②。不单婺源县族学独盛,现据光绪《皖政辑要》所载,将徽州府属其他县部分族学改办学堂情况列表如下:

表2-5 徽州府属部分族学改办学堂情况表

| 县份 | 学堂 | 开办地点 | 开办时间 | 开办人 | 经费来源 |
|---|---|---|---|---|---|
| 歙县 | 师山两等小学堂 | 西乡郑村 | 光绪三十三年正月 | 郑沛等合族开办 | 郑氏祠拨款及学费 |
| | 启悟两等小学堂 | 府城大北街孝义坊南首 | 光绪三十二年正月 | 唐澍等合族开办 | 祠族祭款余资及同人捐助 |
| | 溧川两等小学堂 | 北乡呈坎村 | 光绪三十二年正月 | 罗会垣 | 罗氏族捐及溧川文会款 |
| 黟县 | 环山初等小学堂 | 北门余氏支祠内 | 光绪三十三年五月 | 余赓扬等合族开办 | 本祠津贴及族捐 |
| | 启蒙初等小学堂 | 东乡屏山 | 光绪三十三年二月 | 舒元珪等合族开办 | 舒氏宗祠各支祠贴助款及下庙醮费 |
| 绩溪 | 簧进两等小学堂 | 三都一图尚田村汪氏宗祠内 | 光绪三十二年十月 | 汪殿魁 | 本都一图田捐 |

资料来源:光绪《皖政辑要·学科》卷五二《普通》。

---

① 参见光绪《婺源双杉王氏宗谱卷》卷一七《双杉王氏尊贤育才总例》。
② 光绪《皖政辑要·学科》卷五二《普通》。

## （二）清末徽州新式教育场域内外各种势力的角逐

如果仅对清末徽州新式教育作制度层面上的考察，不难得出其一路高歌猛进快速发展的结论。但是，教育从来都不是一种个体行为，而是深嵌在社会肌体中，也就由此牵动多方神经。徽州新式教育场域内外，始终存在各种势力的角逐，换言之，新式教育自身存有问题，师生之间，堂长、教员之间攻讦不断；而外部势力一直不忘染指教育场域，甚至无赖奸猾之徒也扯起旗号开办学堂。可谓，徽州新式教育在负重中前行，发展与困局并存。

### 1.教育场域内部的纠葛

"自学务日渐孳生，士夫攻讦之风亦纷至沓来而未有已，甚至投匦告奸，含沙射影，互相倾轧，互相报复，见恶者固多诬蔑，见好者亦一味铺张或别有用意，所在纷纷扰扰，其影响于学务地方者甚巨。"[①]这是徽州知府刘汝骥颇为无奈的一段话，透露出教育界的纷争乱象。

在学堂的日常运行中，各种各样的问题此起彼伏。学生动辄挟众罢课，与教员、堂长相互攻讦，而教员因薪金待遇、地位问题与堂长互相抵牾，官府屡禁不止。学生桀骜不驯，主持校务的堂长不能不加以整治，但有时又不免滑向报复的一端。绩溪县东山小学堂堂长胡晋接将不安守纪的学生赶出校门，起初地方士绅对其行为并没有异议，后来发现胡晋接屡次行此惩罚，绅董曹作朋便提出异议，与胡晋接争端不断，刘汝骥对此措辞严厉："如此士绅互相倾轧，学生愈长虚骄，此非地方之福也。"[②]官府对学生挟众罢课行为尤其警觉，倾向于严惩以杜绝此风蔓延。光绪三十四年新安中学堂学生滋事，刘汝骥作出批示："以学生无理取闹，挟众罢学，久已悬为禁令，仅予记过，不足以遏嚣风，饬即查明为首之人，牌示开除，严追在校费用以示惩儆……奉批：

---

① 刘汝骥：《陶甓公牍》卷五《批判·学科·绩溪县师范传习所学生曹杰等禀批》。
② 刘汝骥：《陶甓公牍》卷五《批判·学科·绩溪县廪贡生胡晋接禀批》。

以全体学生联名具禀,最为学堂恶习,似此藉众要挟不守规章,断难轻恕,饬府会同监督并案查明前次滋事及此次倡首具禀,学生择尤开除以肃学务。"①对为首学生处以开除的惩戒不可谓不严厉,但是这种风气仍是无法彻底根除,因为纷争的背后隐藏的是利益纠葛,"学界中人亦且有同室操戈互相攻讦情事,究其眼光所注射者不过此阿堵中而已"②。

绩溪东山高等官小学堂初章

自光绪三十四八月二十八日起,绩溪县东山高等小学堂掀起了长达数月的风潮,八月二十八日,以宋征为首的全体学生以经学教员胡嗣运年迈重听、无故怒骂学生为由禀报县令要求撤换。绩溪县令张廷权到校察看情形,极力调停,但教员、学生相持不下,由训导孙家仁暂充经学教员后情形才有所缓和,但这只是一个开启争端的引线。此次风潮起因于学生要求胡嗣运略加钟点提前结束课程以求早日毕业,而胡嗣运因不满自己经学教员的地位在西学教员之下而长期郁郁不平,经此触动而暴发。此外,因堂长对教员之去留有决断之权,故胡嗣运与堂长周懋和结怨,在九、十两月内,胡嗣运攻击周懋和醉心私利,营作菟裘,应绅董曹诚琪之请,聘用其弟曹诚瑾为该学堂教员,并准许未达到毕业年限的曹锡章与宋征、宋琪获得毕业奖励。章正镡、许士荣也奏报周懋和办学四年,糜费巨万却未收一效。而周懋和则攻击胡嗣运之子胡荣璆隐没书院公款,曹诚琪对周懋和予以声援,一时间"药线一动,万弩齐发,卒激成交讧之象,其余袒胡而攻周,袒周而攻胡者纷纷扰扰,上年九、十月间几至巷无居人,实属不成事体"。此事拖延到次年才由刘汝骥派员调查处理完毕。对于这次延续数月的攻讦之风,时人总结道:"抉其病

---

① 刘汝骥:《陶甓公牍》卷一〇《禀详·详查复新安中学堂学生滋事情形文》。
② 刘汝骥:《陶甓公牍》卷五《批判·学科·绩溪县商会司事高维干等呈批》。

根,'争权夺利'四字而已,非为学务之兴衰起见也。"诚哉斯言。①

堂长选用非人,贪墨渎职,吞没学款的事例也时有发生。休宁县高等小学堂堂长吴荣发沾染烟瘾,学务废弛,被本县士民禀请查办。②屯溪公立两等小学堂堂长张裕杰平素贪缘交结,任该堂堂长后,在学款项下肆意克扣侵吞,其行为之恶劣,引发徽州府属六县学界中人联合呈省具控。③

2. 教育场域外部的困扰

教育场域外部的困扰主要来自因筹集经费而引发的乡民毁学,以及地方无赖之徒染指学界等几个方面。这给处在蹒跚起步阶段的新式学堂造成极大的冲击破坏,有些学堂甚至因之停办。

教育活动最核心的部分是课程教学,为保证这一核心活动的正常运转,需要其他一系列机构跟进。近代新式教育发展初期,面临的最大难题就是经费的筹措。清政府采取了就地筹款兴学的办法,把筹集教育经费的压力转嫁给了地方,地方官府除了四处罗掘,动用旧式教育资源外,只能打加派捐税的主意,本已不堪重负的民众显然反对这种饮鸩止渴的做法。徽州出产茶、锡箔、珠兰花,每年行销外地的产品数量可观,学堂董事便欲抽捐以充学款,此举遭到商家的强烈抵制,虽然学董一再禀请地方官督饬办理,但总是难以落实。《申报》不断地报道徽州府署各县抽收捐税遭到抗拒之事,"未准再抽茶盐两捐兴办小学"、"兴学不准抽收渔捐"之类的报道屡现。光绪三十三年八月八日,报载"禀请抽收米麦捐兴学未准",具体情况为"绩溪县绅士胡毅等禀办教育社,拟抽米、麦二捐作为经费,日前奉现署藩司沈学宪批示,兴学总以筹款为第一要务,然必视民力所及与舆情之向背……该处绅等拟抽米麦等捐为教育经费,惟开办之先业,经歙邑商会已议,其后是商

---

① 本段所引资料皆源自刘汝骥:《陶甓公牍》卷一〇《禀详·禀查办绩溪县胡嗣运周懋和互讦一案文》;《批示辩诬侵蚀公款之学董》卷一〇《禀详·禀查办绩溪县胡嗣运周懋和互讦一案文》,1909 年 6 月 2 日《申报》。
② 参见《休宁士民禀请查办小学堂长》,1910 年 8 月 26 日《申报》。
③ 参见《堂长侵吞学款被控》,1911 年 1 月 23 日《申报》。

情未洽,即此可知,且已据该府通禀,应办与否未便准理。"

新安中学堂开办后欲扩充学务,因经费不敷,学堂监督许承尧呈请抽收该府出产的箔捐,嗣因箔商反对,绅董奉禀在街口厘卡严行催收。即便这样,"该箔商等一味诿卸,总以商情困顿无可再捐为词,诚如贵绅之所谓对于地方义务放弃已甚者矣"①。刘汝骥也只能无可奈何地说道:"本府于宪饬事件无不奉令承教,孜孜行之,独此事矢尽援绝,自告才力不及万一,士绅不见谅,虽加阻挠,学捐之咎亦俯首而无辞。"②

晚清政府为摆脱统治危机,不断变革,而为变革付出代价的则是广大民众,苛捐杂税层出不穷,民众因不堪忍受横征暴敛,反抗事件迭起,毁学便是其中一项。新式学堂之所以会成为民众出气的靶子,个中原因固然复杂,但是,新式学堂发轫期存在诸多的不足及不合时宜之处,以致引发乡民的怀疑乃至仇恨也是不容忽视的。而对兴学权力的争夺也往往会带来失意者的报复行为。毁学不仅冲击了学堂正常的教学秩序,更是大肆破坏学堂物件,使其元气大伤,更甚者,是进一步弱化了学堂在民众中的地位。徽州境内发生的一起比较严重的毁学事件是光绪三十二年三月歙县溪川毁学。该年年初,溪川罗凤藻等人在罗氏宗祠之旁造房舍七八间招生开学,所有开办经费均由罗凤藻等人分担,并没有派捐情事。但是学堂开办之初,武生罗文英及罗烃基、詹灶发等便已有仇学之意。三月间,罗文英唆使匪徒将学堂门房所悬牌示捣去,并散布谣言称学堂将收人口捐、菜子捐、米捐、牛猪捐等项,煽动众听,使人皆有仇视学堂之心。溪川每年六月十五日都要供奉瘟神,名曰保安会,并于六月初一日议决赛会演戏事宜。光绪三十二年六月初一日的议决结果是赛会演戏缓期两月举行,这给罗文英等人以口实,遂借此大起蛊惑,于初三那天夜里纠同罗社高等数十人吹号鸣锣,明火执仗,蜂拥至学堂,将堂中一切物件捣毁净尽,并随之

---

① 刘汝骥:《陶甓公牍》卷五《批判·学科·歙县内阁中书程锦穌庶吉士许承尧等呈批》。
② 刘汝骥:《陶甓公牍》卷五《批判·学科·歙县增生叶光禄禀批》。

拥至罗凤藻家，用石头撞开大门，将厅内器具肆行打毁，罗凤藻之子罗会珪（即堂内教员）逃至城中，急请歙县县令前来勘查。黎明时分，罗文英再次聚众到各教员家，将各教员带至赛会处，勒令他们写悔据，答应"永远勿许再开学堂，永远勿许赴城控告"。时到中午，县令才赶到村里，而罗文英依仗人多势众，竟将县令胁迫至学堂，又将新造学舍七八间拆毁，旋又率同乱党拥至罗凤藻家内，举凡一切器用、财物捣毁无存，并又打至罗军松家。大规模的暴乱行为持续至当天晚上才结束。县令虽然回署，但是并没有派兵前来弹压，此后数天，罗文英一干人等每日到各家查点，不许私逃一人，离村一步。直至十五日赛会举办，罗凤藻等人才寻得机会陆续逃遁。潆川学堂在动乱中遭到了毁灭性的冲击。诚如报端所感慨的："民智如此，诚教育前途之忧也。"①其后《申报》又报道了几起徽州毁学事件。

　　正因为官府把兴办学堂的权力下放给地方士绅，并允许酌情收取学费、膳费，才激发了地方兴学的动力，但另一方面，也刺激了奸猾之徒借兴学而渔利的贪念，"近日自命为学界中人而文理不通者比比皆是，即如所禀亦不免此病"②。绩溪县二都周星办学事件为我们提供了一个分析案例。据胡适所载，周星实为一目不识丁之徒，平素在家设赌局诱人赌博，又开一牛场，盗窃宰杀耕牛，因家境渐丰，就捐一例监生，并贿赂交结县中讼棍、蠹书作为护符。周星攀援上这层关系，便"无所忌惮，日事敲诈，大则送官，小则罚款，无论富室贫民，受其荼毒而至倾家荡产者指不胜屈"③。周星见本村尚没有设立学堂，遂设一小学堂，名曰兢实，以其子周鼎与另一人为教员，这两人皆文理不通，并嗜洋烟，且瘾甚大。周星开办学堂，其目的就是借机勒捐敛财。周星不但雇一裁缝匠在校内兜售洋烟给学生，更以筹措学堂经费为名，将本都分作十方，每方勒捐洋20元，每一私塾亦勒捐20元，都中每户宰

---

① 《补记潆川毁学情形》，1906年9月1日《申报》；《皖抚批徽郡闹学案》，1906年10月1日《申报》。
② 刘汝骥：《陶甓公牍》卷五《批判·学科·绩溪县学界汪希以等禀批》。
③ 胡适、许棣棠：《绩溪二都校头巨棍周星之历史》，光绪三十四年十一月初一日《安徽白话报》第4期。

猪一石,捐钱 400 文,每田一亩勒捐谷 10 斤,通过暴敛手法,兢实学堂每年收入超过 1000 余元,这些钱款均未禀报官府立案,全部落入周星囊中。周星甚至在校中夜夜聚赌,每夜抽洋 20 元,把整个学堂搞得乌烟瘴气,全然失去教书育人之所应有的纯净。对此,远在上海求学的胡适极为愤慨,联合许棣棠撰文投诸报章揭露周星的恶劣行径。本地士绅也多次向县、府控诉,揭发周星聚赌敛财、摊派勒捐等种种为人所痛恨之行径。①

晚清徽州新式教育的发展伴随着全国兴学的步伐,国家的教育政策及制度变革在徽州地域有着明显的反映。不过,在因地制宜式的发展路径中,徽州传统社会因素的影响不容忽视。如果没有强大的宗族力量的支持,那些耗费巨大的学堂不可能在短时间内遍布城乡,而这也与徽州一脉相承的崇文重教传统密不可分,民间对教育的需求推动了学堂的发展。

新式教育的发展也是各方力量逐力的结果,如前文所述,教育处于社会结构的结点上,牵涉多方利益,国家、社会、民众力量全部在场。因此,在教育场域内,也最能体现三者间的互动关系,任何一方缺席,教育都不可能获得良性发展。国家没有能力满足全体民众的教育需求,只能让渡部分权力给地方士绅,让他们承担起教育基层民众的重任。士绅兴学,既与这个集团一贯的价值追求有关,更与他们自身充裕的财力分不开。而民众对教育的态度也能左右教育发展的走向,不单是他们需不需要教育,而是他们如果觉得教育机构的存在损害了他们的利益,他们便会诉诸简单的暴力抵抗,这样,教育的发展便会因之而改变命运。

---

① 参见胡适、许棣棠:《绩溪二都校头巨棍周星之历史》,光绪三十四年十一月初一日《安徽白话报》第 4 期;刘汝骥:《陶甓公牍》卷五《批判·学科》之《绩溪县学界汪希以等禀批》《绩溪县绅学界葛光汉等禀批》《紫阳师范学生胡熙等禀批》《绩溪县张令廷权禀批》。

# 四 徽州技艺的艰难前行

徽州的诸多极具地域特色的技艺,在历经明代中叶和清代前期的辉煌之后,逐渐在清末走向了衰落。但在鸦片战争特别是咸同兵燹之后的一段时间内,徽州的各种制作技艺仍在艰难中前行。

## (一)徽墨制作技艺的整体凋零和胡开文墨业的异军崛起

### 1.胡开文墨庄的崛起和发展

徽墨起源于南唐时期,经历了历史的发展,清代前期,徽墨制作业承接明代的繁荣,继续走向辉煌,名家辈出,灿若群星,曹素功、汪近圣、汪节庵、胡开文先后崛起,一时间形成了徽墨四大家鼎立的局面。

进入近代以后,特别是咸同兵燹后,随着经济和社会文化的衰败,曹素功、汪近圣墨业先后难以为继,至咸丰末年徽州战乱最烈时期被迫歇业。汪节庵墨业虽在侄孙汪谷生继承下,勉强维持,但已大不如前,亏损连连。只有胡开文徽墨的制作,在咸同兵燹后,依靠胡天注次子胡余德竭力经营,才继续向前发展,并创造了新的辉煌业绩。

胡开文墨业源于创始人胡天注。胡天注(1742—1808),字柱臣,号在丰,绩溪上庄人,自幼到屯溪墨店当学徒。后娶休宁制墨名家汪启茂之女为妻,并于乾隆三十年(1762)作为女婿和继承人承顶汪启茂墨店。胡天注将濒于倒闭的休宁西街汪启茂墨店承顶经营后，为提高产品质量，专门从旧墨模中拣选出精品，不惜斥资购买上等原料，聘请良工精刻墨模，制作徽墨。他还取屯溪居安村石亭内"宏开文运"石匾中间二字，并冠以自己姓氏，创设"胡开文墨庄"，创造新的徽墨品牌——胡开文墨。凭借产品的上乘质量、不断更新的产品和注重满足不同层次顾客的需求，清末胡开文墨业异军突起，成为徽墨制造业中的佼佼者。

休宁县城西街胡开文墨店

胡天注去世后，胡开文墨庄是由次子亦即二房胡余德主持的。嘉庆十三年（1808），胡天注去世，通过分家阄书，次子胡余德获得了主持胡开文墨庄的权利。尽管胡天注生有八子，遗嘱分家不分店，但由于长子胡恒德早亡，过继于长子门下的继子也是胡余德长子胡锡珍。这样，胡余德实际上掌握了胡开文墨庄的控制权。在此之前，胡天注在休宁胡开文墨庄（道光皇帝即位后，为避讳，休宁胡开文墨庄更名为休城"胡开文墨庄"）的基础上，又进一步在屯溪开设了胡开文墨庄。同治三年，胡余德新六房长子胡贞权在休宁开设了另一家名叫"胡子卿墨庄"的胡开文墨庄分店。同治八年（1869），胡天注六房胡懋德四世孙胡贞一在芜湖创立"胡开文沅记"墨店，这是胡开文墨业第一次走出徽州本土，也从此揭开了胡开文墨业走向全国发展的先河。此后，胡开文墨店逐渐开设拓展到徽州域外。继胡天注八房后裔在上海开设"广沪氏老胡开文"墨店之后，光绪年间，扬州、杭州、长沙、汉口、南京、上海、苏州、安庆、歙县、芜湖等地"休城胡开文墨庄"相继开业，到清末民初，胡开文墨店和胡开文墨几乎遍及全国各地，胡开文的品牌也几乎成了徽墨的代名词。

2.胡开文墨制作技艺的创新和徽州墨业的艰难前行

清代中叶至清末民初，胡开文墨业之所以取得如此成功而辉煌的

121

业绩,形成了徽墨的垄断地位,其最主要原因在于其制作技艺上的创新。这些制作技艺,就广义而言,包括了墨模的制作、制墨原料的选择和配方、产品质量和品种的繁多和管理的严格,以及销售手段和销售方式的创新等一系列方面。

在墨模的制作技艺上,休城胡开文墨庄云集了如王绥之等一批技艺精湛的墨模雕刻名家。王绥之(1864—?),宁国府泾县人,先天性哑巴,天资聪慧,从小喜欢临摹绘画及木刻。光绪三年(1877),进入休城胡开文墨庄学艺,专习墨模雕刻。因王绥之心灵手巧,勤奋钻研,至三十岁时,便已制成许多墨模精品,并收小哑巴刘体泉为徒。王绥之曾与刘体泉合作雕刻"十二生肖"墨模,以刚健遒劲见长。该墨共由一组十二锭组成,每锭镌刻一种与生肖有关的历史故事,如苏武牧羊(羊)、伯乐相马(马)、嫦娥奔月(兔)等,以人物为中心,以生肖作衬托,正面图画,背面题赞,清新典雅,栩栩如生。镌刻之衣褶线条清晰明快,遒劲圆融,风格古朴,工艺细致精到,堪称是墨林艺术精品。光绪年间,王绥之还与其子王爱荣合作,翻刻了乾隆年间"御制四库文渊阁诗墨""御制西湖名胜图"和"御制棉花图诗墨"等集锦墨模。这批墨模存放于休宁胡开文墨庄。1963年,安徽省博物馆石谷风从该店所藏1900余件墨模中精选"四库文渊阁诗墨"等五种,编成《徽州墨模雕刻艺术》,于1985年由黄山书社出版。《徽州墨模雕刻艺术》的出版使王绥之墨模精品得以为世人所知。此外,胡开文的武魁星、十八罗汉、十二支神、十大仙、十小仙等著名墨模也多是王绥之的杰作。

在原材料的使用和制作工艺上,胡开文墨在创名以来,在造墨选料及配方上极为讲究,在聘请名师良工方面也舍得花钱。胡开文墨庄严格按照李廷珪制墨法和易水遗规进行生产与制作,这就是"胡开文"款墨常用的"法制"名称。其所制作的专用品牌"苍佩室"名墨,每松烟一斤、珍珠三两、玉屑、龙脑各一两,和以生漆,捣十万杵而成。也就是说,胡开文墨"落纸如漆,万载存真"的高质量品质,主要与其原材料配方精致和制作过程中捶打次数多有着密切的关系。胡开文墨在制作过程中,一般由墨工将烟灰和制好的胶料拌成墨,再往墨坯中加注各种添加物后用力捶打。接着,将捶打的墨坯放入墨模内压成墨锭,自然阴干风凉,最后描金绘色。此外,为了改善墨品的耐久性、渗透性以及色泽、香味的长久性和防腐防蛀等,胡开文墨庄还吸收历代制墨的经验,配上名贵的麝香等天然药材等添加物。总之,胡开文墨庄在原料、配方和工艺上,对传统徽墨制作进行了有效的继承与吸收,并创造性地进行了创新和发展。这不仅有效地保证了胡开文墨的质量,而且逐步提升了胡开文墨的整体价值和声誉,从而使其成为享誉遐迩的墨中精品。

对胡开文墨质量的赞誉,来自于朝廷官员、文人学者等社会各界人士。清代休宁籍进士、鸿胪寺少卿孙日萱赞胡开文墨曰:"珍称墨宝,誉驰艺林。苍佩之宝,触目球琳。元霜质栗,紫云光沈。廷珪而没,此云嗣旨。泼纵以海,惜本如金。龙宝十二,助尔文心。"咸丰三年工部尚书翁心存专门作《墨赞》,对胡开文墨进行赞誉,云:"磨而磷,其质仍坚;涅而淄,其色弥妍;冷光素,采辉文筵。是艺林之至宝,西文字之因缘。"光绪朝军机大臣、礼部尚书裕禄也盛赞胡开文墨道:"新安遗制,易水宗工。煤因取麝,宾亦名龙。柳汁同染,松滋锡封。文思浩瀚,挥翰如虹。武功肤奏,磨盾争雄。云烟落纸,朱洙流风。濡毫请试,胶漆胥融。陈元子模,名留无穷。"①

胡开文墨业在咸同兵燹后,能够取得超常规的发展,还在于其严格的管理和照顾不同层次顾客需求的营销策略。胡余德不仅自身拥有超凡的制墨技艺,而且懂经营、善管理。他一方面不惜重金研制高级集锦墨,以满足包括清朝宫室和官员的需求;一方面又大量制造零锭的普通墨,以满足社会中下层的不同需求。作为胡开文墨业的第二代传人,胡余德严于管理,以身作则,对店员一视同仁,注重实干,生活上则对店员关心备至,每月要开三次大荤。在营销策略上,胡开文墨

---

① 以上引文转引自林欢:《从墨票看胡开文墨业发展的几个问题》,卞利:《徽学》第六卷,安徽大学出版社 2010 年版,第 70—71 页。

庄的传人一直采取批零兼营、产销一体与集锦墨和普通零锭墨并做等方式。我们在文献中发现了一篇光绪三十年歙县知县邓瑜给胡开文墨铺速办贡墨及其规格的《谕文》，全文如下：

> 钦加同知衔、赏花翎、特授徽州府歙县正堂、加五级、纪录五次邓（瑜）谕休城胡开文墨铺直系：照得光绪三十一年端阳，应进贡品墨、硃锭，自应先期备办，以免临时迟误，合行查案谕知。谕到该墨铺，即时遵照向章，速办《黄山图》墨六斤，每斤十八锭，计大小一百零八锭，分装六屉，合成一楠木箱。又《民生在勤耕织图》墨四斤，每斤十六锭，计六十四锭，分装四屉，共作一楠木箱。又刻《棉花图》墨四斤，每斤八锭，计三十二锭，装四漆匣，外用锦套，敬谨描画，作一楠木箱。以上之墨，共计三提，统计贰百零肆锭，并添办硃锭五十锭，均需装潢齐全。所有墨边上，刊刻"恭进"等字样，仍挨奉到宪行，再行谕知。又抚巡呈祥之墨，系用《黄山图》墨四斤，亦需装潢齐整。所有一切样式，均宜妥速办齐。事关上用要件，慎勿迟延，致干未便。切切。特谕。①

由上引文可见，在经营管理上，优先优质满足以宫廷为中心的上层社会的需求，这是胡开文墨庄营销策略的基石。在科举时代，胡开文墨的主要需求对象是士大夫阶层，他们需要的是高级墨、礼品墨，其质量和装潢都十分考究。光绪三十一年废除科举考试制度后，随着各地新式学校和学堂的设立，高级墨的需求骤减，但胡开文墨业能适应市场变化，及时调整墨业生产，将主营方向调整为普通墨，这样，胡开文墨业的市场再次被激活了。

咸同兵燹以后甚至民国初年，胡开文墨业始终能屹立于徽墨业之林，成为徽墨业的代表和典范，其制墨技艺的不断创新和营销策略不

---

① 转引自胡承哲：《上庄村志》，2009年内部印刷，第356页。

断随着市场和消费主体的变化而调整,不能不说是一个重要的因素。光绪三十四年,休城胡开文墨庄选送的《百寿图墨》,获得了徽州物产会的一等奖金牌。① 宣统二年,休城胡开文所制徽墨参加南京南洋劝业博览会,再次荣膺优等奖状。1912 年,中华民国改元,休城胡开文墨庄适时推出中华民国纪念墨。1915 年,休城胡开文特制的"天文地质墨"即"地球墨"获得美国巴拿马万国博览会金质奖章。所有这些都表明,作为徽州墨业的一朵奇葩,胡开文墨业在咸同兵燹后,能够顺应时代发展,在技艺上开拓创新,在营销策略上不断调整,以市场不同需求为取向,艰难前行,这是他们始终能够立于不败之地的法宝。

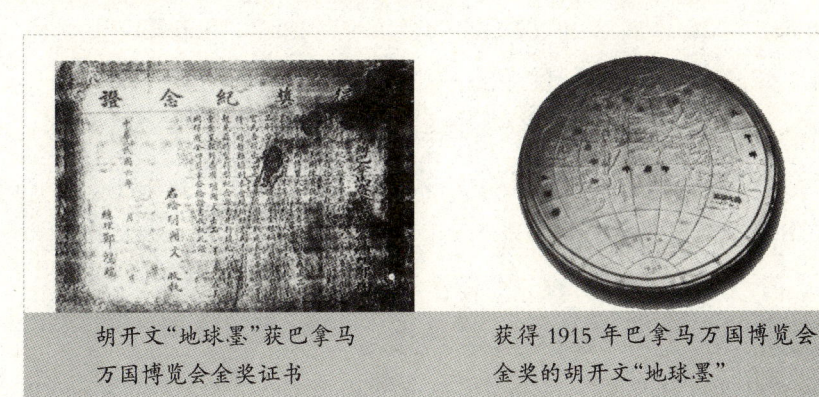

胡开文"地球墨"获巴拿马万国博览会金奖证书　　获得 1915 年巴拿马万国博览会金奖的胡开文"地球墨"

### (二)万安罗盘的制作技艺

罗盘是广泛运用于天文、地理、军事、航海,以及居屋、墓葬堪舆风水选择的重要工具,是在中国古代四大发明之一指南针的基础上发展形成的传统实用民俗工艺品。万安罗盘是现存全国唯一以传统技艺手工制作的罗盘,因其诞生地和生产地为徽州府休宁县万安镇而得名。

1.万安罗盘制作的兴起与发展

万安罗盘的兴起,是与包括休宁在内的徽州地区浓郁的堪舆风水信仰背景密切相关的。自唐宋以来,徽州人就已产生了极为浓厚的堪

---

① 参见刘汝骥:《陶甓公牍》卷一《示谕·物产会颁奖品示》。

舆风水观念。南宋罗愿在《新安志》中即已指出：徽州人"好为人事，泥葬陇窆卜至择吉岁"①。在徽州人的心目中，住宅风水的好坏直接决定了子孙后代及家族的兴旺与否。徽州先贤、著名理学家朱熹所云："风水夺神功、回天命，致力于人力之所不及。"②在恪守文公家礼、非朱子书不读、非朱子礼不尊的徽州，对朱熹所倡导的堪舆风水理念笃信程度，是同一时期其他地区所难以相比的。这不仅在于徽州风水先生之多、风水书籍之盛，更在于至今仍驰名遐迩的风水观测道具——休宁万安罗盘还在批量生产和广泛使用。宋明以来，徽州无论是建房还是择墓，首先都必须邀请风水先生，俗称"地师"认真进行选择，"堪舆之家，泥于年月，或谓某房利、某房不利"③。利则建，不利则迁、则避，这是徽州人建房营墓等风水观念的一个基本准则。光绪祁门《善和乡志》专门立有《风水说》一篇，云："风水之说，其来尚矣。自陶（潜）、郭（璞）、曾（遗）、杨（救贫）以下诸君子，著书立说，已有证验。如吾善和，号多佳山，其应验尤可信也。昔洪武、永乐间，吾乡诸公克酷其说。"为

休宁县万安镇的吴鲁衡罗经老字号

此，《善和乡志》要求，对破坏风水者，"必并力讼于官而重罚之。凡居是乡者，当自思省务前人之规，悟已往之失，载瞻载顾，勿剪勿罚，保全风水，以为千百世之悠久之业，不可违约以取祸败于后来也"④。

徽州人不仅重视阳宅风水的选择，而且对阴宅的风水选择也特别笃信。每寻墓穴必请堪舆先生精心选择，一般富裕人家，在死者未死之前，即已选择和营造好墓穴即生圹。"葬必择地，有死者在时已营有生圹者，则葬圹中；无生圹则于死后请堪舆者觅地。"⑤所以，清代休宁

---

① 淳熙《新安志》卷一《风俗》。
② 赵吉士：《寄园寄所寄》卷七《獭祭语·人事》。
③ 古之贤：《新安蠹状》卷下《牌票·行六县劝士民葬亲》。
④ 光绪《善和乡志》卷二《山川景致·风水说》。
⑤ 民国《绩溪庙子山王氏谱》卷九《宅里略二·风俗·丧葬》。

人赵吉士在他的《寄园寄所寄》一书中说:"风水之说,徽人尤重之。"①

作为一种辨方乘气、堪舆风水和宅基、墓穴测定的必备工具,万安罗盘制作业具有悠久的历史。据考证和调查,万安罗盘至迟在元朝末年就已产生,明代随着徽商的外出经营和不断致富,他们对阴阳宅风水宝地的追逐也更加迫切。社会对堪舆风水选择工具的罗盘需求亦呈旺盛之势,这直接推动了万安罗盘在明代的发展,为罗盘提供了广阔的市场空间。目前已知,万安罗盘业最早的名店,是方秀水罗经店。罗经是风水先生对于罗盘的敬称。随后,相继诞生的名店有胡茹易、胡平秩和吴鲁衡等。而真正让万安罗盘风靡全国、扬名天下的,则是曾在方秀水罗经店里学艺的吴鲁衡。

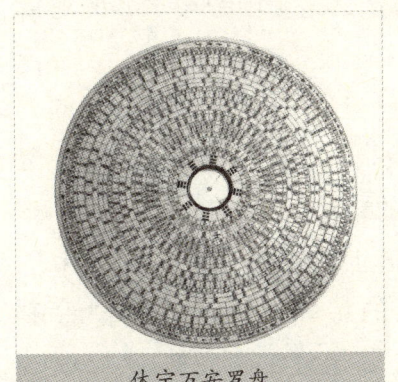

休宁万安罗盘

创办于清雍正年间的吴鲁衡罗经店,在兴起不久,就因其过硬的质量而驰名远近。正是吴鲁衡最终把万安罗盘做成了中国罗盘业的知名品牌。其所制作的罗盘、日晷等产品,既秉承古法,又有所创新,以质量上乘、精密度高而畅销各地,远的甚至已销售到朝鲜、日本等国家。

鸦片战争以后特别是咸同兵燹时期,徽州成为清军和太平军角逐的主战场,万安罗盘业也因此遭受重创。咸同兵燹结束后,随着徽州社会经济的逐渐恢复与发展,方秀水、吴鲁衡、江仰溪和胡茹易等字号万安罗盘作坊也随之再次走向繁荣。他们均以杨筠松、蒋大鸿式堪舆罗盘为主业,制作工艺技术和使用的原材料,也继续保持乾隆以来的风格。此时的万安罗盘已经发展成为休宁乃至徽州的重要特产和优质品牌。清末,休宁县在全县民情调查报告中,盛赞"城中之水烟袋、万安之罗经、屯河之竹椅、茶区之篓箱。以烟作墨有胡开文,以皮作胶

---

① 赵吉士:《寄园寄所寄》卷一一《泛叶寄·故老杂记》。

127

有石翼农,以蜜制枣有胡子卿,以藕磨粉有后底汪,皆我休特出之品"①。徽州知府刘汝骥在《详报物产会开会文》中,特别对徽州的名优产品进行了列举,指出:"胡开文之墨,方秀水之罗经、水力之磨碓、石雕之牌坊,皆独出心裁,跨绝寰瀛。"②在徽州物产大会上,万安胡茹易罗经,荣获了三等铜牌。1915年,吴鲁衡罗盘获得了北洋政府农商部颁发的1093号奖凭。同年,吴鲁衡罗盘被选送至美国费城举办的巴拿马万国博览会展出,荣膺金质奖章。

2.万安罗盘的制作流程和制作技艺

以吴鲁衡为代表的万安罗盘制作精致,工艺考究,造型精巧,蕴含着丰富的文化内涵,是徽州诸多工艺品中的精品。

万安罗盘制作具有严格的流程和六道工艺工序。第一道工序是选择木料。万安罗盘通常选用万安生长的特等虎骨木(学名"重阳木")作为原料,制作成毛坯;第二道工序是将毛坯车圆成型,再以细砂纸和木贼草磨光,并挖好安装磁针的圆孔;第三道工序为依照不同规格、型号和盘式的图谱,按照太极阴阳、八卦二十四爻、天干地支、二十四向至、二十四节气、十二生肖、二十八宿分野和三百六十五周天精确分格,依次排列,不能有丝毫误差;第四道工序是按照分格图谱,用毛笔蝇头小楷,依各种盘式书写分格的内容,要求严谨细心,保证端正无误;第五道工序是熬制桐油,用祖传的传统工艺反复上油,油好的罗盘光洁清新;第六道也是最后一道工序,就是磁化钢针,将钢针置于天然磁石上,经半个月左右的时间,使其磁化,然后精密地测定磁针重心,将其牢固地安装在罗盘的圆孔里,并确保指针实现无阻力自由转动。这道工序可以说是万安罗盘制作最为关键的程序。磁针安装完毕后封盖,一具罗盘便制作完成了。

万安罗盘业内有一条约定俗成的清规戒律,即为保证万安罗盘的制作技艺不被外人习学,"安放磁针"这道工序必须由店主亲自在密室

---

① 刘汝骥:《陶甓公牍》卷一二《法制科·休宁县民情之习惯·制造之品类》。
② 刘汝骥:《陶甓公牍》卷一〇《禀详·详报物产会开会文》。

里安装完成，外人不得窥视偷学，并且"传子不传女"。而其他五道工序，也是各守其位、不得旁骛。学徒年少进店，老死出店。诸多学徒即便后来成了师傅，最多也只能掌握前五道工序。

万安罗盘规格不一，种类繁多。如果按盘式来划分，万安罗盘大体上可以分为"三合盘""三元盘"和"综合盘"三种类型。三合盘的主要特征是由三层二十四方位组成，可以定向、消砂、纳水等。三元盘的主要特征是有易卦六十四卦圈层，一般只有一层二十四方位，可用元运推其方位之吉凶。三元盘又称"蒋公盘"或"易盘"，因其易卦层为名师蒋大鸿所创立。综合盘是综合了三合盘和三元盘的一些主要圈层组成的，综合盘层数细密，内容庞杂，具有多种功能。若依据罗盘的直径尺寸为标准来划分，则万安罗盘规格有数十种。

关于吴鲁衡罗经店的传承，吴国柱之后，其子光煜（字涵辉）继承父业，之后，光煜又再传洪礼、洪信。吴氏罗经取"涵辉"的"涵"字，和"光煜"的"煜"字的谐音"毓"字，而分为"涵记"和"毓记"两支。"涵记"由洪礼传肇坤，"毓记"由洪信传肇瑞。

万安罗盘承载着中国传统天文学、地理学、环境学、哲学、易学、建筑学等多方面的文化信息，传承着磁性指南技术及相关技艺，为研究徽州乃至中国科技史、社会史、工艺史和文化史提供了极为宝贵的资料。因为其独一无二的手工制作技艺和清晰的传承谱系，2006年5月20日，万安罗盘制作技艺被列入第一批国家级非物质文化遗产名录。

### （三）徽州绿茶制作和祁门红茶的发明

#### 1.徽州茶业的发展

徽州盛产茶叶，早在唐代，茶叶的种植与贸易就成为祁门县的支柱型产业。歙州司马张途在《祁门县新修阊门溪记》，曾记录了唐代咸通年间祁门茶叶种植和交易的盛况，云：祁门"山多而田少，水清而地沃。山且植茗，高下无遗土，千里之内，业于茶者七八矣。由是给衣食,供赋役,悉恃此。祁之茗,色黄而香,贾客咸议,逾于诸方。每岁二三月,赍银缗缯索求市,将货他郡者,摩肩接迹而至"①。明代休宁的松萝茶更是成为驰名遐迩的茶中精品,明清两代,徽商经营遍天下,茶商成为徽商四大经营领域中的一支劲旅。清代鸦片战争以前,徽州外销茶叶主要集中在广东十三行。鸦片战争特别是《中英南京条约》签订后,上海作为被迫开放的五口通商口岸之一,为徽州茶叶的外销提供了千载难逢的契机。徽州茶叶外销逐步由岭南地区转移至上海,这样,作为率水与横江汇合处的休宁县屯溪镇携此区位优势,逐渐发展成为徽州茶叶的制作、加工和贸易的集散地。

为了满足顾客,特别是欧美各国顾客的需求,咸同兵燹以后的徽州茶叶除了传统的绿茶制作技艺不断改良、形成"屯绿"等优质品牌外,光绪初年,黟县余干臣、祁门胡元龙仿照福建红茶试制的祁门红茶即"祁红"成功,并逐渐成为徽州茶叶外销的主要品种。

咸同兵燹以后,徽州社会经济受到严重摧残,茶业几乎成为徽州唯一的支柱性产业,所谓"兵燹之后,仅赖茶业一线生机。虽比年以来,频见耗折,然莫不兢兢业业,以世守其业为重"②。据不完全统计,同治年间,徽州外销绿茶总数达 10 万引(每引 60 千克)。光绪二十一年(1895),徽州外销的绿茶和红茶则达到了 11 万引。③ 光绪二十二年,仅婺源一县即外销绿茶 3 万余引。光绪二十九年(1901),徽州府外销茶叶总计为 15 万箱(每箱 20~30 千克不等),宣统二、三年间,徽州府茶叶外销增加到 21 万箱。在上海,徽商纷纷设茶号茶庄,开茶店茶栈,办茶厂,大街小巷随处可见。清末民初仅绩溪人在那里就设有 33 家茶号,"吾乡(余川——引者注)人多操茶业,侨上海,道(光)、咸(丰)间称最盛"④。这其中如黟县人在天津路开设的"公兴隆"、绩溪上庄余川村人汪立政于清咸丰元年在河南路(上海旧城老北门)开设的"汪裕

---

① 《全唐文》卷八二〇《张途·祁门县新修阊门溪记》。
② 吴廷芬:《皖南茶税请免该厘增课全案录》卷末《后序》。
③ 参见刘锦藻:《清朝续文献通考》卷四二《征榷十四·榷茶》。
④ 民国《余川越国汪氏族谱》卷三《传状上·汪以德公传》。

泰"等都是经营绿茶出口贸易的著名茶栈。其中"汪裕泰"规模最大，下设6个发行所，经营30多个品种茶叶，号称"茶叶大王"。[1] 绩溪《余川越国汪氏族谱》称汪立政"自创汪裕泰茶肆于沪南。公练达世务，智虑奇伟，有大志，待人尤诚悫，豁露肝胆，不欺一诺。以是所业隆隆日上，闻誉交驰。前后三十年间，相继于上海、苏州、奉贤等处创列九肆"[2]。

巨量的对外销售和日本、印度、斯里兰卡等茶叶的竞争压力，还有高于道光年间超过七倍的厘捐，迫使徽州茶叶在制作技艺和品种上不得不进行改良，以满足顾客特别是欧美诸国顾客的口味和需求。

2.徽州绿茶的制作技艺

同治、光绪年间，针对徽州茶业厘金和重课盘剥以及日本、印度等国家茶业的竞争，徽州茶商和士绅们一方面据理力争，不断呼吁各级官员减轻徽州厘捐重课，一方面致力于茶叶改良，在绿茶制作技艺上精益求精。

下面，我们仅以新发现的歙县芳坑江氏茶商江明恒所撰写的《做茶节略》为例，来阐述和分析光绪至宣统时期徽州绿茶制作技艺的改良与创新。

江明恒（1848—1925），字耀华，歙县坑口芳坑人，为徽商世家。自祖父江有科（1792—1854）时开始从事茶叶外销贸易，贩茶粤东，转销外洋，获利颇丰。父亲江有缵（1821—1862）子承父业，将茶叶运往上海进行茶叶贸易，后在押运茶叶途中病亡。因家道中衰，年幼的江明恒被迫在一家茶号学徒。稍年长后，出资在苏州开设茶铺，零售徽州绿茶。后与上海谦顺安茶栈进行贸易，谦顺安茶栈通过江明恒，又与更多的徽州茶商建立起了联系。这样，江明恒凭借与谦顺安茶栈的关系，在屯溪建立了自己的茶号，通过茶号收购加工屯绿，然后运销上海，由谦顺安茶栈转销洋商。江明恒运输的茶叶通过谦顺安茶栈，在

---

[1] 参见中共上庄镇余川村支部委员会等编：《余川村志》，第201—205页。
[2] 民国《余川越国汪氏族谱》卷三《传状上·汪以德公传》。

上海销售数量巨大,获利极为丰厚。

为在茶叶外销贸易中取得优势,徽州茶商特别注重对毛茶进行精加工。在加工毛茶的过程中,江明恒将其积累的绿茶加工制作技艺进行总结,并最终形成了系统的《做茶节略》文书,胡武林在对其进行整理后,定名为《屯绿做茶节略》[1]。

下面,我们仅根据《做茶节略》内容,结合徽州绿茶加工实践,对徽州绿茶的制作技艺予以说明。徽州茶叶的品种繁多,仅外销即"洋庄"绿茶就有芝珠、圆珠、皮珠、熙春、蛾眉、芽雨、生雨、松皮等数十个种类。其加工与制作技艺也包括焓、筛、撼、扇、拣、拖风、下靛着色、上老伙等工艺程序。

茶叶的采摘是徽州绿茶走向市场所有环节中的第一个环节。从茶树上采摘下来的新鲜茶叶,也称"茶草"。茶草极易变质,须迅速进行初步加工。经过初加工后的茶草称为"毛茶",亦称"茶坯"。这一工作一般由茶农进行。不过,毛茶制作阶段已有外销的"洋庄"和内销的"本庄"区别。洋庄毛茶制作,大体分为炒青、揉捻、烘青和釜焙四步。炒青即是将采购的毛茶入锅"焓制"。《做茶节略》云:"毛茶叶进号出小伙(屯曰拖潮渗,休、歙曰出小伙)"。其技术要领是每锅一斤八两半,松萝秤三斤或二斤半不等,"香头二支半或三支不等。毛茶初下锅,嘱焓茶者眼风,抖去酸热之气,香至八分或一支为止,再不可眼风"[2]。需要特别注意的是,出小伙阶段技术要诀和火候把握,"宜要用勤轻之手,反拐车转摩焓,将火平倒,焓至半支香"[3]。

经过焓制的毛茶起锅,在起锅后即进入抖筛、撼、扇环节。

关于抖筛和撼的技术和工艺要领,《做茶节略》云:"毛茶起锅,用四号筛或细三号筛过筛,筛下分别称作三号毛茶、二号毛茶,筛上分别称大三号毛茶、大二号毛茶。亦可筛去下节,再分号头自四、五、六、

---

[1] 该《屯绿做茶节略》收入胡武林:《徽州茶经》一书,当代出版社2003年版。
[2] 胡武林:《徽州茶经》,当代出版社2003年版,第152页。
[3] 胡武林:《徽州茶经》,当代出版社2003年版,第152—153页。

七、八、九、十粗细铁砂筛,各号分清,统皆上扇。"①各号筛筛出的毛茶炒青后,接下去要进行揉捻,此道工序在专用的揉簸中进行,"将二、三号毛茶统上撼,分作三处撼清:其撼里为正熙,撼口出者为撼户生熙,候扇取毛珠;撼簸口前地下之茶畚起,候后分筛。大二、三号茶下锅,名曰出乌尖。又上热撼:撼里为副熙,撼户统为次熙;撼前地下者为次松皮。各项撼净在拣净,拖风下靛"②。

抖筛和撼簸后的毛茶,还要再用风扇进行扇风,以分出更多品种,《做茶节略》对风扇所用之扇,也有细致的说明和用法,云:"将各风扇所扇各号筛头之毛货有二样扇法:一曰破肚扇,一曰剥皮扇。其破肚扇大二、三、四、五号各号毛茶皆要切筛上扇,头遍扇出皮茶、尖片、次松、松萝之数另放,候后再剥皮扇脱出皮茶、尖片等。"③经多次风扇,徽州绿茶的毛茶便形成了好坏不等的品种,即"头遍扇出各号尖片,二遍扇出各号皮雨、皮茶、次讼,三编扇出各号常雨、松萝,四遍扇出熙雨,五遍扇出生雨,六遍扇出芽雨,七遍扇出娥眉,八遍扇出副珠兰,九遍扇出正芝珠,十遍扇出正宝珠"。但在风扇过程中,《做茶节略》对技术要领和操作人员的情绪提出了特别要求:"风扇茶司宜看茶身分取料,手法轻重匀净,不可一时高兴,轻重不一。亦要自己心内主见,看货身分而做准,但把作手法不致参差不一。若心内缭乱,手法即不匀。而正副之货难分清矣。"④

经过十遍风扇之后所形成的各种毛茶,还必须上板拣选,剔除其中的茶梗、老茶片和其他杂质。其技术和工艺要领是:"将各号之货起锅,筛去筛脚,再上撼簸撼净,分清正副雨装箱,贴箱竿某庄某号某茶,候抖撼。其起锅之筛脚雨归入毛茶,各号毛货之筛脚雨同做。""其正熙宜拣出二黄条、黄蒲、扁块、蒂、黄腿、籽梗。"其正熙在拣选茶叶之

---

① 胡武林:《徽州茶经》,当代出版社 2003 年版,第 153 页。
② 胡武林:《徽州茶经》,当代出版社 2003 年版,第 153 页。
③ 胡武林:《徽州茶经》,当代出版社 2003 年版,第 160—161 页。
④ 胡武林:《徽州茶经》,当代出版社 2003 年版,第 161 页。

时,《做茶节略》要求"拣场看秤架之人,心须正气为主,不可与妇女谈笑搅舞,恐生是非口舌。进出之秤必要上两处校准,如收秤上少秤,欠数即要上板摩来及地下排来补救。如补不足,即要照数赔偿,计钱若干,批票标名,将钱并票穿挂在秤架上,以警将来偷窃之弊"。①

拣净以后,徽州各色绿茶还需要再焙烘,这道工序称为"补火",婺源称为"打小伙",歙县和休宁则称之为"拖风"。② 粗细不同的茶叶,补火时间也有长短之分,《做茶节略》对此作了区分,云:"九号截筛,其摩头归于八号内同做扇取,其正九号上扇,取证、副、次芝珠,过抖淋出雨前,分为正、副雨,其各庄正、副芝珠淋抖做净,如毛茶者可撩头切筛团头上架发拣,如不毛者即拖风。其次芝珠不必拣,做好者即拖风。其淋抖扇出之正、副雨,亦看身分,如毛者切筛团头,撩去上架发拣,不毛即不必拣,可即拖风。其九号子口扇出之正、副雨,其团筛摩头写箱竿。九号摩头候撼,撼净分发淋抖,抖清分发拣场拣净,下锅拖风。其九号子口扇出之正、副雨,不拣候给,内中又复扇出之货为副熙、松皮、皮雨之类,即下锅拖风。其八九号内所扇出皮茶、皮雨之外,又子口扇出之尖片(名曰三角片),另立卖京庄,亦有不卖京庄者,仍入松皮、皮雨之脚矣,即拖风下色。将十号截筛上扇,取正、副芝珠,淋抖净拖风,十号子口扇取正雨、副雨,淋抖净拖风。十号副雨内再扇出者入副、次松皮及皮雨之类,看货身分入花色均堆,下锅拖风。将粗、细铁砂照十号上扇,取正、副、次芝珠,其正芝珠抖净拖风,而副、次芝珠不抖即可拖风。"③如此等等,这样烦琐反复的制茶工艺和流程,有效地保证了绿茶的质量。徽州绿茶在拖风后,还要进行着色的工艺。所谓"看身分色场深浅不一,宜略加少许之靛以配,合颜色匀净之,故合宜不致花搭受泛矣"。④

拖风下靛后的各品种茶叶尚需再筛、城、扇、拣一次,以去除去其

---

① 胡武林:《徽州茶经》,当代出版社2003年版,第163页。
② 参见李琳琦、吴晓萍:《新发现的〈做茶节略〉》,《历史档案》1999年第3期。
③ 胡武林:《徽州茶经》,当代出版社2003年版,第159页。
④ 胡武林:《徽州茶经》,当代出版社2003年版,第167页。

潮气,此道工序叫"上箱老火,婺曰上大伙,休、歙曰上老火"。《做茶节略》要求上老伙时,"各匀堆之茶下锅,但灶头及副手宜要摸锅冷热,挏板起锅。正货打焙二支香上箱,副货一支半香"①。上老伙后,毛茶加工精制的所有工序全部完成,接下来就是装箱发运了。

以上我们以清末歙县芳坑江明恒《做茶节略》为例,对徽州传统的手工加工和制作绿茶技艺进行了叙述和说明。平心而论,在咸同兵燹后至宣统年间,徽州茶商在徽州绿茶加工和制作技艺上更加趋于规范,也更加成熟。这是咸同兵燹后徽州盐商、典当商和木材商走向衰落之时,徽州茶商能一枝独秀、支撑徽商发展的重要保证。它从一个侧面佐证了清末徽州知府刘汝骥一再强调"振兴工艺"对发展经济的重要性和迫切性。如何振兴工艺?刘汝骥在出任徽州知府前与慈禧太后问答中指出:"振兴工艺,莫若赛会。各国有共进会、物产会、博览会,每数十年又特开大会,奖进工艺,其法最善。我国可先择川陆通衢省份举行内地赛会,以鼓舞之。"②在刘汝骥的倡导下,徽州举办了物产会,一批徽州传统统一制品获得了奖励,仅绿茶一项,就有永记茶号凤眉、同昌永茶号娥眉、洪士翘制茶模型和李祥记茶号宫珠等品种获得了二等银牌,同昌永毛峰茶、吴得新纸质兰花、吴得新纸质珠兰等品种获得三等铜牌。③

3.祁门红茶的发明及其制作技艺

祁门红茶简称"祁红"。它是一种发酵茶。包括祁门在内的徽州素来盛产绿茶,红茶则是在清代光绪初年才被研制出来的一种发酵茶,其中尤以盛产祁门一带的红茶为最著,故曰"祁红"。

关于祁门红茶的起源,据1916年《农桑公报》第20期记载:"安徽改制红茶,权舆于祁(门)、建(德)。而祁、建有红茶,实肇始于胡元龙。胡元龙为祁门南乡贵溪人,于清咸丰年间,即在贵溪开辟荒山,兴植茶

---

① 胡武林:《徽州茶经》,当代出版社2003年版,第168页。
② 刘汝骥:《陶甓公牍》卷一《示谕·丙午召见恭纪》。
③ 参见刘汝骥:《陶甓公牍》卷一《示谕·物产会颁奖品示》。

树。光绪元年(1875)、二年(1876),因绿茶销路不旺,特考察制造红茶之法,首先筹集资本,建设日顺茶厂,改制红茶。"又据1933年出版的《祁门之茶叶》一书云:"考其历史,该县向来嗜制青茶,1876年,有黟县余某(干臣)来自至德县,于历口开设子庄,劝诱园户制造红茶,出高价以事收买。翌年,设红茶庄于闪里,虽出产不多,但获利颇厚。此为祁门红茶制造之始。"①由此引文可见,余干臣和胡元龙是祁门红茶的最早发明者与制造者。

余干臣,名昌恺,黟县立川人。原在福建做官,光绪元年罢官返乡后,在至德县(今安徽东至县)尧渡镇开设茶庄,并仿造福建闽红制作方法试制红茶。次年,余干臣至祁门历口开设茶庄,并利用历口土质肥沃、山花幽香、茶质优良等优越的自然条件,不断改进红茶制作技术。余干臣所制红茶具有苹果、兰花之特有香气,因而远销海外,被誉为"祁门香"。光绪三年,余干臣将茶庄开到祁门西乡闪里,规模进一步扩大。光绪二十二年,余干臣之子余伯陶在屯溪长干塝创立福和昌茶号,在钻研精制红茶技术的基础上,对绿茶制作技术进行改进,在珍眉中抽芯,精制成抽芯珍眉投放市场,大受欢迎,远销上海等地,抽芯珍眉亦因此成为屯绿中的珍品。

胡元龙塑像

胡元龙(1835—1924),字仰儒,祁门贵溪人。咸丰年间,在贵溪垦殖茶园千亩,创建培桂山房,年产绿茶五十余担。后因绿茶外销不旺,遂于光绪元年至二年间,于贵溪筹建日顺红茶厂,雇佣江西宁州(今江西修水县)茶工舒基立,依照宁红制作方法试制祁门红茶,一举获得成功。光绪二年,胡元龙还到历口开设茶庄,并劝导乡人制造红茶。

余干臣和胡元龙在同一时间、不同地域几乎同时发明了红茶。祁

---

① 以上文字均转引自马光继:《祁门县志》,安徽人民出版社1990年版,第184页。

门县是红茶主产区,连同毗邻之石埭、贵池、东流和至德县之产区,人们一般将这些地区生产的红茶称为"祁门红茶",简称"祁红"。祁红外形条索紧细匀整,锋苗秀丽,色泽乌润(俗称"宝光"),内质清芳并带有蜜糖香味,馥郁持久,汤色红艳明亮,滋味甘鲜醇厚,叶底红亮,远销英国、荷兰、法国和美国等西方国家,深受英、美等西方国家顾客的喜爱。祁门红茶连同印度大吉岭红茶、斯里兰卡乌伐红茶一道,并成为世界三大高香红茶。

祁门红茶的制作技艺分为初制和精制,初制主要有萎凋、揉捻、发酵和烘干等四道程序与工艺。

萎凋亦称"晒青"。传统的萎凋方法是将采摘下来的新鲜茶叶摊置在晒簟上,于阳光下暴晒。暴晒过程中,须不断翻动,使其鲜茶叶受日光照射均匀,暴晒以晒至茶叶呈暗绿色、叶边呈褐色、叶柄柔软折之不断为适度。如遇阴雨天,则将鲜茶叶摊于室内通风处,但所需时间较长。

经过萎凋后的柔软鲜茶叶,要进行揉捻,即手工将其揉成条状,并揉挤出茶叶的汁液,为发酵做准备。传统的手工揉捻技艺主要有脚踩和手揉两种。脚踩操作要领是将四至五千克经过萎凋的鲜茶叶放入桶内,人赤脚站在桶中,手扶桶边沿,用双脚循环翻揉,直至茶条完全紧结为止。

揉捻后茶叶在被挤出汁液后即进入发酵阶段,发酵又称"焐红"。传统手工技艺是将揉捻后的茶叶置入木桶或竹篓中,上面覆盖湿布或棉絮,并用力压紧,放在日光下焐晒,待茶叶及叶柄发酵变紫呈现出古铜色时,即成毛茶湿坯。但如遇阴雨天,则采用室内发酵,保持室温24℃~28℃。如遇低温,则用火盆或蒸汽加热,使其达到上述室温的要求。发酵时间基本在五至八个时辰。

茶叶发酵后,最后一道工序是烘干。传统的烘干一般采取自然日光暴晒方式进行。若逢阴雨天气,则用火焙干。

经过以上四道工序,祁门红茶便已初步制成,可以直接出售给茶号。茶号烘焙茶叶,通常采用烘笼。烘笼由竹篾编制而成,形状似折腰圆桶,笼内设一活动烘顶,茶叶置于烘顶,每笼约1.5千克。第一次加热至约90℃,时间约为1个时辰,每5~10分钟翻动一次;第二次温度保持在80℃左右,烘60~80分钟,每15~20分钟翻动一次,烘至足干即成干毛茶。

祁门红茶主要为外销茶,经过初制的祁红,被茶庄收购后,还要由茶庄进行精加工。祁红精加工主要有筛分、拣剔、补火和官堆四道工序。在祁红被研制发明之初,茶号通常雇佣江西宁州、河口和徽州府婺源县、安庆府怀宁县等地的茶工使用手工操作来完成精制的四道工序。

筛分,烘干后的毛茶进入茶号后,茶号即开始筛分。筛分主要是使茶叶整齐美观,一般分大茶间、下身间、尾子间三段进行。整个过程要经过不同型号茶筛十余种,分出各号头茶。

拣剔是将筛分过的各号茶中轻片、破叶、黄片、茶梗和杂质等用手挑拣并剔除的过程。

补火是将筛拣剔过的茶叶装入布袋,每袋约2.5千克,置于烘笼上烘烤,直烘至茶叶呈褐灰色为止。

官堆亦称"匀堆",即将经过补火的各号茶分层倒入匀堆场,混合做成数尺高的方堆,用木齿耙沿着茶堆侧面梳耙,使茶叶流下成为小堆。如此反复,使各号茶调拌均匀。

以上只是祁门红茶制作技艺的简单工序。事实上,同徽州绿茶一样,祁门红茶除了上述初制和精制两道大的工序和工艺流程外,每一道工序都还有更加细微的操作程序和基本要领。祁门红茶也正因为其优良品质,一经推出便在国际上一炮打响,成为畅销欧美等西方国家的功夫

"祁红"获得1915年巴拿马万国博览会金质奖章正面、反面

茶。而由于其销路优于绿茶，祁门红茶的生产规模也不断扩大，至清末，祁门、至德和浮梁三县年产红茶即达六万担以上，统称"祁红"。祁红的专用商标也由初制成功时的"赤山乌龙"一种，到清末民初的五种，即历口的"黄山""白岳""雨前"，闪里的"白毫"和贵溪的"贡贡"。不过，在运至上海口岸外销时，则统一以"祁门红茶"为出口商标。在刘汝骥在宣统二年七月二十二日颁发的徽州物产会评比奖励中，由红茶创始人胡元龙研制的红茶，连同王兰馨红茶、王成义红茶、公顺昌红茶和汪广州等茶号提交参评的红茶，都获得了三等铜牌的奖励。[①]1915年祁红还被农商部推选参加了在美国举行的巴拿马万国博览会，并最终获得了一等金奖，为中国赢得了荣誉，祁红亦因此享誉遐迩、驰名海外。作为红茶的珍品，"祁红"在国际市场上更是被誉为"群芳最"和"茶中英豪"而驰名遐迩。

## 五　新安医学向中西医结合转型

同治、光绪至宣统时期，西医随西方殖民者大量入侵中国暨徽州地区，新安医学在继续坚持其传统的基础上，也逐渐开始学习西医，并由此走上了中西医结合的道路。

### （一）新安医学依然处于总结发展时期

同治以后，经过咸同兵燹的洗礼，新安医学依然在坚持传统的基础上，呈现出新的发展态势，各种分支医学名医世家薪火相传，形成了新安医学传承的家族链现象。

---

① 参见刘汝骥：《陶甓公牍》卷一《示谕·物产会颁奖品示》。

这里特别要提及的是西园郑氏喉科的传承。郑氏喉科传承至近代,由于郑氏作为许村许氏医学世家的重要代表,许佐廷之子许思文更是在师承家传喉科和儿科医学的基础上,在喉科、儿科、妇科、内科和霍乱等诸多方面有所创新,全面发展,著述尤其丰富,计有喉科著作《喉科详略》、妇产科著作《妇科阐微》、儿科著作《幼科仁寿录》和《幼科简便良方》等。尤于霍乱,许思文更有妙手回春之术。光绪十四年(1888),许思文行医于江西,将行医诊所觉津寺更名为"化奇轩",意即"化腐朽为神奇"。果不其然,经许思文收治的霍乱患者,每治辄愈,民间有"走进化奇轩,如见活神仙"之誉。光绪二十八年(1902),许思文著述的治疗霍乱专书《墨罗痧问答》付梓,该书以问答的形式,介绍和说明了霍乱预防、急救、预防、内服、外治、针灸等方法,弥足珍贵,吴公望在为该书所作的《后跋》中,极称"但得是书者,味其说,遵其方,即遭是疫,亦鲜有惧也"[①]。新安医学在清末的传承与发展,由斯略见一斑。

此外,诸如歙县朱家巷黄氏妇科、吴山铺程氏伤科、潜口杨氏儿科、新安王氏医学、蜀口和野鸡坞方氏外科、舍头程氏和殷家村殷氏内科、定潭张氏伤寒科、郑村郑氏西园和南园喉科、正口王氏妇科、棠樾鲍氏针灸推拿,以及绩溪余川汪氏医学、婺源甲路张氏医学等,尽管遭遇了西医的顽强竞争,但依然在这一时期获得了长足的发展。新安医学进入总结发展和转型时期。

### (二)新安医学向中西医结合转型

在传统新安医学向中西医结合转型的过程中,来自绩溪余川的汪

---

[①] 转引自王乐匋:《新安医籍考》,安徽科技出版社1999年版。

惕予是不能不提的一位举足轻重的人物。

汪惕予(1869—1941)，绩溪县八都余川人，原名志学，字自新，又字觚哉。同治十二年，父亲汪立政为惕予延请休宁程蓝田先生在上海家中学习。后又令其投于上海廪贡生蔡纫门下受业。光绪十六年(1890)，汪惕予从进士曹汝济学习帖括之学。光绪十九年(1893)是汪惕予人生的重大转折点。这一年，汪惕予认为科举无裨实用，遂放弃章句之学，改从奉贤夏景元习学医学。光绪二十一年，汪立政病逝，汪惕予料理完父亲丧事后，接手汪裕泰茶庄生意，但其志在医学，茶庄生意全部委托他人经营。光绪二十三年(1897)，汪惕予在上海英国租界中旺弄开设诊所，正式开始悬壶济世。光绪二十五年(1899)三月，怀"博通中外医学"大志，赴日本入筱崎医校习西医。光绪二十九年，毕业后，自日本返回上海行医。光绪三十年(1904)，在伍廷芳、端方、瑞澂与各界人士的支持下，就伍廷芳之观渡庐创办自新医科学校，并附设自新医院，开始了医学教育与中西医结合的医疗工作，汪惕予发行《医学世》月刊，行销各省"以新学术灌输内地"。光绪三十四年二月，又添设医学补习学校于校内，"以便中西医士公余之暇，得以研究最新、最重要之学理"，累计求学者935人。宣统元年，他又在上海创办中国女子看护学校；民国初年，各省赤十字社的看护妇(护士)大多毕业于该校。宣统三年，汪惕予为发行医著、医报以及医学译著，又创办医学世界社。据不完全统计，共发行译著和出版发行《实扶的里亚血清疗法》《消化器卫生术》《产婆学讲义》《调剂术教程》《新内科临症指南》《胎生学讲义》《汪氏解剖学》和《汪氏外科学》等各种医书(含教科书)17种，其中16种皆冠以"汪氏医学汇编"。武昌起义爆发时，汪惕予与一批志同道合者共组赤十字社于上海，又先后在南京、苏州、无锡、镇江以及湘汉间设立分社，集两百多名有志青年授以救护伤兵的办法，并抽派看护学校的学生赶赴战地救护。民国元年(1912)，汪惕予创办中华女子产科学校于上海，并担任全国医学联合会会长，同年还担任全国慈善改进会副会长等职务。

在徽州本土，随着基督教在徽州的传播，西医也随之传入徽州。光绪二年，歙县基督教堂兼办西医诊所，为基督教徒和贫民患者实施西医治疗。宣统三年，歙县医生章文美西医诊所在县城创办，这是歙县历史上最早的一家西医诊疗机构。与此同时，传统中医诊所及药店，依旧是遍设于徽州各地的主要医药机构，一批新安医学世家的传承人仍然活跃在医疗第一线，为民众治病施药，并著书立说，传播和传承新安医学。同时，不少新安医学名家与时俱进，走上了以中医为主、中西医结合的创新发展道路，从而使古老的医学流派在新的时代焕发出了青春的朝气。

汪惕予像

## 六　徽州文学与艺术的重塑

咸同兵燹以后至光绪、宣统年间，曾经盛极一时，但在战乱和兵火浩劫中受到严重摧残的徽州文学艺术在战后得到了恢复与重塑，呈现出新的发展势头。尽管此时徽州的文学艺术在整体上已无法与明嘉（靖）、万（历）和清乾（隆）、嘉（庆）等极盛时期的成就相比，但在个别领域依然取得了不菲的成就，有的甚至超越了前代。

### （一）诗词齐争辉

咸同兵燹后至光绪、宣统年间，徽州的诗人和词人重整旗鼓，再次掀起了诗词创作的高峰，重塑徽州诗词往日的辉煌。尤为值得注意的是,这一时期,徽州的女诗人和女词人也逐渐走上创作舞台,留下了丰富多彩、委婉细腻的诗词作品。

1.反映咸同兵燹的现实主义诗歌增多

咸同兵燹的战争创伤给徽州文人留下了刻骨铭心的记忆。因此,在兵燹以后,诗人和词人们以咸同兵燹为题材,回忆惨烈战争的诗词依然占据着徽州诗词的主流地位。

汪交泰,字景山,歙县北乡人。因咸同兵燹时期曾历经离乱,故在战争期间和结束以后,其所创作的诗歌多以亲身经历的各种离乱苦楚生活为题材。对此,许承尧曾称"其诗甚苦",读来给人一种压抑沉闷之感。在《冬日挈女闰生挑菜》的五言诗中,汪交泰写道:"课罢读书声,呼同撷菜行。凶年难保腹,野草熟知名。鸟语还相应,溪光寒更清。松阴扫苔石,小憩惬幽情。"一种采摘野菜充饥的无奈之情,尽现于笔端。《乡人自贼中归》则更是诗人借对兵燹劫难中被掠后放回时的乡人相见,抒发自己对战争的茫然和愤懑之情。诗云:"赤脚走万里,枕戈逾十年。今来须绕颊,昔去发垂肩。父兄成死别,闾里空人烟。四顾莽丘墟,望闾足难前。踪迹陷贼中,几人得生还。孰意身独存,君恩大如山。岂无髫年侣,相见都茫然。"①又有一首《贷米》诗,叙述了丰年仍向周围亲戚借米维持生活的窘状,"年丰贷米问周亲,见面翻教意不伸。劝尽紫薇花下酒,竟无一语及家贫"②。汪交泰的诗未见刊行,其所汇录的诗集有《检非斋吟稿》3卷和《十亩园诗稿》2卷,卷首有许长怡、吴可均、何学礼、席兰荃诸人题词。

鲍宗轼,字孟苏,一作梦书,歙县县城人。以任侠名著郡邑。咸丰中,太平军进入徽州,鲍宗轼出赀招募乡勇200人,驻守西干,亲予训练,并赴祁门与太平军作战,以军功授知县。鲍宗轼博雅能诗,其所作诗汇录于《宗轼集》。鲍宗轼的诗歌真实地记录和反映了咸同兵燹时

---

① 许承尧:《歙事闲谭》卷三〇《王景山诗》,黄山书社2001年版,第1060—1061页。原诗注云:"上谕凡'贼'中逃出者给票放归。"

② 许承尧:《歙事闲谭》卷三〇《王景山诗》,黄山书社2001年版,第1061页。

期徽州社会、经济和军事状况，是现实主义诗歌在这一时期的代表性作品。鲍宗轼的诗歌主要汇录于《宗轼集》和《谁园诗存》中。

2.吟咏徽州山水的浪漫主义诗词大量涌现

咸同兵燹后，在不堪回首、劫后余生的诗人以兵燹往事为题抒怀的诗歌创作外，纵情山水、歌咏徽州家乡山水、风物的浪漫主义诗词开始大量涌现。

徐肖坡，字景轼，歙县人。早贫，但嗜学如命，从坊刻时文中观其评语而习得作文之法。后登进士第，入词林，以未奉职庶吉士奉敕分写文选，同馆荣之。因娴熟掌故，盖官礼部，时有请行明堂配第之礼者，举朝聚议，徐肖坡一言决之，议覆疏即采其说，由是声望大起。后署四川雅州、成都、夔州，治理有方，所至有政声。徐肖坡生平勇于为义，在北京时，醵钱赎故人二女，嫁于士族。徐肖坡工于诗文，"其诗沉着似杜，敷畅似白，缠绵悱恻又似西昆"。所作之七律《咏菊某某席上作》沉着敷畅，颇为明了靓丽，诗云："满园秋色未曾知，疏雨垂帘午睡迟。茗碗香炉无个事，有人来乞菊花诗。君真朝隐非通隐，我爱看花懒种花。盼到重阳开口笑，一年一度醉君家。饮酒差堪追靖节，和诗聊复学东坡。天公不遣秋容淡，篱角晴烘红树多。红稀绿暗春何处，留与青霜斗岁寒。识得天心珍重意，此花须待此时看。"又失题二首，其一云："灵根孰与证前生，独向西风诉不平。绝调古传题乐句，才人例有惜花情。现身色相三千界，回首仙寰十二城。闻说杜兰香下嫁，此身常觉未分明。"[①]徐肖坡所著诗收于《草心阁诗存》，光绪二十年(1894)刊行。《诗存》分别有俞樾、林绍年序跋，俞樾称"肖坡诗始同治三年，迄光绪六年，时先生五十四岁。计十七年中，存诗百十五首"[②]。

黄肇敏，字秋宜，歙县人。同治中，任湖北通城县典史。黄肇敏博学多闻，尤工吟咏。于游览黄山、赞美壮美黄山之诗为著。其所作之《阎王壁》即是吟咏黄山玉屏楼至莲花沟道中之"大士崖"之诗，其诗及

---

① 许承尧：《歙事闲谭》卷九《鲍徐肖坡〈草心阁诗存〉》，黄山书社 2001 年版，第 293 页。
② 许承尧：《歙事闲谭》卷九《鲍徐肖坡〈草心阁诗存〉》，黄山书社 2001 年版，第 292 页。

小叙内容如下:"壁骑路中,非越壁不得过。视壁下凿有足迹,须依痕方可停足,举止三步,外则万丈深渊。所喜荆榛横生,为之遮蔽,虽深而不觉也。遂令导者先过,用白布一匹,使执定其尾端,使从者拉之如栏状,因以手扶布,一手扣壁,次第而过,正不觉险也。壁刻'大字崖'三字,盖古称阎王壁,后人改称大士崖,欲以慈悲济险恶也。去数十步,又如前壁,亦三步耳,得诗一云:仄径不盈尺,一步低一步。下过千万阶,俯视犹如故。外空深不测,足底生云雾。一石立当前,断绝去来路。或谓阎王壁,栗栗生危惧。或谓大士崖,转念无恐怖。欲探后海胜,舍此莫他渡。渡过不知险,似有山灵护。"[①]黄肇敏《阎王壁》诗,把阎王壁之险要描述得惟妙惟肖,是历代咏黄山诗中较为有名的精品力作之一。黄肇敏著有《黄山纪游》一卷,有清同治三年刻本传世。

余鸿,字雪江,自号雪江道人,黟县城西人。工诗画,尤爱画梅,每画必题咏梅诗,年近八旬仍吟咏不止。所著《梅花杂咏》200余首,内中收录了余鸿咏梅竹、山茶、桃、牡丹、水仙花、兰花及美人折梅等诗画。该书刊于宣统元年,署"古黟老人雪江未定草"。余鸿对黄山一山一水、一草一木尤为钟情,所著诗文颇多,其中《小心坡》一首描述黄山鲫鱼背的险要,并由此感悟人生,极有韵味。诗云:"鱼背崎岖无奈何,小心缓步度高坡。语儿山路休嫌险,世路须知险更多。"余鸿游览和抒发黄山的散文和诗歌分别汇录于《黄山纪游》1卷、《黄山游草》1卷,分别刊于光绪末年和宣统元年。

胡朝贺,字藤圃,黟县西递人。自幼好学,性情静淡严正,见族人趋慕势利者,掉头去之,不与通一语。喜读书,不屑功名。精于考据之学,书经披览必加丹黄批注,凡经史子集、诗赋、词曲以及棋谱、茶经,遇有疑义,详为注解;遇有讹舛,细为校雠。征引博洽,疏正明确。至一字偏旁之误,一音轻重之分,不稍假借,所批注之蝇头细字,几满书眉。因胡朝贺诗赋俱佳,且深研史地名物训诂之学,为安徽学正罗惇

---

① 《黄山古今游览诗选》,黄山书社1989年版。

所器重,一度出任湖北督学孙家鼐幕僚。为谋生计,奔走于外四十余年,过着一种"相随车使,为人作嫁"的流寓和困顿生活。同治五年,胡朝贺倦游返乡,以课徒为业,曾主讲歙县紫阳书院。饱游天下名山大川,游览所至,辄作诗歌。晚年归于故土,与同邑名士联修"月轩社",彼此唱和。胡朝贺所作诗赋文笔清秀、清新流畅,以善于抒情见长。所著有《明经胡氏七哲集传》1卷,咸丰五年刻本。又有《胡藤圃时文》1卷附杂著1卷、杂诗1卷、试律1卷,集为10册,刊于光绪年间。

汪渊(1851—1920),字诗圃,一字时圃,绩溪郎家溪人,客居休宁商山。幼年秉承庭训,能事家学。光绪十年(1884)拔贡生,例叙教职。但鉴于时弊,绝意仕途,遂设馆课徒,潜心诗词创作,尤擅长于以词集词。汪渊的处女作《藕丝词》绮丽多姿,脍炙人口,所编《麝尘莲寸集》4卷,共收录宋元明人词284首,156个词牌。所辑之词大多为古人成词,而每一词句均调式不同,同调绝不相犯,且每首成词只选其中一句,即使是相同的叠句,亦必引用另一出处。更为难得的是,汪渊的集词能根据自己的构思,以严谨的格律将其相互之间串联起来,以表达其思想感情,形成独特的艺术风格。汪渊所创作的包括集词在内的词,气韵天成,流畅自然,给人以清新的美的享受,时人评其词"辞皆霏玉,句尽碎金","工丽浑成,亦词之别开生面者"。汪渊之《麝尘莲寸集》,其妻程淑出力不少,她不仅亲为校订,详注出处,"务使撰者不欺,读者有考",而且将自己首饰典当,作为刊印资金。汪渊自称"词痴",性耽吟咏,博雅多艺,著述丰富。除《麝尘莲寸集》外,据安徽省图书馆编纂的《安徽省馆藏皖人书目(—1949)》,现存汪渊的诗词著作文集主要有稿本《味莱堂诗删除稿》4卷;《味莱堂诗》4卷、外集2卷,光绪刊本;《味莱堂诗集》4卷,光绪十九年刻本;《味莱堂诗集》4卷,光绪二十三年刻本;《味莱堂骈散文略》1卷、《律赋钞存》1卷、《诗余稿》1卷、《诗续稿》1卷、《续钞》1卷、《附杂钞》1卷,稿本;《味莱堂叠次韵诗》2卷,钞本;《味莱堂叠韵诗》2卷,稿本;《瑶天笙鹤词》2卷,民国四年(1915)铅印本;《藕丝吟馆诗余》1卷,钞本;《藕丝词钞》1卷,稿本;《藕丝词》4卷,光绪七年(1881)刻本;《甋盐词》1卷,钞本。

程淑(1858—1899),又名文淑,字秀桥,一作绣桥,休宁县商山人,汪渊继室,晚清著名女诗人。程淑出身于书香世家,自幼受家庭熏陶,雅好吟咏,九岁即通四声。对词学造诣颇深。所作集句《苏幕遮》,妙语天成,时人称其词堪与易安居士词媲美,与其姐绣玉一道被誉为"二乔"。程淑为人性格娴静,出口成词,妙趣横生。从丈夫汪渊学词,常挑灯对坐,展纸挥毫,伉俪情笃。程绍懋辑《徽州近现代诗画十二客·调寄望江南》有咏汪渊、程淑词云:"钟鼓客,诗境两心知。刻意远超《藩锦集》,销魂不下易安词,逸韵海天飞。"除协助丈夫汪渊合编《麝尘莲寸集》外,程淑还独著有《绣桥诗存》《词存》各一卷,并有民国八年(1919)刻本传世。

程秉钊(1838—1893),又名秉铦,字公勋,号蒲荪,清末绩溪县仁里人,号称晚清"绩溪三奇士"。光绪五年(1879)举人,光绪十六年进士,授翰林院庶吉士。幼受绩溪三胡礼学影响,潜心音韵、训诂及历史、金石、书法等探研。父业盐于杭州,咸同兵燹期间,杭州、绩溪两地家业均毁于战火。同治三年,往杭州求学,同赵之谦、沈方颐等切磋经义,立有大志。同治九年(1870),受聘于赵之谦纂修《江西通志》。中举后,会试屡屡落第,家道中衰,故往来各地充当幕友。中进士后,在赴京任职途中微疾而暴卒。程秉钊为人好学,博雅多艺,工诗词,著有《绩溪志乘》、《淮南子补注》、《龚定庵年谱》、《龚学斋古今体诗》、《琼州杂事诗》、《知一斋尺牍》、《丹荃馆诗余》(亦作《丹荃词》)、

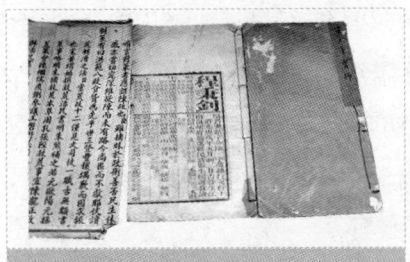

程秉钊科举试卷前履历

程秉钊的《琼州杂事诗》书影

《少思长室文存》和《花影吹笙谱》等。

项黼,字杏樵,清末民初歙县人。性喜吟咏,其咏黄山梦笔生花七律诗甚负盛名,云:"石骨棱棱气象殊,虬松织翠锦云铺。天然一管生花笔,写遍奇峰入画图。"梦笔生花位于黄山北海坞左侧,有一孤立石峰,顶端巧生奇松,故名梦笔生花。项黼《梦笔生花》诗生动形象地描述了梦笔生花的壮丽景象。项黼著有《黄山纪游》一卷,1915年铅印传世。

江峰青(约1860—1933),字湘岚,号襄楠,晚号息庐老人,婺源县段莘人。清光绪十二年(1886)进士。由浙江嘉善知县累官至道员、大学士。光绪二十八年,大学士孙家鼐奏保经济特科第一,户部右侍郎李昭炜(婺源赋春镇严田人)亦专折奏保。翌年召试,钦取优等第十七名。礼部尚书葛宝华又专折奏保硕学通儒第一。宣统年间,任江西省审判厅丞,一品封典授荣禄大夫。民国初奉母命还乡后,被公举为安徽省议会议员,并任婺源县紫阳学社社长兼商、农、教育会会长等职。江峰青为官较开明,大行义举。他常说:"官尽一分心,民受一分富。"其在知嘉善县时,曾慷慨解囊,修废继绝,设庠馆创时山亭社课,深得当地士民称许。光绪二十七年(1901),江西新淦县天主教徒在法国天主教士梅望罄和美国耶稣教士列格思的挑唆下,聚众斗殴。江峰青负责审理此案,愤于以往教堂徇外人之情,不恤冤累百姓,乃循情公断,以伸张正义,并著《金川教案述略》一书以正是非,表现了一个中国人的骨气。江峰青为官有政声,尤工诗善画,公务之暇,常与文人墨客交相吟唱。其唱和之作,以近体律绝为多,虽有摹仿宋诗之痕迹,却写得清隽和谐,富有功力。江峰青的诗作多能反映社会现实,既有对宦海浮沉的慨叹,也有抒写自己的理想抱负,以及对和平安宁生活的向往之情。其中反映农民获得丰收喜悦的诗,情景俱佳,给人以美感。所

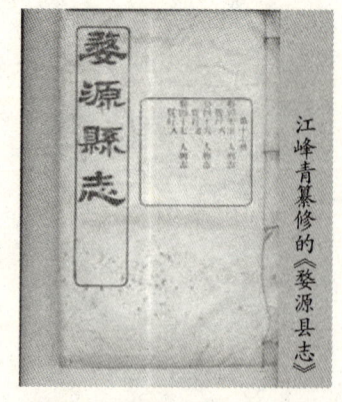

江峰青纂修的《婺源县志》

作《林深吟唱和集》开卷第一篇云:"闲来随喜入禅林,佳木葱茏落照深。红绮散霞千嶂晚,绿阴如水一蝉吟。经堂瓶钵嗟零落,故国山河感陆沈。白发萧然臣朽矣,冲霄剑气尚千寻。"他的画作,笔墨超逸,画品较高。又喜作楹联,联品很多。如题扬州二十四桥联语云:"胜地据淮南,看云影当空,与水平分秋一色;扁舟过桥下,闻箫声何处,有风吹到月三更。"此联语一时传诵甚广。江峰青一生著述丰富,其中诗、词、文和楹联著作主要有《石交吟》1卷,宣统三年刊本;《林深吟唱和集》1卷,宣统三年刻本;《柳州亭折柳词》1卷、《谦山鸿印集》1卷、《重行行唱酬集》1卷,光绪年间合刊;《惑秋吟》1卷,光绪三十一年(1905)刻本;《浪迹浪墨》1卷,光绪三十三年石印本;《紫云峰唱和集》1卷,光绪刻本;《莲廊雅集》2卷,光绪二十年刻本;《新安宾馆八咏》1卷,光绪二十二年刻本;《醉绿惜红吟草》1卷,光绪二十七年刻本;《潜峰纪胜》1卷,清末刻本;《丰乐园八咏》1卷,光绪二十三年刻本;《里居楹语录》1卷,清末刻本。此外,江峰青还著有《婺源县志》《济阳江氏统宗谱》和《魏塘漱芳集、续集》3卷等。江峰青之继妻王纫佩(1821—1891),亦工书善词章,著有《佩珊珊室诗存》一卷,有光绪十九年刊本传世,被列为清代婺源十二家女词人之一。

江峰青书写的楹联

总之,咸同兵燹至光绪、宣统年间的徽州文坛,诗词创作获得了长足的发展:一是一批诗人和词人涌现,他们或回首咸同兵燹的战乱与浩劫,诗词充满着愤懑、哀怨和凄苦;或纵情徽州山水,用赞美的笔讴歌家乡的大好河山。值得注意的是,在深受封建礼教"三从四德"束缚之下的徽州,一批吟诗赋词的女作家开始涌现,并与男性诗词作家彼此唱酬,特别是汪渊、程淑夫妇和江峰青、王纫佩夫妇,共同结成了伉俪诗人、词人。而诗词同辉,正是这一历史时期徽州文学重塑的一个重要反映。

## （二）新安画派代表人物虚谷的绘画成就

咸同兵燹期间，新安画派及其作家的生活受到重创，如新安画派传人、著名画家、旅居杭州的休宁人戴熙和歙县人吴希龄就在太平军攻陷杭州时身亡。惨烈的兵燹给艺术家们留下了刻骨铭心的记忆。因此，兵燹结束以后，不少新安画派的画家在作品中对战乱所造成的影响有所涉及，虚谷就是其中之一。

虚谷（1823—1896），俗姓朱，名怀仁，僧名虚白，字虚谷，别号紫阳山民、倦鹤，室名觉非庵、古柏草堂、三十七峰草堂，歙县人，寄居广陵（今江苏扬州市）。清代著名画家，海上四大家之一，被誉为"晚清画苑第一家"。虚谷曾任清军参将，率军与太平军作战。咸同兵燹给虚谷心理上带来了很多阴影，清军和太平军在镇江和扬州激烈厮杀的残酷场面，使他对现实社会产生了厌倦的情绪，不久即出家为僧。不过，虚谷虽为僧，但不礼佛号，唯以诗书画自娱。

作为晚清新安画派的代表，虚谷专攻山水、花卉、动物、禽鸟绘画，尤其擅长画松鼠及金鱼。许承尧称其"山水、花卉、蔬果、禽鱼，落笔冷峻，别开町畦。书法亦奇古绝俗"①。同时，虚谷还擅长写真，并工隶书。虚谷的画作有苍秀之趣，敷色清新，造型生动，落笔冷峭，别具风格。但虚谷为人性情孤僻，非相处情深者不能得其片纸。又善赋诗，有《虚谷和尚诗录》。传世作品有《梅花金鱼图》《松鹤图》《菊图》《葫芦图》《蕙兰灵芝图》《枇杷图》等。

作为新安画派的传人，虚谷"汲取了程邃枯笔的松动简洁，又融合

---

① 许承尧：《歙事闲谭》卷二五《补录歙画家》，黄山书社 2001 年版，第 908 页。

虚谷的作品

了渐江、倪云林干笔的沉默内敛"①，同时还受华新罗等扬州画家影响，作画笔墨老辣而奇拙。运用干笔偏锋，敷色以淡彩为主，偶尔亦用强烈对比色，风格冷峭新奇，隽雅鲜活，无一带滞相，匠心独运，别具一格，海派大师吴昌硕赞其为"一拳打破去来今"。

虚谷笔下的人物造型奇特，章法与众不同。他善于调理把握章法的中偏、正倚、平奇、虚实、轻重、藏露与布白，使画面空灵，有强烈的空间感。这在他的长条画幅上表现尤为明显，其横斜排列巧妙，气势浩大，敢于突破常规，平中求奇，从而达到静中有动、虚实相生、生意盎然。

虚谷的画富有趣味，善于巧妙地夸张、变形是他的一大创造。同时我们还可以从真、舍、直三方面来赏析他的艺术。"真"就是在

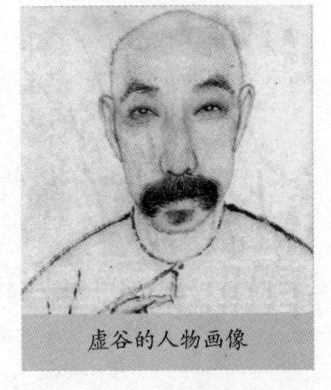

虚谷的人物画像

对本质的东西把握基础上又能加以大胆的主观夸张，以达到更传神的高超的艺术境界。"舍"就是对造型的大胆取舍，虚谷的舍，来得狠，舍得妙，手法高明。"直"又是虚谷用笔用线的一个明显特点，其简练的线条凝重，见直方组合，做到神似、传种，而不是形似。他作画行笔用线是宁方勿圆，顿中见力，见棱见角，下笔肯定，有着强烈的个性。

---

① 李淑辉：《禅心化灵境，冷隽蕴生机——虚谷的生平和艺术》，《荣宝斋》2006年第6期。

虚谷敷色淡雅,重视色调的统一与淳朴的美感。他还善于在色纸古金笺上使用白粉,使其白色荷花、仙鹤毛片和白粉含石绿的折枝兰花等显得栩栩如生。

他在界画方面也有很大的成就,其代表作如《瑞莲放参图》《重建光福寺全景图》等,尤其是他为南海普陀山中的普济寺画的十二帧写实山水册页,是界画、传统画融合的神品。这些与受益徽州家乡的古代艺术遗产有着密切的关系。顾鹤逸曾称虚谷作画"清而不枯,密而不乱"。一幅梅鹤图就充分体现了虚谷的用笔特点。梅树始以湿笔淡墨写出,后以干笔复加勾点,线条断续顿挫,笔断而气连苍劲而松绣形成清虚的韵味。梅花以圆笔勾画,瓣似珠玉,稚拙古朴。鹤用笔极简用浓墨写头尾羽。画面设色清淡,鹤顶却以朱红重色点醒,使整幅画冷俊之中又富变化,形成强烈的感染力,质朴而又耐人寻味。

### (三)黄士陵与黟山派篆刻的崛起

黄士陵(1849—1908),字牧甫,一作穆父,别号倦叟、黟山人,黟县碧阳黄村人。早年在江西谋生,后流落广州,以刻印谋生。光绪十三年(1887),国子监肄业,与盛昱、王懿荣、吴大澂等相交,并研究金石学。两年后,再返广州,黄士陵篆法技艺大增,取法汉印,参以商、周铜器文字体势笔意,章法自然,运刀挺拔,在皖、浙两派外,自成一家,被人们称为"黟山派"。有《黟山人黄牧甫印集》等传世。因家学渊源深,黄士陵自幼耳濡目染,读书、写字、制印、绘画四者并举,尤于篆学兴趣浓厚,八九岁时即操刀习印,年未弱冠就已经成为乡里知名人士。咸同兵燹期间,同治二年,太平军与清军在黄村一带激战数月,又加父母亲新丧,兄弟争产,黄士陵家境顿生变故。父母双亡,兄长分家,为了照顾弟妹生活,未及成年的黄士陵被迫离开家乡,前往南昌谋生。黄士陵四十八岁那年所刻的《末伎游食之民》印的边跋中写道:"陵少遭寇扰,未尝学问,既壮失怙恃,家贫落魄,无以为衣食计,溷迹市井十余年,旋复失业,湖海飘零,藉兹末伎以糊其口。今老矣,将抱此以终矣。刻是印以志愧焉。"傅抱石1940年撰写之《关于印人黄牧父》一文曾对黄士陵此一时期金石书画艺术的成就进行描述,云:"牧父先生有位令弟名厚甫,在南昌董家塘小巷内设'澄秋馆'专门画像。在澄秋馆画的像在南昌很有名,擦笔画还没有传入南昌以前,黄厚甫先生的生意是很好的。"黄士陵失业后,曾在黄厚甫那里住过,以卖字卖印维持生活。有一年农历十二月廿八日,有人拿了一本汉碑的拓本求售,索价八元,黄士陵和弟弟正在吃饭,身无分文,"牧父先生一听就放下筷子,脱下身上的皮袍叫人去当,厚甫先生的太太还阻止他说:什么时候,还买这种东西! 牧父先生毫不理会,叫我等着当来的钱!"①不久,黄士陵书法为江西学政汪鸣銮赏识,因此得以结交当时社会名流,并得到名家指点。他观览了许多金石彝器和著录以及书画珍品,由此眼界大开,学识大进。二十八岁时,黄士陵在南昌出版了《心经印谱》作品,标志其印艺事业从此正式起步。这一时期为黄士陵篆刻艺术的模拟期。

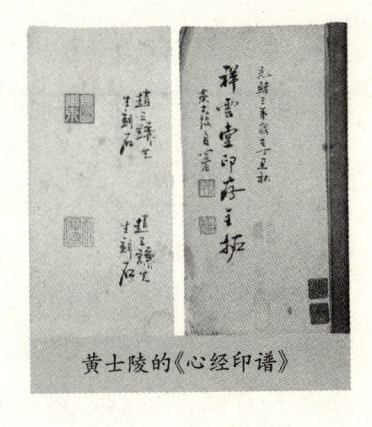

黄士陵的《心经印谱》

光绪八年,三十三岁的黄士陵从南昌移居广州。在广州,黄士陵又结识一批文士名家,如沈泽棠、梁肇煌、梁鼎芬、文廷式等,或延入府幕,或为座上客。特别是黄士陵结识了长善将军的儿子志锐。志锐,字伯愚,光绪庚辰进士,后授编修,是瑾妃、珍妃的从兄。他们给黄士陵提供习艺的金石资料,在生活上也极力帮助他。因得到像志锐等人的荐举和资助,黄士陵得以于光绪十一到十三年到北京国子监求学。

---

① 傅抱石:《傅抱石美术文集》,上海古籍出版社2003年版,第217页。

在国子监期间,黄士陵主要致力于金石学学习与钻研。北京是文物荟萃之地,黄士陵在那里得以从盛昱、王懿荣、吴大澂等名家问学。这不仅使他开阔了视野,而且其多年的印艺实践在国子监也得到了理论升华。光绪十二年八月起,黄士陵以国子监祭酒盛昱之命临摹宋本《石鼓文》。在北京三年,黄士陵广泛研求周金汉石,转益多师,从中领悟"印中求印"的不足,而努力探索"印外求印"的途径,作品显示出新的意趣。黄士陵的篆刻艺术因此形成独特的风格,这时"黟山派"篆刻艺术的雏形已经呈现。这一阶段是黄士陵篆刻艺术的蜕变期。

三年后,两广总督张之洞、广东巡抚吴大澂在广州设立广雅书局从事经史的校刻。黄士陵应邀又回到广州,参加广雅书局校书堂的工作。凡广雅书局所刻好几百种书籍的扉页篆书,多出陵之手,遇上得意之笔,背面还写上"光绪某年黄士陵署"的字样。此间,黄士陵还协助吴大澂辑录《十六金符斋印谱》,撰集模拓;重刻《刘熊碑》。吴大澂任调河东河道总督,黄士陵仍在广雅书局校书堂工作,校书之暇,鬻书卖印。经过长时期艰苦细致的探索,黄士陵遍摹古印和当时各名家印,形成了自己独特的篆刻风格,成为名重岭南的篆刻和书画大师,其篆刻艺术对当时的岭南篆刻发展起了很大影响,时人称为"粤派"。此一时期为黄士陵篆刻艺术的创新期,也是徽州篆刻的"黟山派"的正式形成时期。

光绪二十六年,黄士陵谢绝挽留,自广州返回黟县,修筑了"旧德邻屋"。两年后,又应湖北巡抚、署湖广总督端方所邀,协助端方从事《陶斋吉金录》等书的辑著工作,端方的《陶斋吉金录》《陶斋藏石记》倾注了黄士陵父子不少心血。光绪三十年,黄士陵归老故乡,从此不再复出。回乡以后,黄士陵始终沉醉于篆刻艺术的实践和研究,两年后病逝于家中。黄士陵制印初受邓石如和吴熙载影响,后日渐成熟,逐渐摆脱某家某派风的约束,从古玺和商周铜器文字里推陈出新,为篆刻艺术的继承传统开拓了一条全新的路径。特别是他突破了笼罩艺坛多年的皖、浙两大流派的风格,创立了独具一格的"黟山派",在徽州篆刻低谷之时脱颖而出，在徽州篆刻衰竭之际独树一帜，使徽州篆刻走向第三个高潮。

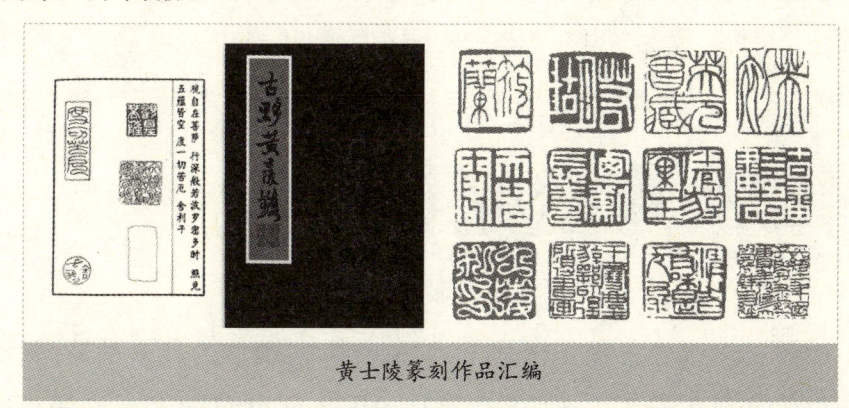

黄士陵篆刻作品汇编

"黟山派"篆刻章法讲究疏密、穿插，仿佛匠心独运，又好似随手拈来，密字清疏，意趣横溢；大胆开拓篆刻取资范围，彝鼎、权量、诏版、泉币、镜铭、古陶、砖瓦、石刻等，都被熔铸到印章艺术中，使其作品不少带有鼎彝、镜铭等文字风味，看似平常，却变化无穷。在刀法上，"黟山派"篆刻大巧若拙、归真返璞，黄士陵改切刀为薄刃冲刀，完全遵照传统，执刀极竖，无异笔正，每作一画都轻行取势，猛辣刚健、洗练沉厚，每一线条的起讫，一气呵成，干脆利落，运刀气韵和线条的美感都非常强烈。"黟山派"篆刻艺术还体现在印章边款的镌刻上，也独具一格，以单刀拟六朝楷书款刻，沉厚而又棱厉，一如其书，或大或小，无不有笔有墨，大者每见沉雄，小者时露秀雅。更为可贵的是，黄士陵后期不少印章的边款是其子黄少牧所刻，其布局、刀法无不与其父形神略具。傅抱石先生曾评论黄士陵的印艺说："他的作品，一笔一刀，无不从甘苦中得来，充分表现了作者一生勤苦修习的历程。所以我个人往往以为他的印，刚而有余，但变化不足以副之。若把书法作譬，他似是颜鲁公而绝非赵文敏；把画作譬，则密近'院体'在'马''夏'之间，而不是石恪与梁楷。他的朱文胜过白文，他的小印胜过大印。他既能在细微处显出功力，又能在承转间芟去支蔓。任你如何的天禀，可以学徐三庚很快的得名，然不能短期蹈袭他的步履。他的可贵在此！他的可敬在此!他的可惜,我看亦复大半在此"①。黄士陵的书法也很有造诣,其所书以篆书之小篆为主,但加入不少金文结构及用笔,古雅朴茂,格调极高。

## 七 徽州学术传承与转型

徽州朴学曾经推动了清代学术的昌盛,以戴震为代表的徽州朴学家的思想高度和学术水平,应当说是中国十八世纪学术高峰的标志,它不仅影响到徽州周边地区,还带动了整个清代的学术风气。徽州学人也越过区域界限,遍布全国,影响之大,称盛一时。

然而,乾隆中叶以后,随着清朝统治的由盛转衰,各种社会矛盾和社会危机逐渐由隐而显,反映在社会政治经济生活的各个层面,而且波及思想文化方面,清代学术发生了深刻的变化,盛极一时的汉学走向衰落,今文经学异军突起。而皖派朴学发展到后期,也因烦琐考据,唯汉是求,研究内容脱离社会现实,弊端日益显露,研究内容也日益脱离社会生活,学者多"以襞绩补苴,谓足尽天地之能事",而忽视了义理的探索,不能回答社会的现实问题,终于不可避免地走向了衰落之路。

鸦片战争以后,国家多故,内外交困,随着清朝统治的由盛转衰,各种社会矛盾和社会危机逐渐由隐而显,反映在社会政治经济、思想文化诸层面,就是盛极一时的汉学也已经凋落,今文经学和"中学为体,西学为用"思想继之而起,徽州许多有识之士把眼光投向社会,迫切要求改变脱离社会现实的学风,极力提倡以学术经世挽救社会危机。在徽州学术传承与转型的过程中,以汤球、鲍康、汪宗沂、胡晋接、许承尧、江谦、周治春、吴承仕、陶行知、胡适等为代表的一批学者,继

---

① 傅抱石:《傅抱石美术文集》,上海古籍出版社 2003 年版,第 223 页。

承乡邦前贤之志,与时俱进,精研音韵训诂及古代名物制度,为"皖派"学术研究的转型画上了一个完美的句号。然而,徽州朴学作为清代乾嘉之学的组成部分,历经数百年风雨,为学术界建立了正确的观念、方法,对现代学术的启蒙作用更是不争的事实,至今在学术界仍具有很大的影响力。

以下仅就上述诸位学者的生平言行和学术实践,探讨近代徽州学术的传承与转型。

## (一)汤球及其史学成就

汤球(1804—1881),字伯玕,徽州黟县人。少耽于经史,从俞正燮、汪文台游,传其训诂考据之学,通历算、星纬,耻以艺名。尝辑汉郑康成逸书9种,又对刘熙《孟子注》、刘珍《东观汉记》、皇甫谧《帝王世纪》、谯周《古史考》等尽力搜集,使之完备。尤以为

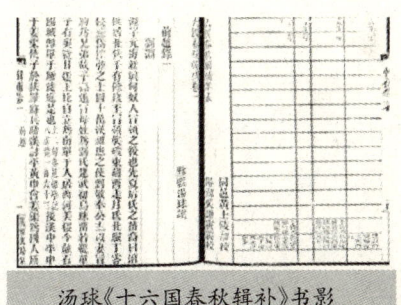

汤球《十六国春秋辑补》书影

《晋书》多有琐碎、异闻之事,遂广搜典籍,补缺正谬,成书 23 种。鉴于北魏崔鸿所撰《十六国春秋》早在北宋时散失,乃取明代何镗《汉魏丛书》中收录的原《十六国春秋》为底本,汇集散见于群书中的有关史料,写成《十六国春秋辑补》100 卷。汤球勤学刻苦,治学严谨,《清史稿·汤球传》称其:"读史用力,于《晋书》尤深,广蒐载籍,补《晋史》之阙,成书数种。"[1]同治六年(1867),汤球举孝廉方正。

作为一位知名学者,汤球博览群书,对天文、历法、数学等自然科学方面都有很深的造诣,一生以侍父、授徒和著述为乐,致力于史籍研究,著述颇丰。以《臧荣绪晋书》为例,汤球在序言中说道:"《臧荣绪晋

---

[1] 赵尔巽等撰:《清史稿·汤球传》卷四八六《列传》二六三,1928 年清史馆本。

书》一书,成纪、录、志、传百一十卷,可谓集晋书之大成矣。故后人引其书,虽标名者固多,而未标名亦不少。前辑臧书数卷,又另辑无名氏旧晋书数卷,盖其慎也。今均亡矣。故今合而辑之,而注其明标未标,以便后人检阅。"①首先汤球阐述了臧荣绪《晋书》一书的重要性,然后指出了该书存在缺漏之处,有待于查漏补缺;对于一些人名、称谓等方面存有疑义,均有待于考证;最后提出了本次辑佚是为了解决前面所提出的问题,这足以见证其严谨的治学态度。正如张舜徽先生所言:"汤球的治学态度严谨,他对前人的论说探讨,一定要依据经典,考核真伪,比较异同,然后提出自己的看法。因而很少穿凿附会,其踏踏实实的治学精神,深受人们推崇。"②对于汤球所著的《十六国春秋辑补》一书,张舜徽也称之"对晋史的又一贡献"③。汤球根据《十六国春秋》《晋书》《三十载记》等书,细加考证和校勘,纠正了明代屠乔孙等所作的《十六国春秋》一书,还原了原为崔鸿所著的《十六国春秋》。与此同时,汤球还对崔鸿另一部著作《十六国春秋纂录》进行了辑佚与考证,汤球的这些工作无疑为研究两晋历史作出了杰出贡献。

作为晚清著名的学者,汤球继承了乾嘉学派的考据思想,对历史古籍进行辨伪考证。臧荣绪《晋书》卷一《高祖皇帝》载:"魏武辟高祖,高祖以汉祚将终,不欲屈节于曹氏,辞以风痹不能起居。魏武遣亲信令史微服于高祖门下树荫下息。时七月七日,高祖方曝书。令史窃知,还具以告。"汤球认为"此七句新书无,上下亦稍异"。臧荣绪《晋书》卷一《世祖武帝》载"泰始五年",又载"咸宁四年",类似此类的例子比比皆是,汤球本着实事求是的态度,对古书中的疑义以及疏漏之处细加考证与辨伪,延续了清代学者的治学之风。梁启超在《中国近三百年学术史》一文中指出:"书籍递嬗散亡,好学之士,每读前代著录,按锁不获,深致慨惜,于是乎有辑佚之业。"④可见,如果没有学者们的

---

① 汤球:《九家旧晋书辑本》,中州古籍出版社1991年版,第1页。
② 张舜徽:《中国史学家传》,辽宁人民出版社1984年版,第268页。
③ 张舜徽:《中国史学家传》,辽宁人民出版社1984年版,第270页。
④ 梁启超:《中国近三百年学术史》,北京中国书店1936年版,第261页。

辑佚事业,对于某些史料,一旦散佚将不复存在,那么后来学者也将永远地失去这份宝贵财富,无法了解过去的历史。梁启超认为汤球所辑《两家汉晋春秋》《两家晋阳秋》《五家晋纪》等诸多史籍"皆两晋六朝史籍碎金也"①。在实际的辑佚与补遗过程中,汤球对于类书和古注等所引部分作了三大说明,即"为查检方便,依内容拟目,列于各条文之前;顺序大致依辑本;同一出处不分开"。如在考证安帝一文中,"安帝时,黄雾昏浊,不雨,时桓玄谋逆,帝反正。频年大雾,时帝衰微,臣下拥兵反,土地非君之有"。文中"黄雾"类目下引《晋书》计五则,各则均不见于唐修《晋书》,或不同于此书。汤球《辑本》收前四则,而将后者遗漏。对于《群书治要》所引臧荣绪《晋书》部分,认为"其顺序偶有错乱,亦悉依其旧;当校者,径改,不出校记"②。可以说,汤球所辑佚的书籍对研究两晋历史有着极大的作用,其每一份资料都非常珍贵。汤球这种勤勤恳恳、做学问坚持不懈的精神是值得我们每一个后辈学者所要学习的。正如张舜徽所说:"汤球'好学深思,心知其意',是一位善于深思明辨的学者。他一生用了大部分精力专攻晋史,为保存整理祖国的文献古籍,孜孜不倦。"③正是由于汤球夜以继日埋头苦干的精神,使其最终完成了二十三家晋史的辑佚与校勘的工作。由此可见,汤球在学术研究,尤其是史学研究方面作出了重大的贡献。

## (二)鲍康的古钱币学研究

鲍康(1810—1881),字子年,号臆园野人,因家有书斋名观古阁,因以观古阁主人自号,徽州歙县岩寺人。道光十九年中举,曾官至四川夔州知府。后去职,晚年隐居臆园,遂号臆园野人。一生潜心古钱币研究,是晚清时期著名的钱币学家。

---

① 梁启超:《中国近三百年学术史》,北京中国书店1936年版,第267页。
② 汤球:《九家旧晋书辑本》,中州古籍出版社1991年版,第419页。
③ 张舜徽:《中国史学家传》,辽宁人民出版社1984年版,第271页。

鲍康十一二岁即癖嗜古钱币,民国《歙县志·鲍康传》记载:"生平癖嗜泉币,在京师与吕佺孙、李佐贤、刘师陆诸人有同好,收藏甚富,多前人未见之品流。"①后得《钱录》《泉史》详加考证,撰成《古泉丛考》《古泉考略》若干卷。叔父辞世后奉母寓居陕西,与古钱币收藏家刘燕庭过从甚密,切磋研讨,互出藏品互为质证。《歙县志·鲍康传》记载:"寓泰中时刘燕庭晨夕过从,互出所藏,相质证。"后来刊刻刘燕庭遗稿《海东金石苑》《轮泉绝句》,刊刻刘师陆遗稿《虞夏赎金释文》。咸丰二年,拓古币约5000品,与同好李佐贤合撰《古泉汇》64卷,于同治三年刊行,为时所重。同治十一年(1872),隐居北京臆园,藏古币1700余品,撰成《观古阁泉说》《续泉说》各一卷,并选拓十分之六辑为《泉选》。后又得古币1000品,选拓成《补遗》7卷,又将古币研究序跋、集币趣闻轶事编成《观古阁丛稿》3集。收藏珍稀古币甚富,鉴识渊博,被同好尊为"泉师"。但从不秘藏,认为藏泉应戒矫、痴、诬三弊。诋娸前哲,非笑同人,故创一解,戞戞生新,其弊也矫;按图索骥,缺一不可,累白盈千,悉应属我,其弊也痴;好异矜奇,侈为独得,自欺欺人,强词滋惑,其弊也诬。②另著有《翁氏〈古泉汇考〉书后》1卷、《大泉图录》1卷、《皇朝谥法考》5卷、《诗集》8卷等。

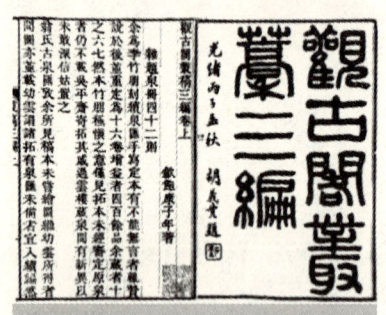

鲍康《观古阁丛稿三编》书影

清代乾嘉以来,金石家辈出,著作如林,鲍康就是其中著名的一位。鲍康在搜集、整理钱币过程中,亲与其役,占有重要地位,为同好所推崇。前代金石家,钱币收藏家,向有"秘不示人"之积习,致使若干资料,虽有若无,实为学术研究一大障碍。然而鲍康不仅不为时习所染,反而在同好中,广为交流,使钱拓广为流通,彼此问难,进而学术切磋,使当时钱币研究得以盛行一时。这种钱币研究的盛行或许与鲍康的

---

① 民国《歙县志》卷七《人物志二十二》。
② 参见歙县地方志编纂委员会:《歙县志》二十七编《人物》,黄山书社2010年版。

学风有一定关系。

鲍康著述,属于考据、辞章方面的成书,有清代《谥法考》《臆园手札》及已轶诗集稿8卷,而钱币学著作影响甚大。鲍子年集钱早,历经嘉庆、道光、咸丰、同治及光绪五朝,阅历丰富,精鉴赏,富收藏,所以在钱币学方面的著作宏富,上面对其著作已大致介绍。李竹朋著《古泉汇》,至为详备,清朝为泉谱之学,无多于此者。而李竹朋与鲍康关系甚好,他们经常在一起探讨泉币之事,可见鲍康对其影响很大。潘祖荫《观古阁泉说》对鲍康大加赞赏:"先生自束发以来,蓄泉最富,耽玩四十余年,故于源流、正变、真伪辨别精严,当世无其比也。"①荫尝劝其成一书以传世。力请再三,先生乃举所见所闻,以及耆旧风流,交游韵事,录成《泉说》两卷,而以题咏附焉。荫称赞《泉说》:"其中遗事轶闻,实足资后人考订,非泛然论古之作也,当与戴文节《古泉丛话》、刘方伯《论泉绝句》鼎足而三矣。"②

鲍康的学风特点主要有以下四点:第一,资料不自秘。鲍康一生,过手钱币既多,其中不乏珍品。然而,在与同好交流中,毫不吝啬,投赠频仍。曾云:"故余所藏泉,喜人借拓,倘万本流传,尽是庐山真面,讵非快事哉!"③王莽大泉虽多,而小者殊少。道光末年,陕西出一瓮,皆薄小如榆荚,而文字完好,画细如发。康收得后,用以分享同好。第二,鉴别精严不苟,非目验不妄定。鲍康鉴别既精且严,虽至交亦不苟同,堪称治学楷模。李竹朋编订《古泉汇》时,经康鉴定并劝其删去者不少。第三,同好切磋,相互论证。鲍康于学文之事,素以实事求是,信以传信为怀。至于同时诸同好,更能磋商论证,以期明辨是非。

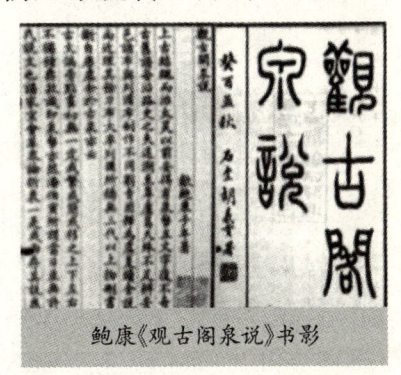

鲍康《观古阁泉说》书影

---

① 王忱贯、童子玉:《鲍康著述及其彩笺遗札》,《中国钱币》1986年第1期。
② 王忱贯、童子玉:《鲍康著述及其彩笺遗札》,《中国钱币》1986年第1期。
③ 唐石父:《鲍康学风简述》,《中国钱币》1985年第3期。

其一时尚无定论者,则两存之。第四,不以长者自居,奖掖后生。鲍康于同治十一年返回京师隐居时,时年已经六十三岁,以前的朋友基本都已不在,当时去找他请教的有王懿荣、胡义赞等人。鲍康在诸人中年龄最长,但从不以长者自居,与晚辈后生讨论,还时常给予赞许。

### (三)汪宗沂的学术成就

汪宗沂(1873—1906),字仲伊,一作仲尹,号弢庐,一作韬庐,徽州歙县西溪人,是清末有影响的学者、教育家。著名学者汪世清曾称汪宗沂:"博学多能,学兼汉宋,著作等身,堪称一代儒家。"[1]黄宾虹称他为"近代国学巨子"。汪宗沂于道光十七年(1837)出身于歙县一个儒商世家,家学深厚,从小受到良好教育。早年补县学生员,同治三年以品学兼优贡于太学。光绪二年中举,又拜咸丰时状元、光绪帝之师江苏常熟人翁同龢为师继续深造。翁同龢称赞宗沂为奇才,说以他的才能不用拜师求艺。民国《歙县志·汪宗沂传》记载:"其出进士出常熟翁同龢门,同龢许为命世之才,称以先生不用师。"[2]光绪六年(1880)中进士,官任山西知县,告病归里。光绪二十一年,安徽学政举其学行,赐以五品卿衔。先生幼年既聪颖好学,三岁能诵读四子书,四岁母许氏授《尔雅》《毛诗》,看完一遍就能背诵出来。《碑传集补》之《汪仲尹先生传》中记载:"先生负禀颖异,三岁能诵四子书,四岁母太宜人授以《尔雅》《毛诗》,均寓目成诵。"[3]汪家是歙县大族,先生先祖建不疏园以藏书,就是当年江永和戴震读书的地方。先

---

[1] 仇乃桐:《江南大儒汪宗沂》,《黄山学院学报》2004 年第 5 期。
[2] 民国《歙县志》卷七《人物志二十九》。
[3] 周骏富辑:《碑传集补》卷四一《汪仲尹先生传》,台北明文书局 1986 年版。

生在园中居住数年,夜以继日地读书。他先求学于邻村槐塘程克山,却因生不逢时,太平天国运动兴起,徽州战乱不止,只得跟随长辈逃难于浙江、江西等地,跟仪征名师刘文淇、桐城名师方宗诚学习,获益颇丰。民国《歙县志·汪宗沂传》记载:"因师临川李联琇,受汉学于仪征刘文淇,受宋学于桐城方宗诚,于九流百家之学,靡不博涉。"太平天国运动失败后,先生以所作拜见曾文正公,曾文正公当时督两江,还任职忠义局编撰,对其大加称赞。光绪九年,李鸿章为直隶总督时,聘请汪宗沂为入幕贵宾,居其所达五年,但因其胸怀抱负不能施展而告辞归乡。民国《歙县志·汪宗沂传》记载:"及李鸿章督直隶,延聘入幕府,以所抱不尽展,居五年辞归。"宗沂曾主讲安庆敬敷书院、芜湖中江书院、歙县紫阳书院,后居家设馆授徒,有"江南大儒"之誉。光绪二十六年,浙江衢州动乱,宗沂招募乡兵百人,居住在寺庙里严加训练,俨成一军,用于防卫民众之乱。汪宗沂少年时喜好经世之学,壮年喜好谈论兵书,晚年喜好论道家言。

汪宗沂是徽派朴学后期的重要学者,生平治学于兵、农、礼、乐诸大端,对于九流百学之学有广泛的兴趣,而其治学的重点仍在于经学,汉宋兼采,博征群籍以存已佚之经,集众说之长以释未佚之经,精于校注,赓续了徽派先贤的精髓,在辑录佚文遗说方面作出了很大的贡献。汪宗沂在徽学寥落数十年之后又归入乾嘉徽派朴学阵营之中,说明徽派朴学不仅体大思精,而且影响深远。刘文淇后世刘师培为他撰写了《汪仲伊先生传》,作如此评价:"先生覃研《礼经》,洞悉乐吕,克秉乡先生江、戴之传,若推学于用,则上法颜、李,近与泾县包氏符。"汪宗沂博览群书,著作宏富。民国《歙县志·汪宗沂传》记载:"释未佚之经,群经皆有撰述。"计有《周易学统》9卷、《周易乾坤谊》1卷、《尚书古文辑佚》6卷、《诗经读本》3卷、《逸永大义论》6卷、《孝经十八章辑传》1卷、《十翼逸闻》1卷、《逸斋论曲》1卷、《汪氏原姓篇》1卷、《伤寒杂病论和编》2卷、《脏经校注》1卷、《程可山先生年谱》1卷、《声谱》1卷、《礼乐一贯录》1卷、《律谱》1卷、《剑谱》1卷、《尺谱》1卷、《金元十五调南北曲谱》1卷、《旋宫四十九谱》1卷等。

汪宗沂不仅是一位研习儒家经典的传统学者,另外他还兴办教育,与进步人士相交,是一位与时俱进的学者。在教育方面,他曾经执掌三书院,光绪二十一年,被聘请出任芜湖中山书院山长,接着又先后执掌安庆敬敷书院和徽州紫阳书院。汪宗沂与曾国藩、李鸿章都曾相交,但交往不深。后来在芜湖任书院山长时也曾与一些达官贵人相交,但深交者甚少。他交往的都是一些进步人士,尤其是一些年轻的进步人士。他在芜湖时就曾与陈独秀交往,也与其学生许承尧友好相处。从这一点可以看出汪宗沂是一个接受新思想的与时俱进的学者,而不是一个墨守成规的传统学者。后来他的学生许承尧和黄宾虹都参加过反清革命,也许受了汪宗沂的一些影响。

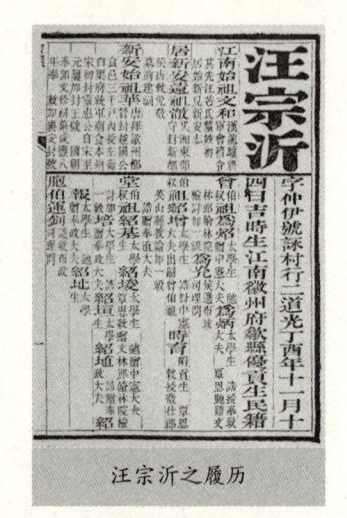

汪宗沂之履历

处在同治、光绪和宣统时期的徽州籍学者,咸同兵燹给他们带来了极大的伤害和影响,直接促成了他们在坚持传统治学方法的同时,不得不面对激烈的社会变革与转型,开始自觉地调整治学的旨趣和方法,关注现实,参与社会,经世致用,并以此来适应社会变革与转型。

## 八　徽州民俗与民间文化的嬗变

随着咸同兵燹的结束,徽州传统的民俗文化特别是陋俗文化受到了地方官员和乡绅的强烈抨击,并纷纷发起了革除这些陋俗的运动。传统的徽州民俗文化在新旧交替中发生着嬗变。

## （一）对残害徽州妇女的陋俗进行批判

1.妇女缠足陋俗及其对缠足陋俗的批判和革除

妇女缠足陋俗起源于南唐时期,在深受程朱理学毒害的徽州,妇女的社会地位极其低下,特别是宋明以来,她们不但在政治上要受"三从""四德"束缚,还要在肉体上饱受缠足的折磨。在徽州,明清时代女孩从四五岁开始就用布将双脚包裹起来,将拇趾以外的四趾屈于足底,以白布裹紧,使双脚无法长大。到六七岁时,再把趾骨弯曲,用裹脚布捆牢密缝,以后日复一日地加紧束缚。被缠者往往汗如雨下,甚至鲜血淋漓。长大后,双足因长期受挤压,肌骨变形,脚部不能正常发育,瘦削如棍。脚长往往以三寸为佳,故而称为"三寸金莲"。缠足对妇女是一种非常严重的肉体摧残,所谓"小脚一双,眼泪一缸",就是妇女缠足被摧残所受痛苦的真实反映。

清代徽州乡村的三寸金莲

对这种严重摧残和折磨妇女身心健康的缠足行为,早在鸦片战争以前,徽州著名学者俞正燮就曾给予了严厉的批判。鸦片战争以后,更多的西方传教士深入中国,他们逐渐发现缠足陋俗残人肢体,"使全中国中最重要之一半人化为废物"①,因而主张"废弛缠足"。西方传教士创办的《万国公报》等成为批评缠足是摧残女性身体、造成损害女性健康罪魁祸首的舆论阵地。教会还通过兴办教会学校、严禁缠足女孩入学的方式,反对妇女缠足,并借此唤起妇女的自我意识,引导她们自身进行反缠足运动。国内有识之士更是借助这一力量,推动反缠足,一些地区还成立不缠足协会、天足会等组织,提倡妇女反缠足。如上

---

① 林乐知:《教会新报》,台湾华文书局1968年版。

海的"天足会"总会在当时就成为较具影响力的反缠足组织,苏州、无锡、扬州、南京等地也成立分会,宣传不缠足的好处,并产生了一定的影响。仅江苏一省"放足盈千,最老者七十多岁"。此后,这样的反缠足组织越来越多,有力地推动了妇女反缠足运动。受《万国公报》反缠足宣传的影响,资产阶级维新派领袖康有为于光绪九年就在家乡南海县创立了不缠足会。光绪二十一年,康有为、康广仁又在广东创立了"粤中不缠足会"。光绪二十四年(1898),康有为还向朝廷上奏《请禁妇女缠足折》,历数缠足对女性身体和社会的危害,云:"乳哺甫离,髫发未燥,筋肉未长,骨节未坚,而横索弱足,严与裹缠,三尺之布,七尺之带,屈指使行,拗骨使折,拳挛踔踽,跼地蹐天,童女苦之,旦旦啼哭。""今万国交通,政俗互校,稍有失败,辄生讥轻,非复一统闭关之时矣。吾中国蓬荜比户,蓝缕相望,加复鸦片薰缠,乞丐接道,外人拍影传笑,讥为野蛮久矣。而最骇笑取辱者,莫如妇女裹足一事,臣窃深耻之。"[①]光绪二十七年十二月,光绪发布诏谕内阁,"至汉人妇女,率多缠足,由来已久,有伤造物之和。嗣后,缙绅之家务当婉切劝导,使之家喻户晓"。由皇帝下令禁止缠足,把不缠足运动推向高潮。

与全国其他地区相比,恪守程朱理学的清末徽州,其缠足对女性身体之摧残尤烈。对此,徽州知府刘汝骥曾一针见血地指出:"若夫缠足一事,此本普通习惯,惟徽俗尤甚。不缠足者,则群以下户视之。大约三五岁女子,无不足曲拳而行跛倚者。"[②]为此,刘汝骥专门颁布《劝禁缠足示》,向徽州各地发出了劝导和革除缠足陋俗的檄文:

> 照得中国痼习,为环球所诟病者有二:曰吸烟,曰缠足,而缠足之苦、之愚、之不近人情,视吸鸦片烟为尤甚。查缠足之陋习,或以为创自李宵娘,或以为创自潘贵妃,其是否,不足深辨。大抵习非成是,习恶为美,习猶为薰,则无贵贱贤愚,几成牢不可破之

---

[①] 汤志钧:《康有为政论集》上册,中华书局1981年版,第336页。
[②] 刘汝骥:《陶甓公牍》卷一〇《禀详·徽州府禀地方情形文》。

积习。昔人之爱其女也,持其踵而护惜之;今人之爱其女也,持其踵而戕贼之,抑可谓智不如葵者矣。我世祖章皇帝定鼎燕都,则议除之。奈当时臣工识见不远,又视为无足轻重之事,此禁遂弛。识者惜之。恭读光绪二十七年十二月二十三日皇太后懿旨:"妇女缠足有伤造物之和。嗣后,缙绅之家务当婉切劝导,使之家喻户晓,以期渐除积习等因。钦此。"我皇太后、皇上宵旰忧劳,无时不以民间疾苦为念,乃至区区缠足一事,致上烦九重廑虑,然究不忍悬为厉禁,使蠹吏奸胥或藉端以生事。谁非臣子,谁无妻女?读此诏书而不幡然变计者,天下无此慈父母也。徽郡为江左声明文物之邦,其山峭厉,其水清洁,其士人尚节义,其女子尤以勤俭称。本府入境以来,沿途考察,闻祁、黟之俗,同巷相从,夜绩一月得四十五日,此风至今未改。歙、休之俗,居乡者数月不见鱼肉,其荆布裙钗提甕而汲、烧笋而饷者,比比也。未尝不叹其风俗之美、田家之苦,独缠足一事,尚狃于积习而不悟其非,甚至三五岁垂髫稚女,无不足曲拳而行跛倚者,本府恻然悯之。今与士大夫约,务各父劝其子,兄劝其弟,夫劝其妻。呼寐者而使觉,提醒者而使醒,其年老骨折者,听其自便。其十五岁内外之女子已缠者,速行释放;未缠者,万勿自寻苦恼。移此缠足之光阴功夫,使之识书算、读经史,略知宇宙变迁之大势。较之束缚其筋骨,摧残其肢体,动作需人扶掖者,其优劣奚若此不待?智者知也,若以本府之言为未足深信,本府更现身说法,为都人士一道之。本府有女三人,皆橐橐大足也,长女、次女六七岁时,初亦未能免俗,聊复尔尔。继见其日夜号泣,筋骨腐烂,深以废学为惧,则毅然开放,一任其距跃三百,曲踊三百,而体乃日健,而学亦大进。长女前往京师,充四川女学堂总教习,继又组织一怀新学社,成就人才无算。此不缠足之明效大验也。都人士试思之,缠足有何利?不缠足有何害?而尚游移不决乎!合特明白晓谕。为此,示仰合属缙绅士庶人等,一体知悉。嗣后,务各以身作则,婉言劝导,相与除此陋习,以立家庭教育之基础。本府有厚望焉。毋违。切切,特示。①

刘汝骥劝导和革除徽州缠足陋俗,本身是对朝廷圣旨的贯彻和执行。尽管在刘汝骥的倡导下,徽州各地也建立了许多不缠足会,但多为表面应景之作,并无实质性成效。诚如刘汝骥所指出的那样:"名词则翘然新矣,按其实际,或并无其事,或徒具形式,并无成绩之可言。"②这种缠足陋俗一直存在到民国年间,并在新中国建立以后方才退出历史舞台。

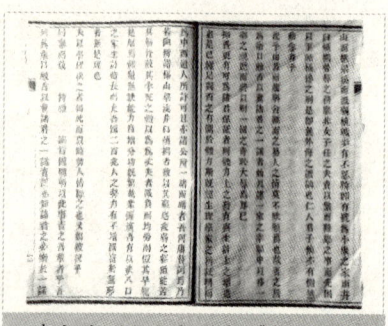

清光绪二十九年刻本《徽州不缠足会章程》书影

2.早婚和抢婚陋俗

徽州早婚陋俗由来已久,成书于康熙末年的休宁《茗洲吴氏家典》曾经对徽州早婚陋俗有所揭示,并大加挞伐,云:"慨自婚礼不明,有阴阳拘忌讳,选命合婚、男女失时者;有自幼许字,指腹为婚、致集兵贫窭、背信爽约者……种种恶习,不可枚举。"③甚至"贫家女子,有自襁褓时为人抱养作童养媳者"④。这种早婚陋俗对尚未成年的女性身体摧残之大、危害之烈,以及由此引发的社会问题,后果可以说是极其严重的。所谓"痨瘵病多,人种日弱。学问牵于爱欲,而程度日低;经济繁于食齿,而困难日甚"⑤。对此,咸同兵燹期间,避难于绩溪县宅坦村的汪士铎曾经予以猛烈抨击,但并没有改变和革除这种陋俗,咸同兵燹后,这种早婚甚至童养婚的陋俗依然顽固地存在于徽州社会,据宣统元年歙县调查认为,"歙俗尚早婚,男女嫁娶,年皆在二十以内"⑥。该

---

① 刘汝骥:《陶甓公牍》卷一《示谕·劝禁缠足示》。
② 刘汝骥:《陶甓公牍》卷一〇《禀详·徽州府详送初选选举人名册文》。
③ 雍正《茗洲吴氏家典》卷四《婚礼议》。
④ 刘汝骥:《陶甓公牍》卷一二《法制科·歙县民情之习惯·溺女之有无》。
⑤ 刘汝骥:《陶甓公牍》卷一二《法制科·绩溪民情之习惯·婚嫁之年龄》。
⑥ 刘汝骥:《陶甓公牍》卷一二《法制科·歙县风俗之习惯·婚娶》。

县"富民饶于赀,则婚嫁早,往往在弱冠前"①。"贫家女子,有自襁褓时为人抱养作童养媳者"②。

刘汝骥出任徽州知府后,针对这种早婚的陋俗,在综合考虑了徽州气候与身体因素和社会情状之后,提出了改良这种陋俗的方案和建议,指出:徽州男女婚嫁年龄应当限制在一定的范围之内,即"男子应以廿四五岁,女子应以二十岁为适当。乃乡俗联姻,多尚同齿,婚嫁期在十七八岁为多。富贵之家,配合尤早,未胜舞象,已谱求凰,甫结鸦鬟,辄来雁币。子姓繁而尩羸强半,学殖落而进取难言。职此之由,至乡曲贫民,年逾三十,配偶未谐者,又在在皆有。其因由经济困难,其果将使户口消灭!"③

不仅早婚陋俗普遍存在于徽州乡村社会,而且更为严重的是,徽州部分地区还盛行抢婚和冥婚的陋俗,特别是冥婚,这是咸同兵燹以后才出现的一种新的陋俗。

抢亲是历史上徽州经常出现并普遍存在的一种婚姻习俗。何谓抢亲?民国《绩溪庙子山王氏谱》曰:"男宅不得女宅同意,强将女子抢来,谓之'抢亲'。"不过,徽州的抢亲大多是善意的。在绩溪,发生抢亲行为,如果是在担过鞋样之后,多可和平解决,而若是发生在未担鞋样之前,"则女家必起诉涉讼"④。对于抢亲之俗,清末徽州知府刘汝骥认为是婚礼败坏之体现,他说:"绩邑婚礼之坏,莫如抢亲,往往婚期未订,夫家遽纠众,乘隙将女抢归成婚,最为陋习。推厥原因,殆由礼物太繁,聘金过多,始无力者迫而出此。"⑤

徽州抢亲的主要过程大体是:男方在聘礼送毕后,由新郎亲带身强力壮者数人至女家,抢亲者想方设法将新娘骗出门外,然后用白汗巾将新娘拦腰兜起,反背新娘快速逃跑,并燃放三声爆竹。新娘被抢

---

① 刘汝骥:《陶甓公牍》卷一二《法制科·歙县民情之习惯·婚嫁之年龄》。
② 刘汝骥:《陶甓公牍》卷一二《法制科·歙县民情之习惯·溺女之有无》。
③ 刘汝骥:《陶甓公牍》卷一二《法制科·婺源民情之习惯·婚嫁之年龄》。
④ 民国《绩溪庙子山王氏谱》卷九《宅里略二·风俗·婚嫁》。
⑤ 刘汝骥:《陶甓公牍》卷一二《法制科·绩溪民情之习惯·婚嫁之年龄》。

回男家后,随即举行婚礼,大宴宾客,其礼仪与明媒正娶的完全相同。次日,再由男家聘一说情人和一女伴专程前往女家送所谓的"望娘礼",并约定回门的日子。①

清朝末年徽州人婚礼鸳鸯礼书和礼单

不过,抢亲成功的事例尽管很多,但失败的情形也不在少数,乃至因抢亲而引发的诉讼、械斗事例也经常发生,"历久相沿,绝不为怪,甚至酿成械斗巨案。至妆奁,中人之家约五百金之率千金者,亦间有之。其或有力之家,因女家不允婚期,亦踏此恶习"②。

冥婚是在咸同兵燹后徽州出现的。在咸同兵燹中,不少幼年夭折于战火之中者,家人多为其找寻同样夭折之异性,并为之婚配。这是特殊时期形成的一种特殊民俗。尽管如此。在咸同兵燹结束后的一些祠堂进主或升主活动中,冥婚者亦多被宗族所承认。绩溪涧洲许氏宗族就是如此。这个宗族规定:"此次进主,颇多幼殇冥配者,原因乱后死亡散失,几于接续为难,故为此权宜变通办法,下不为例。"③

除了上述普遍存在的婚姻陋俗之外,咸同兵燹至同光宣时期,徽州各地婚姻中还存在许多陈俗陋规。对此,徽州知府刘汝骥在《陶甓公牍》中,对包括休宁县在内的婚娶中存在的陋俗,从九个方面进行了归纳,它们分别是:

> 论婚之家先讨八字,必问女子缠足不缠足,缠足信为大姓,不缠足者疑为小姓,一陋也。门户相当,男家无言矣,女家又要求家赀之比我好。彼媒妁以虚与委蛇对付之,二陋也。事谐矣,开一

---

① 参见程富金:《徽州风俗》,黄山书社1996年版,第53—54页。
② 刘汝骥:《陶甓公牍》卷一二《法制科·绩溪风俗之习惯·婚娶》。
③ 民国《涧洲许氏宗谱》卷一〇《祠规附家法》,民国三年刻本。

礼单送男家去,靡费以二百圆为中数,三陋也。星期既定,聘礼或有不给,媒妁不敢担此任,女家必欲求其盈,虽男家借贷典质而不顾,四陋也。幸而勉强敷用,而花轿、鼓吹、头面、酒酌,下人之把持,甲头之讨索,其实数必出于估数之外,几耗中人之产,五陋也;鼓吹喧于门,灯烛辉于室,衣冠集于筵。内有哭声,母不忍舍其女也,外有争吵声,下人索赏封也,主者噤不作声,旁人圆其说曰:"不哭不发,不争不发。"五(应为"六"字)陋也。醮礼成矣,交拜毕矣。三朝,新妇拜谒翁姑礼也,而闹新人之俗相沿不废,扮弄新奇,伤风败俗,意何取乎?六(应为"七"字)陋也。回门甫毕,男家之责备苛求,尽入于女母之耳。女母召其婿于内室,礼未行毕,口已开声曰:"是云云者,而出于若家耶,吾何能堪?"婿但唯唯,退细心不吃,旋设盛席。日晡席罢,母又持女哭而别,七(应为"八"字)陋也。互接亲家,女母赴召而男母不报。于是衾赠有责言,三节有责言,始则背诉于戚里,继则面数乎女母。新人若闻,若不能尽闻,至进退左右俱龃龉,积不能平,男母乃禁儿子省其岳家,甚至禁儿子入乃妇房,八(应为"九"字)陋也。[①]

在归纳列举了徽州婚娶中九大陋俗及其具体表现后,

清末徽州问名、纳吉等婚礼仪式使用的鸳鸯礼书

刘汝骥还对产生这些陋俗的原因进行了分析,认为:徽州婚娶中的众多陋习,"如此成为风俗,皆由女学不兴,家庭教育无人讲习"[②]所致。

---

① 刘汝骥:《陶甓公牍》卷一二《法制科·休宁风俗之习惯·婚娶》。
② 刘汝骥:《陶甓公牍》卷一二《法制科·休宁风俗之习惯·婚娶》。

怎样才能革除这些陋俗呢？显然，刘汝骥是寄希望于教育，特别是女学教育和绅界、学界的演说与劝化。然而，尽管刘汝骥绞尽脑汁，希望通过一纸文字革除这种长期存在的早婚陋俗，但结果并不理想。缠足、早婚和抢婚等陋俗在徽州一直存在到新中国建立前夕，连刘汝骥自己都不得不承认这种劝导和革除陋俗的失败，云："知府手撰告示，并饬绅学界随时演说，体察情形，感悟者不过十之二三。此事或非一朝夕所能见效，容徐筹劝戒之方。"①

## （二）对丧葬陋俗的批判

在传统徽州丧葬仪礼中，儒佛道杂糅、重视风水、死后久厝不葬等，各种"有违礼法"之陋俗遗风广泛存在。对此，光绪《仙源杜氏宗谱》曾一针见血地指出，徽州等地丧礼中普遍存在五大非礼违制的行为，他们分别是：

> 徽、宁、池三府丧事有五大非礼：第一是以金珠玉帛含殓，启宵小觊觎之心，开棺、烧棺，盗窃殉物，翻乱骸骨，人子不能报亲恩于生前，而反贻亲祸于身后，何其愚也？第二是作佛事，谓之超度。吾亲所行皆善，无劳超度，即圣人久祷之意，所行不善，子孙惟有积善以解之。即《易经》干蛊之意，彼何人斯而能超度吾亲乎？第三是亲房不举火而就食于丧家，饮酒食肉，视同喜庆事。第四是亲友赙奠，不答以布帛而答以财物，财物不丰，反谓不知礼，致无力者或停棺不葬，或草草出殡，不能成礼。第五是惑于风水，久不安葬。不思地理除风水蚁三弊，皆可迁葬，乃以亲骸为邀福之资，久暴露于荒烟蔓草，致野火焚柩，惨不忍闻，不孝之罪，可胜诛哉！②

---

① 刘汝骥：《陶甓公牍》卷一〇《禀详·徽州府禀地方情形文》。
② 光绪《仙源杜氏宗谱》卷首《家礼》。

下面,我们分别来依次分析徽州丧葬礼俗中的五大非礼行为,并通过相关文书和文献资料,对这种行为的表现形式和地方官府及民间组织对五大非礼行为的态度进行阐释。

首先是厚葬。厚葬与薄葬历史上备受争议,但厚葬在民间特别是明清以来的徽州,在宗族关注、徽商卷入的背景下,始终是丧葬的主流。所谓"阴阳拘忌废事,且昵鬼神,重费无所惮"①。清代歙县棠樾鲍氏宗族在经营两淮盐业暴富之后,主观上认为是祖坟风水遗泽后世的结果。因此,当其祖坟右侧尚可"附葬一穴"的情况下,由鲍氏宗族公议"族内愿附葬者,输费银一千两",该眼坟穴最终于嘉庆八年(1803)"照议扦葬"。一眼坟穴,竟然价值白银千两,足见真穴吉壤的难得和珍贵。同时,在办理丧葬的过程中,包括筑坟、入殓、僧道追荐、置备陪葬品明器等方面,也是花费惊人,清末歙县"中人之产,苟遇大故,棺殓之费仅数十金,僧道之追荐,冥器、冥财之焚耗,求神散福之食用,往往数倍于此。否则,众訾之。偶有心知其非者,亦震于物议,不敢居薄待其亲之名"②。而厚葬的结果是招致宵小窃盗之徒的觊觎,以致掘坟盗墓,层出不穷,"以金珠玉帛含殓,启宵小觊觎之心,开棺、烧棺,盗窃殉物,翻乱骸骨,人子不能报亲恩于生前,而反贻亲祸于身后"。为了减少和避免厚葬可能带来的不良后果,绩溪南关许氏宗族在《憋叙堂家礼》中,也敦促族人"凡棺椁衣衾,称家之贫富,切不可以金玉入殓"③。

第二是作佛事。丧事用浮屠,为死者超度亡灵,这是传统徽州丧葬仪礼中最为广泛存在的一种荒诞不经之违礼陋俗。所谓"邪说惑人,牢不可破。凡有丧事,无不供佛饭僧念经礼忏。有不为者,则恐致乡人非议",违者,"阖族罢其吊奠,弗与为礼,仍于丧毕之日,鸣鼓而呵

---

① 万历《绩溪县志》卷二《舆地志·风俗》。
② 刘汝骥:《陶甓公牍》卷一二《法制科·歙县风俗之习惯》。
③ 光绪《绩溪南关憋叙堂(许氏)宗谱》卷八《憋叙堂家礼》。

责之,削去祭胙,以深愧之"。① 即使是"素封之家,往往供佛饭僧为亲忏悔"②。不唯《仙源杜氏宗谱》将丧礼"作佛事"列为五大非礼行为之一,而且光绪《绩溪南关憝叙堂(许氏)宗谱》亦将其作为存在于宣州、徽州地区丧礼"三大非礼"行为之第一大非礼,云:"第一是作佛事,谓之'超度'。试思父母行善,何劳超度?父母若行恶,惟有行善以解父母之恶,又岂此辈所能超度?临丧不哀,妄信邪说,大非礼一。"③为此,该许氏宗族强烈指出,"至于丧祭用僧道,最宜痛革",并要求族中子弟"不许崇尚,有坏风教"。④ 民国绩溪《鱼川耿氏宗谱》载云:"今世丧家用僧道作斋,或作水陆会,写经造像,云为死者减罪恶,必升天堂,受种种快乐,不为则入地狱",该谱之纂修者痛斥这种行为,并引用温公引唐李舟与妹书云:"天堂无则已,有则君子登;地狱无则已,有则小人入。人世人亲,死而祷浮屠,是不以其亲为君子,而为积恶有罪之小人也,何待其亲之薄哉!"⑤民国祁门红紫金氏宗族亦以《家训》的名义,责成族内成员"冠婚丧祭,称家有无,遵行《文公家礼》,毋得袭用僧道,有违祖训"⑥。

第三是亲房不举火而就食于丧家,饮酒食肉,视同喜庆事。其实,办理丧事之亲房和前来参加吊唁之亲友,于丧家用炊,所谓"亲族送吊,饷以素食"⑦,原本是一件正常不过之事,但"鼓吹迎宾,酒筵款客,喧笑与素帷丹旐之旁,蔑礼甚矣"⑧。绩溪南关憝叙堂许氏宗族对这种现象亦极为斥责,视其为丧葬仪礼三大非礼行为之重要一项,云:"亲房家家不举火,而就食于丧家,丧家以酒肉燕客。夫孝子三日不食,亲邻当具馓粥以劝之食,奈何幸人之灾,为醉饱计乎?至远来吊客,亦止

---

① 雍正《茗洲吴氏家典》卷五《不作佛事议》。
② 刘汝骥:《陶甓公牍》卷一二《法制科·婺源风俗之习惯》。
③ 光绪《绩溪南关憝叙堂(许氏)宗谱》卷八《憝叙堂家礼》。
④ 光绪《绩溪南关憝叙堂(许氏)宗谱》卷八《憝叙堂旧家规》。
⑤ 民国《鱼川耿氏宗谱》卷五《祖训》。
⑥ 民国《京兆金氏统谱》卷一《家训十条》。
⑦ 刘汝骥:《陶甓公牍》卷一二《法制科·黟县风俗之习惯》。
⑧ 民国《歙县志》卷一《舆地志·风土》。

当具蔬食以待之,奈何每夕轰饮,同于喜庆?大非礼二。"①为此,《仙源杜氏宗谱》在《家礼》卷中痛斥其非后,又在《家政》卷内之《诸费宜节》中,严肃规定:"亲房宜送馕粥米,吊丧者答一白布,席用一品锅或四簋,俱用素蔬。近见丧家饮酒食肉,男妇或持余膳回家。此俗之大违乎礼而最可鄙者,尤当痛革。至于朋友亲戚,吊丧往来,取其备礼,不必过丰,席请宾客,丰限八簋,平常应酬减半。宗祠及各支祠绅耆祭酒,用一品锅,永着为例。"②许承尧对富家办理丧事之奢侈和下葬之日以"贺坟"名义大宴宾客的行为,进行了严厉的挞伐,指出:"举葬之日,延宾速客,曰'贺坟'。祖道层台,饰以灯彩,富者欲过,贫者欲及,靡费不赀。或则去丧服而衣袗绣,易哭泣而事趋跄,过墟而哀,虞祭卒哭,夫何有焉?绳以治葬服缌之制,其罪大矣。此徽俗之尤,有弗能为乡邑讳者,秉礼之君子,其可身蹈之哉。"③不过,就总体而言,在清代以来的徽州民间,丧礼饮酒食肉现象并非社会主流。倒是饮食素蔬,反而成为民间社会办理丧事饮食的主要习俗,我们在一册光绪元年八月绩溪旺川曹氏《父亲(曹圣谟)谢世》丧葬文书中发现,其在丧葬期间含有"饮食"项下,大多为素食。即第四大非礼行为是亲友赙奠,丧家不答以布帛而答以财物,财物不丰,反谓不知礼,致无力者或停棺不葬,或草草出殡,不能成礼。光绪《仙源杜氏宗谱》云:"古人有助赙之礼,今虽不行,然遇贫而无力者,亲戚往吊,香纸外,量力赠以财米若干,以当助赙之礼,庶出者轻而易举,受者亦足为丧事之少补也。"④的确,这种为丧家出礼的亲友,按照徽州当地的习惯,大都送香烛、纸张和锡箔之类的祭品,但丧家则要回赠以财物。这对丧家来说,无疑是一大沉重负担。在为清光绪元年八月十九日去世的绩溪旺川曹圣谟丧事出礼之亲友中,所出之礼多为纸张、锡箔、香烛,而丧家回赠的则多系包果、

---

① 光绪《绩溪南关惇叙堂(许氏)宗谱》卷八《惇叙堂家礼》。
② 光绪《仙源杜氏宗谱》卷首《家政》。
③ 许承尧:《歙事闲谭》卷一八《歙风俗礼教考》。
④ 光绪《仙源杜氏宗谱》卷首《家政》。

油伞、孝帛等物。这样相互赠答的结果,势必会使丧家支出一大笔费用,严重影响了丧事的办理。正如民国祁门《河间凌氏宗谱》之《家训》所言:"世俗丧礼有二害焉:备酒、制帛是也。人子执亲之丧,水浆不入于口,宗戚为粥以食之,礼也,未闻丰酒馔以款人也。宗戚具赙仪以赠之,礼也,未闻裂帛以散人也。此风既成,人不知其非,闻其家不备酒、不制帛,即以为薄亲,便不往吊,丧家亦自恐费用不赀,一成服后,即扶亲柩而出之。此皆风俗薄恶之甚者也。诸如此弊,均宜戒之。"①

最后也是最严重的就是惑于风水,停柩久不安葬。绩溪南关许氏宗族也在其《宗谱》中,斥责"惑于风水,停丧不葬"②为丧葬仪礼中之第三大非礼行为。徽州崇尚堪舆风水之传统由来已久,尤于阴宅之风水选择为烈,徽州人笃信良坟佳穴"不仅求安,且欲以求福利"③。因为没有选择或暂时无钱购置风水坟穴,致使亲人死后不能及时得到安葬成为一种严重的社会问题,所谓"富者惑于行家利害之说,非分妄图;贫者无力经营,停丧不葬"④。对此陋俗,明清以来徽州府县方志多斥其非,云其为大弊甚至是"弊重之弊"。万历《休宁县志》即云:丧礼"毕,具志帛以谢。所费不赀,中人之家或岁久不能举,则丧礼之敝也。近溺于形家言,待吉年深,风雨之所伤,樵牧之所毁,有历世不克葬者,则敝之敝矣"⑤。万历时徽州知府古之贤就曾对徽州惑于风水、将亲人尸棺弃于道旁,或历二三十年,或经三四世,不能葬亲,而专门颁布《行六县劝士民葬亲》的告示,限期要求弃尸棺者予以安葬,并强行规定"如有抗违,查照子孙弃尸律令,一体治罪"⑥。康熙休宁知县廖腾煃则对当地选择风水坟地葬亲求福之举进行了有力的批驳,指出:"夫人之富贵福泽贫贱寿夭,自其身以及其子孙,或得或失,皆由其人之善恶以定

---

① 民国《河间凌氏宗谱》卷一《家训条款》。
② 光绪《绩溪南关憝叙堂(许氏)宗谱》卷八《憝叙堂家礼》。
③ 嘉庆《黟县志》卷三《地理志·风俗》。
④ 廖腾煃《海阳纪略》卷上《义冢记》。
⑤ 万历《休宁县志》卷一《舆地志·风俗》。
⑥ 古之贤:《新安蠹状》下卷《牌票·行六县劝士民葬亲》。

殃庆,葬地特其一端而已。今不求之自己,而惟葬地是营,兴大讼,构大狱,竭其智计,厚其财贿,以与人争,掺必胜以求必得适遇。不畏人非,不惧鬼责。长官苟以肥已私橐而委曲以成其恶,使得倚势侵夺,乘机盗窃,彼遂自喜,以为得计,以为从此可以传之千万世而无穷。不知转盼之间,其身不保,而其子孙斩然无复后继者。"①光绪《仙源杜氏宗谱》进一步对徽州亲殁不即葬的行为严加挞伐,指出:拘泥风水,久不葬亲,"不思地理除风水蚁三弊,皆可迁葬,乃以亲骸为邀福之资,久暴露于荒烟蔓草,致野火焚柩,惨不忍闻,不孝之罪,可胜诛哉!"②光绪《绩溪南关憿叙堂(许氏)宗谱》亦力斥道:"夫亡者以归土为安,人家祸福由于善恶,故阴地由于心地,心地好,当得好地,十日内亦可得好地;心地恶,当得恶地,一百年还得恶地,断非地师所能代谋。不求心地而求阴地,以亲死为求福计,大非礼三。"③其实,不仅风水坟地价格惊人,即使是一般隙地安坟,其价格亦甚是不菲,且有许多艰难。对此,清末休宁县在调查该县风俗习惯之丧葬习惯时指出:"葬事:礼有定期,例禁久厝。蒿木山丘,浮厝遍地者何故?义冢官山,丛葬已满,凡有柩者必须买地,一也;买地之难,休宁为最,地主不清,葬后多累,二也;坟地之价,主一册二,中资推卸,费乃不赀,三也。家长之棺,兄弟牵制,一房擅主,众人为难,四也。仅以迷信吉凶目之,犹其浅焉者也。"④

　　同治以来徽州的清末丧葬仪礼,就是处在这样一种礼仪与习俗并存、厚葬与简朴兼有、良风与陋俗共生的矛盾状态之中。面对这样一种相互纠结的情形,官府和民间同时行动,彼此互动,徽州地方官府和民间一直不懈地寻求各种办法与管道,致力于对丧事活动中礼俗的整合,希冀用最规范的丧葬仪礼,采取勤俭节约、移风易俗的举措,来革除丧事活动中的非礼行为。但是,这种教化与强制相结合的办法,并没有取得显著成效。正如光绪《仙源杜氏宗谱》和《绩溪南关憿叙堂

---

① 廖腾煃:《海阳纪略》卷上《义冢记》。
② 光绪《仙源杜氏宗谱》卷首《家政》。
③ 光绪《绩溪南关憿叙堂(许氏)宗谱》卷八《憿叙堂家礼》。
④ 刘汝骥:《陶甓公牍》卷一二《法制科·休宁风俗之习惯·丧葬》。

(许氏)宗谱》所痛心疾首地力斥徽州丧礼"五大非礼"和"三大非礼"后指出的那样,"吾族当去此五大非礼,然后可以言丧礼"①。"凡孝子当去此三大非礼,而后可言丧礼。"②其实,陋俗既已养成,当非一日可更,要在量力而为,至诚至信而已。

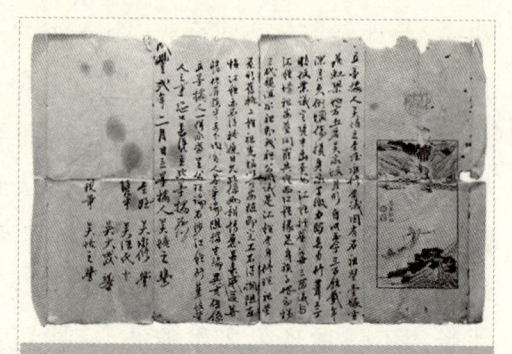

清咸丰二年歙县吴培之卖坟地墨据

儒家传统中的冠婚丧祭四大人生仪礼,在清末社会急剧变革与转型的徽州山区,即如丧葬仪礼亦很难保持古朴宁静的一面,而日益变得世俗和喧哗起来。缺乏与时俱进、不能跟上变革社会步伐的丧礼等儒家传统人生仪礼,为了保持生命的活力,是否亦要从变革与转型的社会中寻找到自身的支点,进而适应时代的变革和发展,成为不断充满旺盛活力的主流礼仪文化呢?

### (三)对吸食鸦片陋俗的批判和严禁

徽州鸦片系鸦片战争之后,大体先由在外地经商的徽州人带回,然后逐步输入。至迟到太平天国失败以后,徽州城乡部分民众尤其是年轻人对鸦片的吸食已渐渐成瘾,吸食人数不断增多,日甚一日,以致人民体质为此大受影响。《婺源乡土志》对此曾指出"鸦片流毒遍海内,婺人嗜此者亦多,自士夫以及负贩细民,靡然成癖。虽穷僻山居无他市肆,而烟寮随在皆有"③。清末徽州知府刘汝骥在知徽不久,即于《徽州府禀地方情形文》中指出:"徽俗不论贫富,吃烟者十人而六七。面鳖骨削,举目皆是。"绩溪县上庄村有1200口人,其中有两百人吸食

---

① 光绪《仙源杜氏宗谱》卷首《家政》。
② 光绪《绩溪南关惇叙堂宗谱》卷八《惇叙堂家礼》。
③ 光绪《婺源乡土志》第六章《婺源风俗》。

## 第二章 咸同兵燹后至光宣时期的徽州文化

鸦片。为此,包括刘汝骥在内的徽州地方官员不断颁示禁烟令,对吸食鸦片之徒进行严厉禁止,并严查关闭各地烟馆,减价售药,限期戒烟,甚至令民间成立戒烟会社,由乡绅董之,以期彻底革除烟害。然而,烟害既深,戒之殊难。"近日烟禁森严,绅士为齐民表率,不闻有具结督责之条,有嗜好者帖然如故也。"[①]

清末吸食鸦片照片

尽管如此,刘汝骥仍坚持重申禁令,说"少一吸烟之人,即多一有用之人。有冻死饿死之人,断无瘾死之人",他并要求各地戒烟会社和官员,"用白话浅说,随时劝戒"。[②] 毕竟吸烟之害不仅限于吸烟本身,而且还由吸烟引发了其他一系列社会问题,如娼妓、赌博、偷盗、抢劫等,"土娼招赌、卖烟,最为风俗人心之害"[③]。因此,禁烟问题不仅是强壮个人体魄问题,而且还是深刻解决一个极其严重的社会问题。徽州官府在厉行官方戒烟的同时,积极动员和鼓励各地乡村会社和宗族乡约,利用乡绅等社会精英,让他们参与戒烟活动,并责成其各尽所能,想方设法,开展戒烟活动。在这种声势浩大的戒烟活动中,地方乡绅和社会组织确实发挥了重要的作用。在一些地区,宣传烟害并劝说戒烟,被人们编成朗朗上口的歌谣,以对吸烟者形成舆论上的攻势,进而达到使他们戒烟的目的。

尽管清末徽州各地从官府到民间,不断通过各种方式对嗜吸鸦片行为进行严厉的打击,并取得了一些成效。但是,一种陋俗既已产生,是很难在短期内完全禁止和革除的,尤其是吸食鸦片这种上瘾的毒品,更是难上加难。因此,我们看到,直到民国时期,徽州各地的鸦片馆依然还有不少,种植、贩卖和吸食鸦片之徒仍十分繁多。在绩溪,荆

---

[①] 刘汝骥:《陶甓公牍》卷一二《法制科·婺源县民情之习惯·生产者不生产者之分数》。
[②] 刘汝骥:《陶甓公牍》卷一〇《禀详·徽州府禀地方情形文》。
[③] 刘汝骥:《陶甓公牍》卷八《批判·刑科·代理绩溪县叶令学仁禀批》。

州、磡头等乡间,种植罂粟者大有人在。地方乡绅和大户,更是以敬客人鸦片烟的方式来炫耀其阔气。据统计,1935—1936年,政府查禁鸦片,婺源县仅登记在册的烟民即有1084(包括女性17人)。[①] 而在绩溪县,1942年,仅镇头、浩寨、旺川和上庄等乡镇,就有吗啡商贩20家,烟土贩10家,烟灯52家,常年吸毒者(含吸食鸦片)数百人。[②]

徽州吸食鸦片的陋俗,直到中华人民共和国成立之后,大力开展禁毒活动,才最终被彻底革除。

**(四)赌博陋俗及其禁赌举措**

作为一种社会病态陋俗,赌博由来已久。至清末的同治、光绪和宣统时期,这种陋俗依然有不断普及和壮大之势,且出现了新的赌博形式——花会。围绕赌博而引起的争执、纠纷和犯罪活动等社会问题亦变得日益严峻起来,严重污染和恶化了社会风气。因此,上自官府、下至民间百姓,都不失时机地开展了不同的禁赌活动。

1.赌博之风的蔓延

明代中叶以降,伴随徽商经营的成功,拥资巨万的富商大贾及其子弟往往生活奢靡,挥霍万端,嗜赌成瘾。而一些地痞无赖之徒则乘虚而入,设赌诱骗,以致徽州虽处山区,其赌博之风丝毫不亚于北京、杭州、南京和苏州等商品经济繁复之区。对赌博本身的危害及其所引发的社会问题,清末歙县佚名无题诉讼教科书中,更有着详细的阐述:

> 开场赌博,诱骗良家子弟,妆套鼓害,夜聚晓散,设机暗害,贼盗渐由此生。甚至骗人货物,抢夺过客行装,窘极计生,无所不至。计造水艮骰色,惯制阴阳钱母,一掷百千,赚骗致富。可怜懦弱,明知局骗,吞声叫苦,奸心愈炽。□赚无休,逼无存济,投河腹

---

① 参见《婺源县志》,档案出版社1993年版,第534页。
② 《绩溪县志》,黄山书社1998年版,第1058页。

("腹"应为"服"之误——原注)毒自经,生其流之弊,莫此为甚。家私赌尽,丧魂消魄,老幼失养,鬻男卖女,丧尽廉耻,放辟邪侈,百盘装套,为恃横行,鲸吞血本,向索无音,恳公追究事。①

清末徽州赌博的花样多种多样,常见者有游湖、押宝、骰牌、马吊和花会等名色。绩溪每逢演剧期间,即有大量赌博之徒搭设赌棚,形成赌棚林立之状,"棚或数十人,或数百人,宝摊、骰牌,色色俱全。秋成后,无论大村小村,不啻以赌场为其俱乐部,通宵达旦,习为常然"②。这里所说的宝摊、骰牌,即是我们所讲的押宝摊和骰牌赌具。押宝,是一种赌博形式,宝为赌具,方形木质,刻有黑红等图案,外用方盖盖严。赌时将宝置于中央,赌人四面押注。开宝时,以红为赢、黑为输。押宝是徽州最为常见的一种赌博形式。花会也是清末徽州较为流行的一种赌博形式。花会之戏,系从福建地区传播而来,"徽州行之极盛"。这种赌博游戏,共分三十六门,各以二字为标目。通常摘前人诗句为题,使人射之,得者一钱偿三十。可见,这是一种较为文雅的赌博形式,对文风昌盛的徽州来说,这种赌博游戏十分受欢迎,以致男女老少齐上阵,"由是,人争趋之,妇女稚孺亦日从事于此。占卦卜字,祷庙祈梦,以求其兆。更有露宿墓下,或问某村常见怪异,平时不敢过者,亦皆奔趋占祷,不知畏避"。这种赌博同其他赌博一样,绝不会给人们带来致富,相反"获利者十不一睹,而破家亡身者往往而有"。为此,徽州专门出现了关于花会的谚语,即"福建刀兵响,徽宁作战场"③。这里,人们把传自福建的花会比作"刀兵",十分形象。此外,如所谓掷骰子、打象棋、推牌九等,各种赌博形式,可谓是五花八门,应有尽有。

清末徽州的赌博形式和花样繁多,赌具种类应有尽有。其赌博之恶风猖獗,几乎遍及徽州城市和乡村各个角落。

---

① 转引自王振忠:《晚清徽州民众生活及社会变迁》,《徽学》2000年卷,安徽大学出版社2001年版,第151页。
② 刘汝骥:《陶甓公牍》卷一二《法制科·绩溪民情之习惯·犯罪以何项为最多》。
③ 许承尧:《歙事闲谭》卷一九《黄次苏〈凤山笔记〉》。

## 2.清末徽州地方官府的禁赌举措

针对徽州赌博之风蔓延、地痞无赖设局诱赌活动猖獗的局面,为了维护社会的稳定,清末徽州地方官府分别以说教和打击的两种方式,对赌博活动进行严禁。

清末休宁县赌博活动猖獗,"喝雉呼卢之偶聚,一不生产者类也,如大河滨、西门头,约有数百辈"①。为严厉打击猖獗的赌博活动,徽州知府刘汝骥亦曾以"批示"和"告示"的方式,严申赌博禁令,云:

> 赌博为地方巨害,盗窃、人命胥由此生。久经本府一再饬禁,凫溪口、黄畲口两处虽系祁、休接壤之区,并非瓯托,何以赌棍开设摊宝毫无忌惮?实属玩法已极。各营县毫无所闻,难保无差兵捕保庇纵容隐情事。本府前在屯溪河街一带,亲自捉赌局数处,其明证也。仰休宁县立即会同祁门县约期驰诣该村,密拿著名赌棍,尽法惩办,并会衔出示严申禁令,以杜后患,均毋率延。②

以这种告示的形式,历数赌博之害,严申禁赌法令,这是徽州也是其他地区地方官府贯彻封建国家禁赌法令最一般的方式。更为值得称道的是,刘汝骥不仅对赌博深恶痛绝,将禁赌视为极为重要之事,所谓"禁赌一事,历奉宪台严饬。七月间,派委密查,寂然不闻。现届冬防,岁晚务闲,或不免见猎心喜之人,禁赌尤为要者。知府已撰就四言告示,责成六县实力奉行"③,而且希望能通过严厉的法令,将这种陋俗斩草除根,彻底根绝。他在给休宁县劝学总董王世勋禀文的批示中严厉指出:"因会演戏聚赌,贪人大嚼,好人遭殃。此种恶俗,言之实堪痛恨。如薙草然,非铲断根子不可。不然,虑野火未尽,又有春风之嘘拂也。"④

---

① 刘汝骥:《陶甓公牍》卷一二《法制·民情习惯·休宁民情之习惯》。
② 刘汝骥:《陶甓公牍》卷七《批判·刑科·休宁县附生李蟠根呈批》。
③ 刘汝骥:《陶甓公牍》卷一〇《禀详徽州府禀地方情形文》。
④ 刘汝骥:《陶甓公牍》卷五《批判·学科·休宁县劝学总董王世勋禀批》。

### 3.利用乡绅、联合地方乡约和保甲等基层组织进行禁赌

除颁布禁赌告示严禁赌博活动之外,清末徽州各级官府还支持和利用地方乡绅与民间基层组织,对赌博行为进行劝惩。

乡绅是活跃于明清城乡各地的一支重要的力量,乡约和保甲则分别是一种民间的教化和治安防御组织。清代嘉庆、道光、同治和光绪时期,清王朝加大了打击赌博行为的力度,徽州府、县两级官府,及时将此信息告知各地乡约和会社。乡约与会社积极配合,纷纷以竖立禁赌碑等形式,再将此信息传诸民间。我们在婺源赋春镇冲田村和祁门彭龙乡历溪、彭龙二村,分别发现了数通竖于河岸和桥边的禁赌碑。其中,冲田村的禁赌碑系该村乡约于嘉庆十年(1805)初立于该村河岸,上书"奉例永禁赌博",同治四年加禁。历溪舜溪桥边的禁赌碑系历溪乡约于光绪十八年(1892)竖立,碑文大书"奉宪示加禁赌博"七字。彭龙文溪桥边的《禁赌碑》,系由彭龙合族乡约于光绪二十八年夏竖立,碑文为"奉宪示严禁赌博"七字。

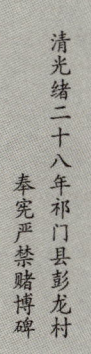

与此同时,徽州的乡绅和会社等个人和组织还通过其他方式,主动同地方官府一道,请求官府颁布禁赌告示,以增强打击赌博活动的权威性和震慑力。在歙县,清代北岸乡生员方启训鉴于当地"村人好胜,欲藉梨园法曲,歌舞升平,演戏场中,往往赌博滋事"的现象,就曾敦请歙县知县出示严禁。[①] 在祁门,清代同治八年,该县十九都淑里一社六村乡绅耆民联合具文,请求知县周镕颁发禁赌告示。告示全文如下:

> 特授祁门县正堂及十级随带加一级世袭云骑尉周为给示严禁等事。据十九都淑里监生黄尚仁、监生黄永贞、武生黄升廷、耆

---

① 参见《雁鱼流痕》,转引自王振忠:《晚清徽州民众生活及社会变迁》,《徽学》2000年卷,安徽大学出版社2001年版,第151页。

民黄正富、民人黄永通、黄尚章、黄松能、胡洋生呈称：切思民各有业，废业由于荒嬉。恐因子弟无知，或被引诱勾留。入其彀中，则是耗财之地；陷于穽中，难为脱网之身，甚至伦常败坏，同场莫辨尊卑。夫赌博有输有赢，输者筹谋百计，横逆多端。所以子弟放滥，未始不起于赌博。伊等村居淑里地方，一河之岸，原共一社，近来子弟间有闲游，或恐赌钱费时失业，是以合社公同商量：东至乌株岭及蟹坑岭，西至林村直至李坑岭，南至南坑岭，北至峰英尖等处地方，概行禁止赌博。然规条虽立而约束未必尽遵，倘稍因循，必终废弛。始则伤风败俗，继则成群效尤，非奉赏示，难束民心。吁恳给示，永禁赌博，以靖地方，以保身命。将使人皆乐业，群黎带德等情到县。据此，除批示外，合行给示严禁。为此，示仰十九都乌株岭、蟹坑岭、李坑岭、南坑岭、峰英尖、林村等处地方民人知悉：自示之后，尔等务宜恪遵规条，永远禁止，毋得仍在该处开场聚赌。倘有不法之徒，胆敢不遵约束，许尔等指名禀送县以凭，从严究办，决不姑宽。各宜遵禀毋违。特示。

右示严禁

同治八年六月十六日示
告示仰地保实贴毋损①

这种以乡约竖禁赌碑、乡绅请颁告示的禁赌形式，正是着眼于徽州重峦叠嶂、聚族而居的实际，极具针对性和可操作性。当然，乡绅、乡约和会社并不是立了碑或请颁告示之后即敷衍了事，相反，他（它）们还有配合保甲查访拿究赌徒等义务。可见，清末徽州的乡绅、乡约、会社和保甲在执行国家禁赌法令、实施具体禁赌行为等方面起到了举足轻重的作用。事实上，正是地方官府和民间组织的良性互动、互相配合，才使得徽州民间禁赌活动更加有力，效果亦更为显著。

---

① 王钰欣、周绍泉：《徽州千年契约文书》（清民国编）卷三《同治八年祁门县告示》，花山文艺出版社1993年版，第48页。

### 4.宗族组织联合官府和以宗族法形式的禁赌活动

传统徽州是一个宗族社会,徽州各地士家大族充分利用自身的优势,以《族规》《家法》的形式宣扬赌博的害处,并严禁族众参与聚赌。休宁茗洲吴氏宗族在其《家规》中严厉忠告:"子孙赌博、无赖及一应违于礼法之事,其家长训诲之,诲之不悛,则痛笞之。又不悛,则陈于官而放绝之。仍告以祠堂,于祭祀除其胙,于宗谱削其名。"① 黟县南屏叶氏宗族还配合清王朝不断严申赌博之例,于《祖训家风》中一再对赌博行为进行加禁,云"赌博之禁,业经百余年,间有犯者,宗祠板责三十,士庶老弱,概不少贷。许有志子弟访获,祠内给奖励银二十两。恐年久禁弛,于乾隆十四年加禁,乾隆四十三年加禁,嘉庆十四年又加禁。历今恪守无违,后嗣各宜自凛"②。祁门武溪陈氏宗族严禁宗族成员参与赌博,并以《族规》的形式,对参与赌博的宗族子弟课以重惩,"不遵家法,不从长命,妄作非为,好赌争斗,各决一十五下剥落,各给衣装归。三年,改则复用之"③。

不仅宗族内部以教化和宗族族规家法形式约束和惩治赌博之徒,而且,宗族组织还同乡绅、乡约和会社等组织一样,积极会同地方官府从事禁赌活动。祁门县闪里镇文堂村敦本祠一通陈氏宗族族长陈龙生等于清代同治九年请求祁门知县周镕颁发禁赌告示碑,就是明清徽州宗族联合官府进行禁赌活动的有力例证。该碑内容如下:

### 严禁赌博

特授祁门县正堂加十级随带加一级世袭云骑尉周为给示严禁事。据恩贡生陈锡畴,生员陈嘉谟,族长陈龙生,监生陈寿长、陈光门,监生陈光斗,民人陈全吉、陈男泰、陈德泰、陈求意等,以禁止赌博、以安正业,叩恩给示。禀称:伊等住居文堂中村,士农

---

① 雍正《茗洲吴氏家典》卷一《家规》。
② 嘉庆《南屏叶氏族谱》卷一《祖训家风》。
③ 同治《武溪陈氏宗谱》卷一《家法三十三条》,清同治十二年刻本。

工商各执务业,并无游民。近因人心不古,三五成群,相聚赌博。伊等目击心伤,若不严行禁止,□□风俗浇漓,不知伊于胡底。因是,合村商议:上至荫墩,下至普护庵,前至桃花降,后至李坑降之内,无许开宝、招摊、开牌、掷骰、掷钱,以及各样赌博,均行禁止。诚恐日久年湮,防闲□懈,地方喇棍因而强行破禁,非沐明示,不□惩愚玩,而来一心。为此,伏叩赏给告示,以垂久远,以安正业上禀等情到县。据此,除批示外,合行给示严禁。为此,示仰文堂及荫墩、普护庵、桃花降、李坑降等处地方民人等知悉:自示之后,□□务须先□□□□□□□□得仍前聚赌,违反禁令。倘有不法棍徒,复敢在地方仍蹈故辙,许该□□□□指名赴县,据禀以凭提案,从严惩办。各宜禀遵毋违。特示。遵示严禁。

同治九年三月十八日[①]

作为徽州地方社会最基本的基层组织——宗族,清末徽州宗族在执行国家禁赌法令、实施宗族教化和禁赌具体措施上,可谓是功不可没。他们和乡约、里保以及会社组织一道,共同为徽州禁赌活动的展开、社会稳定秩序的维系,发挥了极其重要的作用,是地方官府和基层组织良性互动关系的典型代表。他们在禁赌活动中,充分利用自身的优势,先从本宗族的族规家法入手,教育本宗族成员恪守国家禁赌法令,安于生理。在宗族劝谕无效的情况下,他们便通过官府的渠道,将违反赌博禁令的宗族成员送官究治。所有这些,都说明了在清末徽州社会,宗族组织在禁止和打击赌博犯罪活动中,具有其他组织无法替代的作用。

5.乡里各姓共同订立《戒赌约》形式的禁赌

乡里社会以共同立誓订立盟约方式履行禁赌义务的举措,也是明清时期徽州民间禁赌的一种有效方式。我们收集到一份光绪十八年

---

① 《清同治九年三月十八日祁门县严禁赌博告示碑》,原碑现存于祁门县闪里镇文堂村中文堂敦本祠。

祁门曹、方、汪、胡诸姓共同订立的《戒赌文约》,其关于戒赌的形式和内容极为独特而珍贵。为便于了解此类禁赌文约,现谨将其该《戒赌文约》的内容全文照录于下:①

> 立议合文约人曹求盛、方起林、汪天赐、胡加财等,今因自道光禁赌以来,风化未开,世俗未改。兹则原因弟子私私念赌,合社相嘀,奉宪加议规条:倘有私私聚赌之流,违背祖墨,或童或叟,见之则速通众公议罚钱肆千、酒贰席,必不容情。如有恃强不遵,各家出钱八百文,明官处治。空口无凭,尚立惟有合文四纸,各收壹纸,永远存照。
> 再批:日后知者不报,同罚;知者则报,赏钱四百文。又照。
> 光绪拾八年孟冬月拾陆日立议合文约人　曹求盛(押)　方启林(押)　汪天赐(押)
> 胡加财(押)曹水生(押)　方胜梅(押)　汪观育(押)胡光炳(押)等
> 代笔　张汝明(押)

这纸《戒赌约》一方面反映了自道光禁赌以来,徽州禁赌不力,收效甚微;同时也反映了清末徽州民间士绅阶层在维护社会秩序和社会安定方面具有举足轻重的作用。参与订立戒赌文约的各方,在文约中责任和义务明确,奖励和惩罚具体,极具地方特色。正是这类灵活的具有鲜明地方特点的戒赌形式,才使得咸同兵

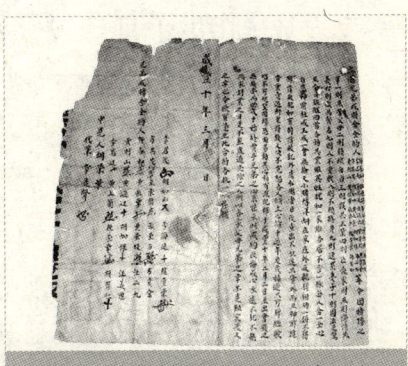

清咸丰十年三月祁门许春和、李君成、方其茂等立兄弟戒赌约

---

① 《清光绪拾八年十月十六日曹求盛等立戒赌文约》,原件由卞利收藏。

燹以后徽州的民间禁赌活动更加切合实际。应当说,参与签订戒赌文约的各方,在协助徽州地方官府共同携手对付危害社会治安的不法赌徒、消除社会不安定因素方面,起到了相当重要的作用。

应当指出的是,清末徽州的赌博之风是非常猖獗的,那些嗜赌如命的赌徒们几乎利用所有场合与机会进行赌博,尤其是徽俗喜欢搭台唱戏、游神赛会,每逢演戏或赛会之期,往往也成为赌徒们聚赌狂欢的节日。据清末绩溪县调查,在诸种犯罪中,以赌博为最多。该县一届演戏、赛会,赌局便随之大开,"剧场会期,赌棚林立,或数十人,或数百人,宝摊、骰牌,色色俱全。秋成后,无论大村、小村,不啻以赌场为其俱乐部,通宵达旦,习以为常"①。由于徽州各地赌徒大都系游手好闲之辈,如黟县"近十都、十一都地方,游手好闲、专事赌博者,实繁有徒"。当地人甚至专门称这批赌徒为"小地痞"②。

由赌博而引致的犯罪问题,在清末的徽州极为突出。"每届茶市,屯溪附近一带,赌匪麕集,作陷阱人。无知愚民一入彀中,无不倾家荡产。"③尽管清末上自皇帝、官员,下至地方官府和宗族乡绅,都对赌博行为深恶痛绝,并从立法的角度对其厉行严禁和打击。作为地方官府和基层社会,徽州府、县各级官府和乡绅、乡约、宗族和会社等民间组织,也为禁赌作出了自己的努力,采取了诸如颁示禁赌碑、订立《戒赌约》等举措,但是收效寥寥。诚如徽州知府刘汝骥所云:"游手嗜赌,有若慕膻,非一纸文诰所能禁也。"④

因此,对赌博行为,除了严厉禁止和打击之外,包括徽州在内的许多地区还致力于道德教化,用当地民众能够接受的较为通俗的方式,广泛发动群众参与禁赌的舆论宣传工作,徽州各地出现的《劝世言》《戒赌歌》等读本或歌谣,即是其中最为典型者。清末黟县宏村乡贤汪云卿撰写的《赌博哪里是消遣论》,即从赌博是消遣的谬论批驳入手,

---

① 刘汝骥:《陶甓公牍》卷一二《法制科·绩溪民情之习惯·犯罪以何项为最多》。
② 刘汝骥:《陶甓公牍》卷一二《法制科·绩溪民情之习惯·生产者不生产者之分数》。
③ 刘汝骥:《陶甓公牍》卷七《批判·刑科·休宁县武生黄祺等呈批》。
④ 刘汝骥:《陶甓公牍》卷六《批判·兵科·绩溪县令张廷权申批》。

对赌博的危害性进行批判,并劝谕族人努力生产、富家强国。其文不长,谨照录于下:

> 赌博哪里是消遣?明明是想去占人家的钱财。如果要消遣,事情很多,看书看报,栽花种果,抚琴清谈,游山玩水等等,不是消遣吗?俗话说得好,赌博赌博就是刻薄。呼朋引类聚星昏,一入赌场想鲸吞;邪淫奸盗此根埋,囊尽囊空始罢终。人生切莫去赌钱,赌钱利害实难言;平日皆说交情重,赌起博来不认情。你盘我来我盘你,各用机谋起黑心;成群结党皆来赌,男男女女一窝蜂。不分老幼赌输赢,男子恋赌倾家产,女子恋赌坏名声。输了之时想捞本,赢了之时不算它。输时多来赢时少,搞得后来无收成;费神失业从赌起,破家亡国在其中。奉劝人人快快醒,速将赌博速丢开;各个努力来生产,从此家富国亦强。①

徽州的赌博陋俗,历经数百年,虽屡经各朝地方官员的严禁,但并未起到多大效果。原因何在?主要就在于它有着广阔的市场和基础,一来是由于广大乡村长期以来缺乏娱乐活动,很多人参与赌博最初往往是为了消遣,但不知不觉陷入了嗜赌成瘾的泥潭而不能自拔。造成赌博在徽州猖獗的另一原因,是由于设赌之徒的诓骗,其可能会产生的巨大赢钱机会,使得被诱之人自然而然地便堕入了地痞无赖所设赌局的圈套。另外,地方官府的禁赌不力也是清末徽州各地赌博之风泛滥的重要原因之一。更有甚者,本来从事禁赌的官员在接受了开设赌场者的贿赂之后,竟然成了赌场的保护神,直接助长了赌博活动的嚣张气焰。"然开赌之先,又必于佐贰、衙门说费,费纳则略无顾忌,成年子弟因此倾家破产者有之"②。因此,要想从根本上禁止赌博,就必须消除赌博的社会基础,在严厉打击和惩治设赌人和聚赌之徒、净化社

---

① 汪云卿:《吾族先贤大略》卷三《赌博哪里是消遣论》。
② 刘汝骥:《陶甓公牍》卷一二《法制科·绩溪民情之习惯·犯罪以何项为最多》。

会风气的同时,还要广泛发动群众,厉行道德教化,真正从源头上堵住和斩断赌博的黑恶势力。

## (五)民间信仰与民间文化的嬗变

### 1.民间信仰与迎神赛会

清末徽州乡村社会中,乡民对于包括祖先、自然和英雄等神灵的崇拜与信仰十分虔诚。围绕信仰与崇拜所开展的游神赛会活动,其内涵也丰富多彩。清末的徽州游神赛会场面宏大,表演惊心动魄;参与者和观赏者人数众多,如痴如醉。在黟县,"黟俗多联会赛神,汪公华、张公巡、许公远、关圣帝、周宣灵王、忠孝大节,素为黟所崇。奉康公深自山右,与张公巡同迎归者,称'张康菩萨'。张公巡为太子舍人,西安有宋碑称张巡为三太子,故又祀三太子。尤为不经者,七都复有游太阳、降童之事。岁六月酷暑时,舁各神像出游,数日乃还,谓之'游太阳'。又有村巫行术,降神附童子身,踯跳若狂,谓之'降童'。别煎大釜油,下豆腐,赤手入沸油,取出俵分而手不烂"①。

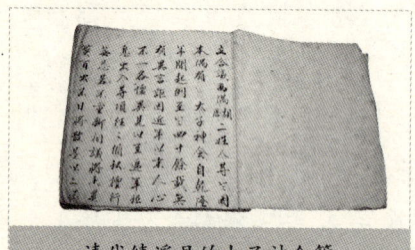

清代绩溪县的太子神会簿

五猖神信仰是徽州也是江南其他地区民众最为普及的一种信仰之一。"五猖"又称五圣、五显、五郎等,初为婺源县域的五种瘟神,徽州的五显庙或五显祠或五猖殿处处皆有。在祁门,由于该地"最重神道,岳帝、祖师、地藏、五显、土地莫不有会,愚妇最畏

清光绪二十四年题匾的歙县昌溪祭祀汪华的忠烈庙

---

① 刘汝骥:《陶甓公牍》卷一二《法制科·黟县风俗之习惯·神道》。

神明,每遇疾病,诚心祷祀,一似神道骤从天降者"①。在休宁海阳镇,每年农历五月初一的五猖庙会(又称"打猖会")盛况空前,热闹非凡。是日,四乡八里的百姓云集海阳,烧香嬉戏,沿街茶楼、酒肆以及其他店铺,纷纷燃香点烛,祈求五猖神主驱鬼祛邪,保佑平安。庙会期间,白日由会首牵头,组织游神队伍抬着神像游街。游街队伍彩旗猎猎,黑白棍、肃静牌、万民伞、十锦担、茶水担夹杂于队伍之中,另有四人抬着大香案、纸扎猪牛羊等生灵偶像走在中间。顿时鼓乐喧天,一派如痴如狂景象。在绩溪旺川,人们专门成立了善会组织,于六月举行所谓的"六月会",扎制篾编纸做的龙舟。舟中设船舱,舱中端坐张巡、许远神像,舱外画有五种瘟神像及一青面獠牙之恶鬼,舟首挺立雷万春将军像,蓝面赤须,狮鼻环眼,手持金色长槊,称为"大王"。舟尾竖立南齐云将军像,红面黑须,竖眉怒目,手执银色长戟,称之为"小王"。六月会开始后,举行大、小王登舟仪式,村中青壮年于是开始了抢大王的比赛。大、小王神像抢到手后,由年轻力壮的青年高举于村中巡游,所经之处,家家户户燃放爆竹,以避邪驱瘟。大、小王神像被轮番高举游遍全村后,重新擎回龙舟。至此,抢大王活动结束。此时,篾扎纸糊的神像已被撕扯得支离破碎。大、小王神像重新抬回龙舟后,工匠们将扯得粉碎的神像戴上头盔和面具,披上红、蓝绸布大袍,再由主持佛事的僧人以朱笔蘸鸡血为大、小王神像开光。此时,锣鼓喧天,爆竹齐鸣,人头涌动,迎神赛会活动达到了高潮。② 此后,便开始由小儿扮演的角色,开唱《西游记》《八仙过海》和《嫦娥奔月》等戏曲。在休宁,"城隍庙之扮鬼会,邑人之相沿也"③。休宁西部山区旌城一带的十三都三图,自明代崇祯十年(1637)起,就创立了以祭祀越国公汪华、汪华之九子九相公和胡元帅为中心而成立祝圣会,除了个别年份外,这一会社组织每年正月十五日都要举行盛大的祭祀和游神活动,时间一直持续

---

① 刘汝骥:《陶甓公牍》卷一二《法制科·祁门风俗之习惯·神道》。
② 参见曹尚荣:《昔日旺川的"六月会"》,绩溪县上庄镇旺川老年人协会编《旺川古今》,1999年12月版,第157页。
③ 刘汝骥:《陶甓公牍》卷一二《法制科·休宁风俗之习惯·神道》。

至 1941 年。①

徽州这种传统的民间信仰和迎神赛会,作为民间文化的重要内容,长期存在于徽州特别是乡村社会之中,成为广大民众一项重要的文化活动。但信仰神灵的泛滥,信众的过于迷痴,迎神赛会活动的铺张浪费以及由此而引发的一系列社会问题,在明代就已引起一些地方官员的关注和忧虑,如明末歙县知县傅岩就曾对歙县的民间迎神赛会活动进行了禁止,在他所颁布的《禁赛会》公文中,就对徽州民俗喜竞赛会以及由此而带来的一系列社会问题进行了说明,指出:"徽俗竞赛神会,因而聚集游手、打行,凶强恶棍不以无事为福,惟以有事为荣。或彼此夸奢,或东西争道,拳足不已,挺刃相仇。伤小则斗殴兴词,伤大则人命致讼。今即以迎神论,尔民之迎神以祈福也,以香花拜祝始,而以血肉淋漓、腰折臂伤终,此可谓之有福乎?"②徽州迎神赛会既已在民间形成广泛的群众基础,成为徽州民俗文化的重要组成部分,当然也就很难以一纸禁令所革除。延至清末,这种迎神赛会不仅未能得到有效禁止,反而愈演愈烈,"醵钱迎赛,无村无之,其所演戏曲又多鄙俚不根之事。一届秋令,其赴九华山、齐云山烧香还愿者,络绎不绝。尤可怪者,七月十五日,相沿于府署宜门,招僧道多人,作盂兰道场"③。以致徽州知府刘汝骥将其列入迷信范畴,并专门为此颁布了破除迷信的告示,告示原文如下:

### 破除迷信示

为出示晓谕事,据礼房禀称:清明日、七月十五日、十月初一日,俗谓之"三元会"。中元会向在本署宜门外,招僧道多人,设坛诵经等语。本府闻之愕然,不解其故。查中元令节,例有小祭,意在驱逐游魂、禳除沴戾。此亦守土者所有事,但此事须在厉坛举

---

① 参见《祝圣会簿》,原件藏南京大学历史系资料室。
② 傅岩:《歙纪》卷八《纪条示·禁赛会》。
③ 刘汝骥:《陶甓公牍》卷一〇《禀详·徽州府禀地方情形文》。

行，犹属名正言顺，断未有堂堂衙署铙鼓齐鸣，作盂兰之大会者。历任太守，謇谔亮直者，代不乏人，何以不为纠正，殊不可解。本府奉命来守是邦，凡淫昏之祀、无益之费，将一切罢黜之。若以法堂而作道场，无论大骇物听，为有知觉、有血气者所窃笑。试问，若敖虽馁，其敢张牙舞舌、出出嘻嘻，向公堂而求食乎？且本府于佛经梵语，向未问津。所谨守服膺者，圣门之戒而已。聚无数髡缁，喃喃作咒，尚复成何政体？此则硁硁之见，不能不宣布于大庭广众者也。江南风气，佞神媚佛，习为固然。或舁一木偶出巡，名曰赛会；或悬一画容供养，名曰建醮。遇有丧祭、周诞等事，则穷奢极欲，破产亦所不恤。掷脂膏于虚牝，乞冥福于乌灵，耗财费事，莫此为甚。此等风气，徽郡恐亦不免。除本月中元节已饬另行择地致祭外，合特明白晓谕。

为此，示仰合属士庶人等，一体遵照。此后一切浮靡浪费，无裨公益之事，即行革除，以破迷信而挽浇风。本府有厚望焉。切切，特示。①

这则告示是否起到了禁止民间迎神赛会的作用，只要翻检一下民国时期徽州的地方志和各种迎神赛会的账本，其结果便一切知晓了。下面是民国《歙县志》"风俗"卷中关于徽州府治歙县迎神赛会的记录：

城关一带好事者，更以钟馗偶像架诸肩，团团旋转于市衢，金鼓随之，旁人亦燃放爆竹，掷五色小纸块纷飞空中以助兴。中元节，家具素馔并面制各品享先，间有延僧逐荐者。……邑人敝俗，迎神赛会，岁糜巨资，自明已然，至今未艾。②

可见，刘汝骥以破除迷信的名义，希图革除徽州迎神赛会的陋俗

---

① 刘汝骥：《陶甓公牍》卷一《示谕·破除迷信示》。
② 民国《歙县志》卷一《舆地志·风土》。

显然是不成功的。作为休宁西部山区以旌城为中心的旨在祭祀越国公汪华和胡元帅而于每年正月举行的迎神赛会,在光绪末年至民国三十年(1941)也基本没有中断,这从《光绪至民国祝圣会簿》的记录可以直接反映出来。①

### 2. 民间信仰与演戏酬神

演戏酬神、搬演戏剧是清代徽州乡村社会中乡民文化生活中又一必不可少的内容,所谓"徽俗最喜搭台观戏"②。一般来说,戏剧演出,多由宗族和会社组织等出面组织进行,如休宁祝圣会就有组织演戏的节目,祝圣会的《会规》中,有关演戏的规定十分明确,"本村祝明圣会,各户遵前规例,恪守无异,迩来会戏亦守前规。自今而后,犹恐新春雨雪阻期,众议凡戏子若到,天色晴,即在台上搬演;若雨雪不能外演,在议堂中搬演,以便会首之家"③。在祁门、婺源和绩溪等县山区,许多村庄和宗族往往对违反宗族或村庄规约的人给予"罚戏一台"的处分,从另一个侧面反映了清代徽州乡村社会的戏剧文化生活。当然,在演戏酬神的过程中,包括祖先之神在内的神灵与民众同观戏曲,形成娱人娱神、人神共欢的局面,当然是徽州乡村宗族社会中最常见的一种娱乐形式。但就是这种娱乐也被清末徽州知府刘汝骥以"淫戏"的名目而被颁文禁止。刘汝骥颁布的《禁演淫戏示》内容如下:

> 为严禁淫戏事。照得美人蔓草,思本无邪;优孟衣冠,义存讽谏。郑滥淫志,宋燕溺志,盖声音与政相通。河西善讴,齐右善歌。惟戏曲感人最易,揆厥初哉,义兼劝戒。世风日下,古乐销沈,非鲍朝再世,难免屡憎于人。即傀儡登场,亦且冶容以诲,举国若狂,司空见惯。其害及世道人心,殊非浅显。本府下车伊始,以维持风化为己任,凡一切艳情小说、淫荡戏齣,概不准登台试演,

---

① 参见《光绪至民国祝圣会簿》,原件藏南京大学历史系。
② 傅岩《歙纪》卷八《纪条示·禁夜戏》。
③ 《崇祯十年至康熙四十九年祝圣会簿》,抄本,原件藏南京大学历史系资料室,编号 000055。

自取罪戾。其有能采古今忠臣、孝子、奇男子、奇女子之嘉言懿行谱入新声,开通风气者,则非惟梨园之翘楚,抑亦社会之嘉禾,本府当赏给银牌,以奖励之。除传谕各戏班具结,不准再演淫戏外,为此,申明禁令,仰阖属士绅人等一体查照。后开各戏目,永远不准点演。令出惟行,俗以渐化。《登徒子》原非好色,不过滑稽之寓言,敬新磨意,在规时,毋为优俳所窃笑。詹詹小言,切切。特示。①

当然,与禁止迎神赛会一样,刘汝骥对徽州演戏的禁令,同样变成了一纸空文。诚如民国歙县《丰南志》云:"演戏酬神,传之已久。"②一种陋俗民俗既已形成,原非朝夕所能见效,很难一时革除。对此,民国《歙县志》亦云:"此俗之当革矣。"③

3. 民间信仰与民间文化的嬗变

尽管清末徽州的民间信仰与民间文化延续着传统民俗的惯性,依然按部就班地向前发展着,但随着外国资本主义的侵入和咸同兵燹的劫难,这种传统的民间信仰和民间文化也在千古未有之变局中发生着嬗变。

历经鸦片战争,咸同兵燹的冲击,徽州遍地萧条,民间信仰和民间文化也在经受着剧烈的冲击。黄宾虹在光绪三十四年撰写的《叙村居》一文中,曾无奈地慨叹:"上溯甲子,三元恰遇,百余年来,人事递嬗。在昔先民,布公仗义,莫不勤慎节俭,克成厥家。后人席履丰厚,悉竞奢靡。奢靡之害,流为僻傲,以故中落。……近十数年来,故家耆老,相继沦谢。商务外移,弃贾归者,力不任耒耜,户庭食窭。礼教陵替,勃豀诟谇之声,不绝于巷。摧栋折柱,砾石塞途,媮婧相寻,腜坏以瘠,川壅成淤,山童不材,乔荫毁于疾雷,杰构败于骤雨,天时之变,曷

---

① 刘汝骥:《陶甓公牍》卷一《示谕·禁演淫戏示》。
② 民国《丰南志》卷一《舆地志·风土》。
③ 民国《歙县志》卷一《舆地志·风土》。

其有极。嗟夫！今昔之殊，兴替之感，人有同情。"①的确，在咸同兵燹的重创下，徽州很多地区变成一片瓦砾，曾经的东南邹鲁、文献之国、礼仪之邦的徽州，在鸦片不断输入、洋货充斥城乡市场的背景下，吸食鸦片渐成牢不可破之陋习，徽州传统手工业制品如土布等也在洋布输入的冲击下走向了衰败的深渊。"徽俗不论贫富，吃烟者十人而六七。"②吸食鸦片已成为徽州诸多社会陋俗中最为重要的陋俗之一，诚如刘汝骥所云："吾国生计，问题种种，受外人朘削，而朘削之最酷者，莫如鸦片。其他洋货不过攫吾财而已，鸦片则并吾民生产力而胥攫之，此殆中国之通患，而吾婺受患尤巨。下流贫民烟瘾特深婺源。"③至于洋货，在输入徽州后，引起了徽州民众的强烈购买欲望，"各色客布、洋布销售颇多"④。在祁门，"近今民风稍奢，喜用洋货，惟城一都为最"⑤。在婺源，"盖无人不喜洋货、嗜新品矣"⑥。"近各国通商，多染外洋习气，城中短衣窄裤，即于在谷满谷、在坑满坑。女子亦穿长衫，不着下裳，风气大变。又有少年子弟，剪发作流海圈，殊非雅尚"⑦。就是在号称"小桃园"、民风淳朴的黟县，咸同兵燹以后，"学、商两界，喜用洋货，渐有由俭入奢之势"⑧。在绩溪，"道光、咸丰间，衣必土布，用必土货，其好尚惟以朴实坚固者为合度。兵燹以后，洋货充牣，货巧而价廉，殷商显宦倡之，士庶亦效之。盖绩人算小不算大，无爱国爱群心，后生新进复袭泰西皮毛，衣洋衣，食洋货，其食用必期混同于欧俗"⑨。男子"不但粗布不穿，土货细布亦不愿穿，绸缎纱罗亦憎本货而喜洋

---

① 原载《国粹学报》42、43 期，引自上海书画出版社、上海博物馆：《黄宾虹文集·杂著编》，上海书画出版社 1999 年版，第 12 页。
② 刘汝骥：《陶甓公牍》卷一〇《禀详·徽州府禀地方情形文》。
③ 刘汝骥：《陶甓公牍》卷一二《法制科·婺源民情之习惯·生产者不生产者之分数》。
④ 刘汝骥：《陶甓公牍》卷一二《法制科·祁门风俗之习惯·服饰》。
⑤ 刘汝骥：《陶甓公牍》卷一二《法制科·祁门民情之习惯·食用好尚之方针》。
⑥ 刘汝骥：《陶甓公牍》卷一二《法制科·婺源民情之习惯·食用好尚之方针》。
⑦ 刘汝骥：《陶甓公牍》卷一二《法制科·婺源风俗之习惯·服饰》。
⑧ 刘汝骥：《陶甓公牍》卷一二《法制科·黟县民情之习惯·食用好尚之方针》。
⑨ 刘汝骥：《陶甓公牍》卷一二《法制科·绩溪民情之习惯·食用好尚之方针》。

货。鞋喜瓦式、洋式,平时亦喜穿操靴,更喜穿革履"①。在欧风美雨的不断浸淫下,徽州的服饰、饮食等日常生活民俗正在发生着嬗变。这种嬗变,在涤荡徽州旧有民间文化的同时,也在把徽州拉向变革的轨道,尽管这种变革是被迫的,却是一种无法改变的趋势。

当民间笃信的越国公汪华、忠壮公程灵洗等地方神灵以及祖先神灵并未能保佑徽州免于战争浩劫命运之时,徽州民众的信仰尽管在兵燹后没有发生动摇,但沮丧、愤懑和失落之情,在咸同兵燹后还是在徽州社会各阶层中滋生与蔓延。无论是文人著作、地方志,还是族谱,在对徽州这段历史描述时,几乎都是异口同声地加以挞伐。而随着咸同兵燹的结束和所谓"同治中兴"的到来,西方传教士大量来到中国,并深入僻远的徽州山区,建立教堂,传播教义,广收信众。一时间,天主教、耶稣教等教堂在徽州各地大量地建立起来,"查绩溪服天主教者,庚子年有教民二百八十七人,恃势横行。凡诉讼,皆恃保护,故服教者日多"②。婺源天主教堂则在光绪二十六年被所谓"外匪"焚毁后,"经许观察鼎霖与米司铎妥议,诏予赔款,听其造教堂于城内,因建于保安门一带,广袤数亩,而董门被毁之教堂亦已重造"③。徽州传统的民间信仰在天主教、耶稣教传入后,也在发生局部的变化,绝非如许承尧所说的"徽州独无教门……所谓天主之堂、礼拜之寺,无从建焉"④那样,即使在许承尧所在的歙县,城中也建有英国耶稣堂和法国天主教堂各一所。⑤ 当然,为了弥补心灵上的创伤,咸同兵燹后,徽州各地宗族除了在祠堂为亡灵升主标准方面有所放宽之外,对祖先的祭祀之礼

清末的汪华神像

---

① 刘汝骥:《陶甓公牍》卷一二《法制科·绩溪风俗之习惯·服饰》。
② 刘汝骥:《陶甓公牍》卷一二《法制科·绩溪风俗之习惯·宗教》。
③ 光绪《婺源乡土志》第十九课《天主教堂》。
④ 许承尧:《歙事闲谭》卷一八《歙风俗礼教考》。
⑤ 参见刘汝骥:《陶甓公牍》卷一二《法制科·歙县风俗之习惯·宗教》。

也更加庄谨,"祭礼,俗守《文公家礼》,在昔小异大同,咸同以后,踵事增华,三献也"①。

徽州民间文化的嬗变还表现在咸同兵燹后西方平等观念的传入,特别是在外埠报刊诸如《申报》《政治报》《安徽报》等报刊的输入,使得包括顽固存在于徽州乡村社会的佃仆制以及由佃仆制而形成的下层文化,逐渐产生了变化,正如光绪《婺源乡土志》所云:"乡落皆聚族而居,族必有谱,世系数十代尊卑秩然,主仆之分甚严。即其家殷厚,终不得例于大姓、或有冒与试者,攻之务去。近来欧人平等之说输入中华,脱仆籍而入上流可企踵,而俟事机之会矣。"②

徽州民间信仰与民间文化的嬗变是缓慢的,并未对徽州的传统社会造成剧烈的冲击,但这种潜移默化的变化正如一股暗流,一旦遇到合适的契机,便会迅速地发生改变。只是这种契机尚未来临而已。

---

① 民国《歙县志》卷一《舆地志·风土》。
② 光绪《婺源乡土志》第七十四课《续前三》。

# 第三章
## 民国初年的徽州文化

在清王朝日益腐朽、帝国主义侵略进一步加深、中国民族资本主义初步成长的基础上，1911年10月，驻守武昌的新军发动起义，相继占领武昌、汉阳和汉口，宣布成立中华民国军政府鄂军都督府（即中华民国湖北军政府），公布军政府檄文和《安民布告》，宣布改国号为中华民国。随后，全国各地纷纷起兵或独立，清王朝最后土崩瓦解，退出了历史舞台。因这次革命发生在农历辛亥年，故将这次起义称为"辛亥革命"。武昌起义后不久，清朝徽州知府许月涵和歙县知县宋灿弃官而逃，徽州各县先后光复。次年，中华民国建立后，徽州隶属安徽省管辖。同年4月，歙县汪国杰等人被推选为安徽临时议会议员。

辛亥革命结束了中国长达两千年之久的君主专制制度，是一次伟大的革命运动。辛亥革命是近代中国比较完全意义上的资产阶级民主革命。它在政治上、思想上给中国人民带来了不可低估的解放作用。革命使民主共和的观念深入人心，反帝反封建斗争，以辛亥革命为新的起点，更加深入、更加大规模地开展起来。

在民国初年即1912至1937年的二十余年时间里，随着政权的更迭和社会的变革，无论在文学、艺术、思想和学术，还是在宗族文化和民间文化等各个领域，徽州文化都在剧烈的社会变革中发生着全方位的转型与变化。

# 一　五四新文化运动和新思想在徽州的传播

辛亥革命尽管在名义上推翻了清王朝，结束了中国两千多年封建专制制度的统治，建立了中华民国。但由于辛亥革命的先天不足，社会思想、文化生活依然被束缚在封建的桎梏之中，袁世凯的称帝、清王室的复辟、孔教的喧嚣和社会的沉闷压抑，所有这些都需要一场文化革命，从灵魂深处、伦理道德和思想观念上彻底荡涤封建的余毒。

## （一）胡适和新文化运动

胡适（1891—1962），字适之，绩溪上庄人。在新文化运动中，胡适因积极提倡和领导文学革命而成为新文化运动的主要领袖之一。他早年就读于上海梅溪学堂和澄衷学堂，初步接触了西方的思想文化。宣统二年留学美国，入康奈尔大学，先读农科，后改读文科。1915年转入哥伦比亚大学，求学于哲学家杜威，深受其实验主义哲学的影响。

胡适像

1916年10月，胡适致信陈独秀，提出了"今日欲言文学革命，须从八事入手"[①]。这就是著名的"八不主义"。次

---

[①] 胡适：《胡适文存》一集卷一《致陈独秀》，上海亚东图书馆1930年版，第4页。

年,他在《新青年》上发表了《文学改良刍议》长文,再次重申并详细阐释了文学改良的八项主张,即"一曰须言之有物,二曰不摹仿古人,三曰须讲求文法,四曰不作无病之呻吟,五曰务去滥调套语,六曰不用典,七曰不讲对仗,八曰不避俗字俗语"①,主张文学应随时代变迁而变迁,认为"文学者,随时代变迁者也。一时代有一时代之文学"②。这篇作品成为胡适主张文学革命的宣言书。紧接着,陈独秀于第二期《新青年》上发表《文学革命论》,不仅高度评价胡适《文学改良刍议》,而且以此文声援胡适:"文学革命之气运,酝酿已非一日,其首举义旗之急先锋,则吾友胡适。余甘冒全国学究之敌,高张'文学革命军'大旗,以为吾友之声援。"③1917年5月至1918年4月,胡适又先后发表了《历史的文学观念论》和《建设的文学革命论》两文,继续高扬文学革命的大旗,倡导白话文、反对文言文,"故以为今日之文学,当以白话文学为正宗"④。要"用白话作各种文学"⑤,"若今后之文人不能为吾国造一可传世之白话文学,则吾辈今日之纷纷议论,皆属枉费精力"⑥。胡适将自己建设新文学的唯一宗旨概括为十个字,即"国语的文学,文学的国语"⑦。他指出:"我们所提倡的文学革命,只是要替中国创造一种国语的文学,有了国语的文学,方才可有文学的国语。有了文学的国语,我们的国语才可算得真正国语。"为此,他痛斥"中国二千年只有些死文学,只有些没有价值的死文学"⑧。

在胡适的倡导和陈独秀等的声援下,以提倡白话文、反对文言文,提倡新文学、反对旧文学为口号的新文化运动文学革命,在当时的文坛起到了振聋发聩的作用,引起了社会的强烈反映,是一种前所未有

---

① 胡适:《胡适文存》一集卷一《文学改良刍议》,上海亚东图书馆1930年版,第7—8页。
② 胡适:《胡适文存》一集卷一《文学改良刍议》,上海亚东图书馆1930年版,第9页。
③ 胡适:《胡适文存》一集卷一《附录陈独秀·文学革命论》,上海亚东图书馆1930年版,第24页。
④ 胡适:《胡适文存》一集卷一《历史的文学观念论》,上海亚东图书馆1930年版,第46页。
⑤ 胡适:《胡适文存》一集卷一《建设的文学革命论》,上海亚东图书馆1930年版,第84页。
⑥ 胡适:《胡适文存》一集卷一《历史的文学观念论》,上海亚东图书馆1930年版,第46页。
⑦ 胡适:《胡适文存》一集卷一《建设的文学革命论》,上海亚东图书馆1930年版,第73页。
⑧ 胡适:《胡适文存》一集卷一《建设的文学革命论》,上海亚东图书馆1930年版,第74页。

的精神解放运动。受胡适提倡白话文的影响，《新青年》自 1918 年起，改行白话文。五四运动以后，一批青年学生举办的白话文刊物如雨后春笋般兴起。因此，胡适于新文化运动可谓功莫大焉。

胡适在新文化运动中积极提倡个性解放，在 1918 年为《新青年》撰写的《易卜生主义》一文中，胡适指出："社会最大的罪恶莫过于摧折个人的个性，不使他自由发展。"①他还借助易卜生戏剧中显而易见的学说，抨击社会专制，压制个性自由独立，认为"社会最爱专制，用强力摧折个人的个性，压制个人自由独立的精神；等到个人的个性都消灭了，等到自由独立的精神都完了，社会自身也没有生气了，也不会进步了"②。他还认为："发展人的个性要有两个条件。第一，须使个人有自由意志；第二，须使个人担干系，负责任。"③胡适积极主张思想和言论自由，在 1919 年 4 月撰写的《不老——跋梁漱溟致陈独秀书》中，"极力提倡思想自由和言论自由，养成一种自由的空气，布下新思潮的种子"④。在深受封建伦理纲常压迫的背景下，胡适倡导个性独立、思想和言论自由与解放，抨击专制、压制人性的文字，在当时无疑是具有石破天惊的意义和作用的。

胡适还倡导妇女解放。在新文化运动中，提倡妇女解放也是重要的内容之一。中国妇女深受封建社会"三从四德"的毒害，缠足陋俗的广泛存在，"饿死事小，失节事大"的强调，都极大地摧残了妇女的身心健康。胡适在 1918 年 7 月发表于《新青年》杂志上的《贞操问题》，对北

---

① 胡适：《胡适文存》一集卷四《易卜生主义》，上海亚东图书馆 1930 年版，第 34 页。
② 胡适：《胡适文存》一集卷四《易卜生主义》，上海亚东图书馆 1930 年版，第 24 页。
③ 胡适：《胡适文存》一集卷四《易卜生主义》，上海亚东图书馆 1930 年版，第 35 页。
④ 胡适：《胡适文存》一集卷四《不老——跋梁漱溟致陈独秀书》，上海亚东图书馆 1930 年版，第 126 页。

洋政府颁布的《褒扬条例》鼓励妇女殉夫守节各个条款,如寡妇再嫁、烈妇殉夫和贞女烈女问题,逐一进行了有力的驳斥,指出:"以近世人道主义的眼光看来,褒扬烈妇烈女杀身殉夫,都是野蛮残忍的法律。这种法律在今日没有存在的地位。"[1]此后,胡适还分别撰写发表了《论贞操问题》《论女子为强暴所污》等文章,对迫害妇女的所谓贞操问题予以挞伐。

作为杜威的学生,胡适笃信和宣传杜威的实验主义,认为"杜威先生的哲学的基本观念是:'经验即是生活,生活即是应付环境。'"[2]"知识思想是人生应付环境的工具。"[3]从本质上说,实验主义实际上是一种方法论,杜威把思想分为五个步骤:(一)思想的起点是一种疑难的境地;[4](二)指定疑难之点究竟在何处;[5](三)提出种种假定的解决方法;[6](四)决定哪一种假设是适用的解决;[7](五)证明。[8]可见,胡适提倡和宣传实验主义,是在于否定一切先验的价值,对一切均持怀疑和批判的态度。用他自己的话来说,就是"实验主义绝不承认我们所谓'真理'就是永永不变的天理,他只承认一切'真理'都是应用的假设;假设的真不真,全靠他能不能发生他所应该发生的效果"[9]。在《新思潮的意义》一文中,胡适指出,"新思潮的根本意义只是一种新态度。这种新态度可叫着'评判的态度'。评判的态度,简单说来,只

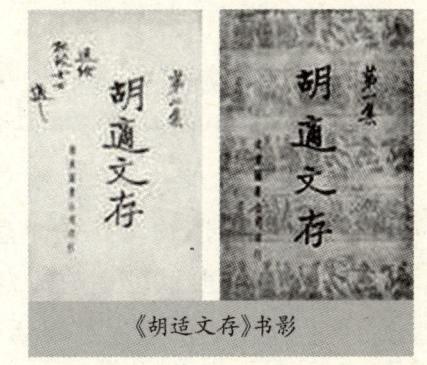

《胡适文存》书影

---

[1] 胡适:《胡适文存》一集卷四《易卜生主义》,上海亚东图书馆1930年版,第77页。
[2] 胡适:《胡适文存》一集卷二《实验主义》,上海亚东图书馆1930年版,第116页。
[3] 胡适:《胡适文存》一集卷二《实验主义》,上海亚东图书馆1930年版,第118页。
[4] 参见胡适:《胡适文存》一集卷二《实验主义》,上海亚东图书馆1930年版,第120页。
[5] 参见胡适:《胡适文存》一集卷二《实验主义》,上海亚东图书馆1930年版,第121页。
[6] 参见胡适:《胡适文存》一集卷二《实验主义》,上海亚东图书馆1930年版,第122页。
[7] 参见胡适:《胡适文存》一集卷二《实验主义》,上海亚东图书馆1930年版,第123页。
[8] 参见胡适:《胡适文存》一集卷二《实验主义》,上海亚东图书馆1930年版,第124页。
[9] 胡适:《胡适文存》一集卷二《实验主义》,上海亚东图书馆1930年版,第80页。

是凡事要重新分别一个好与不好"。接着,他引用尼采的话说"尼采说现今时代是一个'重新固定一切价值'的时代。'重新估定一切价值'八个字便是评判的态度的最好解释"①。胡适的怀疑论,尽管这种实验主义从本质上看是唯心主义的,但在当时的历史条件下,实际上充当了资产阶级怀疑、批判和否定旧传统、旧思想、旧制度的武器。他否认真理的绝对性,客观上起到了向封建专制制度挑战的作用。因此,它引起了当时进步知识青年的强烈共鸣。

作为新文化运动的领袖之一,从1917年倡导文学革命开始,胡适在中国现代文学、哲学、教育、道德和文化等诸多方面都作出了开拓性的贡献,鲜明地体现了"重新估定一切价值"的时代精神。在被自己誉为"中国文艺复兴运动"②的新文化运动中,胡适、陈独秀及其整整一代启蒙大师的奋斗,使中国的思想和文化得到了解放,真正是开创了一个新时代。这里,我们用胡适自己的话来结束本节的论述:"通过严肃分析我们所面临的活生生问题,通过由输入的新学理、新观念、新思想来帮助我们了解和解决这些问题,同时通过以相同的批判的态度对我国固有文明的了解和重建,我们这一运动的结果,就会产生一个新的文明来。"

然而,胡适在新文化运动中具有明显的两重性,当1919年五四运动爆发,特别是马克思主义思想得到广泛传播以后,主张"一点一点改良"的胡适便开始走向了历史的反动。他连续撰写了《多研究些问题,少谈些主义》和《再论问题与主义》等多篇文章,公开站出来反对马克思主义。对此,瞿秋白曾一针见血地指出:"五四运动不久,《新青年》中的胡适之派,也就投降了。"③

---

① 胡适:《胡适文存》一集卷四《新思潮的意义》,上海亚东图书馆1930年版,第152—153页。
② 胡适口述、唐德刚译注:《胡适口述自传》,广西师范大学出版社2005年版,第172页。
③ 瞿秋白:《瞿秋白文选》,四川文艺出版社2010年版。

## （二）五四运动和新思想在徽州的传播

由陈独秀和胡适领导的新文化运动,尽管存在这样和那样的问题与不足,但它在传播新思想、新文化,宣传科学与民主,反对封建与愚昧等方面,都起到了思想解放的振聋发聩作用。僻处山区的徽州,在新文化运动和五四运动的风云激荡下,一批知识分子和青年学生也开始走上了批判徽州封建文化、迷信和陋俗的道路,通过《新青年》和旅外徽州籍学生和知识分子的大力宣传,新思想在徽州得到了广泛的传播。

正在屯溪茶务学校读书、后来被誉为"湖畔诗人"的绩溪余川人汪静之,五四运动后,深受新思潮的影响,在阅读《新青年》杂志后,尝试着用胡适提倡的白话文写作新诗,同时将新诗寄给同乡胡适指导。在得到了胡适的鼓励后,他便一发不可收,从此走上了创作新诗的道路。1920年,汪静之转赴杭州浙江第一师范学校读书后,开始发表新诗。1922年,汪静之出版了他的第一部诗集——《蕙的风》。率真的汪静之冲破封建礼教和习俗的禁锢,"言人所不敢言,发人所不敢发"[①],成为新诗运动中个性解放最为彻底的一员。

汪静之像

五四运动后,新思想和新文化在徽州传播的过程中,一批知识分子和旅外商人、学生起到了中流砥柱作用。

1919年秋,陶行知介绍北京大学和南京高等师范学校的部分学生到歙县安徽省立三中任教。他们到达学校后,向学校师生宣传新文化、新思想。在进步思想的影响下,徽州各界进步青年,特别是旅外求

---

① 飞白、方素平:《汪静之文集文论卷》,西泠印社2006年版,第11页。

学和经商的进步青年,纷纷建立社团等组织,出版进步刊物。1921年,黟县旅沪经商、学徒的青年胡渊如、余一辰、汪励吾等人发起组织黟县青年励志会,并于次年4月在上海创办《黟山青年》季刊,由汪励吾任主编。该刊设有"社会感言""科学浅说""答问汇录""升学指南"和"编余随笔"等栏目,其办刊宗旨是联络乡谊,促进家乡建设,促进青年自立,增长青年知识,每年分春、夏、秋、冬四季出版。由于该刊栏目众多,并经常刊发改进家乡教育事业、废除封建陈规陋俗和推广农桑生产等文章,且注重实践调查,因此,其传播的新文化和新思想,给偏僻封闭的"小桃源"黟县带来了极大的冲击。因为稿量增加,1926年《黟山青年》改版为月报。1923年8月20日,北京"黟麓学社"主办的《古黟新语》创刊,这是一份宣扬爱国、民主、科学等进步思想的报纸,发起人为当时在北京大学、北京政法大学、北京工业大学等高校求学的黟籍学生舒耀宗、王同甲、欧阳道达等人。1925年10月,该刊因经费困难而停刊,翌年8月复刊,1927年终刊。该刊的办刊宗旨非常鲜明,即继承五四精神,高举反帝爱国旗帜,揭露封建黑暗,介绍民主思想,抨击迷信愚昧,传播科学知识。为此,该刊特别强调,刊物所讨论的问题"应以关切桑邦者为限",反对"空谈泛论,无病呻吟或削足适履,隔靴搔痒"。《古黟新语》发表的不少文章都切中时弊,尤其对以"小桃源"自诩的人指出:"'小桃源'不足为黟之历史荣,实足为黟之进化障。"该刊对不同意见的来稿和来函均予刊登,这对传播自由的新思想起到了重要的作用。

五四运动以后,《新青年》《新潮》《湘江评论》《星期评论》《创造评论》和《浙江评论》等宣传新思想、新文化的进步刊物,通过各种渠道传入徽州。地处休宁县万安镇的安徽省立第二师范学校一些学生还写信给《新青年》杂志。五四运动期间,该校学生积极声援北京学生反帝反封建的爱国运动,掀起反封建和反奴化教育。青年学生柯尚惠(即柯庆施)还与陈独秀联系,所有这些都促进了新文化、新思想在徽州的传播。一批青年学生创建了音乐会、体育会和学生会等社团组织,用白话文撰写批评旧文化、旧礼教的文章和日记。学生们还到休宁县城海阳镇及屯溪,并深入广大乡村,提倡和传播新文化、新道德、新思潮。1920年,由胡适支持和指导,汪原放首创使用标点符号重刊铅印出版的《水浒传》《红楼梦》《儒林外史》和《镜花缘》等小说,以及汪静之的白话诗集《蕙的风》等,一时风靡绩溪。同年,绩溪青年周德、周家昹、唐子宗、程本海、邵雪奴和程中一等还以"研究学术,介绍新思想、建设新绩溪"为宗旨,发起成立了绩溪学社,并编印《微音》月刊,作为宣传和批判的阵地。与此同时,随着中国共产党的建立,马克思的学说在徽州也得到了传播,胡祥木在为《坦川洪氏宗谱》所写的《序》文中,就明确使用了马克思的名字,并介绍他的思想和学说云:"自马克思氏学说腾播,然后社会问题久成群的。"①胡祥木还对当时各种新思潮进行评论,并申述了自己的主张,指出:"各大学之讲座既设专科,而政客名流亦竞事阐演,考其传嬗,寻其制度,究其学说,汲汲弗遑,甚且有醉心基尔特与苏维埃之组织者推波助澜,若此不足以策治安者焉。……今日救时之策,当取旧宪,酌以新潮,因势利导,治功可蕲。"②

## 二 徽州宗族文化的新突破

民国初年,徽州的宗族文化在延续传统的宗族文化的同时,逐步开始接受近代西方民主、自由、博爱的思想观念,并在传统族谱纂修中加以体现,个别宗族的族谱甚至出现了对西方马克思主义的介绍。这是民国初年徽州宗族文化的新突破。它标志着徽州传统的宗族文化能够与时俱进,适时革新的进步趋向。

---

① 民国《坦川洪氏宗谱》卷首《序》,民国十七年刻本。
② 民国《坦川洪氏宗谱》卷首《序》。

## （一）外来思想的影响与价值观念的变化

近代中国国门打开后，外来思想对徽州宗族的影响越来越大，很多西方的哲学思想，尤其是进化论思想、民主与科学观念，深深影响了徽州人。宣统绩溪《枢密葛氏宗谱》之《枢密葛氏重修家谱序》中涉及了西方思想对中国宗族的影响，"自泰西唱合群之说，中邦人士遂风靡一时，日腾于口而聒于耳。夫群当合也，群之所由合，与合之或有能力或无能力，则大有其道。在家为群之起点，族为群之质点，求起点与质点，群乃能合。近世俗习浇漓，人多流薄，一家之中嚣陵不靖，一族之内讦谇时闻，而浮华之士动曰合群，名非不美也，其实等于散沙乱叶而已矣，奚有于能力？""合群之说"①出自西方对中国家族社会性质的一种理解。

民国绩溪《洪川程氏宗谱》之《程敦睦堂世系谱序》作者黄宗培，明确提出了族群与国家的关系，就是小群与大群的关系，云："尝考人群进化之阶级，莫不本于纲常，继以宗法，而成于国家。宗法社会之时代即所谓家族主义之时代。族必有祠，宗必有谱，尊祖、敬宗、敦族之谊盖最重焉。自世运进于国家，进于大同，而宗法社会不复见重于世界，惟我新安旧俗素重聚族而居……程氏诸君子不惜耗其精神，□力于此宗法社会之事业，揆之世界进化之原理，固不相背，况且群之团结，造端夫妇，有夫妇而后有家庭，有家庭而后有宗族，有宗族而后有乡党，有国家，有世界。小群、大群体制虽殊，而处群之道则一，一族之事务不理，乃欲高唱大同，是直欺人之谈。可慨自欧化东迁以来，一般骛新者流鄙斥族制不遗余力，有所称道不曰世界即曰国家，见解虽是而其实效安在？反不如程氏诸君子尽瘁于一族事业，犹实益也。"②作者认为，大同世界不是空喊口号就能实现的，是需要实实在在建设好各自

---

① 宣统《枢密葛氏宗谱》卷首《序》。
② 民国《洪川程氏宗谱》卷首《程敦睦堂世系谱序》。

的家族，建设好自己的小群，这才是真正实现大同世界的阳光大道。实际上，在欧风东渐的大背景下，仍然有大量的知识分子和地方精英理性、客观地对待旧有的家族组织。

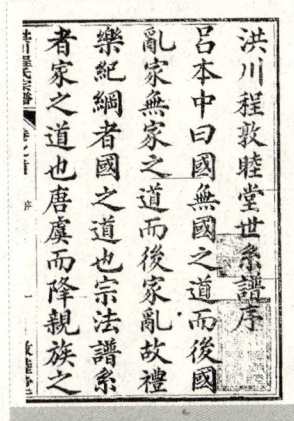

进化论与科学观对在徽州宗族的教育与职业观念也有很大影响。民国《鱼川耿氏宗谱》之《祖训·劝学》中关于教育方面，作者在说明民国学制之后，即阐发了自己的看法："子弟无论智愚，皆当受国民教育，然后习一职业，以资身而赡家，即或无力入中学，入高等小学，国民学校为初基教育所系，要当就学毕业，否则不惟不知书，且不知做人道理，安望有谋生技能，自立于天演竞争之世乎！"①很显然，从"天演竞争"这样的字眼，可以看到西方的物竞天择的进化论思想影响到了徽州家族，徽州家族的教育观念由此出现了新的变化。

绩溪《洪川程氏宗谱》书影

在职业观念方面，民国《鱼川耿氏宗谱》之《祖训·劝业》在引用士农工商皆可就业的观念后，重点阐发了农工商业的作用，指出："近世文明日进，职业教育日渐发达，我国顺世界潮流，亦驱重于此，各省现正提倡职业学校，将欲驱普通平民群趋于职业之一途，甚盛事也。夫农生货者也，工成货者也，商销货者也，诚使国民群趋向夫农工商各业，以科学思想发明新理，将见职业精进，大学生财之道即在是矣。"②

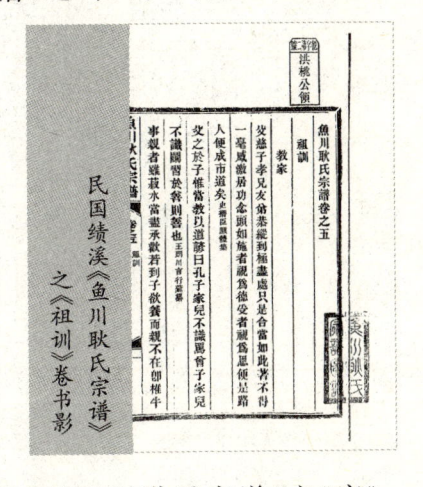

民国绩溪《鱼川耿氏宗谱》之《祖训》卷书影

马克思学说也影响了徽州家族，如民国《坦川洪氏宗谱》之《序》：

---

① 民国《鱼川耿氏宗谱》卷五《祖训》。
② 民国《鱼川耿氏宗谱》卷五《祖训》。

"自马克思氏学说腾播,然后社会问题久成群的。各大学之讲座,既设专科,而政客名流亦竞事阐演,考其传嬗,寻其制度,究其学说汲汲弗遑。甚且有醉心基尔特与苏维埃之组织者,推波助澜,若非此不足以策治安者焉,抑知吾国社会导源家族,与晢人军国主义根本歧义。"[1]

一些西方价值观也渗透进了宗族建设之中,如《鱼川耿氏宗谱》在族训部分讲"博爱","爱众亲仁为弟子职,西儒则更推之爱国家爱种族。顾使一族之众、一乡之人犹且争气结怨,恃强构讼,不特有惭合群进化之义,亦非任恤睦姻之道也。嗣后务率其族之人推爱身之恋以爱其家,推爱家之情以爱其族,更推爱族之义以爱其乡,迨其爱护之观念允实弥满,则进而达于国家种族矣。推其克爱与不克爱之故,一公私之判耳。盖私则争,争则交恶;公则让,让则相爱矣。故次之以博爱"[2]。将中国传统儒家伦理观念与西方价值观结合起来,说明了包括徽州在内的中国受西方的影响正在逐步加深,同时也说明了中国传统文化中并不缺乏现代思想。

### (二)徽州礼仪文化的变化

宗族文化受到国家法律影响最为明显的可能是在婚姻与财产继承方面。在婚姻方面的变化,就是不再主张早婚。如民国黟县《鹤山李氏宗谱》就在《家典》中规定:"古者男子三十而娶,女子二十而嫁,近世嫁娶多早,此中有关男女寿夭及子孙体气之强弱,现律亦有早婚之禁。愿我族人各体此意,斟酌适中行之。"[3]

祭礼方面出现了简化的趋势,如民国《鱼川耿氏宗谱》之《辛亥祠规》规定:"每年春分、冬至、伏腊四次为本祠祭祀之期。"[4]有的宗族规定,每年的元旦、春分、冬至、腊八四次在祠堂祭祖。除了四次祠堂祭

---

[1] 民国《坦川洪氏宗谱》卷首《序》,民国十七年刻本。
[2] 民国《鱼川耿氏宗谱》卷五《祠规》。
[3] 民国《鹤山李氏宗谱》卷末《家典》。
[4] 民国《鱼川耿氏宗谱》卷五《祠规》。

祀,还有清明祭扫。总体上看,与《家礼》相比,徽州宗族的祭祀出现了简化的趋势。

祠堂的地位不再那么神圣,个别宗族甚至出现了祠堂出租的现象。如民国歙县《府前方氏宗谱》之《祠规》就规定:"宗祠现有租客,暂不锁门。"[①]民国《鱼川耿氏宗谱》之《辛亥祠规》也规定:"除已议定租金,特别暂时借放屋料外,所有祠裔物件无论何时,一概毋许堆放。祠裔制备棺木,准暂时叠放栅门内中门外两旁,不得移置中门以内。"这恰好说明,祠堂已经成为族人堆放棺木的主要场所。

女子礼仪的变化最为明显。在一些家族中,女学已经得到公开的倡导。"女学亦宜并重,惟不必陈义过高,但教之明礼,教以正性情、习书数以理家事,以及手工缝纫、饲蚕缫丝绩麻之学,已堪为贤妇贤母之资。其俊秀而有力者欲求精到之学术,则听其自为之。禁缠足减刺绣,庶男子各得内助之贤,省无限食用,多无限生息矣。"[②]从"女子无才便是德"的传统社会突破到要求女子明礼义、正性情、习书数,已经把女子视作家庭管理的一个重要角色。有了贤内助的帮助,家庭可以节省很多费用,也可以增加很多新的财源。

### (三) 胡适的丧礼改革

礼仪文化最大的变化还是在丧礼方面。徽州家族礼仪渗透于家族的每个角落,特别是丧礼,徽州人尤为看重。徽州丧礼的变化,由胡适大力推动。胡适好怀疑,尤其是在宗教信仰方面,他对传统丧葬礼仪展开了批判性研究,主要观点见胡适的《我对于丧礼的改革》[③]。20世纪初年以来先进分子倡导改良社会风俗取得了一系列成果,其中包括对丧礼的一些改良。但是胡适觉得改良的力度还不够,认为,"现在

---

① 民国《府前方氏宗谱》卷二〇《祠规》。
② 民国《鱼川耿氏宗谱》卷五《家族规则》。
③ 参见胡适:《胡适文存》一集卷四《我对于丧礼的改革》。

丧礼的坏处,并不在不行古礼,乃在不曾把古代遗留下来的许多虚伪仪式删除干净"[1],他斥责其为迷信的、虚伪的野蛮风俗,揭露和批判了传统丧礼的种种弊端。

胡适对丧礼的历史发展有着准确而深刻的认识,认为与先秦时期相比,当今的丧葬礼仪已经简单了很多。胡适主张,礼仪不能影响人们的正常生活、不应增加人们的精神负担。"自古以来,礼仪一天简单一天。"丧礼简单化也是自然的趋势,"将来社会的生活更复杂,丧礼应该变得更简单"[2]。

胡适主张的丧礼改良,一是"把古丧礼遗下的种种虚伪仪式删除干净",二是"把后世加入的种种野蛮迷信的仪式删除干净",使丧礼"近乎人情,适合于现代生活状况"[3]。

胡适对丧葬礼仪改革方面的很多思考,不仅仅停留在文字上,而且被他付诸实践。1917年,胡适留美归来,被聘为北京大学教授,作为接受了新思想、新文化的新青年,胡适开始大力宣传丧葬礼仪改革。1918年11月27日是胡适应邀去北京通俗讲演所演讲"丧礼改良"的日子,但在11月24日就收到了母亲去世的电报。主张丧礼改良而突遇丧礼,这对胡适是一个考验,也是其朋友、学生对他的一次期待。11月25日在启程离京前就有两个学生向他建言:"适之先生向来提倡改良礼俗,现在不幸遭大丧,我们很盼望先生能把旧礼大大的改革一番。"

胡适没有辜负大家的期望,根据自己的改良理念,对母亲的丧礼进行了一次相当成功的改良实践。

首先是使用简明易懂讣帖。胡适设计了全新的讣帖:"先母冯太夫人于中华民国七年十一月二十三日病殁于安徽绩溪上川本宅。敬此讣闻。胡觉、胡适谨告。"胡适认为自己设计的新讣帖革除了三个陋

---

[1] 胡适:《胡适文存》一集卷四《我对于丧礼的改革》,第145页。
[2] 胡适:《胡适文存》一集卷四《我对于丧礼的改革》,第145页。
[3] 胡适:《胡适文存》一集卷四《我对于丧礼的改革》,第146页。

俗：第一，不用旧式讣帖中"不孝某某等罪孽深重，不自殒灭，祸延显妣"等有罪连带父母的虚文；第二，不用"孤哀子某某等泣血稽首"等套语；第三，革除了"孤哀子"后面排着一大群的"降服子""齐衰期服孙""大功""小功"等众多亲族的姓名和"拭泪顿首"等虚文。与旧讣帖相比，胡适的新讣帖内容简明扼要清晰，令人耳目一新。这一讣闻格式在《新青年》六卷六号登出后，人们纷纷效法。1920年8月，邵力子就曾向友人推介胡适用过的讣闻格式。①

其次是祭奠用品简单化。徽州风俗，遇丧之家，收到亲友邻居的祭奠用品有锡箔、白纸、香烛、盘缎、纸衣帽、纸箱担等。锡箔和白纸是家家送的，太多了，烧也烧不完，往往等丧事完了，由丧家打折扣卖给店家。胡适认为这是一种"靡费"。胡适到家之后，先发一个通告给各处有往来交谊的人家。通告上说："本宅丧事拟与旧日陋俗略有所改良，倘蒙赐吊，只领香一炷或挽联之类；此外如锡箔、素纸、冥器、盘缎等物，概不敢领，请勿见赐。伏乞鉴原。"②果然没有一家送这些东西过来的，和尚、道士也没有用。

第三是做真实的"先母行述"。胡适离家已久，对母亲的很多事情不了解，就拜访亲戚长辈，收集事实。他不用古文中的套语，而是说老实话，不怕得罪活人和死者。

第四是受吊时哀至则哭，不作伪。老规矩是：外面击鼓，里面启灵帏，主人男妇举哀，吊客去了，哀便止了。有些大户人家吊客多了，不能不出钱雇人来代哭。胡适受吊的时候，灵帏是开着的，丧主在帏里答谢吊客，外面有子侄辈招待客人；哀至即哭，哭不必做出种种假声音，不能哭时，便不哭了，决不为吊客做出举哀的假样子。

第五是简化祭礼流程。徽州祭礼最讲究，胡适从小就看到各种大大小小的祭祀，非常熟悉。丧家要请一班秀才先生来做"礼生"，代主人做祭。祭完了，每个礼生可得几尺白布，一条白腰带，还可吃一桌

---

① 参见邵力子：《邵力子文集》上册，中华书局1985年版，第387页。
② 胡适：《胡适文存》一集卷四《我对于丧礼的改革》，第129页。

"九碗"或"八大八小"。大户人家,停灵日子长,天天总要热闹,故天天须有一个祭。或是自己家祭,或是亲戚家"送祭"。家祭是今天长子祭,明天少子祭,后天长孙祭……送祭是那些有钱的亲眷,远道不能来,故送钱来托主人代办祭菜,代请礼生。胡适认为这些都是装面子,摆架子,不是真正的祭祀。他起初想把祭礼一概废了,全改为"奠"。但是,他的外婆七十多岁了,眼见一个儿子两个女儿死在她生前,心里实在悲伤,所以她听见他要把祭全废了,便叫人来说,"什么事都可依你,两三个祭是不可少的"。胡适只好依她,但是对祭礼进行了改革:第一,本族公祭仪节。(族人亲自做礼生)序立,就位,参灵,三鞠躬,三献,读祭文(祭文中列来祭的人名,故不可少)。辞灵,礼成。第二,亲戚公祭。[①] 胡适不要亲戚"送祭"。他把要来祭的亲戚邀在一块,公推主祭者一人,赞礼二人,其他人陪祭,一概不请外人做礼生。同时一奠,不用"三献礼"。这样,本来可分七八天的祭,十五分钟就完了。仪节如下:序立,主祭者就位,陪祭者分别就位,参灵,三鞠躬,读祭文,辞灵,礼成,谢奠。胡适认为,古祭礼在于人们深信死人的"灵"能真正享受祭品,带着古宗教的迷信。改良后的祭礼成为生人对死者表示敬意的礼仪。胡适期待这样的祭礼可以为大众采用。

第六是出殡不装模作样。古代出殡特别讲究,主人要头戴高粱孝子冠,手拄哭丧杖,装出一副因极度悲哀导致"扶而后能起,杖而后能行"的半死样子。胡适既然丧礼改良,既不戴高粱孝子冠,也没有其他合适的帽子,遂创新采用现代表示敬意的"脱帽法",也不拄哭丧杖。

第七,改革点主仪式。人死之后,神主入祠。俗礼有"题主"或"点主"之法,把神主牌先请人写好,留着"主"字上的一点,再去请一位阔人来,求他用朱笔蘸了鸡冠血,把"主"字上一点点上。这就是"点主"。点主作为一件最可装面子摆架子的事,在丧礼仪式中非常重要。当时家里人问胡适要请谁点主。胡适认为,古礼是请"善书者书主"(朱子

---

[①] 参见胡适:《胡适文存》一集卷四《我对于丧礼的改革》,第132页。

家礼与温公书仪同）。这是因为丧主怕自己字写不好,故请一位书法好人来写神主牌,表示郑重。后来的人,要借死人来摆架子,故请顶阔的人来题主。但是阔人未必会写字。胡适表示,自己不配借母亲来替自己装面子、摆架子,不如进行古礼。因此,请他的一位老朋友把牌位连那"主"字上的一点一齐写好。出殡之后,把神主送宗祠。

第八是不信风水之说。传统社会的丧葬,相信风水,寻求佳坟吉壤。胡适母亲殡殓之前,村上有人自称有一块风水宝地,胡母若在此下葬,可保胡适官至总长。胡适说自己也看过一些堪舆书,但不曾见哪部书里有"总长"二字,"还是请他留下那块好地自己用罢"。胡适最终将母亲安葬在先父铁花先生的墓旁。乡人以为这个外国翰林看中的一定是极好的地,不到十天,便有人在胡母冢前的田里造坟。有人对胡适说:前面的棺材挡住了后面的"气"。胡适回应说:"气是四面八方都可进来的,没有东西可挡得住,由他挡去吧。"①

第九是改良服制,实行短丧。传统社会中,丧服和丧期是根据五服制度安排的,子女要为父母服斩衰,守丧三年。清初思想家顾炎武曾叹息道:"三代圣王教化之事,其仅存于今日者,惟服制而已。"②说明五服制度在中国传统社会的深刻影响。正因为如此,连富有反叛和怀疑精神的胡适,在接到凶电的一开始,也糊糊涂涂地依着习惯,把缎子的皮袍脱了,换上布棉袍、布帽,帽上还换了白结子,又买了一双白鞋。时表上的链子是镀金的,所以留在北京。眼镜脚也是金的,但是来不及换,又不能离开眼镜,只好戴了走。里面的棉袄是绸的,但是来不及改做布的,只好穿了走,马褂袖上还加了一条黑纱。到了路上,胡适想想又觉得很惭愧。因为他觉得这时候自己用的丧服制度是一种没有道理的大杂凑:白帽结、布袍、布帽、白鞋,是中国从前的旧礼;袖上蒙黑纱是民国元年定的新制。丧事完了之后,胡适仍旧是布袍、布帽、白帽结、白棉鞋,袖上蒙了一块黑纱,并且已经习惯了,不觉得这种不中

---

① 胡适:《胡适文存》一集卷四《我对于丧礼的改革》,第 136 页。
② 顾炎武著,黄汝成集释:《日知录集释》卷一五《奔丧守制》。

不西半新半旧的丧服有什么可怪的了。第二年五月初,胡适在上海,终于下定决心,自己不是孔教徒,又向来不赞成儒家的丧制,要实行短丧。从五月七日起,胡适就不穿丧服了。由此数来,胡适前后只穿了五个月零十几天的丧服。

母亲是胡适生平最敬爱的一个人,为什么要对母亲实行短丧呢?胡适提出四个理由:第一,三年的丧服在今天没有必要保存下去;第二,真正纪念父母的方法很多,不是穿着孝服就能代表孝;第三,三年守制是古人遗留下来的,民国法律没有规定丧期;第四,现行的服制有许多说不清的地方,不仅造成"经济上的困难",而且还带来"心理上的麻烦不安",可谓"一无是处",[①]服制应该消除等级亲疏的界限。

综上所述,胡适改革丧葬礼仪的主张洋溢着强烈的时代气息,适应了社会变化,有力推进了传统丧礼的现代转型。通过丧礼改革,胡适表现出一位近代思想家和实干家的勇气和胆识,为振兴民族文化作出了贡献。

### (四)宗族管理方面的新变化

从民国时期新修的宗谱中可以看到,民国时期徽州宗族制度更为完善,管理更趋精致化。更为重要的是,徽州宗族能够与时俱进,顺应时代发展的潮流,从思想观念到管理方式都进行了变革,以适应新形势的变化。如民国绩溪的《鱼川耿氏宗谱》就制定了一系列几乎是全新的规则,如《辛亥祠规》《祔庙规则》《办祭规则》《保管祠产规则》《祠首规则》《值年司事规则》《惩戒规则》《家族规则》。下面就这些规则作一些介绍。

1. 祔庙规则

规定了该家族升主的时间、方式、经费及相关记录。具体规定

---

[①] 参见胡适:《胡适文存》一集卷四《我对于丧礼的改革》,第142页。

如下：

每年冬至日为宗族规定的各神主祔庙的日子。这天由各家迎主入祠，先推派一位擅长书法的族人把新主按照昭穆世次题于主牌，并登录在祠堂的牌簿上，然后才可以升祔。平时迎主入祠，只能把神主暂时奉祀于龛外，等到冬至日升祔。如果不在冬至日而在平时选择一个吉日升主，要由该孝子孝孙延请礼生祭告先祖，才可以升祔。

祠堂中的寝室龛座不得随便开启，只有到升主的时候才可以启龛。新主入祠要缴纳一定的费用，每牌铜圆 20 枚，配享每牌银圆 10 元。牌银必须先缴清，不得拖欠。

除了"牌簿"之外，祠堂中还要另立"行实簿"，凡新主名号、生卒年月、娶某氏、葬某山，以及其他事迹如忠臣义士、孝子顺孙、义夫节妇及热心公益等方面的事情，都详录其中，作为以后家族修谱的传记资料依据。

其实，在适应时代发展形势进行变革的宗族，不仅有鱼川耿氏宗族、绩溪盘川的王氏宗族，而且大都和鱼川耿氏宗族一样，更对原有的规则进

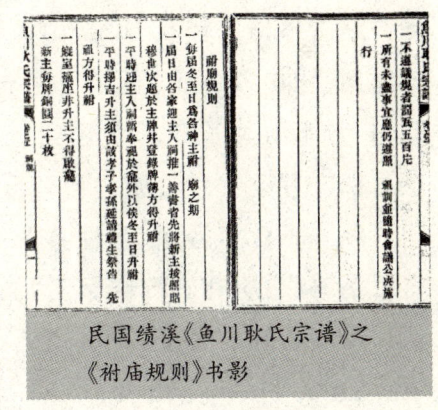

民国绩溪《鱼川耿氏宗谱》之《祔庙规则》书影

行了补充，所谓"至于今昔异制，应行改革者，亦俱说明理由，为辛巳修正规则"。为此，盘川王氏宗族专门增补了《辛巳修正规则》。① 同样是绩溪县的宅坦胡氏宗族，甚至成立宗祠祠务委员会来管理宗祠的修缮，并将族众的捐款多少，作为祔庙配享的依据。据其宅坦胡氏宗祠亲逊祠宗祠会议讨论决定："修理经费分丁口捐、特别捐两次，丁口捐每名四角，先收半数，特别捐以捐数之多寡，遵照本祠原例，享给百世不迁配享及像等名目。"②

---

① 参见民国《盘川王氏宗谱》卷五《祠规》，民国十年刻本。此处之"辛巳"指的是 1941 年。
② 《亲逊堂第四班民国二十二年七月会议录》，原件藏安徽省绩溪县上庄镇宅坦村民委员会档案室。

2.办祭规则

祭祀祖先是家族的大事,也是家族中的常事。《办祭规则》规定了祭祀时间、祭品、负责人、参加者以及如何颁胙。颁胙就是在祭祀之后分发祭品,能否分发到祭品关系到族人的权利、资格,分发到多少祭品则关乎族人的身份、地位。

耿氏宗族规定的全族性祠堂祭祖日期有四个:春分、冬至、伏祭、腊祭。祠堂祭祖由祠首和值年司事负责主管,族中的斯文、族长和耆老都要穿戴礼服,参与祠祭。

颁胙体现了年龄和身份的差别。耆老七十岁颁给胙肉、胙包各半斤,八十岁颁给胙肉、胙包各一斤,以上递加。但七十岁耆老无故不到祠与祭者停给。族长颁给胙肉、胙包各半斤,有前清生员之资格者颁给胙肉、胙包各一斤,但不到祠与祭者均停给。祖先配享的,每牌颁给胙包一斤,由其子孙承袭领给。祠首暨值年司事每人另给胙包一斤。誊写祝文并读祝生给胙包各一斤。

颁胙是针对耆老、管理者及有功名身份者这些特殊阶层的。颁胙之后是散胙,所有到祠与祭者均许散胙,每人生肉半斤,酒四两。如果遇到经济不好的时候,费用缺乏,可以停止颁胙和散胙,但是祭礼必须举行。

民国绩溪《鱼川耿氏宗谱》之《办祭规则》书影

除祠堂祭祖外,还有清明祭扫,即墓祭,耿氏宗族有"十八股清明"。该族清明原由祠裔17人捐租组织成立,再加上头户1股,共18股,名曰"十八股清明"。每届清明祭费由祠内发出干谷120斤,除四值年到仁里祭扫发给米16升外,剩下的仍归"十八股清明"支配使用。每届清明前三日举行,计每股到派丁1人,共18人上墓祭扫,祭扫完毕,也由18人散胙,关于祭品方面的相关规定都记载在《清明簿》中。

就参与每年春、冬二祭成员的资格问题,

一些宗族在遵循传统规定的同时,也不失时机地对规则进行修订,赋予新形势下宗族中精英人物参与祭祀的资格。如绩溪盘川王氏宗族就规定:"一、旧例之应与祭者,一律与祭;二、高等小学毕业生以上者;三、法定自治团体,现任职员;四、委任职、任事二年以上者如县署文牍员、典狱员、收发员之类,说明国体变更,科举废而捐输停,与祭资格不得不量予以更递,用重祀事,修正如今文。"①不唯如此,盘川王氏宗族对颁胙规则也进行了调整,在保持原有享受颁胙成员的基础上,增加了新的享受颁胙成员,"旧例之应给胙者,仍一律以有效。高等小学毕业生视廪附自治属员、委任职员得与高校毕业生□□等之胙。中学毕业生视贡元。高等毕业视举人。大学毕业生视进士。出洋留学毕业视翰林"②。

这种通过修订规则以顺应形势发展变化的做法,在民国初年的徽州宗族中具有一定的普遍性和代表性,它在一定程度上反映了徽州宗族的弹性发展和灵活变化的应对机制。

3.保管祠产规则

这是关于祠产保护方面的,具体规定:关于宗族共有的田地山场,不管是买卖租典,必须订立契约,田租要按时收清,不得拖延。如果有风水吉地,要公开租典,不能私下处理,否则查出就要责令迁让。宗祠土地不得租给异姓,鼓励开垦宗祠荒山荒地,宗祠坟山要共同保护,不得侵害盗砍,否则严惩。从保护的内容看,只规范了田地山场的保护,可能该族的祠产并不丰厚。

其实,不止是鱼川耿氏宗族,徽州地区的其他宗族对祠产增殖、管理和保护等,都用了一整套规则管理。毕竟祠产作为宗族的公共财产和宗族活动的经济基础,除了不断增殖,以为宗族活动提供源源不断的财力支持外,没有别的选择。对此,徽州宗族在保管祠产方面的建章立规不仅是全面系统的,而且也是最为严格的,对违规者的处罚也

---

① 民国《盘川王氏宗谱》卷五《祠规·节孝匾额输捐规则》。
② 民国《盘川王氏宗谱》卷五《祠规·辛巳修正规则》。

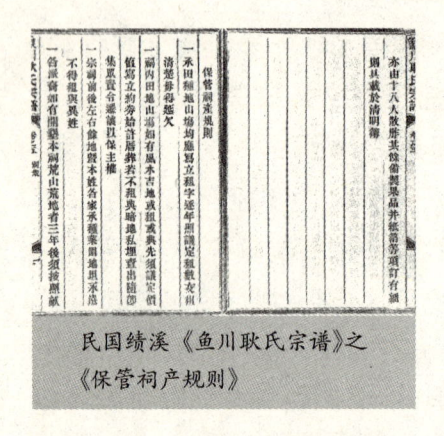

是极为严厉的。以盘川王氏宗族为例,该宗族祠产管理的组成人员经理四人,由族中公举之;管钱一人,由经理四人中选一身家殷实者充之;司账一人,由经理四人中择一公直勤慎者充之;头首四人,每年排年首者充之。这种管理体制、人员构成及其选拔机制,应当说是较为合理和科学的。同时,该宗族为避免管理人员从中舞弊,还专门制定规条,要求"银钱账目,不准一人独揽,以杜弊端。每年与经理头首结账时,务须将公项存数、两季租数以及各项出纳,逐细开列,以示其知。如有故意舛误、希图侵蚀亏空者,一经查出,照三倍议罚,另举公直者接理。如或经理头首知情容隐,一体示罚。倘恃顽不服,照侵蚀公项例革儆。……宗祠公款,无论置产放息、权租计利,经理与头首俱要悉心筹画,不许个人私自擅专,揽权作弊,总期有益于公,事垂永久"[①]。盘川王氏宗族的祠产保管规则可以说是极具典型意义的。即使这样,民国初年,为适应形势变革需要,该族依然经族众议决通过了相应的修订补充条款,对违犯条款者,给予"斥革,不许入祠"的惩处。在新增加的十条《惩戒规则》中,有一条直接涉及祠产保管问题,即第十条"侵蚀公款,或私卖祀产,经众觉察,强不受罚者"。"凡犯第十条,除回复原有款产外,并认罚金,得消灭之。"[②]

在婺源县,清华东园胡氏宗族也在《族长协立规条十则》中对宗祠拥有的动产和不动产制定了较为系统的祠规,予以严格的保护和管理,规定:"祠堂内则置锁,在村住者值月,上下首交代椅桌凳等物,不许移借。非婚祭公事,不得擅开祠锁,不得堆积物件。……违者,家长报知,理祠罚银一两入众,以为污家庙、假祭器者鉴。否则,并家长呈

---

① 民国《盘川王氏宗谱》卷五《祠规·管祠规则》。
② 民国《盘川王氏宗谱》卷五《祠规·惩戒规则》。

治。""凡出入账籍,上下两房分立二簿,逐壹记清。会众入祠,眼同对明,然后总结,登诸统簿存匣。其各房殷实经手放银之人,向祖宗神前拈阄,登名统簿。自阄始,至来年二阄,账籍银两开载明白,交付下手,以次传收,不得怀私。如有,查出公罚。"①

总之,民国改元后,徽州宗族对祠产的管理呈现出更加严格的趋势。

4.祠首规则

祠首是祠堂和祭祀管理者,徽州宗族的祠首一般实行轮值制。祠首任务繁重而艰巨,权力极大,举凡收掌租息、纳粮、祠产、祠堂钥匙和器具、祭祀、上丁进主等,都在其管辖之列。由于祠首职责和权限的极端重要性,其修养、品行、能力和水平的高低,就直接关系到宗族的兴衰安危。因此,徽州宗族往往制定相当具体细致的规条,对其进行规范和约束。按照鱼川耿氏宗族《祠规》的规定,宗族内设立祠首二人,由族中公选人品公正、家道殷实、办事能力强且勤快的族人担任,其中一人负责管理银钱,一人负责管理账目。有关宗族的公匣、契约、簿据等,则另推一人保管。值年司事每年收租的总账和租款要上交给祠首。如果祠堂银钱积攒到五元以上,祠首就必须放贷生息。每年冬至日结账,账目清单要公布出来。春分、冬至办祭,祠首要督同值年司事一起承办。"遇有重要事项,须召集祠众公决,毋得专擅。"②

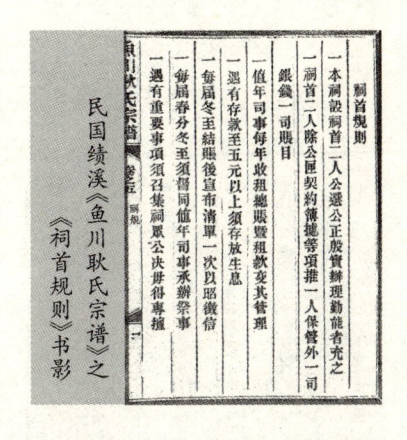

民国初年,鉴于形势的变化,徽州宗族对祠首的权利、义务以及违规处罚,规定得更加具体周密。绩溪城南方氏宗族设置五名祠首,其管理规则明确指出:"按前次所定班次,系照各派系图人数多寡挨值,

---

① 民国《婺源清华胡氏勋贤总谱》卷三〇《杂录》。
② 民国《鱼川耿氏宗谱》卷五《祠规》。

现今时势变迁,丁数复有增减,不得不权为变通。照现在情形,另行改定十二班,其规则仍照前次所定施行。倘日后丁有增减,亦宜随时核数通融。"为防祠首徇情怀私,城南方氏宗族甚至要求祠首实行亲属担保的方式,规定:"祠首虽系挨值,然各分必须内外亲房连环作保。其所收租息并各项银钱,逐时会同司值、查察封置公所,不得私自擅支,其一切事仪,务须恪遵定例。如有侵蚀等情,本人责革,保人赔偿。若有短欠,一经查出,照数追偿,加倍重罚。"①

5.值年司事规则

除设立祠首负责宗祠和祭祀的管理以外,徽州宗族还于设立值年司事,协助祠首对每年宗族的祠产和祭祀等进行管理。根据《鱼川耿氏宗族祠规》,耿氏宗族共设立四位值年司事,公开从族人中选拔,必须符合以下条件:耿氏族人,年龄在四十岁以上,按照月日的先后,从大到小依次递补。值年司事任期四年,期满卸任。每年例定补充一人,卸任一人。四位值年司事的分工如下:

民国绩溪《鱼川耿氏宗谱》之《值年司事规则》书影

甲:尊藏祖容。每年腊祭日敬挂,正月十八日收藏起来,交由补充第一年司事接收尊藏。

乙:清明祭扫。每年清明后一日专门祭扫仁里祖茔,必须四位值年司事一起到古宅、白阳山等处扫墓标祀,并收古宅护坟地租,如果确实有事情去不了,必须请托一位祠裔替代,不得推诿。

丙:承办祭事。每年春分、冬至暨伏、腊二祭均由补充第一年司事主管,唯承办春、冬二祭须商同祠首,需敬谨办理。

丁:收租。每年催收祠租由值年四人完全负责,须于冬至前收清,冬至日结账,汇交祠首保管。

---

① 民国《绩溪城南方氏宗谱·祠谱》卷二《祠规》。

同属绩溪的盘川王氏宗族对值年头首的职责,也作了较为细致的规定:"值年头首,每逢祭期,前一日打扫祠堂,铺设祭器。清明上坟标挂以及收租复晒一切杂务,均须勤慎将事。至结账日,亦须到祠,眼同结算,稽查弊窦,慎无徇情容隐,致干例罚。账目清结后,方许交换新头接管。如有违拗不到者,永不给胙示罚。"①

6.惩戒规则

这是狭义上的家法族规。最严重的惩罚是剥夺资格,不许入祠,针对以下五项过错:不孝不悌者、流为窃盗者、奸淫败伦者、私卖祭产者、吞众灭祭者。犯了这些过错,要事实清楚,然后还要经过祠众的多数同意,才可以剥夺违犯者的相关资格和权利,不许入祠。轻生恶死者不许入祠,但因为特定原因而身殉为孝义节烈者不在此限。不许入祠的惩罚只针对违犯者本身,不针对其子孙。不孝不悌者、流为窃盗者、奸淫败伦者如果确已改悔,并且有多人担保,可以恢复其被剥夺的资格。私卖祭产者、吞众灭祭者如果恢复了原有的祠产,并且承担罚金,可以恢复被剥夺的资格。轻生恶死者只有到下届升主的时候,其神主才可以进入祠堂。

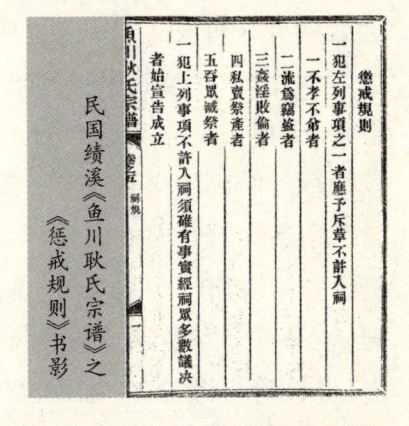

民国绩溪《鱼川耿氏宗谱》之《惩戒规则》书影

同鱼川耿氏宗族《惩戒规则》相比,盘川王氏宗族的《惩戒规则》不仅在条款上增加了一倍即十条,而且惩罚更加严厉。其内容如下:

> 一、忤逆不孝,经父母报告、亲属证明者;二、伦常乖舛、确有实据者;三、来历不清者;四、不娶无妻者但□身者不在此限;五、轻生恶死者但食物身殉为孝弟,然或犯□经病者不在此限;六、不事正业、流为盗贼、曾处徒刑者;七、卖良为贱者;八、恃强凌弱、插

---

① 民国《盘川王氏宗谱》卷五《祠规》。

讼扛唆、倾人家产者;九、侵吞绝产、不为立祀者;十、侵蚀公款,或私卖祀产,经众觉察,强不受罚者。

徽州宗族在政权更迭、社会变迁的重大转型时期,通过不断对其族规家法因地制宜、因时制宜地进行调整,以维持宗族对成员的控制,并在祖先和血缘的旗帜下,继续扮演准统治者的角色。

7.家族规则

鱼川耿氏宗族的《家族规则》是最为特殊的一个规则,规则后有宗谱编纂者耿履安的按语,说明该规则实际上是长沙县知县陈继良所撰,在湖南一些家族中得到推广和实行。后来该《规则》被呈报给安徽省省长,在作了一些适合安徽省情的修改后,省长批准在安徽省内予以推行。耿氏族谱卷首有一篇1919年由安徽省长龚心湛所作的《鱼川耿氏宗谱序》,当时耿履安拜访安徽省长龚心湛,并拿出快要修好的宗谱请省长写序。可以推断,长沙知县陈继良把在湖南推行的《家族规则》呈报给了安徽省长龚心湛,而耿履安主持修耿氏宗谱,并向省长请序,省长借此将《家族规则》转给了耿履安,并被略作修正后编入耿氏宗谱。耿履安认为该规则超过了吕氏蓝田乡约,也超过了王士晋宗规。从其文字的完备性来讲,这种评价确实不为过。唯一不能确定的是,家族规则是否在耿氏宗族中得到切实推行。

民国《鱼川耿氏宗谱》之《家族规则》书影

家族规则共分七章三十二条,七章分别为组织事项、调查事项、遵守事项、劝导事宜、禁戒事项、扶助事项、戒法事项。

"组织事项"方面最重要的一点是关于在族内设立族正和族副。族正曾经在清代得到短暂的推行,当时是作为地方政府派驻宗族的代表,颇有把宗族纳入官方治理轨道的意图,后来在实际运作中,族正反而成为宗族与官方沟通、协商的代表人物，在行使职权时更多为家族谋利益，故此政府不再在族内强行推行族正。

耿氏宗族的组织架构中，有族长、房长、族正、族副、祠首、值年司事、书记、耆老、正人、秀士等。在行使职权方面，族长、房长是处于监督地位，由族长、房长挑选族内有知识、有道德的部分族人共同商议，从中选择族正一人，族副二到八人，书记一人。"族正总理族务，保存祠产，勤修祭祀，暨后项规定各义务。族副赞助族正行其职务，书记听族正、族副之委嘱办理文件等事。"耆老、正人、秀士等没有具体的分管任务，但要协助族正处理事务。族正、族副任期为五年，可以继任一次。族正、族副如果营私舞弊、侵吞族款，由族长齐集族众，证据确凿即取消其名义。侵吞的族款，要按照所侵之数加倍赔偿。族正、族副如果公正、勤能，表现出众，可以得到族内的嘉奖。一旦作出重大贡献，由各个房长禀报政府，由政府进行嘉奖。

按照"乡有长、族有正"的说法，族正仍然是属于官方认可的基层负责人。除了总理族务外，族正要推行政府制定的政策，"族正、族副于官厅委托之事务应遵照履行，至地方公事不得挟众阻挠干涉，致犯刑章"，还尤其强调了不能站在个人或家族立场上挟众阻挠公事。

"调查事项"方面，主要是关于户数调查、年龄调查、职业调查、资格调查、财产调查、人事调查共六项。每年于清明、中元、冬至聚集祀祖时，由族正督率各房，按照所列各项调查，统计信息，核实信息，然后上报给族正，季冬时由族正上报给乡董，乡董上报给县长。户口及人口信息是政府各项施政的基础，也是家族管理的基础，调查清楚并上报给地方政府，是家族义不容辞的责任。

"遵守事项"就是族训，这里特别强调"就国民性之亟应矫正者"，说明新立的族训不是随便沿袭以前的祖训，而是根据国家、民族、家族以及时代的变化等实际情况设立的。在这里列了四条"持正""博爱""尚信"和"崇俭"，结合了一些传统文化和新的价值观，不再仅仅关注到小家，而是更多地关注国家、关注民族。如关于"持正"，"父慈子孝，兄爱弟敬,夫和妻柔,家之福也"。关注小家的幸福生活没有错,但是如果根基不正,只关注小家的权利,并以不正当的手段获取,那么"利其家者实以害其家",家肥而不利国。因此要明礼教、立人伦,"乡多正人,国多正士","国利而家自肥"。

"劝导事宜"主要是关于地方上的兴利之举,如"励学""劝业""垦荒""储蓄"。

"禁戒事项"主要是补充国法的不足,开列了禁嫖、禁赌、禁溺女、戒凌媳、戒偏、戒刻等。

"扶助事项"中主要讲慈善事业,"慈善事业博济良难,家济其家,族济其族,似隘实博矣"。主要开列了苦情扶助、废疾扶助、遇难扶助、成美扶助、资财扶助、心力扶助等六项。前四项是宗族、亲房等对个人的扶助,后两项则是个人对宗族、对公益的资助,鼓励族人向祠堂捐资,在公益方面有钱的出钱,有力的出力。把一家一族的慈善事业办好,就是对社会、对国家的贡献。

"戒法事项"主要是讲别善恶、论赏罚。其做法就是在祠堂设立德道、失德、事业、败行四簿,记载族人的相关事迹,然后赏善罚恶,由族正、族长主持。

### (五) 对家国关系的新认识

家庭、宗族、国家、世界被更紧密地联系到了一起,民国前后,在家族建设的各个方面,都有着国家和世界的影子。鱼川耿氏宗族在《家族规则》中大量涉及了家国关系的新认识。如教育,"环球交通,文明日启,非复闭关时代之可以安常习故也。一国之强弱,一家之盛衰,无非视其人物之知识能力为进退,是教育普及为保国保家惟一之要素,特是新旧相嬗,为之父兄者不免审慎迟回,是延误其子弟也"[①]。交通

---

① 民国绩溪《鱼川耿氏宗谱》卷五《家族规则》。

的发达将地球日益紧密地联系在一起,而文化的传播与发展则将各个不同的民族、国家日益紧密地联系在一起,时代的变迁赋予了教育更大的责任,家之盛衰关系到国之强弱,教育关系到保家保国的重大历史责任。

如劝业,"生货出口少,熟货出口多者,其国强。此西人之言也。吾国生产事业群趋于商之一途,而于工则墨守师承,不知增高审美思想。即其所谓商者,亦不过作外货之分销与原料之转运而已。此漏卮所以日甚,财力所以日绌也。嗣后宜趋重工业,天然品则讲求种植之法,人工品则研究精进之术,使聪明才智之士破除官吏思想,从事实业倡导,兴族强国皆基于此"[①]。所谓生货,大概就是指农产品、原材料之类。所谓熟货应该指精加工的农产品与机械制造之类。倡导实业,才能实现"兴族强国"的目标。

如储蓄,"奖励其国人从事储蓄,此某国人近十年来之计画也。其言曰:利在眼前,不可不储蓄。盖谓储蓄资力,一为侵略计,一为防护计也。我国民顾梦梦然,日以有用之财为无益之事,一身一家之缓急且不可恃,是可慨矣。嗣后无论何业团体亟须组合公同储蓄会,务令月有所积,岁有所赢,储之既久,资本自厚,即用以扩充其本业,研求其进步,而公司之结合此为其基础,社会之发育亦于此而促进,和众丰财,数善备焉"[②]。"某国"奖励国人从事储蓄,这件事也影响了中国人对储蓄的态度,储蓄的重要作用被近代以来积贫积弱和被动挨打的中国人理解为"侵略"和"防护"。正是因为中国人不事储蓄,所以"一身一家之缓急且不可恃",何论公司之结合、社会之发育和国家之强盛!

---

[①] 民国绩溪《鱼川耿氏宗谱》卷五《家族规则》。
[②] 民国绩溪《鱼川耿氏宗谱》卷五《家族规则》。

## 三 民国初年徽州学校教育的发展

### （一）国民小学的建立和初等教育的发展

民国元年，清末以来建立的初等小学堂改制为国民学校，分初小和高小两种。学校改制后，初等教育有了一定程度的发展。

下面，我们谨根据新编《徽州地区简志》[①]《歙县志》[②]《休宁县志》[③]《婺源县志》[④]《黟县志》[⑤]等志书资料，结合其他相关文献，将宣统三年和民国初年徽州六县的小学数量和在校学生人数制成表格。从表中，我们可以清晰地了解和掌握民国初年徽州初等教育发展的一般情况。

表3-1 民国初年徽州六县小学数量及学生人数表

| 项目 | 年份 | 歙县 | 休宁 | 祁门 | 黟县 | 绩溪 | 婺源 | 合计 |
|---|---|---|---|---|---|---|---|---|
| 学校数 | 1911 | 39 | 20 | 3 | 22 | 23 | | |
| | 1915 | 36 | 20 | 24 | 21 | 22 | | 123 |
| | 1916 | | | | 24 | | | |
| | 1920 | | | | 26 | | | |
| | 1921 | 117 | 47 | | | | | |
| | 1923 | | | | | | 42 | |
| | 1925 | | | | | 44 | | |
| | 1928 | | | | | | 51 | |
| | 1929 | 99 | 107 | 21 | 25 | 60 | | 312 |
| | 1933 | | | | | | 87 | |

---

[①] 安徽省徽州地区地方志编纂委员会：《徽州地区简志》，黄山书社1989年版。
[②] 歙县地方志编纂委员会：《歙县志》，黄山书社2010年版。
[③] 休宁县地方志编纂委员会：《休宁县志》，黄山书社2012年版。
[④] 婺源县地方志编纂委员会：《婺源县志》，档案出版社1995年版。
[⑤] 黟县地方志编纂委员会：《黟县志》，黄山书社2012年版。

续表 3-1

| 项目 | 年份 | 歙县 | 休宁 | 祁门 | 黟县 | 绩溪 | 婺源 | 合计 |
|---|---|---|---|---|---|---|---|---|
| 学生数 | 1911 | | | | | | 786 | |
| | 1915 | 908 | 641 | 627 | 619 | 963 | | 3758 |
| | 1916 | | | | 796 | | | |
| | 1920 | | | | 984 | | | |
| | 1921 | 4317 | 1392 | | | | | |
| | 1923 | | | | | | 1922 | |
| | 1925 | | | | | 2639 | | |
| | 1929 | 3345 | 4245 | 790 | 1054 | 3119 | | 12553 |
| | 1933 | | | | | | | |

应当指出的是，民国初年徽州的初等教育与外出经商密切相关。据1929年《黟县教育概况》记载："一般习惯，凡儿童满六岁以上者，无论家庭经济状况如何困难，必令入学，最少期间亦须至十二三岁方始退学，外出经商。"当时学堂为适应需要，也酌量增减课程内容，"国文中酌移钟点授以识字，酌移数学钟点授以珠算。"1923年安徽省立第二师范学校十周年概况报告中，曾提及附小教育"为谋适合学者需要计，于新学制第五年开始。分升学与非升学二组。其入升学组者，加习笔算、外国语；非升学者，可不习外国语，并减少笔算，而另授以职业道德、职业常识，以作职业准备"。开办于1913年的绩溪县云山国民学校，两届毕业生中十之七出路为经商。

清末歙县呈坎潨川小学堂校址

与清末相比，民国初年，徽州小学教育的学制和课程也经历了一个调整和演变的过程。光绪二十九年，清政府颁布的"癸卯学制"规定：初等小学堂修业五年，高等小学堂修业四年。民国元年颁布的新学制称"壬子学制"，则对清末的小学学制进行了改革，规定：初等小学学制四年,高等小学学制三年。1921年,民国政府再次对小学学制进行调整,规定:初级小学学制四年,高级小学学制两年,这就是"壬戌学制",亦称"四二学制"。1930年,高等小学增招初级生,改为完全小学。此后,小学有完小和初小之分。

民国初年,对小学的课程也加以改革,废除了读经的课程,增设了许多切合少年身心健康的课程,如高等小学加授博物、理化、外语、唱歌;初等小学加游戏、唱歌。1923年,取消修身课,增设三民主义课。1927年,三民主义课改为党义课,旋即改为公民课,国文改为国语。1936年,学科调整,高小设公民、国语、算术、历史、地理、自然、体育、音乐、劳作、美术课;初小设公民、自然、地理、历史、常识、工作、游唱课。

在公立国民小学蓬勃发展之际,向有悠久办学传统的徽州各地宗族纷纷掀起了创办私立小学的热潮,有的则直接从清末的私立族学转化成私立小学。实际上,在清末民初这一历史大变局中,聚居徽州各地的宗族及有识之士,大都意识到了兴办学校、培养人才的重要性,对女子的入学读书也相应提上了日程。民国绩溪《鱼川耿氏宗谱》的《家族规则》中就专设"励学"条款,积极倡导在环球交通、新旧嬗变中,普及教育,女学并重。指出:

> 环球交通,文明日启,非复闭关时代之可以安常习故也。一国之强弱,一家之盛衰,无非视其人物之知识、能力为进退,是教育普及为保国、保家惟一之要素。特是新旧相嬗,为之父兄者,不免审慎迟回,是延误其子弟也。顾教育不责在师长,而子弟失学责在父兄。自今以往,族学、乡学各从其便,普通、专门各因其材。才美者,培成之;力绌者,资助之;无才力者,则于义务教育毕业后,即令进以职业教育,于农工商各就一业,务使一族之人各俱有公同道德、独立能力而后已。女学亦宜并重,惟不必陈义过高,但教之明礼教以正性情,习书数以理家事,以及手工、缝纫、饲蚕、缫丝、绩麻之学,已堪为贤妇、贤母之责。其俊秀而有力者,欲求精

到之学术,则听其自为之。①

下面,我们谨以鱼川小学为例,来说明民国初年徽州私立小学教育的基本状况。

鱼川小学在耿介等积极筹划下,于清末光绪三十年春创建于绩溪鱼川村的一所私立小学堂。1912年,鱼川小学堂更名为鱼川初等小学校。1914年,转隶绩溪县第九学区第一初等小学校。1915年,改称鱼川国民学校。1919年,鱼川国民学校隶属绩溪县第十三区,时有学生27人,教员2人。1922年,北洋军阀政府颁布新学制,鱼川国民小学又改名为鱼川初等小学校。1929年,鱼川初等小学校由私立改为乡立,称鱼川初级小学校。1934年,鱼川小学由耿氏宗祠迁至周氏宗祠办学,校名改为鱼川私立建设小学。时有学生增加到四十八人,教员四人。当年11月6日,《徽声日报》发表《建设小学迁移校舍,校务大加刷新》一文,盛赞鱼川小学办学成效,云:"四区十三都鱼川初级小学创办于逊清年间,为该乡耿履安氏创办,迄今廿七载。年来兴旺发达,学生增多。今春,经该校校董会议决定,增设高级,增筹经费,改为建设小学。兹因原有校舍不敷支配,乃觅定本村上首周祠为新校舍,日来积极布置,焕然一新,已于上月二十日迁入,照常授课,气象精神为之一振。"这样,鱼川初级小学增设了高级,学校也由此成为完全小学,并更名为鱼川建设小学。

鱼川小学的发展,见证了民国初年徽州小学的发展,也反映了徽州从上到下、从官府到民间、从公立到私立兴办学校教育的高涨热情。

民国初年徽州小学的发展,呈现出鲜明的地域特色。

一是重视德育,德智体全面发展。无论公立还是私立小学,在民国初年的办学实践中,都非常强调对学生品德的培养,不少小学都把"忠实""忠孝仁爱,礼义廉耻"作为校训。著名教育家、安徽省立第二

---

① 民国《鱼川耿氏宗谱》卷五《家族规则》。

师范学校校长胡晋接先生就曾在《吾之理想中标准的师范生人格》一文中,旗帜鲜明地提出了理想师范生的人格是德育、智育和体育全面发展,指出:"关于德育者,则品行优美,行为中正。关于智育者,则知识明确,技能精熟,才识灵敏。关于体育者,则体魄坚强,精神充实。综而言之,如优美、如中正、如明确、如精练、如灵敏、如充实,皆所谓善也。"①就绩溪来看,当时的小学特别强调德育,特别是爱国爱乡教育。1937年,《绩溪县立明伦小学教生服务的教材》就明确在第二课中,教育学生爱中国、爱国旗,要求学生知道"我是中国人,你是中国人,他也是中国人,我们都是中国人。中国人,就要爱中国。"为增强爱乡教育,绩溪县还在1926年和1939年分别为胡氏小学编纂油印了《绩溪乡土地理》②和《绩溪乡土历史》③教科书。胡步洲在《绩溪乡土地理》的《弁言》中指出:"吾人为世界之人,同时又为国家之国民,地方之乡民。课程则于此三方面均须求其适切。"胡在渭《跋》语中强调,"吾未闻有不先培养儿童之爱乡心而能使之爱国家、爱世界者,胡氏学校之设乡土科,即谋所以培养儿童爱乡之道也"④。

　　二是知行合一,提倡手脑并动。徽州是陶行知平民教育思想的发源地,也是民国初年小学教育贯彻知行合一的模范地区。创建于宣统二年、复办于1932年的绩溪县上庄余川燃藜就以提倡小学生"知行做合一"为号召,时任校长的汪琴生早年接受现代化教育,毕业于上海中华职业学校。他从严治校,选聘良师,仿照南京晓庄学校管理模式,以陶行知先生"人生两件宝,双手和大脑""生活即教育""社会即学校"为号召,在燃藜学校忠实执行"知行做合一"思想,不仅为小学生开办常规课程,而且开设外语课,推广普通话,开办燃小林场、实验养鸡场、实验商店,要求学生做到"读了书会种田,读了书会做工,读了书会算账",使学生真正做到了"知行做合一"。1933年4月,陶行知先生专程

---

① 《安徽省立第二师范学校杂志》(1919)第6期。
② 胡步洲:《绩溪乡土地理》,一册,1926年油印本,藏安徽省图书馆。
③ 胡稼云:《绩溪乡土历史》,一册,1930年油印本,藏安徽省图书馆。
④ 胡步洲:《绩溪乡土地理》,1926年油印本,藏安徽省图书馆。

来到燃藜小学视察,对燃藜小学"知行做合一"给予高度评价。在陶行知视察后,汪琴生再次在燃藜小学掀起了平民教育的高潮,并在学校实行陶行知先

绩溪余川燃藜小学师生合影照

生倡导的"小先生制",发动高年级学生到村中去教村民识字、唱歌、写字和打算盘。

三是男女同校。民国初年,徽州的小学校大部分已经实行了男女同校,传统的男女授受不亲观念有了较大改观。鱼川耿氏宗族即提出了"女学亦宜并重"的思想,因此,在鱼川小学校中,尽管女生不多,但已经实现了男女同班和男女同校。

最后,也是最为重要的一点,是民国初年徽州重教风气浓郁,宗族、徽商、士人私人办学积极。正如绩溪鱼川小学创办人耿介等纂修的《鱼川耿氏宗谱》在《祖训》中所陈述的那样:"民国成立,学制变更,教育首重人民,六周岁即届入学年龄。由是而国民,而高小,而中学,而大学专门,按年计程,循资升学,盖年未三十而学校教育已完全卒业矣。虽然大学而上为人才教育,中学以下为国民教育,愚谓子弟无论智愚,皆当受国民教育,然后习一职业,以资身而赡家。即或无力入中学、入高等小学,国民学校为初基教育所系,要当就学毕业。否则,不惟不知书,且不知做人道理,安望有谋生技能,自立于天演竞争之世乎?"①他们不仅在思想观念上继承徽州传统的重教兴文思想,而且在行动上大力支持,捐款捐物,兴办学校。如创办于1923年绩溪县上庄的私立毓英小学,胡适等旅外乡人、族人不仅带头积极捐款,而且还积极募捐,并亲任毓英小学的名誉校长。1929年,聚集在武汉的绩溪县

---

① 民国《鱼川耿氏宗谱》卷五《祖训》。

冯村冯燮臣等共商创办云庄初级小学事宜，并亲自捐款一千块大洋，以后大家纷纷捐款，终于使云庄小学得以在雄厚资金保障下进行高效率的运行。

### （二）中等及职业教育学校如雨后春笋般涌现

民国初年，徽州不仅小学教育蓬勃发展，而且中等及职业教育亦如雨后春笋般涌现。

徽州的中等教育可以追溯到清末光绪三十一年由许承尧、汪鞠友等发起创立的新安中学堂。民国改元后，新安中学堂随之亦更名为安徽省立第三中学，学制四年。1913年，安徽省立第五师范学校创办于歙县紫阳书院。不久，迁屯溪。1914年，易名为安徽省立第二师范学校，迁至休宁万安新棠村办学，学制五年。1917年由徽属六县省议会议员及商界发起，在屯溪创办徽州第一所职业中学——新安公立甲等商业学校，最初学生46人，教员9人；1930年，学生79人，教员11人。1922年，休宁县在海阳小学的基础上创设海阳初级中学，但因经费问题不久即停办。同年，安徽省立第四女子师范学校创办于屯溪隆阜，初设预科两班；1927年，设立初中部。1924年，江家珊等在婺源县城创办私立紫阳初级中学；1927年，改为县立初级中学。同年，歙县人吴甲三在歙县县城创办六邑中学，但一年后即停办。同年，省立第三中学创办于新安中学堂旧址，学制四年。1927年，创设六邑中学，两年后停办。1928年，安徽省立第二师范学校易名安徽省立第二中学，安徽省立第三中学并入二中。同年，安徽省立第四女子师范学校易名安徽省立第四女子中学，附设一年制简师班和三年制初级职业班。1932年，新安甲等商业学校更名为安徽省立第八职业中学，设商业科。次年，迁歙县省立三中旧址办学。1934年，改建为安徽省立徽州师范学校。截止到1936年年初，徽州地区共有四所公立中等学校，分别是休宁万安省立徽州中学、屯溪隆阜徽州女子初级中学（1934年省立四女

234

中改)、歙县省立徽州师范学校、绩溪省立徽州农林学校。同年,歙县还开设私立国医专门学校,一年后停办。

以上是截止到抗日战争爆发之前民国初年徽州中等及职业教育发展的一般情况。

民国初年如雨后春笋般兴起的徽州中学和职业学校,在徽州教育发展史上具有极其重要的承前启后、继往开来的作用。与本省安庆等地区相比,尽管这一时期徽州中学和职业学校的数量和规模不是很大,发展也很缓慢,但质量是精湛的,堪称上乘。尤其是省立第二师范学校,在其初创时期,因为延聘教育名家胡晋接主持办学,故无论在基础设施建设,还是在办学指导思想、办学目的等各个方面,都取得了令人瞩目的成就,使得省立二师在徽州乃至安徽的近代教育史上,都具有举足轻重的历史地位。

下面,我们谨以省立二师为例,来说明民国初年徽州中等和职业教育发展的一般状况。

省立二师系安徽省立第二师范学校的简称,前身为安徽省立第五师范学校。它1913年创办于歙县,历经自歙县迁至屯溪,至次年才正式迁址休宁县万安新棠村,并更名为安徽省立第二师范学校,方才最后稳定下来。

作为首位校长,胡晋接为安徽省立第五师范学校的建设与发展打下了雄厚的基础,作出了突出的贡献。

胡晋接(1870—1934),又名石坞,字子承,又字紫琴,号梅轩,晚年号止澄,绩溪县城东人。著名教育家。

胡晋接是省立第二师范学校的创办人、省立第五师范学校校长、安徽省临时代议员,是近代徽州较大影响的学者之一,以精通程朱理学、兼涉百家学说著称,享有"一方硕士,六县宗师"之誉。

胡晋接像

光绪二十九年，胡晋接在绩溪县仁里村创办了仁里私立思诚两等小学堂，主持校务八年，培养了不少英才，开创了徽州新式教育之风。1912年，担任安徽省督学，主管徽州教育。1913年，奉命筹建安徽省立第五师范学校并担任校长，首开徽州地区师范教育先河。1914年，省立五师更名为省立二师，胡晋接出任二师校长。作为省立二师的首任校长，胡晋接在政局多变、教育经费极不稳定的情况下，精心筹措、惨淡经营近十年，终使学校粗具规模。1924年，省立二师拥有校舍500多间，图书馆藏书15400册；科学实验馆有仪器570件、模型100多件。学校依山傍水、郁郁葱葱，教学、实验和生活全面走上了正轨，成为安徽省中等学校行列中的佼佼者。胡晋接提倡教育与生活相结合，主张以教育手段开民智、育新民，为徽州培养了大批人才。1927年，胡晋接退休返乡。晚年作为安徽省通志馆特约编纂，为《安徽通志》撰写了《舆地志》和《艺文志》部分内容。1933年，又被推举为《绩溪县志》总纂。1934年3月病逝。胡晋接一生著述丰富，有《中华民国地理新图》、《中华民国分省地图集》、《中华民国地理讲义》、《绩溪县志》(总纂)、《稻程村自治志》、《安徽通志》(《舆地志》"山脉、水系"、《艺文志》"子部提要、经部考"部分)、《周易焦氏学》、《周易错综图解》、《梅轩笔记》等著作刊行传世。

省立二师及其前身省立五师在胡晋接的领导下，在极其困难的条件下，克艰攻难，励志进取，潜心谋划，确定办学宗旨，制定学校校训和校规，为徽州现代中等教育特别是师范教育，作出了卓越的贡献。

省立二师倡导并践行品德修养教育，以德为先，德智体全面发展。省立二师肩负培养未来教师的重任，这一性质决定了师范生有其特殊的要求。对于省立二师的这一使命和目的，胡晋接有着清醒的认识。他在1913年为省立五师预科生开学所作的《训词》中指出，"其开设本校之目的，在于造成本区小学教师，以教育将来之国民。因属望于诸生者，有如此至重且大之责任，是以免除学膳各费，俾享特别之权利。而诸生特别义务即在其中。今当预科第一班生开学伊始，愿诸生随时禀遵部定之教育宗旨及训词,拳拳服膺,而弗失之。尊敬教师,服从规则,壹意向学,联系自治能力,养成优美校风,以作后来学为教师者之模范"①,强调道德修养,诚实守信,为人师表,尊敬教师,勇于担当。这对师范生来说,无疑是非常重要的。在《吾之理想中标准的师范生人格》一文中,胡晋接对师范生的标准人格给予了量化的标准,即德智体全面发展,"德育分品性、行为两方面。……智育分知识、技能、才识三方面"。体育则分为体魄和精神两方面,"体魄不坚强,精神不充实,即有负责任之心,亦无责任之心,故体育亦最为重要"。"师范学校,以养成负责任之国民为目的,故师范生当以此为标准。"②他为省立二师制定了"守信耐劳"③的校训,要求所有学生要日省校训,锻炼自己的诚实和守信。④ 在多期《安徽省立第二师范学校杂志》上,胡晋接不断发表文章,对真诚和信实进行阐释和强调,指出:"高尚道德,本不易言。但'信实'二字,乃做人的基础。无论何人,皆不可缺者也。"⑤为适应学校发展的需要,特别是学校办学实际的要求,1917年,胡晋接将省立二师"守信耐劳"的校训更改为"诚毅",并在1919年以《校训日省》为题,对校训"诚"和"毅"字之修养法进行解释。⑥ 1920年,胡晋接又进一步在《诚的教育》⑦中,对"诚"进行详细阐述。对师范生的地位和责任,胡晋接除在相关演说和文章中予以强调外,还专门撰文,将师范生与军队

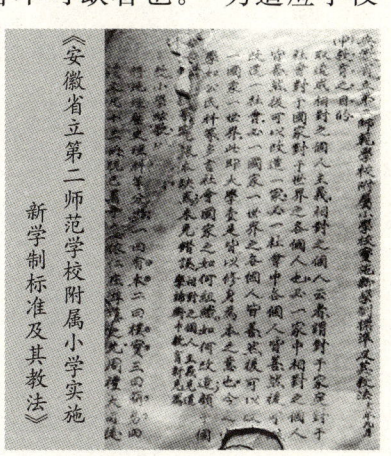

---

① 胡晋接:《开学训词》(1914),《安徽省立第五师范学校杂志》第1期。
② 胡晋接:《吾之理想中标准的师范生人格》,《安徽省立第二师范学校杂志》,1919年第6期。
③ 胡晋接:《本校采取守信耐劳为校训说》,《安徽省立第二师范学校杂志》,1915年第2期。
④ 参见胡晋接:《校训日省》,《安徽省立第二师范学校杂志》1919年第6期。
⑤ 胡晋接:《信实》,《安徽省立第二师范学校杂志》1920年第7期。
⑥ 参见胡晋接:《校训日省》,《安徽省立第二师范学校杂志》1919年第6期。
⑦ 胡晋接:《诚的教育》,《安徽省立第二师范学校杂志》1920年第7期。

相比,指出,"要与外国开仗,必先练成军队。今欲以贫弱的中国,平时与世界列强竞争,自不可以先练成国民。以今二十世纪之时代,乃国民与国民竞争的时代也。国民有健全的人格,有公德,其国必强;否则难以生存。国家知训练国民为国家救亡之第一要义,不可不想此训练国民的方法,此即各省师范学校所由设的缘故。……国家强盛,固在于国民,而国民之是否优良,又视乎师范生他日之服务是否尽职,故师范生之地位,好像军官所立的地位,以训练军队为天职,师范生以训练国民为天职。师范生的责任,即在练成二十世纪中华民国的新国民,使能与世界各国国民立于对等的地位,以救吾国国家的危亡者也"[①]。由此可见,胡晋接所确立的省立二师的办学目的和宗旨,是站在20世纪的世界和中国这一时代最前列的,显示出他宽广的办学视野和博大的教育救国思想。

胡晋接为省立二师制定的校训得到了很好的贯彻执行,据1913年4月入校的省立二师预科班第一届学生程应鸣所记的《日记》记载,1916年2月22日是学校开学的前一日,这一天程应鸣要从歙县赶回休宁万安,但当天阴雨绵绵,家人询问其为何雨天要走,程应鸣回答要守校训。《程应鸣日记》记录下了和家人的这一问一答,非常形象地、具体地解释了"守信耐劳"的校训,这是把校训要求与日常生活实践相结合的典范。

是日为本校开学之前一日,应于今日起程入校,以期践约。当起身之时,则见阴雨绵绵,家人问曰:"今日之天气如此,可往乎?"余曰:"何为不往?"家人曰:"今日雨。"余曰:"彼雨非吾雨也,守信耐劳此其时矣。"家人曰:"何谓守信耐劳?"余曰:"守信耐劳乃吾校校训也,信者,有言必行,不违一诺,言必顾行,行必顾言之谓也。守信者乃本此而不失之也。劳者,心与力之操作,必有苦

---

① 胡晋接:《师范生之地位与其责任》,《安徽省立第二师范学校杂志》1920年第7期。

于脑力与筋肉也。耐劳者能遇此而能忍之也。此二者为人生处世之要素。缺此者即不能活动于社会,无事可为,无业可作,徒然食息于天地之间,是一蠹耳。吾校即极力派出也。"家人大悦曰:"吾不阻汝之行矣。"①

程应鸣在二师读书的五年时间内,秉承校长胡晋接《关于日记之训话》中关于"日记一有益道德,二有益知识,三有益文学,四可作个人进化之历史"和记日记"勿间断""勿敷衍"的教诲,坚持撰写日记。这说明省立二师的办学理念与实践、守信耐劳的言与行是统一而不是脱节的。《程应鸣日记》给我们今天研究省立二师的校史留下了极为珍贵的记录,是一件难得的教育和文化遗产。

省立二师还极力倡导和践行实用主义教育,提倡知行合一,教学用结合。胡晋接在《论知行并进》一文中,非常明确地对知、行以及知与行并进加以解读。② 胡晋接十分推崇实用主义教育,在《征集徽属六县植物启》中,他一再强调,"近日海内教育家,盛倡教育采用实用主义之说。此诚至当不易之理,而为今日吾国教育界所应奉此主义"。如何实施实用主义,胡晋接本着凡学必求实用的原则,首先从选择和编纂教材开始,做到理论和实践相结合,"欲实施此主义,首须选夫教材。本校明年所授各学科,应如何采取教材之法,业经公同商榷。本此实用主义,预先编纂细目,以便按日程功。博物一科,先授植物,其实验材料,制作标本,固为必要;而本地实物之采集,于焉分晰种类,研究效用,讲求种植,斟酌土宜,用以发达本地方之植物学者,实为物质文明进步之始,尤与社会进步前途有关"③。至于具体的课程科目,胡晋接都要求与实用相结合,做到教学用统一,如"修身科与操行考查相联系","国文科以清真雅正为宗","数学科之珠算、簿记,则与贩卖部实

---

① 程应鸣:《程应鸣日记》第十二册,转引自绩溪县胡稼民教育思想研究会:《绩溪现代教育史料》第三集,2009年印刷,第200—201页。
② 参见胡晋接:《论知行并进》,《安徽省立第二师范学校杂志》1920年第7期。
③ 胡晋接:《征集徽属六县植物启》,《安徽省立第五师范学校杂志》1913年第1期。

地练习相联系","博物教材大半取自学生采集者,尤注意本地特产","手工授竹工及纸细工,注意养成工作之兴趣及勤劳之习惯","乐歌多选关于道德及尚武之歌词,以引其向上之志趣,并养成美感"。为了实现实用主义的目标,省立二师积极鼓励课堂教学与实际相结合,动员学生利用假期回乡采集当地标本,同时还实施远足修学。对于远足修学,胡晋接有着自己的解释,认为"远足与旅行,略有不同。奔走长途,往还须数日者,为旅行。远足则就附近之田野散步者也"。同时,胡晋接还对远足与德育、远足与智育、远足与体育、远足与美誉等关系进行了说明和阐释。[①]

省立二师办学还特别强调学校教育与社会教育、职业教育之间的密切联系。为此,1918年,在省立二师成立五周年之际,胡晋接发起创立了全徽州教育协进社。在《组织全徽州教育协进社宣言》中,胡晋接对学校教育、职业教育和社会教育的关系进行阐述,指出:

> 教育者,造就人格者也。即造成知行并进、敦信义、重然诺、勇猛进取、能负责任之国民是也。设社会之分子而皆是人,则以之为政而政举,以之执业而业兴。凡百问题均可迎刃而解矣。
>
> 其次则职业之陶冶,亦为重要。不但普通教育亟应改良,以为适于职业教育之准备;且亟须提倡职业教育,求其切合于吾徽者而次第设立之。以上言教育之目的,旨在造成人格,次即在准备职业。目的既定而谋所以达到其目的者,则自有其实施之方法。此则本社同人所亟须研究者也。
>
> 社会教育亦须与学校教育相辅而行,而学校与社会始不至有思想上之抵触。否则以输入世界文明之学校而压迫沉滞于四周围污浊陈旧之空气中,恐学校一之形式虽是而精神已非矣。且学校为改良社会而设,若学校与社会分离,则设此学校胡为者?然

---

① 参见胡晋接:《远足修学》,《黄山钟》1921年第1期。

则推行社会教育,又深山村落中之急要问题也。

审是,而全徽教育协进社之主旨可得而言矣。一曰改良普通教育,二曰提倡职业教育,三曰推行社会教育。[①]

胡晋接通过组织徽州六县教育界同仁成立全徽教育协进社的方式,使省立二师成为全徽教育协进的中心,并借此把学校教育同职业教育与社会教育完全联系了起来。在1920年为毕业学生所题赠言中,胡晋接进一步阐明了二师的办学主张,"我校教育,夙抱'发展社会经济'主义,不是空谈的。要发展社会经济,自应从提倡实业办起。……实行母校发展社会经济主义,沟通职业与教育,以开启吾皖新工业的先声"[②]。这种办学理念和教育思想,至今仍然有其重要的现实价值。

实际上,在注重实用主义办学的同时,胡晋接并未忽视基础学科的建设与发展。事实上,作为绩溪"礼学三胡"的传人,胡晋接特别重视基础学科的建设,针对"天下纷纷,群竞于利,杀人之多,亘古未有"、"各处扰乱之事层见叠出,及学生之令人可厌可怕"这一社会现实,胡晋接提倡读经明礼,并于1926年在省立二师创建国学研究院、经学研究会、史学研究会、道教研究会和佛学研究会,并延请知名学者来校教授国学。尽管这一理想因时局不稳、兵荒马乱而最终付诸东流,但胡晋接为基础学科和实用学科并重的思想仍然闪烁着智慧的亮光。

总之,民国初年的徽州教育尽管因时代等的原因,总体规模上发展缓慢,但在教育质量、教育目的、教育宗旨等诸多方面走在了全省的前列。

---

① 胡晋接:《组织全徽州教育协进社宣言》,《安徽省立第二师范学校杂志》1920年第7期。
② 胡晋接:《发展社会经济——毕业式赠言摘要》,《安徽省立第二师范学校杂志》,1920年第7期。

## 四　民国初年徽州的学术文化

民国初期，徽州的学术文化在社会转型、学术兴盛、方法创新三位一体、互为因果的推动下，也在发生着巨大的变化。学术方法上的东西、古今、各学科之间的多层次立体的融合与创新，直接促进了徽州学术文化的进程。西方传入的实证方法、诠释方法、马克思主义唯物辩证方法、直觉方法与中国传统的考据方法、义理方法、朴素辩证方法、直觉体悟方法融合创新而形成的科学实证方法构成了此一时期徽州学术的主流方法。民国时期徽州诸多知名学者在学术方法上都倾注了热情和自觉，进行了成功的尝试和运用，取得了较大的学术成就。

### （一）许承尧及其学术成就

许承尧（1874—1946），号疑庵，歙县唐模人，中国近代著名的爱国诗人、文献学家、方志学家、书画家、收藏家、文物鉴赏家。自幼聪颖好学，熟读四书五经，十六岁即为徽州府庠生，二十一岁中光绪甲午（1894）科举人，三十岁中进士，钦点翰林院庶吉士。光绪三十一年科举制废除，许承尧也因此成为清代最后一科的翰林。

在动乱的年代里，许承尧深切感受到国民素质的重要性，认为教育为富强之本，奉行洋为中用、古为今用的教育理念。光绪三十二年，许承尧在歙县创办新安中学堂和紫阳师范学堂的同时，还帮助其祖父许恭寿在唐模创办端则女校和敬宗小学。因反对清政府专制，许承尧与同盟会成员黄宾虹、陈去病等人在新安中学组织成立旨在废除君主、推行新学的"黄社"。后因人告发,他辞去二校监督之职,回京销假,得以重任翰林院编修,兼国史馆协修、实录馆修编书处详校。辛亥革命后,应皖都柏文蔚聘请,任全省铁路都办,负责筹建芜(湖)屯(溪)铁路。不久,"二次革命"讨袁失败,柏文蔚下野,许承尧亦去职。后受同乡甘肃督军张广建之邀,赴陇先后任甘肃省府秘书长、甘凉道尹、省政务厅长等职。因不满官场黑暗,于1924年辞职回京,同年返回歙县老家。自此,许承尧绝迹仕途,以著述终老。

许承尧一生著述丰富,主要有《歙县志》16卷、《西干志》7卷、《歙事闲谭》31卷、《疑庵诗》10卷、《疑庵诗续集》4卷,以及《疑庵随笔》《疑庵文剩》《疑庵日记》《〈蕙憘阁诗集〉评点》《疑庵藏书画录》,还辑有《新安佚诗辑》《明季三遗民诗》等。

许承尧重视收集、整理和研究徽州文献。1932—1936年,他参与了《安徽丛书》的编刊,提出重修《歙县志》的建议,被推选为总纂,负责《歙县志》的纂修工作,并于1936年完成付印。《歙县志》共16卷、67门,序例齐全,广征博览,考订精核,在方志编纂史上有较高的史料和文献价值。许承尧认为,"志乃史裁,因时而作,务求真实详澹,以存陈迹,兼资来鉴"[①],实乃继承了章学诚"志乃史体"的观点。《歙县志》采用近代实地测绘图表的方式收入大量徽州经济史资料,记载精确,内容丰富,成为后来学者徽商研究者的重要参考资料。

在纂修《歙县志》之余,许承尧还博览群书,广泛搜罗,历经十余年,完成了《歙事闲谭》一书的编纂。《歙事闲谭》,又名《歙故》,为许氏的代表作之一,其最初是许承尧的读书札记,后渐成规模,遂加工完善。许氏自言曰:"垂老观书,苦难记忆,因消闲批吾县载籍,以备遗忘。积而成帙,遂赓续为之。有得即书,前后无次,且多重出,姑为长编,以俟整理。"[②]全书31卷、847篇,记载徽州地区的世风、史事、人物、

---

① 许承尧《歙县志·例言》,民国二十六年铅印本。
② 许承尧:《歙事闲谭·自序一》,黄山书社2001年版。

艺文、名胜等,搜采广博,内容丰富,散而有序。该书重点在记人、记书,方法有二:一是以人记书,即先述其人生平,再记其著述,对于重要或者罕见的诗文则摘录,并加以点评;二是由书记人,即先记其书,后详其人及事。许氏写作态度审慎,凡有征引,必明示出处,即信而有征,言之有据,从来不作向空之说,为后世保留了翔实的史料。

《疑庵诗》是许承尧的诗歌代表作。许氏一生诗作甚多,功底扎实,且造诣深厚。自云:"初学长吉、义山,继而由韩入杜,冀窥陶、阮;于宋亦取王半山、梅圣俞、陈简斋;明清二代,时复旁撷。无偏嗜,故无嗜肖。"[1]他的诗歌立意高远、风格鲜明,所展现的爱国情怀,颇得世人称道,"疑庵诗,风骨高秀,意境老澹,皖中高手"[2]。在艺术表现手法上,许氏诗歌以中国传统思维来理解近代社会,包含了"诗界革命"和近代启蒙的气象。许氏亦重视对前人诗歌的收集和整理,辑有《新安佚诗辑》《明季三遗民诗》等。

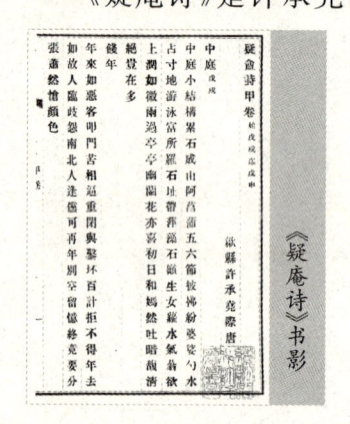

许承尧酷爱收藏、精于鉴别,早在创办学校时就开始收藏明末乡贤的手迹,在甘肃任职期间发现散落在民间的敦煌藏经,并倾其所有收藏这些文物。从甘肃带回几百卷古代写经,挑选四十卷精品装裱特藏,并将自己的室名为"晋魏隋唐四十卷写经楼"。绝迹仕途回到歙县以后,许氏致力于徽歙文献资料、字画、文物等的收集与整理,个人收藏有珍贵文物近万件,并自建"檀干收藏"专门保存。其中不乏扬州八怪、张大千等名人的作品,新安画派名家渐江的《晓江风便图》历经周折,最终亦为许氏所藏。正是由于许承尧不遗余力地收藏,这批文物才得以在战乱的年代不至于分散流失。后来,这批文物被移交给安徽省博物馆,成为后世学者开展徽学研究的重要文物和文献资料。

---

[1] 许承尧:《疑庵诗·自序》,黄山书社 1990 年版。
[2] 汪辟疆撰、王培军笺证:《光宣诗坛点将录笺证》,中华书局 2008 年版,第 347 页。

《歙事闲谭》征引徽州文献达七百余种,囊括经史子集诸部,记载名家及作品的同时,还辑录名不显而学有专长学者的著作,以及清朝禁毁之明人著述,展现了《歙县志》所不能著录的内容。此书内容丰富、翔实,几乎涵盖今天徽学研究的问题,对徽州文化的整合与阐释,为徽学研究提供了重要资料与线索。

许承尧常年临摹碑刻名作,书法用功深厚,工于汉隶,书体精妙细微,为《慕公集》所作序文为其书法的代表作。许氏与黄宾虹论学交友,感情甚笃,二人致力于新安画派名作的收集,醉心于研究其艺术与思想,开创后人全面研究"新安画派"之先河。此外,在清末及民国的古典诗坛,许承尧能够博采融众,始终将自己置于不偏不倚的位置,倡导"诗界革命"更是体现了徽州学者的远见卓识。许承尧对于徽州文化的保护与传承作出了不可磨灭的贡献,许氏著作对于徽学研究也具有不可低估的价值。随着徽学研究的日渐深入,学术界对许承尧及其著作必将更为关注。

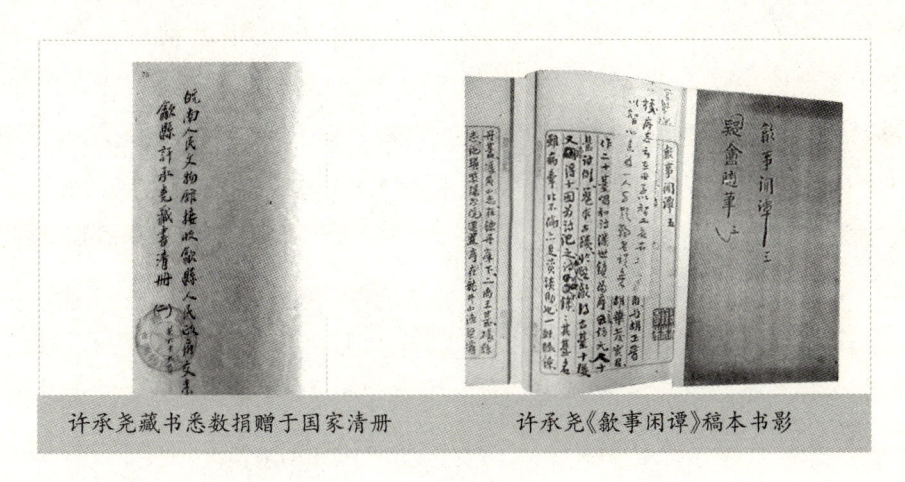

许承尧藏书悉数捐赠于国家清册　　许承尧《歙事闲谭》稿本书影

### (二) 胡适的学术成就

胡适不仅在新文化运动中,因积极倡导和领导文学革命而成为新文化运动的领袖之一,而且也是中国近现代学术史上重要的领军人物,同时也是皖派的重量级学术大师。他融合了中国传统儒学以及西方学术的精髓,形成了中西兼容的"科学方法",即"大胆的假设,小心的求证"。作为出生于中国政治文化变革时期的著名学者,胡适开创了白话文学,倡导了文学革命,继承并发展了徽州学术。

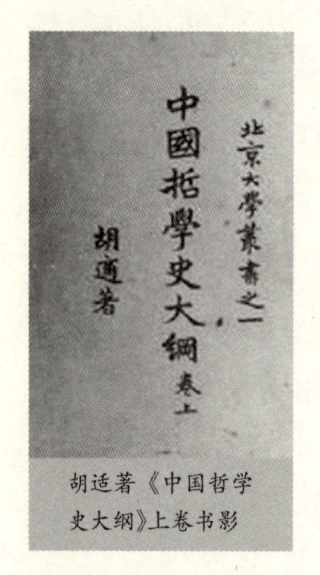

1919年胡适所写的《中国哲学史大纲》(上卷)在商务印书馆新鲜出炉,同年国内爆发了五四爱国运动,于是胡适陪同其师杜威赴北京、山东、山西等地讲学,并且在《民国日报》《每周评论》《北京大学月刊》等多个刊物上发表文章,提出教育改革措施以及治学方法。他在《清代学者的治学方法》一文中指出清代学者的治学方法"总括起来,只是两点:一、大胆的假设;二、小心的求证"[1]。这一求新与求实相结合的思想观点,为人们提供了一种全新的研究和解决问题的思路,极大地推动了新文化运动的发展。自1920年至1933年,胡适主要从事中国古典小说的研究考证,1938年被任命为中国驻美国大使,并于次年获美国哥伦比亚大学以及芝加哥大学荣誉法学博士学位。抗日战争胜利后,出任北京大学校长。1949年移居美国,从事《水经注》研究工作。1958年出任台湾"中央研究院院长"。1962年病逝于台北。

胡适著《中国哲学史大纲》上卷书影

作为近代新文化运动的开创者以及人们眼中的"自由主义斗士",胡适一生著书颇丰,成就甚高,涉及文学、史学、哲学、古典文学等多个领域。当代国学大师季羡林在《胡适文集序》中这样写道:"在中国近百年来的学术史上、思想史上、文化史上、文学史上,甚至教育史上,胡适都是一个举足轻重的人物,一个矛盾重重的人物,一个物议沸沸扬扬的人物,一个很值得研究而又非研究不行的人物。"[2]同时指出胡适

---

[1] 黄书光:《胡适教育思想研究》,辽宁教育出版社1994年版,第301页。
[2] 季羡林:《胡适全集·序》卷一,安徽教育出版社2003年版。

对中国近三百年来的学术研究有三项贡献:"第一项是'有系统的古籍整理';第二项是发现古书和翻刻古书;第三项是考古——发现文物。"①耿云志在《胡适与〈新青年〉》一文中说道:"胡适对于《新青年》的特别贡献,自然首推文学革命。他的《文学改良刍议》在《新青年》二卷五号发表,引起学界、知识界很大注意。"②朱自清更是盛赞胡适,称:"将严格的考证方法应用到小说上,胡先生是第一人。"③作为近现代学术界的领军人物,胡适为人谦逊和蔼、待人真诚,而这一切得益于其母冯顺弟的悉心教导。胡适在《四十自述》中写道:"我的恩师就是我的慈母,如果我学得了一丝一毫的好脾气,如果我学得了一点点待人接物的和气,如果我能宽恕人,体谅人,我都得感谢我慈母。"④在胡适看来,正是因为慈母的倾心教导,才使得胡适养成了宽厚容忍的良好品性。也正因为如此,胡适一生交友广泛,桃李满天下。学生顾颉刚在评价其师胡适时认为"中国哲学史的研究,以胡适、冯友兰二先生的贡献为最大",并且认为"中国文学史撰著很多,较重要的,有胡适先生的《白话文学史》,见解极有独到之处"。⑤ 而在小说研究方面,"胡适先生对于中国小说史的研究贡献最大,在亚东图书馆所标点的著名旧小说的前面均冠有胡先生的考证,莫不有惊人的发现和见解"。同时胡适先生也是"白话文运动的开拓者,对俗文学极有研究"。在史学研究方面,"胡先生的《诸子不出于王官论》,是近今研究诸子学转变风气的第一篇重要文章。此说一出,诸子之学之真价值和真地位乃完全显著"。这样,顾颉刚从文学、哲学、史学等多个角度全方面地概括了其师胡适一生的学术成就。同样,学生唐德刚也将其老师的贡献分为三大类:学报性的原始贡献,启蒙性的贡献,社会和时代交互为用的集体贡献。按唐德刚先生所言:从胡适先生执笔的《诗三百篇言字解》《尔汝篇》

---

① 《胡适全集·序》卷一,安徽教育出版社 2003 年版。
② 子通:《胡适评说八十年》,中国华侨出版社 2003 年版,第 173 页。
③ 朱自清:《朱自清全集》第二册《〈胡适文选〉指导大概》,江苏教育出版社 1988 年版,第 235 页。
④ 胡适:《四十自述》,安徽教育出版社 1999 年版,第 28 页。
⑤ 顾颉刚:《当代中国史学》,辽宁教育出版社 1998 年版,第 79 页。

《吾我篇》到他七十岁还孜孜不倦地研究《水经注》等,都属于学报性的原始贡献范畴,这是一种象牙塔内纯学术的工作;而《文学改良刍议》、《中国哲学史大纲》(上卷)、《先秦名学史》则是属于启蒙性的贡献范畴,这一类贡献主张以"识重于学",而非是纯粹的纸上文学;而第三类贡献则是圣贤阶层的最高贡献,称之为划时代的贡献,即"为天地立心,为生民立命"①。正是因为这三大类的贡献使得胡适成为中国近现代极为少有的文化巨匠。

作为近代皖派的学术大师,胡适从小生长于徽州绩溪,深受徽州文化的熏陶,广受乡风乡贤的影响,后来留学美国,接受了西方的民主与科学思想,回国后不久便成为新文化运动的主要领袖之一。胡适反对封建主义,主张个性自由、民主和科学,提倡"文学改良"和白话文学,这些思想极大地冲击了中国传统儒学的地位,"不只颠覆了'朱熹之学',更有着天翻地覆的性质,具有体制外革命的意义"②。虽然胡适的这些思想主张看起来似乎已经是完全脱离了徽州朴学的学术路线,实际上并非如此。这一点,胡适先生也曾说过"我要读者学得一点科学精神,一点科学态度,一点科学方法。……科学的方法只是大胆的假设,小心的求证十个字"③。他所推崇的"'大胆的假设,小心的求证'这个'科学的方法'是他通过对徽州传统学术和西方现代方法论的吸收、借鉴、消化、改造而创造出的新的学术方法。实际上仍然是徽州文化哺育的结果,是徽州学术由传统走向现代、由中国走向世界的一个缩影"④。唐德刚在《胡适杂识》中评

---

① 子通:《胡适评说八十年》,中国华侨出版社 2003 年版,第 384—388 页。
② 白盾:《一个巨大的否定之否定——从朱熹到戴震、胡适的徽州文化发展轨迹》,《黄山学院学报》2005 年第 1 期,第 14 页。
③ 胡适:《胡适红楼梦研究论述全编》,上海古籍出版社 1988 年版,第 194 页。
④ 王明德:《近代中国的学术传承》,巴蜀书社 2010 年版,第 352 页。

价其师说"胡适之先生的了不起之处,便是他原是我国新文化运动的开山宗师,但是经过五十年之考验,他既未流于偏激,亦未落伍,始终一贯地保持了他那不偏不倚的中流砥柱的地位。开风气之先,据杏坛之首;实事求是,表率群伦,把我们古老的文明,导向现代化之路。熟读近百年中国文化史,群贤互比,我还是觉得胡老师是当代第一人"[①]!不可否认,胡适先生对于现代中国学风的影响是极其深远的,这不仅体现在他对于中国政治、经济、文学、史学、哲学等多个学科方面具有划时代的开创意义,也体现在他对中国现代化进程的推动作用,同时胡适作为一个学贯中西、融合中西文化的文化巨匠,引领着中国学术由传统儒学向现代学术的转型,由中国走向世界。

### (三) 江谦的学术贡献

江谦(1876—1942),字易园,号阳复居士,婺源江湾人。中国近代知名的教育家与社会活动家。江谦幼年颖悟好学,在父亲江晴舟的教诲下,五岁即能读书,十七岁参加童子试,六场均为第一,名震一时,以秀才身份就读本县紫阳书院。光绪三十年参加乡试,因试文书写破格而被黜落。江谦深感所学远不及所欲学,再加上父亲不幸病逝,遂往崇明投靠伯父,得以进入崇明瀛洲书院就读。适时得以结识张謇,遂拜张謇为师。从此江谦愈加勤奋,学业由此大进,后由张謇推荐上南洋公学,但不久之后因病辍学。光绪二十八年,张謇在南通创办我国第一所师范学校——通州师范,在创办学校的过程中江谦给张謇很大帮助。学校创建后,张謇邀请江谦前往

---

[①] 唐德刚:《胡适杂识》,华文出版社1990年版,第6页。

任教,并委以重任。先是担任监理,1914年任校长,同年江谦被任命为江苏省教育司司长。江谦先后在校任校长达十四年。在这十四年中,他以身作则,倡导知行合一。以"能读能耕"之四字训,矫正袖手空谈之旧习。所以通州师范很快成为我国著名的学校,远近诸省皆公费派员来学。江苏和南通很多知名知识分子都是通州师范毕业,江谦也因此成为著名的教育家。光绪三十三年,安徽优级师范曾聘其为教务长,但感于张謇知遇之恩的江谦毅然推却。1912年,江谦被举任安徽省议会副议长。其间,曾在婺源发展共和党党员,组织共和党婺源分部,自任部长。1914年,江谦任江苏省教育司司长期间,亲赴苏、常、镇、锡、淞沪,视察各校,成绩斐然。江苏省民政长韩国钧委托江谦在前两江师范学堂基础上,勘察校舍,筹办南京高等师范学校。当时,两江师范学堂历经战火,校舍已废,人员流失。经一年左右的筹备,由韩紫石请江谦出任南京高等师范学校校长。江谦任校长的时候,注重德智体全面发展,提倡"三育并举"。他很重视对学生的品德教育,当时称"训育",认为学生要有健全的人格,要有责任感。在教学中,江谦主张启发式教育,强调让学生自己去思考、去领悟,教师只是起到指引的作用。江谦很重视体育,是全国最先开设体育课的,而且招生时要体检。学校还开办各类体育运动团体,鼓励学生从事体育运动。

江谦作词的《南京大学校歌》

江谦以"诚"为校训,勉励师生为师、为学、为人要"诚",要"知、仁、勇",现在的《南京大学校歌》就是由江谦作词、李叔同作曲的南高师校歌,反映了江谦的办学思想。其中有一句,"大哉一诚天下动,如鼎三足兮,曰知、曰仁、曰勇"。江谦在南高师做校长做了五年。1919年,江谦身体不好,实在做不下去,不得不辞职,并推荐郭秉文继任。这时候的南高师已设有四部六科,成为当时享有盛誉的南方第一学府。有评价说,"北大以文史哲著称,南高则以科学名世"。由于江谦在南京高等师范学校所作出的贡献,江苏省授予他三等嘉禾章。

1919年,江谦辞去南京高师校长职务后,专心学佛。先后皈依于谛闲、印光二法师,由此博览三藏,融会各宗,最后归心于净土。他首先于家乡婺源江湾创设佛光社,继之于各地设立分社,印布社刊,赠人阅读,乡人受他感化入社念佛、皈依净土者为数甚多。在这段时间,他除了礼佛诵经、讲经弘法外,并从事撰述,后来都辑入《阳复斋丛刊》中。

到了1934年,婺源战乱,家乡住不下去,他迁到杭州,与佛教居士李锦堂在市区内设了一处道场,名叫佛光社,继续弘扬净土,聚众念佛。过了两年,又迁居南通,住在三余耕读处,念佛讲学,精进不懈。在南通六七年间,聚众讲经弘法,对地方人士有相当的感化。为了要造就弘法人才,曾计划创设佛儒合一的研究社,决定定名为灵峰学社,章程拟定,方欲进行,因中日战争爆发而搁置,事遂未竟。1941年他迁居上海,仍应各方之请,讲经弘法,唯自知年迈,时以编印《阳复斋丛刊》为念。1942年病逝,享年六十有七。他早年为一儒者,中年后学佛,为净土之信徒;他又是一教育家,他在主持通州师范和南京高等师范的时候,均使两校获得长足发展,成为当时名校。先生精研语言学,造诣甚深。著有《说音》一书,是汉字注音字母第一人,最早创设统一音标。另外他主张佛儒合一,故儒学、佛学著述甚多,部分为苏州弘化社及上海佛学书局出版,后来连同未出版者,全辑入《阳复斋丛刊》中,其名称为《阳复斋文集》《阳复斋诗偈初集》《江易圆居士演讲集》《佛儒经颂》《儒佛合一救劫篇》《灵峰儒释一宗记》《阳明致良知学》《东坡禅学诗文要解》《儒佛一宗主要课讲义》《正学启象蒙字经颂笺》《小学养蒙三字经注解》《安徽佛门龙象记》《两汉学风》《梦游记恩寺》《宏法联语》等17种。

## （四）周诒春的教育思想和实践

周诒春（1883—1958），字寄梅，休宁人。其父周聿修，以贩运徽茶为业，为人勤谨，善于经营，当周诒春年方启蒙，便聘师授以英文，以待深造。光绪三十一年，周诒春入上海圣约翰大学接受基本训练，毕业后自费赴美留学，先后就读于耶鲁大学和威斯康星大学，获硕士学位。宣统二年，周诒春回国后在圣约翰学院讲授英语，曾协助编纂《英汉大字典》，并参加清廷对留学生特别考试，被钦点为翰林（当时社会上称此科翰林为"洋翰林"）。[①] 1913年至1918年担任清华大学校长一职，在校期间勤勤恳恳，为教育事业鞠躬尽瘁，死而后已，并且最先提出把清华逐步过渡到一所完全、独立之大学的完整计划。自1921年起，周诒春任职于银行界，并多次担任"中华教育文化基金董事会"董事。1929年至1939年，任北平协和医学院托事委员会托事，并被公推为常务委员会主席。1945年后任国民政府咨议、农林部长、卫生部长。1948年曾一度旅居香港。中华人民共和国成立以后，再次返回大陆，于1950年回到北京。1956年，作为特邀委员参加全国政治协商会议。1958年8月，不幸在上海病逝。周诒春先生一生致力于民族的教育事业，为民族教育奋斗终生，尤其对于清华大学的教育事业更是作出了不可磨灭的贡献。清华校刊将他对清华的贡献概括为"学校一个时代的精神如何，就看校长的态度怎样。我们不必细究周寄梅先生的履历，我们承认他确实是有宗旨、有计划、有理想、有希望的人。清华以前享有的盛誉以及现今学校所有的规模、层层发现的美果，莫不是他那时种下的善因"[②]。又说道"周校长任职四年余，建树极众，历任校长

---

① 参见清华大学校史研究室：《清华人物志·周诒春》，清华大学出版社1992年版，第95页。
② 《清华周刊·本校十周年纪念号》，1921年4月。

无出其右"。可见周诒春先生在清华学子的眼中地位是如此之高，其勤勤恳恳、孜孜不倦的学术精神激励着一代代清华学子奋力前行。作为最早提出"德智体三育"的教育界大师周诒春，其所提出的"造就一完全人格之教育"思想，顺应了时代发展的潮流，其对于民族教育独立的眼光，对近现代学校、国家、民族的教育具有深远的影响。

周诒春先生热爱教育事业，极力提倡德育、智育、体育三育并举，在清华推行完全"造就一完全人格之教育"，鼓励学生全面发展，提高综合素质，成为适应现代社会的国家公民。周诒春认为"我清华学校历来之宗旨，凡可以造就一人格之教育，未尝不悉心尽力"①，并且常说"今日之学生，宜着重德智体三育固矣"。在德育方面，周诒春认为学校总的出发点应该是"不徒在教授生徒以高深之学程，亦当养成其高尚之德性"②，"提倡德育，端品励学，增进其自治之基"。同时，周校长也教育学生树立远大理想，不贪图名利，勉励学子"择业不当贪货利、鹜虚名，亦不可拘于时世之盲论及父兄亲友之成见，当以（1）天性之所进，（2）国家所急需，及（3）造福于人类为准绳"③。此外，周校长还鼓励学生们养成艰苦朴素、勤劳实干的精神以及为社会无私奉献的精神。

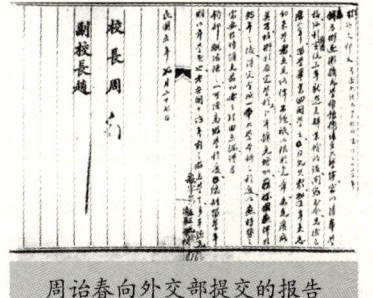

周诒春向外交部提交的报告

在智育方面，周诒春鼓励学生丰富课余生活，多参加演讲会和辩论会，同时请国内著名学者前来讲习；鼓励学生成立社团，例如文学会、文友社、歌唱团、摄影团等；创办刊物，其《清华周刊》首创之初，发刊词为"本校跻跻多士，三育并进，声誉之隆非一日矣。……培养完全之国民性格，为本刊唯一之天职"④。这再一次明确了《清华周刊》创办的宗旨为德智体三育并举，培养完全之国民性格。此外，周校长还鼓

---

① 《清华周刊·临时增刊》，1916 年 9 月。
② 《清华周刊·本校十周年纪念号》，1921 年 4 月。
③ 《清华周刊》第 26 期，1914 年 12 月 22 日。
④ 《清华周刊·本校十周年纪念号》，1921 年 4 月。

励学生立足于社会调查,开展社会实践。在体育方面,周诒春认为"同学当具有少年峥嵘奋发有为之气,万不可有老暮僝弱之象"[1],鼓励学生们多参加校内外体育活动以及全国性比赛,培养其良好的身体素质。周诒春所倡导的"造就一完全人格之教育",德智体三育并举的做法不仅仅为清华大学的人才培养树立了典范,对于全国其他地区也有着深远的影响,以至于对现当代的学校教育都有着重要的意义。

周诒春"对教育抱有理想,并为实现理想而竭尽全力","他爱他的工作,就像艺术家之爱他的艺术,他在他的工作中投入了他的全部身心。他并不把他的工作看成是一个职务,而看成为实现他心中理想的一种手段"。对于学术研究,周诒春认为"能够研究专门学术的人,他生平唯一的目的,就是要发扬一种科学,有益于国家,有益于人群,本着他缜密研究的精神,去搏那最后的胜利"[2]。可见,周诒春治学之严谨,此种精神与清代学者实事求是、辨伪考证的思想也有着相通之处。作为身处国家多事之秋的周诒春,其一生的教育事业都与民族独立息息相关。胡适在《周诒春君过美之演说》中写道:"清华学堂校长周诒春君过此,此间同学开会欢迎之。周君演说,略曰:'诸君毕业,可归即亟归,勿久留此,须知中国需才急也。'"[3]从中显露出了周诒春关心自己国家的教育大计,渴望学子们能够学有所成,从而能够尽早回国以报效祖国。他自己也说过"游美学生须以学问经济为目的,切不可以学位为目的也。游学之宗旨,在吸收新文明,滋养新国家,非求博士学士也"[4]。在他看来,外出游学之学子应当以学业为重,以国家教育事业为重,真正地学有所成,而非是一个虚名头衔。他经常教育学生"群策群力,同气同声,以达救国之目的","同学当国步维艰之日,均宜存餐风冒学之志,以苦学自励",[5]从而激发学生的爱国热情,激励学子为

---

[1] 《清华周刊》第30期,1915年2月16日。
[2] 胡适:《丁文江这个人》,台湾传记文学出版社1979年版,第50页。
[3] 胡适:《胡适留学日记》,岳麓书社2000年版,第303—304页。
[4] 《清华周刊》第26期,1914年12月22日。
[5] 《清华周刊》第30期,1915年2月16日。

国家民族独立、教育事业而奋力前进。周诒春一生倾注于民族教育事业。他着眼于民族教育独立,他所倡导的"造就一完全人格之教育"思想既是时代的产物,也是时代的特色。事实证明,周先生的教育思想是符合现代教育思想理念的,是科学的教育思想。

### (五)吴承仕的经学成就

民国初期统治集团日趋腐化,社会矛盾、民族矛盾日趋尖锐,使很多有识之士把眼光投向社会,徽州精英人物迫切要求改变脱离社会现实的学风,极力提倡以学术经世,挽救社会危机。他们在传承古典的同时,也逐渐接受了马克思主义,以历史唯物主义的观点研究经学和古代历史,吸取了西方教育思想的精髓,融合了中国本土的乡村教育文化,成为我国学术界的先锋人物,同时也是近代徽州学术的杰出代表。

吴承仕(1884—1939),字检斋,歙县昌溪人,中国近代著名的经学家、古文字学家、教育家,曾受业于章太炎门下,研究文字、音韵、训诂之学及经学,与钱玄同、黄侃并称"章门三大弟子"。他出身于官宦家庭,五岁入学读书,十七岁考中秀才,十八岁考中举人,光绪三十三年在保和殿参加举贡会考,被取为第一等第一名,钦点大理院主事。于是,二十三岁的吴承仕成为清朝科举史上最年轻的状元。他任职期间,无意于争权夺势,而是将精力放在典章制度和三礼名物等学术研究上。辛亥革命胜利后,吴承仕对资产阶级民主革命采取欢迎的态度,于1912年出任中华民国临时政府司法部佥事。

吴承仕像

1914年,章太炎被袁世凯囚禁,吴承仕以司法官的身份探视,向其请教学问,受业章门,笔录章太炎言论成《荆汉微言》一书。之后渐无意于政事,将精力转移到学术领域。1924年,随着《经籍旧音辨证》等著述的问世,吴承仕声名大振。他离开司法部,出任北京师范大学国文系主任,并先后执教于北京大学、东北大学、北京女子师范大学,在各大学讲授《经学史》《国故概要》《三礼名物》《说文》等课程。吴承仕接受进化论和马克思唯物史观,运用唯物史观和辩证法研究古代经学和文字学,开我国运用马克思思想研究经学之先河。1935年创办《时代文化》等进步刊物,针砭时弊,激发人民的抗日斗志。1936年加入中国共产党,从事抗日救亡运动,直至病终。

吴承仕一生著述宏富,著有《经学通论》《经典释文序录疏证》《国故概要》《尚书古文辑录》《尚书今古文说》《三礼名物略例》《丧服变除表》《三礼名物笔记》《经籍旧音辨证》《小学要略》《六书条例》《说文讲疏》等论著84种。① 其研究范围广泛,涉及经、史、子、诗文等多领域,尤其在经学上的成就最大,与在南京大学任教的黄侃有"北吴南黄"两大经师之称。《经典释文序录疏证》是吴承仕经学研究比较成熟时期的作品,以陆德明《经典释文序录》为基础,采用古文经学家治经的方法,旁征博引,考证典籍与人物,精辟地阐述了群经的兴衰历程以及经学的变迁历史。吴氏校勘各种版本,并吸收卢文弨等学者的研究成果,采用章句之法疏解原文,以考史源法探明各说原委,用疏解考证之法历代经师行踪以及典籍的流传,最终纠正前人错误,阐释自己观点。此书综合众说,考证精核,疏解唐代以前经学发展的历史,纠正各家之谬误,为后人的经学研究铺平了道路。

吴承仕作为一个继承乾嘉学派的学者,深刻懂得小学为经学的工具,曾花费许多精力搜集整理汉魏六朝语音,《经籍旧音》书稿虽然下落不明,但是他撰写的《经籍旧音辨证》和《经籍旧音序录》因生前付印而得以流传。章太炎为之题词曰:"其审音考事皆甚精,视宁人之书、雒存之钝,相去不可以度量校矣。明清诸彦,大抵能辨三代元音,亦时以是与唐韵相斠,中间代嬗之通,阙而未宣,检斋之书出而后本末完

---

① 参见黄寿祺:《略述先师吴承仕先生的学术成就》,《北京师范大学学报》(哲社版)1984年第2期。

具,非洽闻强识、思辨过人,其未足与语此也。"①由章太炎对吴承仕学术的赞誉,可见吴氏学术之精审。此书不仅是研究经学的工具书,还是音义互证的音韵训诂学专门著作。吴承仕亦以三礼学研究著称,《三礼名物略例》是其研究三礼名物的纲领。在书中,他不仅通过文字训诂考订名物,还通过名物考察历代的典章制度。其对《周礼》《仪礼》《礼记》以及《大戴礼记》之间的关系剖析甚为精确,还提出礼之事有四,即礼意、礼制、礼器、礼节的独到见解。云:"夫礼意易推而多通,礼制难言而有定,然形体不存,则制作精意,即无所传离以自表见,故考迹旧事者,应以名物为本。"②章太炎、陆宗达均高度评价吴氏的礼学成就。

吴承仕书法作品

在训诂学研究方面,吴承仕主张结合典章制度来研究语言及文字,著有《从〈说文〉研究中所认识的货币形态及其他》《语言文字之演进过程与社会意识形态》《竹帛上的周代的封建制与井田制》等论文。由这些文章可知吴承仕不仅重视字词间的相互联系,还将这种联系放在一定的历史文化背景中进行探讨。此研究方法承刘师培、章太炎之余续,而又有发明与创造。吴承仕出生于素有"东南邹鲁"之称的徽州地区,受徽州文化影响深远。他治学遵从同乡江永、戴震等经学及小学大师的由字词以通道的治学方法,秉承求是实学的治学精神,精研音韵、训诂,详细考察历代典章制度,重视名物制度的研究,尤其是在三礼学方面的研究,在资料的搜集、研究的规模以及学术的见解等诸多方面,造诣极深,可谓是20世纪上半叶的经学大师。

吴承仕晚年以马克思主义唯物论和辩证法指导,重新研究中国古代历史与经籍,成为我国历史上第一位用马克思主义观点指导从事经

---

① 《吴承仕藏章炳麟论学集》,北京师范大学出版社1982年版。
② 《国学论衡》卷二,《章太炎全集》,上海人民出版社1962年版。

学研究的学者。他还对中国大学国学系的课程进行了改革,增设社会科学、中国通史、新俄文学选读等新课程,聘请李达讲《唯物辩证法》、高滔讲《西洋文学史》、孙席珍讲《现代文艺思潮》等,改变了国学系的授课内容,赋予国学研究以新的内容,使国学研究与时代更好地结合。这些对今天经学、史学研究具有深刻的启发意义。

吴承仕故居

## (六) 陶行知的平民教育思想和实践

陶行知像

陶行知(1891—1945),原名文浚,歙县黄潭源村人。从小聪明颖慧,四岁随父识字,塾师方庶咸发现其聪颖敏慧,愿不收束修代为开蒙。光绪三十三年,十六岁的陶行知在歙县崇一学堂卧室的墙壁上书写道:"我是一个中国人,要为中国作出一些贡献来。"①以此来抒发了他内心满腔的爱国热情,亟待为祖国的现代化事业而努力学习。光绪三十四年,陶行知考入了杭州广济医学堂,希望通过学医以实现自己报效祖国的志向,然而因广济医学堂歧视不信教的学生,愤然退学。宣统元年,陶行知考入南京汇文书院,次年转入金陵大学文学系,研究王阳明的学说,深受"知行合一"论的影响,故而改名行知。在校学习期间,陶行知积极参加爱国运动,主编《金陵光》学报,宣传民族、民主革命思想。1914年留学美国,入伊利诺大学,获政治硕士学位,后入哥伦比亚大学研究教育,以杜威、孟禄等

---

① 陶行知:《陶行知全集》,湖南教育出版社1983年版,第672页。

为师。1917年离美回国,在船上谈回国后的志愿时说:"我要使全中国人都受到教育。"①

1923年,陶行知与晏阳初等人发起成立中华平民教育促进会总会,后赴各地开办平民识字读书处和平民学校,推动平民教育运动。1927年在南京创办乡村师范学校晓庄学校,创办第一个乡村幼稚园燕子矶幼稚园。1930年遭到国民党通缉被迫流亡日本,次年回国后开展教育普及工作,提出"工以养生,学以明生,团以保生",将工场、学校、社会打成一片,进行军事训练、生产训练、民权训练等。1935年受中国共产党"八一宣言"的感召积极投身于抗日救亡运动。1938年参加国民参政会,致力于抗战期间的教育活动,积极响应中国共产党提出的全面抗战的号召,成立中国战时教育协会。1941年参与发起成立中国民主政团同盟,并于1945年加入中国民主同盟,任中央常委兼教育委员会主任委员。同年7月,陶行知因长期劳累过度,健康过损,不幸逝世于上海,周恩来、沈钧儒等社会各界人士闻讯,皆为之深深惋惜。周恩来称其为"无保留追随党的党外布尔什维克"。毛泽东更是盛赞行知,称其为"伟大的人民教育家"。

作为近代教育界的风云人物,陶行知一生致力于教育研究工作,徐特立认为"陶行知是中国革命的教育家,他的学术是服从革命而称为革命的学术"。同时他"是一个唯物主义者,他的教育是建立在生活上"。② 在教育方面,陶行知提出了著名的"生活即教育""社会即学校""教学做合一"三大主张,其中以生活教育理论贯穿整个教育思想的理论核心。

生活即教育。在陶行知看来,"教育是教人发明工具,制造工具,运用工具。生活教育教人发明生活工具,制造生活工具,运用生活工具。空谈生活教育是没有用的,真正的生活教育必以生活工具为出发

---

① 陶行知:《陶行知全集》,湖南教育出版社1983年版,第674—675页。
② 陶行知:《陶行知文集》,湖南教育出版社1983年版,第3页。

点"①。同时补充道:"没有生活做中心的教育是死教育。没有生活做中心的学校是死学校。没有生活做中心的书本是死书本。"陶行知注重将教育生活付诸乡村实践,认为"没有生活工具,简直不必空谈生活教育。……我们从野人生活(乡村生活)出发,不是没有出息,开倒车,不是要想长长久久的做野人。"可见,教育和生活二者是相互联系密不可分的,离开生活谈教育是不可取的,是死的教育。在陶行知看来,"学校即社会,就好像把一只活泼泼的小鸟从天空里捉来关在笼里一样。它要以一个小的学校去把社会所有一切东西都吸收进来,所以容易弄假。社会即学校则不然,它是要把笼中的小鸟放到天空中使他任意翱翔。是要把学校的一切伸张到大自然里去。"在给晓庄学校的信中,勉励道:"这个学校不但要做中国教育革命之出发点,并且要做世界教育革命之中心。"陶行知反对"先生只管教,学生只管受教"的教授法,认为"先生的责任在教学生学,先生教的法子必须根据学的法子,先生须一面教一面学。这是教学合一的三种理由"。可见,唯有坚持教学合一的教学方法,才能够真正做好教学工作。而对于"做",陶行知认为"一切生活的教学做都要如此方为一贯。否则教自教,学自学,连做也不是真做了。所以做是学的中心,也就是教的中心",以此阐述了教学做合一的重要性。此外,陶行知对于师范教育、创造性教育等方面也有着独特的见解。陶行知认为"中国今日教育最急切的问题,是旧师范教育之如何改造,新师范教育之如何建设。国家所托命之师范教育,是绝不容我们轻松放过的"②。主张师范教育也应当下乡,但提出"我们不要以为把师范学校搬下乡去就算变成了乡村师范学校。不能训练学生改造眼前的乡村生活绝不是真正的乡村师范学校"③。这一教育思想再次体现了陶行知"生活即教育""社会即学校""教学做合一"的思想主张。

---

① 陶行知:《陶行知文集》,湖南教育出版社1983年版,第173页。
② 陶行知:《陶行知文集》,湖南教育出版社1983年版,第141页。
③ 陶行知:《陶行知文集》,湖南教育出版社1983年版,第92页。

出生于徽州歙县的陶行知,时刻不忘家乡的教育建设,关注并支持家乡地区教育的发展。为此,他亲自拟定了家乡教育的七大发展程序,即"第一时期,力谋现在初级中学与高级中学内容之充实,基础之稳固;第二时期,创设经济的、平民的、适合国情的中心小学及中心幼稚园;第三时期,创设女子中学;第四时期,俟中心小学及中心幼稚园办有成效,正式设立师范科;第五时期,创办大学;第六时期,设立各科学院;第七时期,创设研究所"[①]。这七大具体的发展程序不仅为徽州地方教育建设提供了蓝图,也为中国的教育建设提供了范本,其影响甚为深远。作为教育界的时代先锋,陶行知提倡科学的精神,美术的精神,大丈夫的精神。陶行知早年受教于杜威,深受其教育思想影响,认为"教育即生长,教育即生活,学校即社会"。而后认识到了这是一种"囚笼室"的教育,因而改为"生活即教育,社会即学校,教学做合一"的教育学说,形成了适合本国国情的教育思想体系。《陶行知文集》一书将陶行知一生的学术变化分为六大时期,分别是:1926年之前为提倡教育改造时期,诸如《生利主义之职业教育》《试验主义与新教育》《新学制与师范教育》《平民读书之试验》等多篇文章皆出自这一时期;1927至1930年为乡村教育试验时期,期间发表了《教育改进》《生活工具主义之教育》《中国乡村教育运动之一斑》《如何使幼稚教育普及》等相关文章;1931至1935年为推行普及教育时期,例如《教学做合一下之教科书》《战时的功课》《普及教育运动小史》《普及现代生活教育之路》等一系列文章明确反映了此一时期的教育政策;1936至1938年为国难教育到战时教育时期,《十二月运动与五四运动》《民族解放大学》《和平之威力》等文章反映了国难当头,教育改革服务与解放事业;1939至1944年为推广全面教育时期,例如《生活教育目前的任务》《育才学校创办旨趣》《创造宣言》等;1945至1946年为实现民主教育时期,如《民主的儿童节》《实施民主教育的提纲》《民主教育之普及》等,

---

① 陶行知:《陶行知全集》,湖南教育出版社1983年版,第661—662页。

这些文章充分体现了陶行知渴望实现民主教育的思想。

从提倡教育改造—乡村教育试验—推广普及教育—国难、战时教育—推广全面教育—实现民主教育，这条教育路线不仅体现了陶行知在不同阶段的教育思想，同时也体现了陶行知能够顺应时代发展潮流、处世应变的态度。正如陶行知所言："研究学问要以事为中心，改造环境要以事为中心，处世应变也要以事为中心。我们要用科学的精神在事上去求学问，用美术的精神在事上去谋改造，用大丈夫的精神在事上去炼应变。"①

陶行知题词

## 五　报刊的兴办与徽州地方社会的改造、乡土文化的传播

报刊是报纸和刊物的合称。报纸是以刊载新闻和时事评论为主的定期向公众发行的印刷出版物，刊物则是登载各类作品的定期或不定期的连续出版物，两者都是大众传媒的重要载体，具有反映和引导社会舆论、传播文化的功能。近代徽州的报刊业非常发达，开徽州地方报业先河的是1912年在屯溪创刊的《新安报》，此后各类报纸不断涌现，仅民国时期就有报纸100余种。② 数量如此繁多的报纸，主要可分为官办和民办两大系统，而主办者则有中共地下党员和进步人士、国民党、商界人士等，都带有一定的政治色彩。另有一类刊物是由旅外

---

① 陶行知：《陶行知全集》，湖南教育出版社1983年版，第503页。
② 参见黄山市报业志编纂委员会：《黄山市报业志》，黄山书社1998年版，第7页。

徽州人主办的,这些刊物在上海、北京等地编辑发行,但通过各种渠道传入徽州。旅外徽州人面对家乡故里的衰败,产生了强烈的焦虑感和使命感。为改变徽州闭塞落后的现状,他们四处奔走呼号,组建同乡团体,创办报刊,揭露徽州社会的各种负面问题,并提出大量的改良建议,掀起建设新徽州的运动。不管这些报刊的主办者是谁,都对徽州社会保持高度关注,登载了所属六县的各类新闻报道,在办刊宗旨、栏目设置、版面内容上也体现出鲜明的徽州地方特色,为我们考察近代徽州社会文化提供了重要参考。

《新安报》出现之前,在徽州流通的报纸主要是从外埠传入的,其中邮局所起的作用不容忽视,如在清末绩溪县,邮局未开办之前,阅报者寥寥无几,关注时局的人只有辗转各地想方设法才能看到报纸。邮局开设之后,阅报者逐渐增加。据调查,全县报纸销数在百份以上,城内学界的订阅者占了绝大多数,乡下除了一些学堂和派销的官报外,读报的人仍属极少数。[1] 绩溪报纸销数城乡之间的差别与其他各县相类似,如歙县,"学堂、商会及城镇绅商皆喜阅报纸,乡曲农民不知报纸为何事,销数不多"[2]。在休宁县,由官方系统派销的报纸有《政治报》《学部报》《南洋报》和《安徽报》,经县署转发各界;《芜湖报》《汉口报》仅在商界偶然一见;上海的《神州日报》《时报》《中外日报》《申报》《新闻报》《舆论》和《女报》等,通过屯溪民信局寄送的在 10 份上下,由邮局寄送的 50 份左右。此外,《东方杂志》《教育杂志》《卫生报》《医报》和《国粹报》等由绅、学、医、商各界订阅的也有十余份。[3] 黟县因在外经商的人常常将看过的报纸寄回家乡,所以当地人也可以看到不少外埠出版的报纸,而通过上海邮局直接寄送的报纸也有十数份。[4] 由此可见,上海新闻界在徽州当地的影响非常巨大。祁门县虽处群山环绕之中,但人们一向喜欢阅读京报阁钞,自从上海的报馆接踵而起后,祁门

---

[1] 参见刘汝骥:《陶甓公牍》卷一二《法制科·绩溪民情之习惯·报纸之销数》,第 613 页。
[2] 刘汝骥:《陶甓公牍》卷一二《法制科·歙县民情之习惯·报纸之销数》,第 580 页。
[3] 参见刘汝骥:《陶甓公牍》卷一二《法制科·休宁民情之习惯·报纸之销数》,第 587 页。
[4] 参见刘汝骥:《陶甓公牍》卷一二《法制科·黟县民情之习惯·报纸之销数》,第 608 页。

订阅的人不断增加,据清末民情习惯调查显示,除县、学两署及城乡各学堂外,城内销售报纸的有14家,东乡浒溪有2家,南乡平里、鳙溪等处有6家,西乡历口、闪里等处有4家,北乡善和等处有2家。① 婺源县则因地僻民贫,阅报者非常稀少,之前县内曾创设阅报社一处,但未及一年即告中辍,加之邮局又疲玩异常,颇不正规,致使婺源四乡外出经商者多不通过邮局寄送报纸,据清末调查,当时经邮局寄达婺源的报纸仅有《时报》2份、《神州日报》3份、《汇报》2份、《新闻报》《中外日报》各1份而已。其他如《外交报》以及各种官报,除县署外,再无其他人购阅。②

## (一)民国初期徽州报刊的起步与发展

虽然与徽州的总人口相比,城乡之间阅报的人数少之又少,但是外来传媒毕竟撕开了徽州社会久已闭塞的缺口,或多或少地开通了徽州社会风气,为徽州本土报业的萌生奠定了基础。所以当历史的巨轮刚驶入民国元年,《新安报》便创刊了。1912年12月16日,从屯溪还淳巷送出了第一份《新安报》,这也是徽州最早一张招股经营的报纸,4开3张6版,油光纸单面铅印,为半文言半白文,正文排四号字,标题用二号字、一栏题。《新安报》根据"徽州处万山之中,弊在风气闭塞,不能周知外事"和"侨居各省谋生生业,关心桑梓,弊又在于消息不灵"的特点,决定传播内地新闻和外界电讯并重。第一版为本埠和外埠广告;第二版为言论(设有"论说""专稿"栏目)和专件(法规等文件);第三、第四版载国内外大事,有"本馆专电""选电""时评"和"要闻"栏目,"要闻一"为国际大事,"要闻二"为国内大事,"要闻三"为省内大事;第五版"新安纪事"栏目,为徽州本埠新闻;第六版为设有小说、诗词、杂

---

① 参见刘汝骥:《陶甓公牍》卷一二《法制科·祁门民情之习惯·报纸之销数》,第602页。
② 参见刘汝骥:《陶甓公牍》卷一二《法制科·婺源民情之习惯·报纸之销数》,第595页。

录小栏目的副刊和记录本埠市场价格的"商情"栏目。①

1913年,《徽州新闻》在歙县上路中街创办,此为一份单面石印册装式报纸,16开幅,一页2版,共20余版。设置栏目的编排顺序是:"论说""本馆专信""徽事阳秋""要闻""斗山月旦""新闻""文苑""小说""沪事商情""本埠商情"。报馆主笔是吴愚父,思想倾向革命。《徽州新闻》刊载的新闻,多针砭时弊,如第四期"新闻"栏中报道了婺源、黟县、休宁、祁门四县的7条消息,其中有6条是抨击时政的内容。该报在徽州六县招聘访员提供稿件,设代办处发行报纸。

进入20世纪20年代之后,旅外徽州人所办刊物逐渐成为主流,1921年,旅居上海的黟县人胡渊如、余一辰、汪励吾等发起组织"黟县青年励志会",大部分成员是店员,总会设在上海,浙江、山西、山东、湖北、安徽一些城市和黟县均设有分会。总会于次年4月创办《黟山青年》季刊,该刊为"中华邮政特准挂号认为新闻纸类",32开本铅印,每期定价银二分,每年分春、夏、秋、冬四季出版,汪励吾任主编。因来稿量增加,1926年改版为《黟山青年月报》,地址在上海哈同路民厚里弄666号,这是笔者目前所见最早的旅外徽州人创办的报刊。1923年8月20日,北京"黟麓学社"主办的《古黟新语》创刊,这是一份宣扬爱国、民主、进步的报纸,发起人为当时在北京大学等高等学校求学的黟籍学生舒耀宗、王同甲、欧阳道达等人,社址在北京西城李阁老胡同穿同门甲5号,1925年10月,该刊因经费支绌停刊,翌年8月复刊,1927年终刊。刊物32开本,每月一期,每期2万字左右。在前后数年的时间里,旅外徽州人先后创办了十余种报刊,分布在上海、北京、苏州、镇江、芜湖等地,具体情况如下表所示:

---

① 参见黄山市报业志编纂委员会:《黄山市报业志》,黄山书社1998年版,第55—56页。

表 3－2  旅外徽州人创始的报刊

| 刊物名称 | 刊期 | 刊本 | 创刊时间 | 办刊者 | 社址 | 备注 |
| --- | --- | --- | --- | --- | --- | --- |
| 黟山青年 | 季刊 | 大32开 | 1922年4月 | 黟山青年励志会，主编汪励吾 | 上海哈同路民厚里弄666号 | 1927年改为月刊，16开本 |
| 古黟新语 | 月刊 | 32开本 | 1923年8月20日 | 黟麓学社 | 北京西城区李阁老胡同 | 1927年终刊 |
| 微音 | 月刊 | 32开本 | 1923年创刊 | 徽社，主编程本海 | 上海英租界北泥城桥新闸路鸿祥里第2136号 | 1927年3月因程本海协助创办晓庄师范而终刊 |
| 徽侨月刊 | 月刊 | | 1927年3月10日 | 徽州旅浙硖石同乡会 | 海宁县硖石镇童家园新安会馆 | |
| 乡潮 | 不定期 | 16开本 | 1929年4月15日 | 黟县旅芜同乡会，主编汪晋侯 | 芜湖 | 1930年12月复刊 |
| 黟声报 | 月刊 | 4开4版 | 1929年8月1日 | 黟社，舒人文、陈默若、胡燮侯 | 上海贝勒路义和里16号 | |
| 徽州旅沪同学会会刊 | | 大32开本 | 1929年7月 | 徽州旅沪同学会 | 上海 | 胡适题写刊名 |
| 绩溪旅休同学会季刊 | 季刊 | 32开本 | 1930年6月10日 | 绩溪旅休同学会 | 休宁 | 同年12月15日，将刊物命名为《前进》 |
| 双溪潮声 | | | 1931年8月 | 黟县双溪旅沪同乡会 | 上海 | 仅出一期便停刊 |
| 黟县同学会期刊 | | 32开本后改为大16开 | 1932年 | 黟县同学会 | | 创刊号油印本，后为铅印 |
| 新安月刊 | 月刊 | 32开本 | 1933年4月 | 徽宁旅镇同乡会，主编黄乐民、黄白民 | 江苏镇江王家巷 | 1935年12月休刊，1936年11月复刊 |

续表 3-2

| 刊物名称 | 刊期 | 刊本 | 创刊时间 | 办刊者 | 社址 | 备注 |
| --- | --- | --- | --- | --- | --- | --- |
| 徽光 | | 大32开本 | 1934年春 | 徽州六邑旅省同学会 | 安庆 | 1936年复刊,出版第二期 |
| 沪黄报 | 月刊 | | 1935年6月 | 负责人程律谐 | 上海 | |
| 皖事汇报 | 旬刊 | 16开本 | 1936年1月创刊 | 主编汪已文 | 苏州南显子巷 | 次年终刊 |

上表所列报刊大致可以分为两类。一类为同学会会刊,出版日期不固定。由于加入同学会的是各级在校学生,所以其编辑者、发行者及作者大多为青年,基本上可以定位为专门面向青年的刊物。从办刊宗旨可以看出青年学生激情澎湃,以时代为己任,渴望改变社会的抱负。《绩溪旅休同学会会刊》的发刊词充满诗性与鼓动性:"青年学子,正适发奋有为的时代,好似四季中的春天,百花争艳,万物更新,我们当这大好春光,应如何的向着我们的目的地进取?把青年的热血染遍在宇宙之间!……我们先从小的范围做起,把绩溪的青年学子联络起来,在这小的刊物上可以尽量的把我们胸中要说的话,所要做的事,都发表出来,以供大家研究、讨论。我想,于我们的学业上、见识上、思想上,也许可以补救于万一。"在外地求学的青年对家乡社会的衰退感同身受,在办刊物时有了更明确的针对性,希望能够改变徽州闭塞的现状,《绩溪评论》发刊词称:"绩溪的空气太沉闷了,沉闷得怕人,这固至由于绩溪的青年们不智努力,但环境的恶劣,使他们不过分的努力,也是无可讳言的,不

绩溪学会会刊　　　识字运动特刊

讲别的，只说刊物罢，偌大的一个绩溪，竟找不出一本刊物来。……我们不避谫陋，产生了绩溪评论社，发行月刊，将我们对于绩溪所见到的缺点一些些的吐了出来，或得到社会上一般圣人之徒们的谅解。……给绩溪的民众擂一次大鼓，给我们绩溪久已沉闷了的空气砰然地轰了一个炸弹，我们就这样地期望着，祝他健康而长寿。"①《黟山青年》用简练的语言将其使命定义为"改善黟县社会"，宗旨为"提倡农工商业"，目标为"增进青年知识"。《徽光》的使命则如其第二期封面所说："劝学所向，实闳徽猷；光昭乡邦，无疆之休。"具体言之有三重意思："第一就想把故乡实际状况，如教育、政治、经济、农村、商业，忠实地描写出来，使旅外同乡都知道一个大概。第二就想把现代思潮、新的学说以及各种新的学术传达给故乡父老。第三就想把我们的意见，我们研究所得的结果，一一报告给全徽州的民众。"

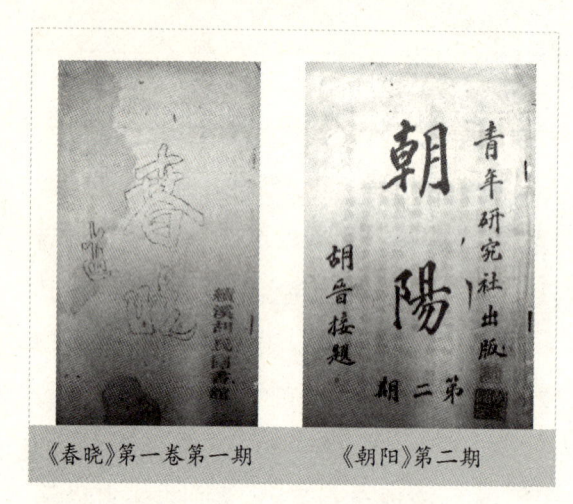

另一类是以徽商为主体的旅外同乡会创办的报刊，这类刊物比较注重联络乡谊，强调刊物的使命在于"研究学术与讨论改造社会问题，谋建设事业，造成新徽州"，力图办成徽州舆论界的中心读物，如《徽侨月刊》旨在"保护同乡利益，增进旅居幸福，提倡教育实业，维持同乡生活，宣扬社会公理，促进行政完善"。上海徽社创办的《微音》月刊较为详细地阐释了办刊宗旨："1.徽州的言论界，实在太觉寂寞了，在这样沉闷的状态下，本刊责难旁贷，敢以造成健全的舆论，引导徽州的民众入于光明之途为己责，务使本刊成为我全徽州的喉舌，为我全徽州唯一

---

① 曹绥之：《发刊词》，《绩溪评论》1929年12月1日，第1期。

的民众发言机关。2.本社同人只知为社会服务,为公众牺牲,本刊就是秉着这个宗旨,以光明的心地,公正的态度,发为言论,合于正义者扶持之,失于谬误者纠正之,绝不受任何党派的束缚与利用。3.除研究学术之外,并一方注重同乡旅外事业之发展,一方谋内外之联络与团结,以集中注意力于一个共同的目标,而达到促进乡土方面之福利与改造新徽州之目的。"镇江新安同乡会创办的《新安月刊》将办刊方向明确定位为:"对于家乡公安、教育、财政建设诸要政,以及徽属之重要消息,均有翔实之阐扬与记载,渐渐培养成徽州舆论界的中心读物。"《黟声》在一卷五期《今后的本刊》一文中称:"本刊为秉承黟社宗旨:'本互助精神,以求社员生活的进展;用科学方法,以谋桑梓社会之改造'而出版。我们认为,要想改造桑梓社会,非先扫除改造障碍物不可,尤其是那班所谓有害于我们桑梓社会的贪污土劣,非进攻得他们残败无余,不足以言改造。"

可见,这两类报刊都将"改造徽州社会"作为共同的使命,它们对徽州社会保持着高度关注,坚持徽州舆论喉舌的办刊导向,以建设新徽州作为刊物的使命。这一点从栏目设置上也能反映出来,如《黟山青年》开设的栏目有"讲坛""评论""纪事""特载""讨论""社会新闻""杂感录""儿童思潮""文艺""平民文学""会务报告""来往信函"等;《微音》月刊的常设栏目有"言论""研究""通讯""纪事""特载""调查""文艺""杂感""社务报告"等,每期侧重点虽有不同,但言论所占篇幅较多。《新安月刊》的内容主要分为三部分,一为新闻,二为论文,三为文艺。新闻类有"家乡情报"栏目,每期将一月来徽州六县发生的重要事件按日编录,对各地旅外徽州人的情况也多有反映。论文类涉及的是与家乡民众息息相关的重要问题,对家乡发生的重大事件撰写短文进行评论。这些报刊的论著或者论说的话题都与徽州有关,内容非常丰富。《徽侨月刊》发布的《本刊征求启事》或许更能说明这一问题:"本刊为吾徽舆论机关,抱有闻必录之旨,以同乡事业上利害真实情形见报者,甚属欢迎。"

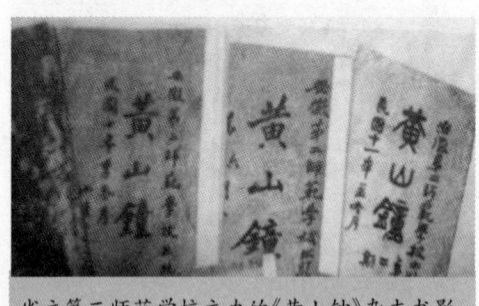

省立第二师范学校主办的《黄山钟》杂志书影

报刊在日常运行过程中面临的首要问题是稿源,部分刊物因为发行时间短,影响力比较弱,来稿量非常少,编者需要四处组稿,甚至要亲自上阵撰文凑数。《前进》第 2 期于 1930 年 12 月 15 日出版,但是直到 11 月底稿件还"尚属寥寥",半个月的时间内,编辑部"收集稿件忙碌异常,以致发现许多不满之处",为此,编辑部人员决定分别去写几篇讨论实际问题的文章以使刊物内容充实一些。为扩大稿源,《新安月刊》从第 3 卷第 3 期开始实行现金征稿办法,普通稿件每千字一元,"佳作巨著从优议酬",并聘请特约撰述四位、特约访员三位以保证栏目的正常开办。此外,办报需要编辑人员,但是旅外徽州人中很少有专职办报者,大部分报刊编辑都为兼职,在忙完各自的本职事务之余进行组稿、编稿。何世发接手《黟山青年》时,还是上海文化大学即将毕业的学生,因白天课务繁忙,只有在夜间编排稿件,引致刊物出现了很多错误,如在 1931 年第 3 期将孙华堂的稿子遗漏,误把《八都村活埋王德明》一文中的村名当作人名。我们从"编辑余谈""编者后记"中能时时看到编辑疲于应付的窘态,有时刊物因编辑离职或返乡归里数日,将数期合并成一期推迟出版,如《新安月刊》1931 年第 4、5 期之所以合刊,是因为编者黄乐民患眼疾一月,无法处理任何事情。

各家报刊尽一切办法提高发行量,扩大影响力。首先,非常讲究刊物的版式设计,如《古黟新语》的封面为木刻设计,新颖大方。《黟山青年》为大 32 开铅印本,装帧比较讲究,刊布制版照片,每期封面单色彩印，设计与题签均有不同，如1925年第四卷第1期和1926年第五卷第1期的封面，分别刊登了黟县《云门塔》与《西武岭之松》两幅照片。1926年改版为月刊后，增加了讽刺图画，目的是"具些引起人们有审美的兴趣，不致寡兴乏味的去接起他"。《微音》月刊也从23期开始，添辟图画一栏，登载徽州各地风景古迹、名人书画、篆刻等照片。其次，适时地推出专刊，专门讨论徽州发生的重要社会问题，以引起人们的关注。《微音》月刊在第25期刊登特别启事，称拟于最近数期出版专号，以"作一种有系统的研究、有具体的计划，为达到新徽州之张本"，具体为：第一，徽州教育问题；第二，徽州市政问题；第三，徽州生计问题。稍后出版的"徽州教育问题号"，主要讨论徽属六县中小学师范教育中存在的种种困难与革新方法。《新安月刊》鉴于徽州天灾兵乱交迫，社会经济日趋衰败，在第二卷第11期推出"合作事业"专号，总结了合作运动的发展和理论，以及镇江新安合作社运作一周年的经验，其出发点在于"尤望吾故乡人士因此获得特殊注意与兴趣也"。《黟山青年》也相继推出"青年图书馆特刊"和"徽属匪灾特刊"，均是"分赠各界，不取分文"，主编汪励吾还专为"徽属匪灾特刊"撰写了发刊词。发刊词内容："这是一幅民众惨劫图，看的人们要把他当着明日黄花，至少要感觉到土匪的凶暴，官兵的无能与荒谬，和政府对于民众生命财产的轻视，也要感觉到民众本身力量的懦弱，崇拜土豪为捍卫领袖的失计，和好礼怀柔古风的不可恃！"这些特刊出版后，读者反映强烈，纷纷写读者来信进行赞扬。为扩大发行量，刊物间进行互相交换，并依靠徽商市场网络设立了刊物代售处。《新安月刊》创立伊始，便注意构建销售点，在第一卷第2期发布公告，拟在家乡六县各重要乡镇及徽侨繁盛之外地城市招请刊物代售人一位或数位，规定每期销售10～30册者，照定价给予7折优惠，30～100册者6折，100册以上者对折。次年，即在徽商聚集较多的城市上海、南京、苏州、无锡、扬州、丹阳、安庆及徽州六县设立了代售处，刊物发行量不断增加，达到两千余份。《微音》月刊的代售处也广布上海、杭州、南京、北京、广州、武昌、芜湖及徽州六县。其给予代售处的优惠幅度更大,规定"凡代售五份以上者照定价9折,十份以上者八五折,二十份以上者八折,三十份以上者七折,五十份以上者六折"。

旅外徽州人所办的同学会会刊与同乡会报刊在经费来源上有一定的区别。徽州同乡会所办报刊的经费主要有同乡会会费、报刊征订费、私人捐助和广告收入,其中以同乡会会费为主,如新安旅镇同乡会每年支付《新安月刊》印刷费86元,1935年因同乡会编制新预算,执行监督委员产生不同意见,致使《新安月刊》停刊两个月。为接受同乡监督,报刊定期发布收支报告,1927年7月8日《徽侨月刊》第3期中缝有《六月份收支报告》,1929年1月28日第22期《徽侨月刊》中缝有《本会五月份至十二月份收支报告书》。各刊也极力招揽广告以解决经费问题。《新安月刊》以广告收入作为稿费,为扩大广告业务,在各地招请兼职广告员,并规定,凡在广告登载期间,按期赠阅一份,广告费每半年一结,文字、图样自拟或代拟均可,所登广告全年9折,分为优等、普通两种。优等封面单彩色,全面每期10元,半面7元;普通全面5元,半面3元。该刊登载的广告多是在镇江的徽商,如于1935年第3期登载了镇江中国国货公司和新安黄协民书法作品的广告。《微音》月刊的广告价目分三等,"一等,底页外面;二等,底页里面;三等,二分之一面",并结合登载期限的长短而收费,在登载广告期内,另奉送刊物一份,凡由社员介绍者一律八折收费。作为同学会的会刊,其发行主要限定在会员范围内,一般标注为"非卖品",少量的作为赠品与其他同学会刊物相互交换,或由会员带回家乡散发以扩大影响,所以报刊征订费和广告费都无从谈起,其运转经费主要依靠同学会会费和个人捐输。《黟县同学会期刊》在第8期登载了《本期出刊特别出捐题名录》,该期共收到捐款13.5元,这也是期刊能够正常出版的最为主要的经费来源。《绩溪旅休同学会会刊》的创刊号即依靠同学会13.3元的会费支持才得以面世。因缺少经费,同学会会刊的办刊条件比较简陋,刊物多为油印出版,手写体,版式设计也很简单,经常出现异体字、错别字,与同乡会所办的报刊相比有不小的差距。

### (二) 旅外徽州人所办报刊与改造徽州乡土社会的努力

徽州人虽然为谋生计而"贸迁宇内",但他们与家乡的血缘之链始终无法切断,通过成立同乡组织,创办报刊,既加强了旅外徽州人彼此的联系,也满足了各自关注故乡社会的心理需求,"我们旅外同乡,为衣食所驱使,原有天南地北的,有这月刊,便可得知各地情形了,即故乡的景况,及物产出数之多寡,年岁丰歉,这背井的同乡,想必欲先睹为快吧?"[①]在这种办刊动机的支配下,对徽州社会的各种报道构成了旅外徽州人所办报刊的主要内容。但是,这些报刊并没有停留在仅仅报道徽州社会生活的层面,而是把更多精力放在了对徽州社会问题的揭露上,刊登了大量的调查报告、言论建议乃至小说、谚语、歌谣等文学作品,为改造徽州社会进行比较充分的舆论动员,在徽州本土逐渐形成了革新社会面貌的舆论氛围,对徽州新思想文化的孕育与传播影响深远,可以说,旅外徽州人在用一种批判的态度来表达对乡土的敬意。

旅外徽州人对徽州社会问题的关注涉及政治、经济、文化等诸多方面。不过,对旅外徽州人所办报刊的内容进行整理后能够发现,无论这些报刊存在的时间长短与否,都对教育保持着持续的关注。在他们看来,这是其时徽州最为严重的、需要迫切解决的社会问题。

教育之所以引起旅外徽州人的高度重视,是因为它被视为开启民智、培养人才的主要工具。在旅外徽州人看来,徽州的闭塞导因于风气未

斯文正脉匾额

---

① 《徽侨月刊》第 3 期,转引自王振忠:《"徽侨"与长江中下游区域社会》,《徽州社会文化史探微——新发现的 16—20 世纪民间档案文书研究》,上海社会科学院出版社 2002 年版,第 465 页。

开,而风气未开又与教育不发达有关,"大概一个地方进步的迟速,总以教育为转移,教育能得发达,地方莫有不进步的"①。在休宁县万安镇任教的绩溪人胡寄萍曾谈及对家乡教育的看法,他认为绩溪县的教育多年来未见发达,而屡现颓丧者,其症结在于教育界本身。办学者把学校当作营利场所,只求学生增多,而不关心经费、校舍、教员等实际问题,导致学校数量虽多而质量太差。教师又不注意自身的言行,在社会上产生了不良影响,引起民众对学校的不满。②胡寄萍的总结具有一定的代表性,旅外徽州人对家乡教育的批评多数集中在办学者身上,"大凡办理一事,是好是坏,完全关乎办理那事之人",然而办学者"是为饭碗而办的,是为分赃而办的,是为占一个位置而办的"。③所以他们办学是为扩张权力,而非献身教育。教师队伍良莠不齐,不学无术者有之,十四五岁高小没有毕业便充任教师的所在多有,由冬烘先生改头换面而来者亦有之,"居教职者,或为前清老学究,或为失业商人,更有学文不就习贾未成者,亦忝然而为人师"④。他们要求学生"教师做错了事,无论如何,学生不便干涉",却放松对自身举止的监督,与村民们聚赌,叉麻雀、推牌九,打纸牌,"吃饭的时候也要赤膊,授课时躺躺藤椅,吸吸纸烟,兴到时还要唱支小曲"⑤,忘记了应有的师道尊严。

近代徽州教育领域存在的普遍问题是乡村私塾林立,屡禁不止,"观十五都除二三较大之村镇有完全小学之设立,余则皆半新半旧之改良蒙馆,甚或并蒙馆而无之"⑥,有些塾师"自知难以久远存在,所以只好跑到城里来,向书店里买几幅挂图,办一盒粉笔,回去张挂起来;并在那'天造地设'的黑色屏门上,写着几行雪白似的粉笔字,便当作黑板的用途;又在他公寓的门口,实贴着一条很长很阔的'某某初级小学校'的招牌;这

---

① 汪邦钟:《歙县小学教育的黑暗》,《微音》月刊1925年8月13日,第25期。
② 参见《通讯:给曹若怯同志的一封信及曹若怯回复》,《绩溪评论》1929年第1期。
③ 舍我:《歙县师范讲习所的"人"的问题》,《微音》月刊1926年1月第26期。
④ 孙之杰:《黟县教育进行之计划》,《黟山青年》夏秋二季季刊合订,1923年9月。
⑤ 柯莘麓:《谈谈母校底近况并质问当局》,《微音》月刊1925年8月13日第25期。
⑥ 周渭泉:《谈谈绩溪的教育》,《绩溪评论》1929年12月1日,第1期。

也要算是'改造''刷新'了"①。但是,他们上的科目仍然是三字经、百家姓、幼学、四书之类,每天"上午温书、背温书,上生书、背生书;下午写字、认字、默字、上生书、背生书。惩罚是打嘴巴、敲脑壳、打手心、打屁股、扯耳朵、下跪种种"②,与过去的私塾教学情形并无二致。

  为改变徽州教育落后的现状,旅外徽州人提出了多种改良建议。针对办学者存在的问题,他们认为,办教育应以教育人为根本,要认真思考办教育的动机是什么,是否热心教育,以教育人为己任,"若以沽名钓誉和敛钱为唯一宗旨,那么,请诸君趁早偃旗息鼓,不要再闹!"办教育还要有真实的牺牲,能够牺牲精神、牺牲金钱、牺牲时间。同时,办教育要有教育人的能力,不能滥竽充数。③ 徽州旅浙硖石新安同乡会发布《电请安徽省政府整顿徽属之教育》,请准予饬令徽属六县县长从严肃清劣绅把持之小学,取缔不良塾师,普及党化教育。④ 归纳旅外徽州人所提出的具体改良措施,可以看到主要集中在以下数端:(一)办理师范教育,培养师资力量,以解决乡村小学师资缺乏的问题。这也是倡导教育普及者的核心议题,他们认为已创办的学校大多集中在城区,办在乡村的寥寥无几,纵然有创办的也不能持久,至多不过五年,甚至一两年就停办,这固然是乡村经济困窘,教育经费无法持续投入所致,但乡村师资缺乏则是无法忽视的问题。为此,他们提出要办理速成师范,培养能够担当乡村教育的人才,同时呼吁"办教育的人,应该分一部分向乡下跑,办办乡村教育,不要统统都向城里跑,因为乡村教育在这时是非常的重要,实在是教育根本的根本"⑤。他们对小学教师的言行也提出了要求,要学生们做的事,教师们应从自身做起;不要学生们做的事,教师们应从自身不做起,"评判小学教师之好坏的地

---

 ① 汪邦钟:《歙县小学教育的黑暗》,《微音》月刊1925年8月13日,第25期。
 ② 劭振人:《绩溪私塾问题》,《微音》月刊1925年8月13日,第25期。
 ③ 参见张国良:《告同乡的办教育者》,《微音》月刊1926年1月,第26期。
 ④ 《徽侨月报》第13期,转引自王振忠:《"徽侨"与长江中下游区域社会》,《徽州社会文化史探微——新发现的16—20世纪民间档案文书研究》,上海社会科学院出版社2002年版,第470页。
 ⑤ 周渭泉:《谈谈绩溪的教育》,《绩溪评论》1929年12月1日,第1期。

方,不问是课室中,是假期里,小学教师的动作是给他们学习的机会,假使小学教师不能留意自己的动作,有出轨的行为,当然就不能感化学生,甚且学生要受其同化,所谓'己正而后物正',正确乎不谬"①。为培养乡村小学教师,陶行知在南京创办了"晓庄试验乡村师范学校",致函徽州六县县长及教育局(会),要求各县选派二人至南京投考,以期学成之后,回到徽州从事乡村教育。②(二)筹集教育经费,保证教育的正常发展。徽州各都各村皆有文会,其基本金大者数千元,少者亦有数百元,自科举停废后,这些有名无实的文会依然存在,每年的收入或移作他用,或归私囊。他们便建议对文会资产进行整理,作为教育基本金。此外,提议扩充经费筹集渠道,如黟县碧阳书院的经费非常可观,每年除拨付碧阳高等小学常年经费外,还剩余四五百金,有人便提出要把这笔经费全数补助师范传习所,以造就人才。(三)设立教育行政机构,统筹管理地方教育。地方上最为重要的教育行政机构为劝学所、县视学,一县教育有无计划,能否进行,端赖劝学所所长是否得人,县视学员是否实心任事。旅外徽州人提出各县要由地方共同推举视学员、劝学所长,经省教育厅通令后,县公署详请委任,赋予其行政权威。(四)整顿学校教育,改良或取缔私塾。1923 年黟县共办国民学校 20 余所,办理确有成绩者仅寥寥几所,大多数只具学校之名,而行私塾之实。因此建议对办理优良的学校进行重点扶植,增加补助,以示学校与私塾的优劣,提高民众对学校的信任度。为普及乡村教育,孙之杰提出了改良私塾的具体计划:制订私塾调查表,按各学区进行详细调查;县视学员深入乡村考察私塾的教授、设备、管理等情况;设立塾师讲习会,以一月或两月为限,教授教育学识,同时进行定期演讲,于每星期或每两星期在各学区举行分区讲演会一次,讲授教育原理、教育法、三民主义教育等内容,凡学区内的私塾必须参加,如无故缺席

---

① 胡寄萍:《评论小学教师》,《绩溪评论》1929 年 12 月 1 日,第 1 期。
② 参见陶行知:《中国乡村教育之根本改造及建设新徽州之使命》,《微音》月刊 1927 年 1 月 25 日,第 31、32 期合刊。

三次以上者,给予相应的处罚;组织塾师检定委员会,办理塾师的检查,凡成绩优良者,准照私立学校标准及立案手续,改为私立学校,酌予补助,未经呈报备案及经备案而视察认为办理不合者,一律加以取缔。取缔方法分警告与停闭两种,凡有意规避及经指导后仍不改良者予以警告,其情节重大或警告后经过一定期间而未见改进者,勒令停闭。将私塾改办为初等小学者,学生直接转入学校,塾师也延揽入校,帮助管理,使其逐渐接受学校教育。①

### (三)《徽州日报》的创刊与徽州乡土文化的传播

1932年10月10日,《徽州日报》在屯溪创刊,从其问世到1949年4月终刊,历时十七年,是新中国成立前徽州地方报纸中办报时间最久、发行面最广的一家报纸。②《徽州日报》系中华邮政特准挂号认为新闻纸类,南京国民政府内政部登记证警字二五一三号,国民党中央宣传部登记证中字一四三六号,由新徽印书馆承接印刷。馆址初在屯溪下街,后因业务扩大搬迁到新筑大厦,最后搬至西杨梅山脚的公路旁。《徽州日报》是在上海、杭州、南京、苏州等地徽商捐资合股经营的民营报纸,第一届董事会董事长为大同大学毕业的上海徽商章锡骐,首任社长是富商曹霆声,经理兼主笔是毕卓君。1935年9月16日,应大多数股东要求召开全体股东大会,当天出席28人,共计54股,会议通过了报馆股份有限公司章程,投票选举出董事九人,监督五人,推举章锡骐为社长,吴郁文为经理,马民导为副经理兼副社长。③《徽州

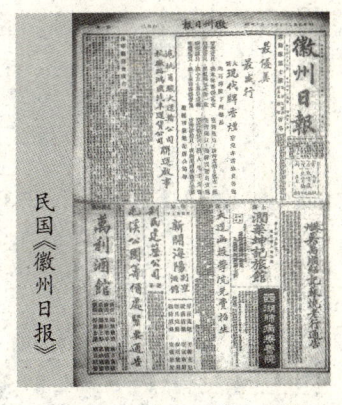

民国《徽州日报》

---

① 参见孙之杰:《黟县义务教育进行计划书》,《黟山青年》春夏两季合刊,1929年8月。
② 参见黄山市报业志编纂委员会:《黄山市报业志》,黄山书社1998年版,第61页。
③ 参见《本馆昨开股东大会》,1936年9月17日《徽州日报》。

日报》虽是一份地方性报纸,但其发行面非常广,既贴近徽州本地民众,也贴近旅外徽州人士,这主要得益于徽商网络的完善与发达,旅外徽商不但从资金、设备等方面提供帮助,还在发行上给予支持。《徽州日报》创刊后即向国内外发行,在上海、杭州、南京、苏州、镇江、武汉、北平、严州、金华、九江、景德镇、长沙、安庆、芜湖等国内 22 个大中商埠,均由徽州旅外同乡会帮助设立的分馆或分销处代售报纸,并由报馆发行部门直接向欧美及日本等国外寄发报纸,几乎是徽商足迹所到之处均能见到此报。如兰溪分销处发布启事称分销《徽州日报》意在沟通家乡消息,沾利极微。汉口分馆代办广告、分销,凡湖北省欲订阅《徽州日报》者向经理邵振之接洽即可。1936 年 10 月,为方便上海读者起见,《徽州日报》设立上海分馆,委托上海同孚路 102 弄 6 号徽宁旅沪同乡会办理分销兼广告事宜。①《徽州日报》在所属六县重要市镇也广设办事处,如 1933 年歙县先撤销了设在王村的办事处,后改在旧徽州府北门外范兴记杂货号设立分销处,自 10 月起由范兴记出具收条向歙县城内、渔梁各阅户收取订报费用。②

《徽州日报》初为 4 开日报,后因广告业务增加,上海、杭州各大广告公司常要求该报登载篇幅很大的广告,国内外和徽州六县的新闻也一天多过一天,便决定于 1934 年元旦扩大张幅,改为对开 4 版日报。元旦当天的报纸刊发了扩大张幅的宣言:"从今天起,我们把本报的张幅扩大了。在今天以后的徽州继续进展之新史页中,本报当如何肩荷徽州社会先驱与推进时代之责任,如何使徽州进入合理之常轨,如何使徽州臻于兴盛与繁荣,是则本报同人在今天以后尤当深自体念。同时,报章系以传达舆论诉说民众痛苦为使命的,但是这个使命能不能切实的负荷,绝对不是本报所克胜任,而需要各友报加以一致的劳力。"③为了实现"宣扬文化,代表舆论,服务社会"的使命,《徽州日报》

---

① 参见《本报设立上海分馆启事》,1936 年 10 月 23 日《徽州日报》。
② 参见《本馆启事》,1933 年 11 月 3 日《徽州日报》。
③ 《本报扩大张幅宣言》,1934 年 1 月 1 日《徽州日报》。

不断扩大队伍,决定从六县各区乡聘请数十位通讯员,要求他们采访新闻客观准确,每星期须投稿6篇,最少也要3篇,其报酬除免费送一份《徽州日报》外,月底按照投稿数量付给酬金。① 此前因报纸篇幅所限,屯溪外勤记者只要一人即可应付,篇幅扩大后,为求内容充实,屯溪的外勤记者相应地增至四五人,各负其责,对屯溪的报道日渐丰富。② 虽然《徽州日报》已扩大张幅,但报价并没有上涨,仍然是本埠每月4角,半年2.2元,全年4元,每天清晨专差送到。外埠每月5角,半年2.6元,全年5元,邮费在内。国外每月8角,半年4.6元,全年8.8元,邮费在内,这也是为了尽量减轻读者负担,但是《徽州日报》也同时推出征求3000户基本订户的办法,在从4月1日至7月31日的征求期内,凡一次花费5元订阅全年《徽州日报》者即为基本订户,或者已经订阅尚未期满而在征求期内预缴大洋5元续订全年者亦为基本订户。凡属该报基本订户者即享有多重优惠,如在三年内不加报价,购买"徽州日报丛书"一律半价,每年赠送义务广告一次,以三行三天为标准,超过者照补刊费,可以委托该报调查任何事件,该报在尽可能的范围内详细答复,无须附寄回信邮费。③

除了订报费,《徽州日报》另一个主要收入渠道是广告费,收费标准分为两种:特别广告,每行66字高,刊费3角;普通广告,每行66字高,刊费2角,无论特别广告还是普通广告,均以三行起码,一周以内,不折不扣,一周以上,10天以内9折,10天以上8折,长期广告则面议。《徽州日报》除了每日正常出刊外,遇有国庆、元旦、日报周年纪念日等特别节日,还推出专刊或增刊,如1934年元旦增刊征求1933年一年来的政治、经济、文化、交通、商业等各项文章,④1935年双十节推出增刊专载庆祝国庆及纪念该报发行三周年的文字,⑤1937年元旦增刊刊登

---

① 参见《本报启事》,1934年1月1日《徽州日报》。
② 参见《本馆启事》,1934年3月18日《徽州日报》。
③ 参见《本报特别启事》,1934年4月2日《徽州日报》。
④ 参见《本报元旦增刊征文特别启事》,1934年12月19日《徽州日报》。
⑤ 参见《本报征文启事》,1935年10月2日《徽州日报》。

了"自力更生的、救亡图存的、'剿匪'御侮的文字,以鼓励国人努力复兴民族之工作"①。发行增刊或特刊的同时,也大量刊登广告,1933年《徽州日报》一周年纪念日,该报印刷了3000份纪念增刊分发六县各乡,其广告费用亦分两种,其一是以行数计,每行大洋2角(每行33字),五行起码,不折不扣;其二是以方寸计,每方寸大洋4角,四方寸起码,亦不折不扣。特种字及图画,如须另刻木戳者,一律收取木刻费。②

　　《徽州日报》设有广告部,专门负责广告启事专版,该报登载的广告内容与表现形式丰富多样,包括香烟、香水、药品、皮鞋、电池、电灯、电报、电话、汽车、戏剧、彩票等商品广告,涉及服饰、食品药品、纺织、交通运输、电器、资讯等社会生活的各个方面。而启事属于非商品性广告,主要有公私启事、声明和通知等,包括大量的律师事务所启事、商会通告、离婚声明、结婚启事、修谱通告等。如大量的结婚、离婚声明就充分显示了近代徽州女性意识的觉醒与追求新生活的努力。据不完全统计,从1934到1938年的五年间,《徽州日报》仅直接以诸如《章玉仿宋灶福协议离婚声明》为标题的离婚启事就有30余例,另外还登载了多起有关离婚纠纷的报道。在这些离婚启事中,出现频率比较多的词汇是双方"意见不合""感情破裂",反映出妇女自主意识的增强,女方因父母包办婚姻或不堪丈夫虐待而主动提出的占了大半,如朱当时、汪文鑫夫妇系"旧式结婚,初非双方同意,以致夫妇反目,感情日趋破裂",妻子汪文鑫遂提出解除婚约。《黟县张裕兰解除婚约启事》称,其婚约由姨父母做主与汪李氏次子李兆邦订立,未征得本人同意,特登报声明该婚约自即日起实行解除。《金汉臣与陈秀雯脱离夫妻关系》由陈秀雯刊登,起因是金汉臣从1928年离家,对"本人及小儿生活一概不负责任",因迫于生计,只好改嫁,为免纠纷,特登报声明今后男婚女嫁各不干涉。甚至有女方聘请律师代理离婚事宜者,如1936年黄光铉律师代表孙秋霞声明与周觉轩脱离夫妻关系。屯溪名媛宋

---

① 《本报元旦增刊征文启事》,1936年12月20日《徽州日报》。
② 参见《本报周年纪念增刊大张,招登广告启事》,1933年10月3日《徽州日报》。

闰玉十六岁即与万泰典经理汪觉生同居,后因1932年冬汪觉生病故,宋闰玉失去庇所,便委托律师项崇伟代表登报声明与汪姓永远脱离家属关系,"此后闰玉嫁人与否,依法有绝对自主权,无论何人不得干涉"①。男方因妻子不守妇道或双方感情违和而提出离婚的有十来例,如《洪耀章与金娟仍脱离夫妇关系声明》是因"近年来娟仍不守妇道,屡经劝告不听"。余润生发表紧要声明,称妻子孙瑞萱不守家教,行为不端,因其自愿出走,从此脱离夫妇名义。

《徽州日报》的办报宗旨是:"宣扬文化,促进地方建设,沟通地方消息,冀内外徽州人士,共同努力创建新徽州。"②在《徽州日报》办刊一周年之际,社会人士对其要求上升到民族高度,希望能够指点迷津,发扬文化:"报纸为代表舆论之利器,纳政治于正轨,驱社会于文明,其责任因重而且巨也。……'代表舆论,指导社会'原则之下,不偏不倚,不屈不挠,为民众之南钺,启示迷津,发扬文化,更有进者,值兹国庆声中,时局多艰之秋,应负有唤起群众之责,作整个中华民族生存问题的挣扎。"③由此在版面内容安排上,主要以报道徽州各县地方新闻为主,包括相关商业行情、启事广告,并简要报道国内新闻,开设文艺生活副刊,主要栏目为社论、电讯、各县新闻、本埠新闻、经济新闻等。但是在具体的办报过程中,《徽州日报》并没有墨守成规,而是根据社会变化,不断调整版面内容和前后刊登的顺序以适应读者对于新闻内容的要求变化,报社同仁认为要"以生动精彩为唯一条件,视材料之性质及多寡而为分栏别类之标准,伸缩增减,固不必泥执也"④。为更好地服务读者,《徽州日报》特开辟了"社会服务"栏目,主要分为"读者话坛""读书指导""申辩理由""贫苦求助""特别征求""著作代刊""读者信箱""大众呼声"九类。对来稿的要求方面,"读者话坛"要以读者公正意见及系徽州社会者为准。"读者指导"以读书方法及疑问为准,由编者答

---

① 《项崇伟律师代表宋闰玉女士声明与汪姓脱离家属关系启事》,1934年3月23日《徽州日报》。
② 黄山市报业志编纂委员会:《黄山市报业志》,黄山书社1998年版,第62页。
③ 李承舜:《徽州日报周岁礼赞》,1933年10月10日《徽州日报》。
④ 《本报编辑大纲》,1932年10月21日《徽州日报》。

复。答复来问,来函询问一切,但每人每函不得超过 60 字,由编者答复。"声辩理由"来稿须有铺保,否则不登。"贫苦求助"来稿须有所属县区之保甲长盖章证明,否则不刊。"特别征求"来稿至多 50 字,并以属于正当之征求为限。"著作代刊"来稿以未经他种刊物刊过而富有社会性者为最欢迎。"读者信箱"来稿每次不得过百字,并不得含有营业广告及宣传意味。"大众呼声"来稿须附翔实证据,不得妄事攻讦。这也是拉近报纸与读者之间的距离,密切双方关系的有效之举。①

最能体现《徽州日报》办报宗旨、彰显徽州地域文化特色的是各类副刊的开设,《徽州日报》先后自办副刊《徽州公园》《碎月滩》《照明弹》《原子》《徽国春秋》《汤泉》《科学月刊》《儿童园地》《妇女园地》《新安医药》等,与中国民俗学会徽州分会、黄山文艺社、海持志公学徽州同学会、国民政府陆军独立第 46 旅政训处分别合办了《民俗》《桃源》《法学知识》《奋斗》等副刊。这些副刊有不同层面的读者群,相对于茶余饭后谈资类的社会新闻报道来说,他们更能吸引读者的注意力,同时也在一定程度上推动了徽州文化走向民间大众。其中《徽国春秋》为旬刊,专门登载具有徽州特色的文字,凡徽州之史乘掌故、古今名人轶事、山水名胜、风土人情等类文字皆在搜罗之列,文体不限,文言、白话皆可。《汤泉》为不定期刊,专载一般学术常识,凡探讨国际、国内时事,介绍社会科学、自然科学,研究妇女、家庭、教育问题等类文字都在采纳之中,体裁以白话文为主,愿意以文言撰述者亦无不可。②《科学月刊》于 1934 年 3 月 31 日发行了第 1 期,此后于每月月底出版,该刊旨在提倡科学,凡属科学理论、科学上的新发现、基本科学常识以及科学方面的质疑都予以刊登,主编为胡克思。《儿童园地》于每月 7 日及 21 日各出版一次,内容分为"儿童通讯""儿童言论""儿童文艺""儿童创作""儿童游戏""儿童杂技",对儿童投稿极为欢迎,主编为方槐三。《妇女园地》于 1934 年 4 月起发行,每月 2 日及 16 日各出版一次,内容

---

① 参见《本报辟设社会服务栏,现订稿约如左》,1934 年 11 月 30 日《徽州日报》。
② 参见《本报副刊徽国春秋、汤泉编辑部征稿启事》,1934 年 11 月 10 日《徽州日报》。

分为"妇女问题""妇女经济""家庭问题""服装问题""恋爱问题""婚姻问题""节育问题""妇女运动史料""妇女生活史料",尤其欢迎女性投稿,主编为忆月女士。①《新安医药》为半月刊,每月1日、15日各出版一次,毕梦飞医师为主编,该刊发行的意义在于"医药为保全全民族之健康,是社会必需之组织,而国家对于医药的审查,已有严格的条例,足见医药在社会上的责任,关系重大,故为医者,必须具有相当学识与经验,始可为病人解除痛苦,增进人类之幸福"。所以《新安医药》的办刊宗旨就定为"发扬固有医药学术,灌输民众卫生常识,作家庭医药之顾问"②。来稿要求重点关注"地方医药状况""先贤遗著""名医传记""医药研究""临床笔记""民间验方""医药问答"七方面内容,文言白话,体例不拘,如若来函寻医问答,须将患病原因、经过情形及现在病症分别写明,由该刊答复,而要用专函答复者须照诊例附邮费六角。③

《徽州日报》还与其他文艺、学术团体合办副刊,《桃源》由黄山文艺社主编,该社有社员70人,徽州有一定名气的文人皆网罗在内,社长一人,下设事务与编辑两股,各设主任一人,事务并附文书及会计各一人,编辑亦附印刷及编排各一人。《桃源》编发的文章有小说、诗文,材料丰富,编辑为孤灵、贵法、继五、虚舟四人,从1937年元旦开始另行出版单行本,每月一册,64开,40页左右。《桃源》在徽州文学界的影响日渐扩大,超过了《徽州公园》的势头,因为在徽州文人看来,《徽州公园》所刊发的文字都是吟风弄月类型的,是为了迎合大众低级趣味,不足为观。④《奋斗》刊载的内容偏向救亡运动的研讨,附带报告徽属各地的军政消息,凡属阐发革命理论,注重时事解剖及介绍国际消息,对各种实际问题进行系统研究的稿件,无论创作文艺、通讯等,均极为欢迎,由于该刊是陆军独立第46旅出版的,所以对于第46旅战士的来

---

① 参见《本报各种副刊征稿启事》,1934年3月8日《徽州日报》。
② 《本刊发行之意义:编辑室播音之一》,1936年12月1日《徽州日报》。
③ 参见《投稿简例》,1936年12月1日《徽州日报》。
④ 参见《徽州文坛的动态》,1936年11月24日、1936年12月3日《徽州日报》。

稿,无论好坏,均尽量予以发表。①

《民俗》周刊是由中国民俗学会徽州分会编纂的,谢麟生负其责,目的在于提倡民俗运动,到1936年年底已先后出版35期,逐渐引起了徽州当地民众对民俗事象的注意。《民俗》对以下稿件比较关注:"甲、关于民俗学研究的论文、随笔等;乙、民间信仰与行为:关于地与天、植物界、动物界、人间、人造物、灵魂与他生、无人间的存在(神、小神及其他)、预兆与占卜、咒术、疾病与民间医方等;丙、民间风俗与习惯:关于社会与政治的制度、个人生活诸模式、生业与工业、斋日与节日、竞技、运动与游嬉等;丁、民间艺术与语言:民间故事、歌谣、谜语、谚语、歇后语、方言等;戊、各地与民俗研究有关系之集会与出版消息。"②因为读者对于民间故事有极高的兴趣,但往往由于记忆零散而遗忘很多,所以《民俗》周刊在征求民间故事时,特委托民俗学者钟敬文先草拟故事大纲,以使读者顺利成文,如钟敬文所拟的民间故事《百鸟衣》大纲:(一)一人得一美女为妻;(二)他恋家废工,妻令带己(她)像往工作;(三)像为风吹去,贵人大索图中人;(四)妻别时,嘱他日后以百鸟衣往叫卖;(五)贵人堕其计中,夫妻再合,并得富贵。《皮匠驸马》故事大纲为:(一)一公主或贵家女儿,悬奇字以选婿;(二)皮匠误会得选;(三)种种的试验,皮匠皆以误会得胜利;(四)他终享公主或贵家女儿。《民俗》周刊先后整理出版多期徽州歌谣、民谣、童谣,体现出浓郁的徽州文化特色,为丰富徽州民间文学宝库提供了难得的资料,现摘录几条如下:

### 露子(祁门歇后语)③

城墙上跑马——不转弯;说话挤上板壁——不让步;七寸毒——厉害;小户进学——小人得志;哑子吃黄连——说不出苦;抢着信封当信行——小话大说;一世老童生——不出头;刘氏

---

① 参见《征稿简则》,1936年11月20日《徽州日报》。
② 《征稿简章》,1936年11月27日《徽州日报》。
③ 《民俗》周刊第36期,1936年11月9日《徽州日报》。

婆——泼妇;瞎子望天光——死等;一勺砂糖擦在后脑上——假称赞;一枝鲜花插在牛屎上——不配;花子等不得豆腐熟——性急;空嘴说白话——只说不做;赏酒不吃吃罚酒——不识抬举;洗塑木雕——痴呆

## 迴溪童谣(休宁)[①]

八八哥,脚盆盖。
媳妇抢婆粉,打浆饼。
婆婆不相信,锅里还有两个浆饼印;
婆婆不晓得,锅里还有两个浆饼迹。
注:脚盆盖,谓被盖于脚盆下也。

小小脚,上田塍,摘羊角。
羊角不曾生,上山摘油樱;
油樱不曾红,吃吃肚里痛。
生个男,会读书,
生个囡,会做花,
一做做枝牡丹花。
牡丹花上一点油,观音菩萨坐龙头;
龙头龙尾巴,观音菩萨坐莲花。
注:油樱,即金铃子;做花,绣花也。小脚为专制遗毒,今其地已将绝迹矣。

## 孤雁(绩溪歌谣[柳村])[②]

老来女,嫁老鼠;
老鼠有毛,嫁给毛桃;

---

[①] 《民俗》周刊第34期,1936年10月23日《徽州日报》。
[②] 《民俗》周刊第34期,1936年10月23日《徽州日报》。

毛桃有皮,嫁给癞痢;
癞痢不成样,嫁给和尚;
和尚念经,嫁给观音;
观音答应了,马上成婚。

这些散发着泥土芳香的徽州民间歌谣,是徽州乡土文化的重要组成部分。这些民谣发表于近代报刊上,向外传播了徽州的乡土文化,对扩大徽州的影响起到了一定的促进作用。

## 六 转型期新安画派的继承与创新

鸦片战争以后,特别是中华民国的建立,历经近百年的纷乱时局,徽州社会经济和文化逐渐步入了衰退的深渊。这一变化对曾经辉煌一时的新安画派绘画艺术创作思想和实践产生了极为深远的影响。鸦片战争至清朝末年,新安画派的艺术创作走向了全面的衰落,不仅知名的画家不多,而且有影响的绘画作品更是凤毛麟角。这一局面直到中华民国建立以后才渐渐有所改观。承接明末清初新安画派的创作风格与特点,以黄宾虹和汪采白为代表的一代宗师,用自己的勤奋和功力,在绘画理论和实践中大胆探索,将新安画派的发展推向了一个高峰,完成了新安画派的转型与创新。

### (一)黄宾虹对山水画及其新安画派的传承与创新

1. 黄宾虹的生平简历

黄宾虹(1865—1955),初名懋质,后改名质,字朴存,号宾虹,另有予问、虹庐、虹叟、黄山山中人等别号40余个,歙县潭渡人,生于浙江金华。中国近现代国画家,擅长山水画,兼作花鸟画,并进行绘画史论和篆刻的研究与教学,以及中国美术遗产的发掘、整理、编纂、出版工作。与齐白石并称为"南黄北齐",又同歙县南乡定潭张翰飞、西乡西沙溪汪采白一道,被誉为"新安画派三雄"。黄宾虹早年受新安画派影响,以干笔淡墨、疏淡清逸为特色,被誉为"白宾虹";八十岁后以黑密厚重、黑里透亮为特色,被誉为"黑宾虹"。黄宾虹创作的作品画风苍浑华滋、意境深邃,花鸟草虫亦奇崛有致。早年为贡生,任小官吏,后弃官办学,组织"黄社",进行反清活动。历任杭州国立艺专教授。新中国成立后,任中央美术学院华东分院教授、中国美术家协会华东分会副主席、全国政协第二届委员。曾被授予"中国人民优秀画家"荣誉奖状。1955年3月15日,黄宾虹在杭州逝世后,所藏2000余件金石书画文物及5000余件生前书画作品,全部捐献给国家。著有《黄山画家源流考》《虹庐画谈》和《画法要旨》等。1999年,卢辅圣、曹锦炎主编的《黄宾虹文集》,汇集了黄宾虹几乎所有的文字作品,分书画、译述、鉴赏、题跋、诗词、金石、书信和杂著等编,共200万字,由上海书画出版社出版。

黄宾虹的一生,涉及领域极为广泛,举凡诗书画创作、玺印考藏、名迹鉴别、艺术教育、古文字研究、中国画史和新安画派研究等,都留下了不朽的业绩。卢辅圣在《黄宾虹文集序言》中,对黄宾虹的一生进行了公允的评价,指出,"在20世纪中国画面临生存环境和文化选择的严峻考验,支配物质生活的经济功利法则同样也支配着精神生活的基本形势下,黄宾虹的画学取向、叙述方法及其心灵模式难免会显得迂阔。然而正是这种拒绝功利的目的,拒绝'君学'和'任情',以追索传统不朽之点的毕生努力体现其超越精神的个体化学术品格,造就并确证着他那独力不羁的存在价值。他集修道者和传道者于一身,一边以心源、造化、笔性、墨韵为'日课',一边在著述、题跋、书简、演讲中孜孜不倦、喋喋不休同时又驷驷不止、生生不息地坚持其意义世界的诉说，直至生命的最后一息"①。这一评价于黄宾虹而言，是非常公正客观而全面的。

2.黄宾虹山水画创作的理论与实践

黄宾虹的山水画创作道路经历了师古人、师造化和融化古人造化形成独创风格的三个发展阶段。约六十岁以前，以师古人为主；六十至七十岁，以师造化为主，即提出"学者师今人，不若师古人；师古人不若师造化"②；七十岁以后，则自立面目，渐趋成熟，风格浑厚华滋，意境郁勃澹宕，形成了其山水画的基本特点。

黄宾虹绘画作品之一

从笔墨上看，属于繁体的"黑、密、厚、重"，即积笔墨数十重，层层深厚，这是黄宾虹山水画作品的最显著特点。从色彩上看，有水晕墨章、元气淋漓的水墨山水，也有丹青斑斓的青绿设色，更有色墨交辉的泼墨重彩，以及纯用线条的焦墨渴笔。从继承和创新的角度来看，可以发现古代某家笔法的影子，但又完全不是古人。他的花鸟画，偶一为之，雅健清逸，别具一格。书法师承钟鼎文和晋魏。行草取法王献之、颜真卿，楷书取法《郑文公碑》、《石门铭》褚遂良等。博采众长，出以己意，浑朴沉雄之中隐含着清刚秀逸。渊博的学识、丰富的书画实践，使黄宾虹的画论画史研究有着深刻的独到见解。

纵观黄宾虹山水画创作的理论与实践，我们可将其艺术主要表现概括为以下几个方面：

第一是华滋浑厚。黄宾虹对中国画的历史地位和现实作用有着高度的评价，针对当时国画无益的论调，他不仅引经据典，专门撰写

---

① 卢辅圣、曹锦炎：《黄宾虹文集·书画编上·序言》，上海书画出版社1999年版，第9—10页。
② 卢辅圣、曹锦炎：《黄宾虹文集·书画编上》，上海书画出版社1999年版，第237页。

《图画非无益》一文,予以有力的驳斥,云:"今之谈时事者,夸功利而耻文艺,茫茫世宙,其不欲以力徵经营,至目图画为不急之务。……画之为艺虽小,其使人鉴善劝恶,耸人观听,为补益岂仅侪于众工哉!"①而且,他还在这篇文章中提出了中国画特别是士大夫画的"浑厚华滋"问题,以为,"士夫之画,华滋浑厚,秀润天成,是为正宗。得胸中千卷之书,又能泛览古今名迹,镳锤在手,矩矱从心,展观之余,自有一种静穆之致扑人眉宇,能令睹者矜平躁释,意气全消。"②在《题赠黄德勤山水》中,黄宾虹写道:"浑厚华滋,画之正宗。得山水心,其人多寿。"③在《题翠峰溪桥图》《题山水》和《题江村图》中,黄宾虹都无一例外地使用和强调了"华滋浑厚"四字,"笔苍墨润,浑厚华滋,是董巨之正传,为学者之矩矱"。"画当以浑厚华滋为宗,一落轻薄促弱,便不足观。"④在中国山水画中,"山川浑厚,草木华滋,董、巨、二米为一家法,宋元名贤,实中有虚,虚中有实,笔力是气,墨彩是韵"⑤,作为他追求的艺术境界和审美标准,甚至被他提到了中华民族性格的高度。

第二是主张创造,但创造必须是建立在继承基础之上的创造。黄宾虹指出:"盖不变者,古人之法,惟能变者,不囿于法。不囿于法者,必先深入于法之中,而惟能变者,得超于法之外。"⑥这里,黄宾虹虽然强调的是用笔之法的继承与创新,但同样适用于山水画的创新和创造。他认为师古人是为了继承和发扬民族优良传统,所谓"鉴古非复古"⑦,要师长舍短,"师其所长,而遗其所短,在精神不在面貌"⑧,合众长为己有,就必须废弃守旧式的临摹,但绝不是不要临摹。相反,黄宾虹对临摹是非常重视的,他多次在不同论著中强调临摹的重要性,以

---

① 卢辅圣、曹锦炎:《黄宾虹文集·书画编下》,上海书画出版社1999年版,第17页。
② 卢辅圣、曹锦炎:《黄宾虹文集·书画编下》,上海书画出版社1999年版,第19页。
③ 卢辅圣、曹锦炎:《黄宾虹文集·题跋编》,上海书画出版社1999年版,第39页。
④ 卢辅圣、曹锦炎:《黄宾虹文集·题跋编》,上海书画出版社1999年版,第68页。
⑤ 卢辅圣、曹锦炎:《黄宾虹文集·题跋编》,上海书画出版社1999年版,第69页。
⑥ 卢辅圣、曹锦炎:《黄宾虹文集·书画编上》,上海书画出版社1999年版,第493页。
⑦ 卢辅圣、曹锦炎:《黄宾虹文集·书画编下》,上海书画出版社1999年版,第25页。
⑧ 卢辅圣、曹锦炎:《黄宾虹文集·书画编下》,上海书画出版社1999年版,第32页。

为临摹是绘画的基本功,"初学者非经临摹,不知古人结构之妙也"①,是创造和创新的前提,"既知用笔用墨,舍临摹无以就模范。往古之名迹,熟习于胸中,天地之真灵,全收于腕下。不执一见之独是,乃能与直谅多闻之友互相商榷。否则枉用心思,浪费纸墨,不若舍此而他骛。艺术流传,常存宇内,守先待后,是为不朽之业。作者当与古人争胜,其立品必高于流俗;学者当知艺事精进,其真诣非可以伪为。"②黄宾虹还认为,"即临摹古人,可以知其精神之所属,不至为优孟衣冠,徒取其形似。久之混沌凿开,自成一家"③。总之,欲求创新,必先继承。其实,黄宾虹本人正是在继承渐江等新安画派画法和技法的基础上,完成新时期对新安画派的转型与创新重任的。

第三是笔墨虚实。黄宾虹认为,"论用笔法,必兼用墨;墨法之妙,全从笔出。明止仲题画诗云:北苑貌山水,见笔不见墨,继者惟巨然,笔从墨间出。论用墨者,固非兼言用笔无以明之;而言墨法者,不能详用墨之要,亦不足明斯旨也"④。"古今授受,画者之真精神,重在有笔有墨,非笔墨无以见优长"⑤。在技法理论方面,黄宾虹总结中国画用笔用墨的规律,提出五种笔法,即"画法专精,先在用笔,用笔之法,书画同源。言其简要,盖有五焉。笔法之要:一曰平;二曰留;三曰圆;四曰重;五曰变"。黄宾虹又进一步对五种用笔方法进行了阐释:"用笔言如锥画沙者,平是也。……用笔言如屋漏痕者,留是也。……用笔言如折钗股者,圆是也。……用笔之法,有云如枯藤、如坠石者,重是也。……所谓变者,非徒凭臆造与事巧饰也。"⑥用黄宾虹的话来说,就是七种墨法,他列出了六种墨法,这就是"墨法分明,其要有七:一浓墨,二淡墨,三破墨,四积墨,五焦墨,六宿墨"⑦。对笔墨的虚与实,黄

---

① 卢辅圣、曹锦炎:《黄宾虹文集·书画编下》,上海书画出版社1999年版,第44页。
② 卢辅圣、曹锦炎:《黄宾虹文集·书画编上》,上海书画出版社1999年版,第487页。
③ 卢辅圣、曹锦炎:《黄宾虹文集·书画编上》,上海书画出版社1999年版,第495页。
④ 卢辅圣、曹锦炎:《黄宾虹文集·书画编上》,上海书画出版社1999年版,第495页。
⑤ 卢辅圣、曹锦炎:《黄宾虹文集·书画编上》,上海书画出版社1999年版,第487页。
⑥ 卢辅圣、曹锦炎:《黄宾虹文集·书画编上》,上海书画出版社1999年版,第491—493页。
⑦ 卢辅圣、曹锦炎:《黄宾虹文集·书画编上》,上海书画出版社1999年版,第495页。

宾虹也有自己独到的看法，认为："古人画诀有'实处易，虚处难'六字秘传。老子言知白守黑。虚处非先从实处极力用功，好学深思，心知其意，无由入门。画言写意，意在理法之中，学者得之于理法之外，正谓画法已失，当于书法、诗文悟出其法。"①在《艺谈》一文中，黄宾虹再次对山水画的笔墨虚实进行了阐述，云："画有笔墨章法三者，实处也。气韵生动出于三者之中，虚处也。虚实兼美，美在其中，不重外观。艺合于道，是为精神。实者可言而喻，虚者由悟而通。实处易，虚处难。苟非致力于笔墨章法之实处，则虚处之气韵生动不易明。……山水画法，尤为无穷。虚实变化，通于哲学。"②

　　第四是学人画。黄宾虹提倡学识渊博、人品高尚、功力扎实，有创造性地学人画。为了强调画家拥有渊博学识的重要性，他甚至谦虚地指出："绘画本文学之余事，实工艺之先导，金石法书，经史词章，苟能兼该，是为上乘。"③他认为："画以人重，艺由道崇。"④如何立品，黄宾虹借用李竹嬾的话说，"学画必在能书，方知用笔。其学又须胸中有古今；欲博古今，作淹博之儒，非忠信笃敬，植立根本，则枝叶不附。斯言也，学画者当学书，尤不可不先读古今之书。善读书者，恒多高风峻节，睥睨一世，有可慕而不可追。使其少贬寻尺，俯眉承睫之间，立可致身通显。"⑤他还把国画分为三类，将画家的人品和画品分为四种，并在《画家品格之区异》《画法要旨》和《写作大纲》等多种著述中一再加以阐述强调，指出："国画正宗，约有三类：一曰文人画，有词章家，有金石家；二曰名家画，有南宗法，有北宗法；三曰大家画，学取众长，不分门户。"⑥"画史之中，特分四品：一曰能品；二曰妙品；三曰神品；四曰逸品。"⑦黄宾虹特别强调要学识淹博，兼采众家之长，方能成为名家、大

---

① 卢辅圣、曹锦炎：《黄宾虹文集·书画编下》，上海书画出版社1999年版，第485页。
② 卢辅圣、曹锦炎：《黄宾虹文集·书画编下》，上海书画出版社1999年版，第386页。
③ 卢辅圣、曹锦炎：《黄宾虹文集·书画编下》，上海书画出版社1999年版，第408页。
④ 卢辅圣、曹锦炎：《黄宾虹文集·书画编上》，上海书画出版社1999年版，第14页。
⑤ 卢辅圣、曹锦炎：《黄宾虹文集·书画编下》，上海书画出版社1999年版，第9页。
⑥ 卢辅圣、曹锦炎：《黄宾虹文集·书画编上》，上海书画出版社1999年版，第466页。
⑦ 卢辅圣、曹锦炎：《黄宾虹文集·书画编上》，上海书画出版社1999年版，第467页。

家,"文人画者,常多诵习古人诗文杂著,遍观评论画家记录,笔墨之旨,闻之已稔,虽其辨别宗法,练习家数,具有条理。……金石家者,上窥商周彝器,兼工籀篆,又能博览古今碑帖,得隶草真行之趣,通书法于画法之中,身后沉郁,神与古会,以拙文胜巧,以老取妍,绝非描头画脚之徒所能摹拟。名家画者,深明宗派,学有师承。……文人得笔墨之真传,遍览古今名迹,真积力久,既可臻于深造。作家能与文士熏陶,观摩集益,亦足以成名家,其归一也。至于道尚贯通,学贵根柢,用长舍短,器属大成,如大家者,识见既高,品诣尤至,深谙笔墨之奥,创造章法之真,兼文人、名家之画而有之,故能参赞造化,推陈出新,力矫时流,拯其偏毗。上下千年,纵横万里,一代之中,大家不曾数人"①。又云:"气韵生动、骨法用笔可成逸品、神品;应物取形、随类赋采可成妙品;经营位置、传移摹写可成能品也。"②"古人有置逸品于神、妙、能三品之外者,亦有跻逸品于神、妙、能三品之上者。由神、妙、能三品者,此大家、名家之画也。"③"论逸品画,必须融汇中国古今各种专门学术,一一贯通,彻底明晓,入乎规矩范围之中,超出规矩范围之外,纯任自然,不假修饰。兼之实心毅力,毕生搜讨,心领神悟,无非理法,而不为理法所束缚,孜孜不倦,以底于成。否则文人墨客,一知半解,师心自用,以为可以推翻古人,压倒一切,此清代大儒颜习斋所谓'诗文书画,国家四蠹'。"④

### 3.黄宾虹对新安画派的继承与创新

作为新安画派的传人和现代山水画的代表性人物之一,黄宾虹在对新安画派继承的基础上,大胆创新,形成了甚至被学界称为"黄宾虹画派"的艺术流派,其对新安画派的发展贡献可以说是非常巨大的。

总结黄宾虹对新安画派的继承和创新,大体可以归纳为四个方面:

---

① 卢辅圣、曹锦炎:《黄宾虹文集·书画编上》,上海书画出版社1999年版,第491页。
② 卢辅圣、曹锦炎:《黄宾虹文集·书画编下》,上海书画出版社1999年版,第88页。
③ 卢辅圣、曹锦炎:《黄宾虹文集·书画编上》,上海书画出版社1999年版,第467页。
④ 卢辅圣、曹锦炎:《黄宾虹文集·书画编下》,上海书画出版社1999年版,第476页。

第一,首次从学术上对新安画派及其代表人物进行了系统的梳理和初步研究,初步勾勒了新安画派源流和演变的基本轨迹。无论在他的书简,还是在他撰写的人物传记中,黄宾虹对新安画派及其代表人物的生平特别是绘画风格与成就,都有较多的论述。不过,他对新安画派的研究及其成果,主要集中体现在《新安派论略》《新安画派源流及其特征》《渐江大师事迹佚闻》《黄山丹青志》《增订黄山画苑论略》和《绩溪画家传略》这样几篇著述上。关于新安画派的名称由来,黄宾虹经过认真的考订之后,撰文《新安画派论略》,指出:"昔王阮亭称新安画家,崇尚倪黄,以渐江开其先路。歙僧渐江,师云林,江东之家,至以有无为清俗,与休宁查二瞻、孙无逸、汪无瑞,号新安四大家,新安画派之名,由是而起。"[①]关于新安画派的发展脉络,尽管囿于时间和精力等原因,黄宾虹终其一生并未完成大部头的《新安画派史》著作的撰写,但他确实为我们厘清了新安画派的基本轮廓及其代表人物。他将新安画派分为《新安画派之先》《新安派同时者》《新安四大家》和《清代新安变派画家》,并列出了其代表性人物。在《新安画派之先》中,他把明代新安画家作为新安画派之先。在《清代新安变派画家》中,他将程士镳、僧雪庄、程松门、方士庶、黄椅和吴之骐作为清代新安画派的变派画家。在对这些新安画派画家及其成就的评价中,黄宾虹有一段十分精彩、画龙点睛的文字:

  论者独以新安画派为近雅。然新安画家,前乎渐江者,为丁南羽、郑千里,道释仙佛,山水花鸟,靡不精妙,兼工诗词;李长蘅、张孟阳,品行文章,见重于世,文翰之余,雅擅水墨。后乎渐江者,程松门、方循远,师资授受,家学渊源,各有专长,无愧作者。至若萧尺木、汪元植、吴去尘、李杭之、凌起翔,虽与渐江同时,尚沿文、沈之旧,惟戴鹰阿、程穆倩、汪璧人、谢承启、郑遗甦、汪素公、汪允

---

[①] 卢辅圣、曹锦炎:《黄宾虹文集·书画编下》,上海书画出版社1999年版,第20页。

凝,多宗倪黄。而程士镳、僧雪庄,已变新安派之面目,黄柳溪、吴子野,转移于江淮之余习,尽失其真。要之山林野逸,轩爽之致,未可磨灭,犹胜各派之萎靡,独为清尚之风焉。①

黄宾虹对明末清初的新安画派评价极高,不过,黄宾虹对新安画派并未停留在毫无保留的称赞上,对其不足也予以了公允的评价。黄宾虹在《讲学集录》之《画史》讲义中,用极为简短的文字,对此进行了精辟的分析和概括,认为:"清之际新安派特称僧渐江。王渔阳云:新安画派,渐江开其先路,宗倪黄简笔之法,系由繁而简,后之学者直由简单入手,不习北宋极繁笔之法,故不易佳。"②"新安派以程孟阳、僧渐江开之,笔墨超逸,腕力清劲,学者多用干笔渴墨,枯槁无味,笔墨失真,徒存章法,不足观也。"③实际上,即使是对渐江,黄宾虹的评价也是实事求是、有褒有贬的。在《题黄山图》中,黄宾虹指出:"渐师以倪迂笔写之,可谓骨格,而沉雄浑厚,似尤不足。"④在《题减笔山水》中,黄宾虹甚至点名批评了新安画派之祝昌等人:"今见渐师画以庚子后为多。余谓迂老格用关仝,而笔上追道子,所谓磊磊落落如尊菜条也,后祝昌、姚宋辈学渐江,干笔无润泽气,王孟津言其奄奄无生气,洵然。"⑤又在《鉴古名画论略》中,批判新安画派后世宗倪黄者"非枯即滑,又不足观,而大好山水之乡,嘅无董巨名手,以为云海生色矣"⑥。

第二,对黄山画派的研究,黄宾虹也倾注了很大心血,成为名副其实的黄山画派研究的开拓者和奠基人。黄山画派是清朝初所扎根黄山,潜心体味黄山真景,描绘黄山神妙绝伦的风景名胜,在山水画史上独辟蹊径、勇于创新的一个不同籍贯的山水画家群。他撰有《黄山丹

---

① 卢辅圣、曹锦炎:《黄宾虹文集·书画编下》,上海书画出版社1999年版,第20—21页。
② 卢辅圣、曹锦炎:《黄宾虹文集·书画编下》,上海书画出版社1999年版,第99页。
③ 卢辅圣、曹锦炎:《黄宾虹文集·书画编下》,上海书画出版社1999年版,第375页。
④ 卢辅圣、曹锦炎:《黄宾虹文集·题跋编》,上海书画出版社1999年版,第43—44页。
⑤ 卢辅圣、曹锦炎:《黄宾虹文集·题跋编》,上海书画出版社1999年版,第45页。
⑥ 卢辅圣、曹锦炎:《黄宾虹文集·书画编上》,上海书画出版社1999年版,第273页。

青志》数万言和《增订黄山画苑论略》,对黄山画派追本溯源,进行专门系统的研究,指出:"黄山画家,萌芽于唐宋,称盛于元明,逮至清初,高人逸士,不乐仕进,雅怀深致,往往托之绘事,故其师法高古,笔墨清超,已驾吴越而上之。而肥豚自甘者,又多淡泊名利,不欲干誉于当时,卒之淹没无不彰,何可胜道!"① 黄宾虹将黄山画派萌芽者上溯自唐代的薛稷和张志和,再至米芾、朱子等,从唐宋师傅,到倪黄宗法,黄宾虹筚路蓝缕,进行追索,其于中国画学之贡献,可谓荦荦之大者也。

第三,黄宾虹不仅致力于新安画派的传承,而且尤其注重从新安画派中汲取营养,进行创新。但是如何创新?黄宾虹给我们提供了典范的样本,那就是学其精华,师其精神,用

黄宾虹绘画作品之二

他自己的话来说,就是"余师其意,而不袭其貌"②。事实上,黄宾虹在其绘画实践中,的确践行了这一宗旨。作为新安画派的终结者,黄宾虹继承了新安画派诸多画家的优秀风格,即如画写自然。黄宾虹一生畅游祖国名山大川,东历浙赣闽粤,西游巴蜀,北至齐鲁燕赵,祖国风景名胜全部被他收入画囊,作为粉本。黄山、新安江故乡山水,更为他所钟情。正如罗长铭在《黄宾虹与新安画派》一文中指出的那样:"和中国古代画家一样,范宽写终南山,董源写金陵山,黄子久写富春山,而他(指黄宾虹——引者注)写新安大好山水,一派相承,上师造化。这是中国画学的优良传统,所有新安画派都是继承这个优良传统,自树一帜。"③ 黄宾虹对新安画派的继承与创新,还体现在他一生对新安画派著名画家作品鉴赏

---

① 卢辅圣、曹锦炎:《黄宾虹文集·书画编下》,上海书画出版社1999年版,第223页。
② 卢辅圣、曹锦炎:《黄宾虹文集·题跋编》,上海书画出版社1999年版,第45页。
③ 罗长铭:《罗长铭集》,黄山书社1994年版,第355页。

和收藏上。黄宾虹对中国画史研究精深，根底丰厚。因此，在绘画实践中，它能够博采众家之长。他参加了故宫历代收藏名画的鉴定，《黄宾虹文集·鉴藏编》以相当的篇幅，收录了他的《故宫审画录》。由《故宫审画录》中，我们看到，经黄宾虹之手审定的历代精品画作大数千件（册），其每一幅画（册）都有简要的评论。这一工作使黄宾虹开阔了视野，了解了历代著名画家的长短优劣，为他能够扬长避短、继承创新打下了雄厚的基础。不仅如此，黄宾虹还广搜新安画派代表画家的作品。罗长铭指出："故宫名迹多经过他鉴定。他自己的收藏，宋、元、明、清，历代名家兼收并蓄，但最精彩的一部分是新安画家。从明代詹东图、丁南羽、郑千里、程孟阳、李长蘅、李周生、杨不弃，到清代程垿区、郑慕倩、汪璧人、汪涤原、吴在田、吴田生、程松门、程正路以及他家凤六山人等，搜罗完备，无美不臻，尤其是四大家——僧渐江、汪无瑞、孙无逸、查二瞻的名笔剧迹，湘素稠叠，令人叹诧观止。因此，他能抉画学的渊微，成一代的宗匠，这绝不是偶然的。"

黄宾虹总结的五种笔法、七种墨法，都是他在长期的理论研究和山水画创作的实践中获得的真知灼见。他对新安画派的传承与创新堪称是一代宗师。近年来，学术界对黄宾虹对新安画派贡献的评价有越来越高的趋势，崔轲荣在《新安画派与黄宾虹》一文中，根据黄宾虹绘画风格和创作实践严谨的轨迹，指出："黄宾虹早年深受新安画派、黄山画派的影响，四十岁以前主要大量临摹、临写新安画派、黄山画派作品及董其昌、'元四家'等作品。其中以查士标、程邃、石谿等的画风对他后期创作影响尤大，新安画派、黄山画派奠定了黄宾虹创作的雄厚基础，五十至六十岁以前他继续学习新安画派、黄山画派之外，更上追元代、北宋、五代诸大家，一生饱览中华大地的名山大川、积壑万千，又偏爱常在夜山行，深得深山昏黑深沉之妙。特别是在七十岁后，其笔法、墨法数十种，线之力度如举九鼎，黑里透亮墨生光华，集'黑、密、厚、焦、水'为一体的创造性、独特性，由早期的'白宾虹'铸成后期的'黑宾虹'。以浑厚华滋的笔墨精神、纯全内美的美学品格和民族审美的理想高度,超群于 20 世纪中国山水画坛,并影响了一代山水画家。将中国山水画继古开今,从传统型推向现代形态,这正是一代大师的精神风采。……黄宾虹在 20 世纪山水画诸种变革的天平上,甚至在中西艺术并存的大天平上,都是举足轻重的砝码。对新安画派、黄山画派的大继承、大变革、大突破、大超越在黄宾虹这里具有崭新的时代意义,并给 20 世纪的中国山水画画坛带来了曙光。"[①]

### (二)汪采白对新安画派的贡献

在清末民初的新安画派传承中,除黄宾虹之外,还有一位不能不提及的人物,这就是被誉为"新安画派三雄"的汪采白。

#### 1.汪采白生平

汪采白(1887—1940),本名孔祁,字采伯,亦作采白,号浦庵,别号洗桐居士。他题画时多用"孔祁"和"洗桐居士"名号,歙县西溪人。西溪汪氏宗族自南宋定居于此后,世世耕读,代有闻人。汪采白祖父汪宗沂,字仲伊,光绪二年拜翁同龢为师,光绪六年进士,曾被曾国藩聘为忠义局编纂,后任李鸿章幕僚,主讲安庆敬敷书院、芜湖中江书院、徽州紫阳书院。黄宾虹、许承尧均出其门下。汪宗沂一生著述极丰,朴学、小学、音律、医学、兵法无所不精,被誉为"江南大儒"。父亲汪福熙所在汪家是徽州的大姓,至老不衰。母亲章氏是翰林章洪钧之女,亦娴文里。二叔父汪律本(字鞠友)工诗词,兼精绘画,人称"旧游先生"。三叔留学日本攻医学。他们都是同盟会会员,参与反清斗争,为建立民国立下功劳。汪采白五岁时拜黄宾虹为师,学习四书五经和丹青之法。光绪三十二年,汪采白二十岁入歙县教会学

---

[①] 崔轲荣:《新安画派与黄宾虹》,《艺术界》1996 年第 1 期。

堂——崇一学堂读书。次年往南京，先入南京矿业学堂，后改入两江师范学堂国画手工科，拜叔父汪律本挚友李瑞清为师。民国后，汪采白先后在武昌高等师范学校、北京师范学校任教。在北京授业之余，观赏临摹京城名公巨卿收藏和故宫陈列之历代名家之作，画艺精进。1926年，汪采白第一部画册《采白画存》出版。汪采白在《采白画存自序》中云："丙寅仲夏，北京师范学校诸生，悉取余所作画赁一室中央公园，张之三日。既又取若干帧，谓尤余心力之所萃也，映印为是集。……余学画二十年，当其风流自放，挥洒云烟，虽极宇宙之幽杳雄奇，悲愉怨慕，几凝集于尺幅之内。"[1]后任中央大学国画系教授。1932年，应聘为建于休宁县的安徽第二中学校长。1935年复回南京，任中央大学艺术系主任、教授。期间，与著名画家张大千、徐悲鸿、潘玉良等共事，彼此切磋交流，画艺和画名日著。同年在南京举办画展，轰动一时。其间，每日挥毫作画，所画多黄山之景。1936年，完成《黄山图》三十六幅，影印为《黄山卧游集》，许世英、胡光炜（小石）和胡适三人为该画册作序。许世英《序》称"采白之画，落笔沉着，而气息清新；布局灵警，而意境超远。耿介之性，冲淡之怀，固已见画如接其人"[2]。胡适则赞"汪采白先生此册，用青绿写他最熟悉的黄山山水，胆大而笔细，有剪裁而无夸张，是中国现代画史上的一种有意义的尝试"[3]。是年秋，汪采白应聘赴北平任北平艺术专科学校国画系教授，与齐白石、溥心畬、张善孖、张大千、吴锐汀、王雪涛等名家交往颇多。又于次年迎老师黄宾虹从上海来艺专任教授。不久，卢沟桥事变爆发，汪采白自北平返回歙县故里。1939年重庆中央大学电请赴渝任教，未果行。是年夏，为毒蚊所咬，遂感染而致红肿，不幸为庸医所误，病情日重，于1940年7月23日去世，年仅五十四岁。黄宾虹闻之痛心不已，乃书"云海英光"，以表示哀悼。

---

[1] 汪世清、汪孝文、鲍义来：《汪采白诗画录》，安徽省徽州学会1993年印，第136页。
[2] 汪世清、汪孝文、鲍义来：《汪采白诗画录》，安徽省徽州学会1993年印，第137页。
[3] 汪世清、汪孝文、鲍义来：《汪采白诗画录》，安徽省徽州学会1993年印，第138页。

## 2.汪采白对新安画派的继承和创新

汪采白大半生是以中国传统的师徒传授方式在当时全国最为著名的美术院校教授美术主张,并以理论和实践创作的方式,传授新安画派的绘画理念。崔晓蕾在《解读新安画派近现代继承人汪采白的绘画艺术》一文中,高度评价了汪采白对新安画派的师承和卓越的贡献,指出,"对于新安画派,汪采白是最默默无闻,但同时又是最有效地践行新安画派理念的艺术家"[①]。

汪采白绘画作品

作为新安画派的继承者,汪采白能在吸收新安画派优秀传统的基础上有所创新。他主张面向生活,面向大自然,用写实的方式描绘真山真水。就此而言,他继承明末清初新安画派诸家山水画的品格,寄情于黄山白岳之间,一生五游黄山,寻幽探险,往来于黄山三十六峰之间。许世英1926年夏为汪采白的《黄海卧游集》画册题写的《序》中,就曾对汪采白画黄山山水逼真的写实主义风格予以赞誉,并陡生感慨,云:"此册写黄山实景,一一逼真。余从事开发黄山,于兹二载。春秋佳日,不废登临。自从去国,无忘梦寐。展视此作,恍若置身三十六峰、云涛雪浪间,闻松声鹤唳,悠然忘其在万里外也。"1936年,汪采白为张善子藏雪庄僧《黄山图》所作的"长歌"中,盛赞黄山奇松怪石,对黄山美景充满着殷殷深情,"长歌"云:

---

① 崔晓蕾:《新安画派近现代继承人汪采白的绘画艺术》,《文物鉴定与鉴赏》2012年第7期。

> 吾家门对北黟山,双峰隐现如螺鬟。
> 万里岚光接几席,时见片云飞往还。
> 父老传言此仙窟,天都莲花耸双笏。
> 轩辕黄帝曾炼丹,千岁老猿为守阙。
> 下有三十六奇峰,亭亭如列青芙蓉。
> 琼楼玉宇相辉映,翠柏苍松尽是龙。
> 我昔闻之意惊喜,竹杖芒鞋驰百里。
> 日曛已至汤口村,燃松投止茅棚里。
> 浴罢汤池倦已忘,坐看山月十分凉。
> 潋潋溪声激情越,落落长松弄晚霜。
> 清晨拂雾探幽奇,牵衣花草乱幽径。
> 香风吹送上天都,脚底云生沉野磬。
> 群峰历历肖诸形,一步一顾神为倾。
> 奇松怪石不知数,前海后海相逢迎。
> 卧龙松已化龙去,九龙骨耸狮林路。
> 始信峰前树万株,绿云披拂飞香雾。
> ……[1]

汪采白对黄山的热爱不仅凝练于画端,而且展现于文字,他用饱蘸浓情的书画和文字描绘壮美的家乡的美景——黄山和新安江的山水人物。他赞美黄山,称"黄山丘壑,雄奇峭拔,为寰宇稀有之境,得云益灵动。其变幻诚非吾人思想所能及"[2]。汪采白对新安画派的继承,还体现在他极力推崇"新安四家"的绘画理念和品格。汪采白自幼受到反清革命思想的影响,满怀救国报国之志,希望用自己的知识来改变祖国落后的面貌,显示出一位热血青年追随时代潮流的可贵精神。最能反映汪采白崇高人品的画作是创作于1935年的《风柳鸣蝉图》,当时,汪采白目睹

---

[1] 汪世清、汪孝文、鲍义来:《汪采白诗画录》,安徽省徽州学会1993年印,第10页。
[2] 汪世清、汪孝文、鲍义来:《汪采白诗画录·黄山云烟图轴》,安徽省徽州学会1993年印,第128页。

国难深重,悲愤之情见于毫端,遂有是作。画完作品后,汪采白依然难抑悲愤,便将二叔汪鞠友所作愤世嫉俗旧作《减字木兰花》题于画上,云:"白门何有? 无情遍地垂杨柳。未到深秋,吹起西风即是愁。树犹如此,黯然一晌斜阳里。噤似寒蝉,也自萧骚向晚天。"①

汪采白对新安画派的继承和创新,是基于他深厚淹博的画学知识和高度的艺术涵养,"于中西画学,皆深造自得,而尤精于中国画,沿六朝、唐宋以迄元明诸宗派,穷原竟委,靡不研讨"②。他在继承和总结中西画家的基础上,对新安画派画家及其作品尤为推崇,并习学其笔墨和章法,尤以查士标为重。他在《仿梅壑山水轴》题字中云:"梅壑老人运笔苍劲,其简洁处不让倪迂,令人百学不厌。"③曹益丞《仿梅壑山水轴》题记中亦云:"梅壑清流,得倪清闷之高致。洗桐居士瓣香梅壑散人,妙在枯瘦荒寒,萧疏淡远。此帧气韵已骎骎乎入堂奥,洵属杰作。"④可见,汪采白受新安画派,特别是查士标影响之深。

汪采白中西兼通,追求写实,其作品的画面构图和色彩不仅具有中国古代山水画的传统,而且吸收了西方写实主义的方法。他气势恢宏、构图新颖、笔墨谨细、气清韵逸的写实作品,给新安画派注入了新鲜的血液,为新安画派在新的历史条件下的发展作出了自己的贡献。

在民国初年新安画派传承与创新的发展史上,汪采白和黄宾虹堪称并驾齐驱、闪烁着耀眼光芒的双子星座。

## 七 民国初年徽州地方志编纂理念的创新及实践

民国时期,徽州掀起了一股修志热潮,虽然修志活动受到抗日战争

---

① 汪世清、汪孝文、鲍义来:《汪采白诗画录·风柳鸣蝉图条幅》,安徽省徽州学会1993年印,第81页。
② 《洗桐居士墓表》,原碑拓片藏歙县博物馆。
③ 汪世清、汪孝文、鲍义来:《汪采白诗画录》,安徽省徽州学会1993年印,第114页。
④ 汪世清、汪孝文、鲍义来:《汪采白诗画录》,安徽省徽州学会1993年印,第132页。

爆发的影响,但各县的志书编纂仍在有条不紊地进行。歙县、婺源、黟县出版了完整的新方志,绩溪、祁门、休宁三县仅编写了部分章节,而最终没能成书。该时,距离上一轮修志,时间最长的绩溪县已有200多年未曾修纂,时间最近的婺源县也已经过去了50多年,所以,各县修志馆人员均对此轮修志倾注了极大的心血。新修方志于赓续前志的基础上,顺应时代潮流,运用科学方法,积极创新体例门类,取得了显著成效。

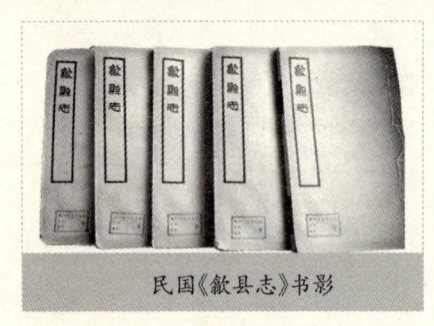

修志过程中,为保证修志活动的顺利进行,各县纷纷成立修志馆,聘请地方饱学之士担任总纂和编辑,并制定了修志规章。编纂人员各司其职,就志目、志材等问题展开热烈讨论,书信往还不断。此次徽州各县修志活动

民国《歙县志》书影

的记录大部分保留了下来,今天能够检索到的相关资料有《筹修祁门县志议案》《休宁县志馆第一次报告书》《绩溪县志馆采访表》《绩溪县志馆第一次报告书》《绩溪县志略例》《婺源县志稿》《婺源采辑》等。

## (一)民国初年修志活动的展开

清末民初,徽州地方人士鉴于晚清以来历经兵燹,文献散佚,屡屡动议修志,但是由于各种原因最终未能深入开展。1928年,国民政府通令各省纂修地方志,次年,安徽省议修志书,开始在全省范围内征集志料,徽州各县便利用采集志料的时机把修志事宜提上日程,"近以重修省志进行,颇亟征集志料,函件频来,去岁春间,阖邑行政会议议决趁此时机重修县志"[①]。下面即以休宁为例探讨徽州各县修志的程序。休宁县长石国柱上任后,于1935年12月举行第一届行政会议,决定先成立筹修县志委员会,推选出11位委员,负责修志活动的组织开展。

---

① 《致旅外同乡函》,《绩溪县志馆第一次报告书·文牍》。

1936年6月6日,筹修县志委员会举行第一次委员会议,讨论如何组织修志,议定参酌国民政府内政部颁发的《修志事例概要》,设立县志馆,选举吴辅卿为馆长,金兆蕃为总纂,由县政府聘请事务部主任及编辑部编辑,采访员由筹修委员会推定,商请县志馆函聘。修志开办费暂定30元,经常费、预备费每月100元,以一年为限,事务员月薪20元,公役、公费、临时费30元。7月2日,第二次委员会议举行,讨论县志编辑、采访事宜,议决组织编辑委员会,推定吴辅卿等20人为编辑委员,隶属于总纂,由馆长召集,并拟订采访表式,物色分纂人员,担任编辑采访各事务。同时议决各公、私立学校校长及各联保主任为当然采访员,王甸青等34人为专任采访员,旅外各处同乡会指定人员采访,采访人员无定额,由县志馆随时添聘。会议还决定,县志馆既已成立,筹修委员会的任务也就告一段落,便宣布撤销,移其职责于县志馆,由县志馆统筹修志活动的具体事宜。县志馆甫经成立,即派员赴歙县、绩溪两县调查修志表式,并带回《歙县续志采访概要》1册、《绩溪县志馆第一次报告书》1册以作参考。8月15日,县志编辑委员会举行第一次会议,审查修志志目草案,根据金猷澎、沈度如、程管侯三位委员所拟定的志目草案,讨论修正通过,仍印发各编辑委员签注意见,限8月25日之前送县志馆汇总,由总纂核定。会议还议决了大事年表编定办法,拟由各编辑委员征集,限9月10日以前交到县志馆,选定后即酌给酬金。11月15日,第二次常务会议召开,重点讨论县志志目,虽然会前总纂已经征求了编辑委员的意见,但与会人员仍对志目草案展开了热烈讨论,在部分类目上一时难以取得相同意见。[①]

各县的修志程序大体如此,由县志馆居中组织协调,采访员根据表式深入实地分类调查,编辑委员对各地提交上来的调查资料进行严格的审查把关。总纂与采访员、编辑委员保持着密切联系,就志书体例类目进行深入探讨,修志工作逐步向前推进。

---

① 参见《休宁县志馆第一次报告书·议决案》。

## （二）民国初年徽州方志编纂的创新实践

民国初年，徽州各县的修志活动是在一个特殊的时代背景下展开的。进入民国以来，传统的政治体制发生了根本性的转变，民众的思想观念、社会的文化意识形态变化深刻，欧风美雨东渐的趋势进一步增强，科学观念日益深入人心，这些变化对地方志的编纂宗旨、编纂方式、体例门类的创新等方面产生了重要影响。修志者对方志的体例门类如何适应社会的因革发展进行了探索实践，如休宁县志编辑委员戴琴泉认为："当今时局，为我国有史以来所未有，人事繁复，变故纷乘，以近二三十年为尤甚，方志记载往事，鉴往即以开来，故编制方法，有不得不变之势。"[①] 民国《黟县四志》指出："欧风东渐以来，民权逐渐发达，民治一项极关重要，兹特增入政事志户口之前，庶不失民为邦本之义云。"[②]《绩溪县志》总纂胡晋接在回复编纂人员王集成的信中也对志书门类表达了自己的看法："此时吾国政教完全摹仿西洋，尽失其五千年来历代相传所固有之良法美意，于是纲常伦理根本废弃，则国民道德日即沦亡，举国士民一味盲从外人。十余年来，已造成厌弃国产、排斥国货之风气。……昨日会议时对此弥加注意，因念现定志纲五门除文献志外，于舆地则应筹土地整理之策，于政教则应筹政治改进、教育改进之策，于民群则应筹民德培养之策，于食货则应筹民生救济之策。"[③]

修志遇到的首要问题是时代断限，民国徽州方志的编纂者对此开展了广泛讨论。一种观点主张时代应截于清末，认为时间断限距离太近，难以避免一些人为因素的影响。有修志者把方志当作一地之信史来看，认为史须求真、求详、求是，但以今人修今史，很难真正做到史之"真、详、是"，如民初河北《庆云县志》即以创修县志之人入传而饱受诟病，《休宁县志》编辑委员陈滋和便提出："本县此次修志，时代允宜截

---

① 《戴委员琴泉意见书》，《休宁县志馆第一次报告书·关于编辑之文件》。
② 民国《黟县四志》卷首《凡例》。
③ 《胡总纂覆王振之先生函》，《绩溪县志馆第一次报告书·文牍》。

于清末,民国以来史事之编修,可以遗诸后人也。"①主张时段限定在清末的一个主要原因是清末民初政权鼎革,在两个完全不同的政治体制下,很多事项前后发生了深刻变化,特别是进入民国之后,出现了诸多新生事物,传统的志书体例难以兼容。休宁人王劳父认为辛亥以降,国体既有变更,下笔势难兼顾,主张"时代似应截至清季为止……虽同治后增出洋务,宗教,光绪季年,改书院文会为学堂,勋意但宜附见,不必另立专门,致生蛇足"②。但大部分修志者还是主张因时利革,积极变通,而不应拘泥于具体的时代。有论者主张以清末民国为天然鸿沟,清末之前为续修前志,民国之后另创长篇,条分子目,如革命党、党政始末,凡属新政,为前清所无者,皆归纳其中,以昭民国之始。也有论者建议用科学类别,重行编纂,合清代民国为一炉,大体不分细目区别,各专职责,限期完成。③

  编纂方式上,徽州各县坚持用科学的方法指导修志,提出建设科学的分类,"旧志分类,既已不合时代,不切实用,故须建设科学的分类,以应需要。科学的分类为何?一言以蔽之曰:适合实际而已。使之适合实际,纲举目张,条理井然,如是之作,乃为利用科学方法而成之佳作,方足以垂不朽"④。时人也多强调用科学的态度对待修志,主张既要注意吸收前志成果,也要注意当下新生事物,酌古准今,一切以事实为出发点,"从前修志均系文人做纸上工夫,现在务求实际。……务求实际者,则必以现在事实为主。事实为有,虽前人曰无,亦必有之;事实为东,虽前人曰西,亦必东之,以非如此,与事实不符也。职此之故,窃以为有关科学方面,现有具体事实者必须尽量采取以为主体,而以前人之言为参考。"⑤如果说建立科学的分类是修志的前提,那么用科学的方法搜集志材则是修志的基础,这也是关乎修志成败的关

---

① 《陈委员滋和修休宁县志体例拟议》,《休宁县志馆第一次报告书·关于编辑之文件》。
② 《王委员劳父函》,《休宁县志馆第一次报告书·关于编辑之文件》。
③ 参见《馆长致金总纂函》,《休宁县志馆第一次报告书·关于编辑之文件》。
④ 《陈委员滋和修休宁县志体例拟议》,《休宁县志馆第一次报告书·关于编辑之文件》。
⑤ 《王振之先生致程编纂函》,《绩溪县志馆第一次报告书·文牍》。

键,为此,徽州各县在启动修志伊始,便在城邑和各都分派若干名采访员,祁门县共推选出 50 名采访员,①黟县推选出采访员、庶务员共 231 名,②绩溪县志馆第四次会议组织了采访团专事收集志材,每团设编纂员一人,摄影、拓碑一人或两人,助理员一人,挑夫一人,采访团分为西北乡、东南乡两组,或以一组,先后出发。采访员按照县志馆所定条目及采访概要,携带表式,深入乡村分类采访。采访概要规定:"采访员所记录文字或得自他书或转录谱牒报章或得访故老传闻,均应注明原委以昭核实(原书卷数著者姓名、和时代人引用,在第几卷内,报章名称、发行年月及号数,作者姓名,何处人,何时人均应详载);采访员有时发见可采志材,于所订表式无可归类时的,得另纸叙述,随时函告,再斟酌归类。"③这为采访员的具体操作提供了指导,我们从采访员唐鸿铎等人所整理成书的《绩溪县志馆采访表》中可以看出,采访表依照志书体例制成,分为舆地志表、民群志表、食货志表、文献志表等四大类二十八目,舆地志表下分为乡村、水利、寺观坛庙、胜迹、坊表、名人丘墓、道路、桥梁等八目;民群志表下分为氏族、方言、礼俗、人口变动概要等四目;食货志下分为农事、工艺、工价、商务、职业统计(工业、商业、公务)、粮食、积贮、物产(植物、动物、蚕丝、矿物)、物价等九目;文献志表分为撰述、金石古物、人物(儒林、义行、货殖、文苑、遗逸、流寓、气节、专家、方外、功业、艺术、孝友、方技)、烈女(节孝、贤母、节烈、淑媛、贞女、女工)、选举(科第、仕进、岁贡、封荫、荐辟、军功、学位、议员、自治议员、其他公职、褒奖)、补遗(收录《续西坦川汪氏续修谱牒序》《坦川培植水口坝序》等文)、辩证等七目。各目下又分为若干子目,如乡村目下分为村名、距城里数、住户、姓氏、职业、有无客民、备注等七

---

① 《筹修祁门县志议案》。
② 民国《黟县四志》卷首《职名》。
③ 《采访概要》,唐鸿铎等纂;《绩溪县志馆采访表》。对于民国时期的志草志料、采访册与调查记等文献,王熹从其名称、体例、内容等方面作了比较详细和深入的论述,并探讨了它们对方志纂修的影响和作用。具体可参见王熹:《简述民国时期的志草志料、采访册与调查记等文献》,《中国地方志》2009 年第 2 期。

个子目。仔细观察这些类目所记载的内容,能够看到此次修志既注重赓续前志,更注重别创新构,有些内容素为传统志书的重点,有些内容则为民国之后才出现的新生事物,这在食货志下尤为突出,增加了大量近代社会嬗变中的新事项。

徽州各县在修志时,积极地将科学的地图绘制方法运用到志图上。民国时期,地图测绘技术已有了较大提高,《修志事例概要》明确规定:"舆图应由专门人员以最新科学方法制绘精印",胡适先生就地图编绘问题向绩溪县志馆建议:"地图必须用新式测量,决不可用老式地图,应有地质地图与地势高下图。此似无法行的。但应与省志局商量,如省志局有分县新图,总比旧法地图为佳;如他们有测量专员,县志局亦可略加补助,请他来测量,上海中央研究院地质研究所叶良辅先生曾调查安徽地质,县志局亦可请教他。"①绩溪人王集成也认为,从前各志地图均系旧式,前志图与志各不相应,有图载而志不载者,有志载而图不载者,亦有志东而图在西者,值此次修志,应当务求图志相应,绘制具有科学方法的地图。当时绩溪县有地图测绘方面的专家,王集成便建议聘请出山。他又指出,如果此位专家寻找不得,则请居住省城的绩溪人购买陆军测量图以作为蓝本,等调查结束后加以校对改正,这也是较有把握的选择。因为此图系陆军部派测绘专家调查而成,要塞处均已实地测量,即其他部分亦较无高低线者为精善。休宁县志编辑委员陈滋和在讨论县志体例问题时,也特别提到制图问题,"地理之部,应注重制图……今地理学大昌,吾人应知利用进步技术,以图为主,以说副之。……故新志所入,自宜重制,应以科学的绘图方法,成一详明之全图及一沿革图,不可拾臆制之作也。"②上海地产富商

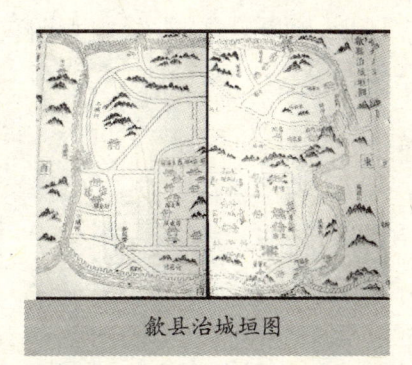

歙县治城垣图

---

① 《胡适之先生致胡编纂函》,《绩溪县志馆第一次报告书·文牍》。
② 《陈委员滋和修休宁县志体例拟议》,《休宁县志馆第一次报告书·关于编辑之文件》。

歙县人程霖生在《歙县志》编纂中曾捐资数千金,请汪采白等人实地测绘地图,三年乃成,于山川脉络最为详密。①

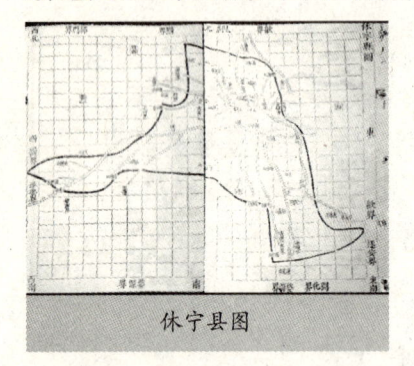

民国初期徽州编成的志书在编纂内容上体现出了鲜明的地域特色。徽州处于皖南低山丘陵之间,地狭人稠,粮食供应严重不足,徽州人不得不外出经商,以开拓更多的生存空间。播迁宇内的徽州商人把财富源源不断地输送回乡,与桑梓之地保持着密切联系,双方处于一种良性互动之中,徽州人一直以从本土走出的商人群体为自豪,在编修方志时,不惜留出较大篇幅记载徽商事迹。胡适在致《绩溪县志》总纂胡晋接的信中特别提出:"县志应注重邑人移徙经商的分布与历史。县志不可但见'小绩溪',而不看见那更重要的'大绩溪',若无那'大绩溪','小绩溪'早已饿死,早已不成个局面。新志应列'大绩溪'一门,由各都画出路线,可看各都移植的方向及其经营之种类。"②胡适先生的这段话屡为学者所引用,以证明绩溪经商风气之盛。绩溪人胡大刚也提到,志书于自治之后应该增加旅外同乡团体一目,他详细阐发了自己的看法:"盖我邑山多田少,地瘠民贫,人除应力图仅有富藏之开发外,非兼图向外发展不可。况我邑旅外先辈对于会馆产业之设置及同乡会之组织,殆到处多有,值此续修县志之

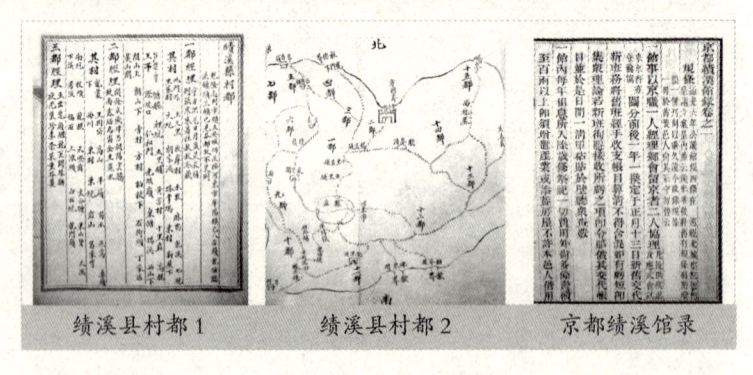

休宁县图

绩溪县村都1　　绩溪县村都2　　京都绩溪馆录

---

① 民国《歙县志》卷一《图》。
② 《胡适之先生致胡编纂函》,《绩溪县志馆第一次报告书·文牍》。

机会,详为调查记载,既可免历久无稽之患,且足为邑人向外发展之导线。"①绩溪县志馆为此向旅外同乡发出通告,请他们填写调查表格,以作统计,"此次修志拟于重要事端均为较翔实有系统之记载,吾邑旅外同乡颇不乏人,营业生活状况亦有调查之必要,用特另制一表邮寄前来"②。休宁县筹修县志委员会在讨论采访员名单时,专门指定了旅外同乡会采访员,以负调查统计本邑经商情况之责。

徽州是一个典型的宗族社会,徽州人无一例外地生活在宗族的组织网络之中。时人指出,"欲明了社会真状,必须穷知氏族之源流"。陈滋和非常关注休宁境内的宗族,主张既明宗族之源流,则宗族的生活状况应加以具体记述与说明,在可能范围内,制成各时代、各区域居民之生活指数表,以资比较,即便不能做到这一步,也应该调查精确,叙述详明,以示宗族的时代性与区域性之比较。

此外,在风俗记载方面,志书编纂者亦要求真实可信,使地方性得以充分表现,指出不可摭拾民间陈言,更不可徒具形式,拘泥成格。歌谣与谚语为民众文学之表现,时人也主张广为甄采,不得以俚俗而忽略之。徽州语言发音系统,各县自成一单位,而在一单位中,差异也非常明显,即便是城区发音也与四乡不同,而四乡又各自不同,甚至此三村五里与彼三村五里又有不同,故修志者对方言的地区差异给予高度重视,认为在志书中"若能标其差异之音,贯穿而综合之,收入风俗,亦表现地方性之大好资料也"。修志者的远见卓识可见一斑,表明其具有恢宏而入微的视野。③

### (三)民国初期徽州方志纂修活动评价

民国初期徽州方志连同修志的副产品采访表、报告书等资料,为后

---

① 《胡大刚先生讨论目录函》,《绩溪县志馆第一次报告书·文牍》。
② 《致旅外同乡函》,《绩溪县志馆第一次报告书·文牍》。
③ 参见《陈委员滋和修休宁县志体例拟议》,《休宁县志馆第一次报告书·关于编辑之文件》。

世学者考察这段时期的社会发展状况提供了难得的一手资料,这也是修志者积数年功力所取得的成就。在启动此轮志书编纂之前,各县都曾有过数次修志动议,虽最终未能成书,但资料的采集工作并没有中断。志料收集持续进行,能够跨越时代断限,保证方志编纂资料的可靠性与连贯性。如歙县志自道光六年续修后,屡次议修,皆因循旷废,未竟其业,同治光绪年间,安徽省志倡议重修,歙县广搜志材以应省志局之征,但未能趁此机会修纂志书。1935年,歙县重新启动修志工作,此时志料的搜集工作已经较为完备,总纂石国柱深有感触,在为《歙县志》作序时写道:"县之有志,长期积累易,而临事采辑难,虽极致精,终不能无疏失。必职有常设,责有专承,凡县事之应纪者,日记而岁会,乃可综合不遗,以待造作。"①此语甚有见识,可以说为后来者提供了有益的启发。

同时,徽州各县修志工作能顺利进行,既与编纂者的学识、眼界等因素有关,也与编纂者善于学习、勇于创新的理念密不可分。一般而言,主其事者为县长等政府官员,而担纲修志任务的多为地方上宿学耆老深有资望者,他们熟谙典籍,学养深厚,对修志工作抱有极大的热情。如《绩溪县志》总纂胡晋接是民国时期徽州著名的教育家,曾参与创办多所新式学校,做过安徽省立第二师范学校校长,他担任绩溪县志总纂后,呕心沥血,很多事情都亲历亲为,常与编辑、采访人员通信商讨志书体例问题。编辑人员王集成为绩溪庙子山人,毕业于安徽高等学堂,他一生著述宏富,民国《庙子山王氏谱》即为其所撰。1933年,当邑人议修县志时,王集成慨然任之,恃个人之力草拟志目以供修志者讨论。②

此外,在修志起步阶段,编纂人员虚心好学,遍览群志,总结类目得失、体例成败,将之运用到修志工作中。休宁县志编辑人员在讨论志目的书信中所提到的其他地方的志书不下十部,如在探讨赓续前志做法的得失时,就吸收了孙星衍为《云间志》所作的序言。其他还提及曾国荃在山西主持修志因经费支绌而被迫做出变通之法,余绍宋编撰

---

① 民国《歙县志》卷首《石国柱序》。
② 参见民国《绩溪庙子山王氏谱》卷末四《目乙一·后序》。

《龙游县志》中对待宗族问题,"不问其是否著姓,是否大族,但使有谱而合于是编体例者,罔不著录"。通过总结其他地方志书的经验教训,徽州志书编纂者也就能够结合本地实际,因势利导,规避修志过程中常见的一些失误,从而推动了志书的编纂。

## 八  民国初年徽州妇女的日常生活

徽州因徽商而名,然而大部分徽州人在商界所得利润并不足以赡养家室,留守妇女们在操持家务之外,不得不躬耕于田垄间,支撑起家庭经济的半边天。时人曾言:"根据'无徽不成镇'的话,可以说徽州的妇女十分之七八是商人妇,商人不见得就能做多大买卖,仰事俯蓄不足的很多很多,因此妇女们就不得不另觅生路。"[①]所以,"一别侬郎几度春,登山望远强披榛"等民谣、俗谚虽在一定程度上能够反映出徽州妇女的生活境况,却无法涵纳全部,并且徽商妇也仅是构成徽州妇女群体的一部分,其他阶层的妇女亦在徽州地域社会中演绎出生动的历史。晚清以来,国内女权主义逐渐高扬,反缠足运动,女子参政运动,争取男女教育平等、女子经济独立等各种妇女解放运动风起云涌,外界新风也通过各种途径吹进了僻处皖南低山丘陵间的徽州,对一直处于程朱理学束缚下的徽州妇女产生了深远的影响。

### (一)徽州妇女经济地位的提升

从总体而言,徽州妇女在家庭生计中的地位存在城乡、地域差别。一般情况下,城镇中少数有钱之家的妇女生活较为清闲,她们不为生

---

[①] 黄卓甫:《徽州妇女的职业》,1936年10月7日《中央日报》,第11版,第三十六册,第83页。

计奔波,家务事又能雇人代劳,平素以打麻将、纸牌度日,也比较讲究穿戴。相比之下,乡村妇女的生活则劳累甚多,"在有的地方(如黟县),女人差不多完全负责去担任那田场的粗工"①。仔细区分又可发现,在山多田少的地方,男子们多半在外经商或从事其他营生,家中内外的事务全部压在妇女身上;而田地较多的村落,男子大半在家从事农业,不必远离乡井谋生,因此男女可进行适当的家务分工。如婺源县东北乡的妇女因男子行商在外,既要忙家务,还要种植杂粮、栽培茶树。西南乡的妇女因有男子忙于农事而不像东北乡妇女那般劳苦。②

绝大多数乡村妇女从年头忙到年尾,少有闲暇时刻。她们春天采茶、挖笋、养蚕、插秧、耘田,夏天割麦、除草、管理农田,秋天割稻、收玉蜀黍、打板栗、挖花生、挖白薯,以及下水磨坊磨米、磨麦。妇女们虽是三寸金莲,但每每挑上百斤重的担子,辛苦程度可想而知。不过秋天也有难得的放松机会。在徽州乡间,秋天常有社戏,除了年年正月的龙灯以外,这几乎是乡村人的唯一娱乐,女人们常穿上青布衫绵绸裙、戴上绒花,穿着绣鞋,去看戏,"口袋里带了三五十个铜子,买瓜子、花生,坐在远远地,望着戏台嗑着"③。冬天,妇女仍旧在家里做鞋、缝补,忙个不停,男子则可以到各村看戏娱乐。对于妇女在家庭经济中的贡献,我们可以通过一份休宁县小农家庭的排日账来作出分析。④ 这份排日账由私塾学生王福祥从 1929 年 2 月开始记起,到当年 11 月止,逐日记载包括祖母、父亲、母亲、兄长、姊妹及本人在内的全部家庭成员的活动。这是一个典型的有九口人的小农家庭,祖母因年迈每天"在家万福",姊妹莲英、菊女、金女、成女因年幼而终日"在家嬉",王福祥本人则在馆功书,整

徽州刺绣

---

① 邵文萃:《安徽黟县的妇女生活》,《妇女杂志》1929 年第 3 期。
② 参见心纯:《婺源妇女生活的真相》,《徽光》第 2 期。
③ 万孚:《徽州妇女的生活》,《今代妇女》1928 年第 6 期。
④ 王福祥:《日就月将》,刘伯山:《徽州文书》第三辑,广西师范大学出版社 2009 年版。

个家庭就全靠父亲、母亲和兄长王福顺维持,他们在家务农,没有外出经商的记载。虽然由于私塾散馆或先生有事离馆导致日记缺漏甚多,但只要有所记,家庭成员的生产生活状况就全部胪列,这就为我们考察家庭主要劳动力的时间分配提供了有效的数据。下面这幅表系根据排日账一百零五天的记载制作而成。

表 3-1　家庭主要劳动力时间分配表

| 人物 | 农业劳作 | 副业生产 | 其他活动 | 休闲 | 总计 |
| --- | --- | --- | --- | --- | --- |
| 父亲 | 30(29%) | 19(18%) | 53(50%) | 3(3%) | 105(100%) |
| 母亲 | 24(23%) | 21(20%) | 55(52%) | 5(5%) | 105(100%) |
| 福顺 | 30(29%) | 25(24%) | 27(25%) | 23(22%) | 105(100%) |

从上表可以看到,王福祥的母亲终年忙碌,少有休息,在一百零五天中只有五天"嬉"的记载,主要集中在不是农忙时的六七月份。在"其他活动"中,绝大多数是"在家杂事",这可以理解为料理家务或忙其他事情。当日的天气记录一般是"天阴"或"天雨",如果为晴天,也多是父亲和王福顺"在家杂事"。从生产活动来分析,母亲的农业劳作和副业生产丝毫不输于家庭中的两个男子,她不是"上山捍山、进水竹坞捍茶丛、上坎捍山、上荒田降捍草、进苍坞捍草、上坎粉豆",就是"上山挖笋、上山烧炭煤、上山摘箬皮、过木荷坑摘粟、上坎摘茶",有时还要"上山采柴、上山斫树",俨然是家中的主要劳动力。从时间分配上看,农业劳作和副业生产的时间比其他活动的时间少了十来天,这其实不难看出母亲家庭主妇的地位,因为祖母年老不再操持家务,女儿又尚小,母亲只有在劳作之余料理家庭杂事。这与报刊上所描写的女茶工生活非常相近:"她们一天做了十个钟点的工,回家后还要烧饭洗衣,看管小孩子,缝补衣服,疲劳的身子得不到一点休息。"[①]

在徽州妇女季节性的农事劳作中,有些属于维持家庭基本生存需

---

① 尤庄:《女茶工》,《茶声半月刊》1939 年 9 月 5 日第 6 期。

要的农业生产,有些则可以称为补贴家庭收入的经济行为,如采茶、挖笋等。徽州境内以低山丘陵为主,四季光照充分,空气湿润,适宜种茶,是中国茶叶主产地之一。① 茶叶需要经过多重环节才能从枝头走向市场,由发芽采下,直至拣好制成装箱,大部分工作要借助妇女,对徽州妇女来说,采茶、制茶所获收入成为改善家庭经济状况的主要途径,"一季茶市,也是妇女们的唯一希望,自己的冬衣,孩子的学费,腌两块腊肉,买一口小猪,一切的一切,都预备在自己十个指尖上取出"②。《黟山采茶竹枝词十首》生动地描摹了茶价涨落下黟县妇女的心情:"去岁茶商得利丰,今年山价定然昂。阿侬欲制钗头凤,都在春风一叶中。侬家夫婿估浔阳,信报头茶已放洋。急急忙忙缘底事,山间又有子茶香。"③每年还没有到清明,她们就开始预备进山的事项,把换洗的衣服、加固的鞋子以及米粉、玉蜀黍、干南瓜、豆豉、咸笋等干粮都提前收拾好,等到上山时,她们便呼姑唤嫂,结队成群,场面非常热闹。采茶一般分为两种,一种是采自家山上的茶,另一种是帮人家摘茶,取得工资,一斤生茶叶一个铜元,一天可以摘四五十斤,有时也因摘的是细茶或粗茶而工价有所不同。时人曾用诗意的语言再现了徽州妇女采茶的场景:"她们从早晨就去到平地或山坡上的茶园里,胸前吊着一个竹篮,背上有时还背着小孩子,一枝枝,一片片的摘来放在篮里,摘满了倒到大篮里再来。低的枝子坐下摘,高的站着,再高的就站在凳子上摘。嘴里唱着山歌、小调、小曲,有时同同伴的摘茶女谈天。午饭在茶园里吃晨间带去的冷饭。到了太阳下了西边的山尖,渐渐的有些昏暗时,她们便停工了。"④无独有偶,《茶声半月刊》也不吝篇幅,刊登了描写徽州妇女采茶的竹枝词:⑤

---

① 参见张小坡:《近代安徽茶叶产销格局形成过程中的交通因素》,《安徽史学》2010年第5期。
② 黄卓甫:《徽州妇女的职业》,1936年10月7日《中央日报》,第11版,第36册,第83页。
③ 民国《黟县四志》卷一二《杂志·诗录》。
④ 《采茶·诗四首》,《茶声半月刊》,1939年10月12日第9期。
⑤ 东亚同文会:《安徽省志》第三编:都会,第七章:屯溪镇。

侬家家住乌泥关,每到春来便不闲,最是清明微雨后,朝朝早起上茶山。

茶山到处是茶叶,三月风光鸟语和,纵有黄莺声百啭,多情不及采茶歌。

采茶歌里日初长,倦靠茶丛笑语郎,采得新茶归去后,阿侬要做新衣裳。

新衣未必着侬身,十指纤纤泡已匀,为解人间饥渴苦,年年反苦采茶人。

采茶过后,她们就将阵地转移到茶号,开始拣茶、炒茶,在茶叶精制环节挥洒汗水。屯溪因拥有水陆交通之利,成为徽州绿茶集散地和洋装箱茶制造中心。① 由于洋庄茶号数量庞大,四乡妇女无法满足旺盛的劳务需求,外地女茶工便云集屯溪,婺源县的妇女更是远离故乡,翻越五岭或浙岭前来,"东邻西舍,诸女伴拣茶,故业难抛荒。更有远自星江来,担囊负笈趋休阳"②。祁门亦因本地劳动力缺乏,从休宁等地广招女工。茶号的工作是先把茶叶分别等级,各自归堆,拣茶场成为女性茶工最集中的地方。她们每天早上六点钟进茶号,下午五点多下工,用纸券、竹筹计算工作量,缴筹领工资。如果全家妇女都去拣茶,中午饭就轮流去吃,倘若单身妇女去拣茶,则需要别人送饭或自己早上进茶号的时候带点心去,工作的紧张程度可想而知。③ 由于拣茶相对轻松,拣茶女工除了成年妇女外,女孩也占了很大的数目,很多十一二岁的小姑娘,一天也可以拣三四十枚铜元的茶。《茶声》半月刊的女记者到茶号实地采访时,看见一个七八岁大的小女孩坐在拣茶工场的角落里,许多杂在茶叶中的发黄的叶片,或粗或细的茶梗,或大或小的茶子,从她两只小手中很有次序地掷出来,动作是那样的迅速敏捷。

---

① 参见《采茶歌》,戴启文:《新安游草》,安徽图书馆藏。
② 心纯:《婺源妇女生活的真相》,《徽光》第2期。
③ 参见尤庄:《女茶工》,《茶声》半月刊1939年9月5日第6期。

记者经过询问得知她一天能拣二十多斤茶。年轻的女茶工在拣场工作之时,依然需要照顾小孩。记者看到茶场里几个刚刚会走路的小孩子在桌边爬行,不远处的竹编摇篮里还躺着两个尚未满周岁的婴儿,正在熟睡。相对拣茶,炒茶、焙茶属于重体力劳动,但也有妇女参与。密不透风的炒茶工场中,焙炉的炭火散发出高热的气体,强烈的阳光从屋顶上直射下来,女工肩上披着被烟煤熏黄的布衣,两手因不停地伸进锅里去炒茶叶,被黄色的粉末染得像树枝一样的粗而黑,"几个中年女工,站在锅旁,正不息地在工作,身子一左一右地倾着,帮着两手向锅中焙茶叶,零乱的发髻乱草似的蓬在头上,缠过的足却也很能显出她的能力,居然可以整天的站着作工!"在这灼热的火炉旁,女记者只站了十分钟,身上、脸上的汗水却已像流水般的直淌下来了,渗过了内衣,又渗透进衬衫,手帕湿淋淋的像刚从水里捞起来一样。如此艰苦的工作换来的报酬是每对锅得钱一角八分,一天能炒三对锅,便可得五角四分,而拣茶的报酬是每斤3个铜板,一天拣30斤,得钱3角。

妇女参与茶叶生产,引起了士大夫的恐慌,认为会破坏社会正常的风俗人伦:"婺邑近时业茶者……其实起家者少,破家者多,今亦未暇深论,惟当出茶之时,开局检茶,多以女工为之,男妇聚杂,外观既不雅驯,其中复多暧昧,吾愿尔小民纺绩耕馌,尽可度日,何必以清白之家混入茶号以博不美之名?言之痛心,可为切戒。"[①]茶号中男女混杂,确实容易出现有伤风化之举,每年茶市,都有不少女工在这里上演风流韵事,"有些羡慕都市的繁华的,不想回家中去,而愿被迫着操神女生涯,亦大有人在"[②]。无怪乎地方官员屡次下令禁止使用拣茶女,但在现实利益的驱动下,无论茶号还是女工,都不愿放弃这样的机会,政府的道德教化往往流于空文。

除了季节性的茶叶生产,徽州妇女也从事其他经济活动来补贴家

---

① 夏炘:《景紫堂文集》,沈云龙:《近代中国史料丛刊》第九三四种第一册,台湾文海出版社1986年版,第342—343页。
② 邵一民:《徽州的妇女》,《新安月刊》1935年5月25日第三卷第4、5合期。

用。徽州山林经济作物丰富,梨子出产较多,但由开花结果到一颗净白无瑕的梨子下树,中间要经过多道手续,梨子长到纽扣大,就要用梨袋包起来,这种工作很琐碎,需要极好的耐性,只有妇女能够胜任。妇女们包梨,是论树给价,包一棵树,多少钱,不仅要负包的责任,还须注意梨子的生长,如有并蒂的,就得摘去一颗,不管妇女的手有多快,一天下来,也赚不到五角钱。还有专替人家褙梨袋的,用漆和皮纸制成,工作虽较轻,但所得更微。徽州曾传唱过这样的歌谣:"桃花红,梨花白,姊姊妹妹褙梨袋,从朝褙到晚,从早褙到黑,头昏手指痛,数数不满百。"①每年春天,徽州的山腰沟畔都有竹笋钻出地面,挖笋也就成为徽州农民获利的重要手段。如黟县的水竹笋,九都所产最多亦最佳,各处男妇每日赴九都各山寻觅者不下百余人,日未出时即结伴入山,至午后下山,每人多则六七十斤至百斤,少亦二三十斤,每斤值钱二十文,对贫苦小民来说,不无小补,但异常劳苦,下雨时遍体湿透,状殊可悯。②还有部分徽州妇女在小作坊画纸牌,纸牌用刻板印成,但都是白底,需借助人工涂上颜色,画好每副牌只得三四枚铜板,一天最快只能画四五副,与在茶号所得无法相比。此外,徽州妇女能赚钱的途径就是到城里富绅或官员家做女仆,每月佣金一元二三角,帮短工的每天铜钱四大枚。

我们能够看到,徽州妇女所从事的这些行业大多是临时性的、季节性的,很容易受到外界因素的影响。1930年以后,由于国内外时局的恶化,徽州茶叶出口一落千丈,茶号年年亏损,所需妇女人数锐减。有识之士担心长此以往,连这唯一赚钱的门路也有断绝的危险,便呼吁有志于改

徽州低山茶园

---

① 黄卓甫:《徽州妇女的职业》,1936年10月7日《中央日报》,第11版,第36册,第83页。
② 参见民国《黟县四志》卷三《地理·物产》。汪励吾:《十都宏村培本布厂参观记》,《黟山青年》第十卷第8期,1931年8月。

进妇女生活的人们设法开办工厂或手工业,使妇女们有工做,以改善生活。旅外徽州人有感于桑梓故地的落后,为革新家山社会面貌,也极力提倡妇女职业,认为要谋女子职业,非做工不可,"要纳妇女于工作,则须划区设立工厂"①。在这样的背景下,黟县卢象三、卢崇卿筹集资本 4000 元,购置木机 20 架,铁机 6 架,小机 40 余部,开办了培本布厂,工场有 3 处,第一处在卢村,第二、三处在宏村,工人以本村妇女为主,共招收 60 名女工,70 名男工,生产廿码花色布、卅码花色布、蒇城白布等各类布匹,女工最高工资每月约 10 元,男工约 20 元;女工最低工资每月约 3 元,男工约 10 元。卢象三等人办厂的目的是"谋乡村妇女生活之利益",此举得到《黟山青年》主笔汪励吾的赞赏,专门在刊物上发表文章向徽州同乡宣扬他们在吸收女工创办实业的尝试和努力。②

### (二) 徽州女子教育的发展

通过上文分析不难看出,近代徽州妇女在家庭经济中已经能够独当一面,有了较为独立的经济地位,但作为一个群体,在社会上还是很难发出自己的声音。女性只有掌握了知识,才能获得一定的文化资本,才有能力对社会现象作出自己的判断。当时主张女子教育的有识之士便认为妇女教育是妇女问题里的一个中心问题,曾言:"女子受了完满的教育,她的知识发达,能力充足,在社会上就可立足,自然男子就不会轻视女子了。"③

徽州最早出现的女学是许承尧于光绪三十一年正月开办的歙县端则女学堂,该学堂附设在歙县西乡唐模敬宗两等小学内,以许氏宗祠拨款和学费作为常年经费,学生 12 名。光绪三十三年,清政府颁布《学部奏定女子小学堂章程》和《学部奏定女子师范学堂章程》,对女子教育的

---

① 《黟县急于需要的人才》,《黟山青年》1924 年 3 月第三卷第 3 期。
② 参见汪励吾:《十都宏村培本布厂参观记》,《黟山青年》1931 年 8 月第十卷第 8 期。
③ 世发:《由女子教育问题而谈到我黟失学妇女的救济》,《黟山青年》,1931 年 4 月第 10 卷第 4 期。邵一民:《徽州的妇女》,《新安月刊》第三卷第 4、5 合期。

宗旨、入学年龄、课程设置、修业年限、教学内容等方面作了详尽的规定，女子教育开始在教育体制中获得合法地位，女子求学成为名正言顺的事情。受清政府教育政策的影响，徽州又先后设置了两所女学。光绪三十四年二月，婺源公立初等女学堂由绅士汪宗开办，设在城东昭义坊刘果敏公祠内，常年经费为捐款、学费，学生20名。① 宣统元年，歙县锺英女子小学堂由堂长郑自熙独资创办，常年经费500元。② 由于清末徽州社会风气尚未完全开放，女子教育的发展状况并不理想，女学堂开办数量少，设置层次低，只有初等小学堂，进入学堂求学者寥寥无几，每年都招不足额，高等小学堂和中学堂则付诸阙如。初等小学堂所开课程除国文、算术、体操、图画、音乐外，还有修身、女红，注重讲授道德要旨及"简易之缝纫及通常衣类之缝法"，部分女学甚至专讲《三字经》《女儿经》，对近代学科意义上的课程一概摒弃。进入民国，特别是五四运动以后，全国范围内的妇女解放声浪越来越高，要求男女同校，争取男女教育平等。1922年，教育部实行学制改革，公布《学校系统改革案》，确立了男女同校的单轨制教育。不断变革的教育浪潮推动徽州女子教育步入一个快速发展的阶段，主要表现在女子初级小学普遍设置，女子中学、女子师范开始设立，基本构建起一个比较完整的女子教育体系。1920年前后，徽州各县先后开办了多所女子小学，黟县第二区第一女子国民学校、第一区第一女子国民学校分别于1917年、1920年创办。祁门县立女子小学校于1922年开办，到1927年在校女生有50名，分为四级两班，实行复式教学。婺源县立第一女子小学有4位女教师，女生66人，常年经费540元。休宁县立女子完全小学校有58名女生，常年经费1000元。据亲身经历过民国女子教育的老人回忆，每天学生到校后，先做操，然后校长训话，主要讲最近学校发生的事，提些要求，或者是纪念日之类的讲话。每天上午三节课、下午三节课，每节课50分钟，课程有国文、算术、常识、地

---

① 参见冯煦主修，陈师礼总纂《皖政辑要》，《学科》卷五二《普通·女学堂》。
② 参见民国《歙县志》卷二《营建志·学校》。

理、历史、美术、体育。① 民国时期徽州唯一的女子中学是设在屯溪的隆阜女中,这也是安徽省最早的女子中学之一,1922年由陶行知、江彤侯倡办,原名省立第四师范,专门培养小学教师。1928年改名为省立第四女子中学,招收小学毕业生,为徽州女生提供了深造的平台,有相当一部分女生在这里接受了中等教育。为培养女学师资,歙县简易女子师范于1935年开始招生,该校实行四年制教学,课程有语文、数学、教育概论、教育心理、动物、植物、卫生、劳动、美术等。从这里毕业的女生分散到各地小学担任教师,为适龄女生入校接受初等教育创造了条件。在有识之士的呼吁和地方当局的推动下,这一时期徽州女子教育最主要的进步是男女开始同校,女子学堂也打破性别壁垒,向男生敞开了大门。到1930年9月,黟县完全、初级小学共有学生1124名,其中女生259名,虽然女生所占比例还比较少,但男女同校的趋势已不可阻挡。下面这幅表主要统计了1930年前后休宁等县部分小学中的女生人数。

表3—3 1930年前后休宁等县部分小学人数

| 县份 | 学校名称 | 全校学生 | 女生人数 | 学校名称 | 全校学生 | 女生人数 |
| --- | --- | --- | --- | --- | --- | --- |
| 歙县 | 许村私立仪耘初级小学校 | 18 | 11 | 私立城北初级小学校 | 40 | 17 |
|  | 私立毓材初级小学校 | 36 | 17 | 私立启悟小学校 | 30 | 2 |
|  | 县立第十一初级小学校 | 50 | 18 | 县立第四初级小学校 | 54 | 3 |
|  | 私立旦华初级小学校 | 32 | 12 | 公立崇文小学校 | 84 | 20 |
|  | 公立凤山小学校 | 84 | 12 | 私立双溪小学校 | 28 | 7 |
| 黟县 | 县立碧阳小学校 | 109 | 54 | 私立尉文小学校 | 76 | 26 |
|  | 私立育德初级小学校 | 42 | 11 | 私立武溪初级小学校 | 46 | 11 |
|  | 私立立川初级小学 | 31 | 8 | 私立三乐初级小学 | 27 | 4 |
|  | 私立梯云初级小学 | 28 | 3 | 私立碧山初级小学 | 52 | 6 |

---

① 参见余南宁:《女子教育——20世纪前期徽州妇女口述史之三》,《黄山学院学报》2009年第4期。据笔者于2010年5月17日在绩溪县家朋乡梅干岭对八十六岁老人周冬权所作的口述。

续表3—3

| 县份 | 学校名称 | 全校学生 | 女生人数 | 学校名称 | 全校学生 | 女生人数 |
|---|---|---|---|---|---|---|
| 休宁县 | 海阳小学 | 150 | 18 | 私立守志小学 | 85 | 28 |
| | 县立女子小学 | 64 | 50 | 私立自西初级小学 | 40 | 6 |
| | 县立南区小学 | 83 | 9 | 私立黄氏小学 | 52 | 18 |
| | 南六区公立南先初级小学 | 52 | 17 | 公立蔚林初级小学 | 30 | 3 |
| | 屯区初级小学 | 42 | 3 | 屯溪第一初级小学 | 32 | 4 |
| 绩溪县 | 县立女子小学 | 62 | 55 | 私立胡氏小学 | 39 | 17 |
| | 私立云台初级小学 | 107 | 21 | 周民私立敬淑初级小学 | 80 | 6 |
| | 私立章氏初级小学 | 72 | 25 | 私立兴周初级小学 | 78 | 18 |
| | 14区区立楼基小学 | 49 | 2 | 乡立同文小学 | 105 | 7 |
| 婺源县 | 县立初级中学校 | 83 | 2 | 县立诚立小学校 | 304 | 43 |
| | 汪氏私立初级小学校 | 32 | 4 | 程氏私立初级小学校 | 51 | 7 |
| | 私立王氏初级小学校 | 66 | 12 | 私立董氏初级小学校 | 75 | 22 |
| | 永川族立初级小学校 | 91 | 11 | 江湾族立两级小学校 | 98 | 12 |

资料来源：吴亮夫：《视察歙县教育概况报告》，《安徽教育行政周刊》第四卷第3期；吴亮夫：《视察黟县教育报告书》，《安徽教育行政周刊》第三卷第46期；叶明辉：《视察休宁县教育概况报告》，《安徽教育行政周刊》第三卷第3期；叶明辉：《视察绩溪县教育报告书》，《安徽教育行政周刊》第三卷第17期。

应当指出的是，这组数据主要是根据安徽省教育厅所派督学的教育视察报告统计出来的，由于督学只是对学校进行抽查，视察报告亦因个人喜好而详略不一，所以上表仅反映了徽州女子教育发展的部分概况。即便如此，我们仍然可以从中看出处于万山之中的徽州在男女同校方面所取得的成就，如歙县私立毓材初级小学校36名学生中，女生有17名，所占比例为47%；绩溪县私立胡氏小学39名学生中，女生有17名，比例为43%。更有女生比例接近50%者，如黟县碧阳小学109名学生，女生为54名。不过各地男女同校的步伐并不完全一致，如上表所示，相当一部分小学里的女生成了点缀，四五十人的学校只有一两名女生的不在少数，甚至有明确要求不招女生者，如黟县私立屏山小学的校董会就不主张男女同学。造成这一现象的主要原因是当时由于家庭收入有限,能上得起学的人很少,女孩子能上学的则更少,一般的小农家庭处于糊口的边缘,根本无力负担子女的上学费用,有的家庭即便把女子送入学堂,也多停留在初等小学阶段,无法继续中学以上的教育。有能力进入学校的多是商人或官宦之家的子女。女子教育的城乡差距非常明显。如婺源县,"统计全县受过中等教育的女子恐怕还不满30人,受大学教育的更是等于凤毛麟角了,而且在这几十人的当中,可以说完全是居住在城里的女子"[1]。我们从1932年祁门旅休同学会女会员的履历中也可以看到这一点,能完成初中甚至高中教育的女学生多出身于从事商业经营的家庭。

表3—4 祁门旅休同学会会员一览表

| 姓名 | 住址 | 履历 | 通讯地址 |
| --- | --- | --- | --- |
| 张师昭 | 祁东石坑 | 皖四女中初中卒业,现肄业本校高中 | 祁城外三星岗生记号转 |
| 张铮 | 祁东石坑 | 皖四女中初中卒业,现肄业本校高中 | 祁城外叶德茂号转石坑 |
| 陈范贞 | 祁城 | 祁门县立女子小学卒业,现肄业皖四女中初中 | 祁城内珊璜旧里 |
| 张民炜 | 祁东石坑 | 皖四女中实小毕业,现肄业皖二中初中 | 祁城外三里岗生记号转 |
| 陈慧英 | 祁西桃源 | 祁西明德小学卒业,现肄业皖四女中初中 | 祁西闪里大茂号转桃源 |
| 张美如 | 祁东石坑 | 祁东松源族立小学卒业,现肄业皖四女中初中 | 祁城外叶德茂号转 |
| 李韵妹 | 祁东牌楼下 | 祁东盘田小学卒业,现肄业四女中初中 | 渔亭高岭脚德茂号转牌楼下 |

资料来源:《祁门旅休同学会会刊》第1期,1933年3月,安徽省图书馆藏。

另外一个无法忽略的因素是社会习俗观念的影响。民国时徽州的早婚风俗与过去相比并没有太大的变化,往往女子十四五岁便许配

---

[1] 心纯:《婺源妇女生活的真相》,《徽光》第2期。

人家,这个年龄段的女生大多迫于家庭和舆论压力而选择了退学,能坚持下来的非常少,由此导致初级小学中的女生人数还比较可观,到了高等小学阶段便逐渐减少。此外,晚清民国时期不断变革的社会风气影响到男子的择偶标准,进过学堂读过几年"洋书"的新女子更容易找到满意的归宿,大部分父母出于女儿的婚姻考虑,把她们送进学堂接受教育,并非真心希望她们能取得多大的成绩,只求女子获得嫁人的资格,"认识了名字,将来可看浅近的家信,记记家用账,也就够了"①。当时"贤妻良母"的教育观点依然占据主流地位,这也得到了乡村民众的广泛认同,"现在我们觉得办徽州女子中等教育的人,他的眼光仅仅限于'良妻……'。学校如此,女子的父母的心理也如此,或者女子自己的心理也是如此,有学问的女子择配当然较为容易些"②。所以女子缺乏追求高级教育的社会土壤,女子教育办学层次越高人数越少就成了普遍现象。从女生群体来说,她们自身的思想意识还无法摆脱社会环境的制约,女中、女师里的学生有相当一部分在校时就嫁人了。她们虽然不断地接受从外界传入的风气,但在思想层面仍然或多或少地将其归入"时髦的恶习""不良的习气"之类,还无法同所谓的旧传统彻底划清界限。如休宁第四师范的女生吴一非在《微音》月刊上撰文谈及女子为什么要读书的问题时,就明确指出:"现在学校的习气,固然有可批评的地方,然决不可因噎废食,那不良的习气,也不过是少数分子造就的。况且我在校里,知道读书做人,并不是学那大解放不可收拾的时髦女子。"③可见她对那些敢于解放的女子的做法并没有完全认

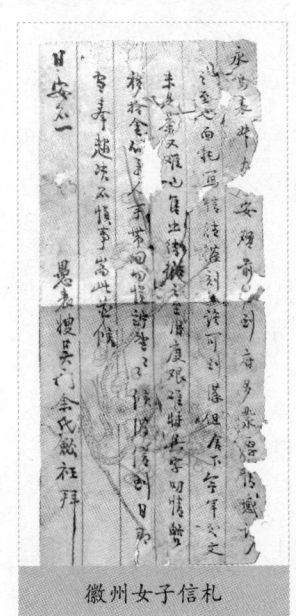

徽州女子信札

---

① 邵一民:《徽州的妇女》,《新安月刊》,1935年5月25日第三卷第4、5合期。
② 哲文:《徽州的女子教育》。
③ 吴一非:《我们女子为什么要读书》,《微音》月刊1926年1月1日第26期。

同。我们从在校女生的言论中也能隐隐地看出她们面对社会现实的无奈。胡佩珍是在父亲的支持下入上川毓英小学读书,尚未毕业时就嫁为人妇,但婆家不相信女子读书,所以她"现在小学里读书还是勉强的,那读书上进的希望,从此断绝,就是改造维新的事业,我也无份了"①,认为自己是无改良能力的人。在社会习俗的影响下,很多女学生接受短暂的教育之后便离开了学校,甚至从师范毕业的女生有的一天老师没当就结婚了。②

就整体而言,晚清民国时期徽州的女子教育虽然发展比较缓慢,但始终没有停下前进的步伐,女子教育体系逐步完善,入学人数不断增加,课程教学从注重道德教化的《三字经》《女儿经》转变为现代的具有民主科学精神的国文、算术、地理、历史等内容。女子教育为妇女带来了一定程度的解放,提高了妇女本身的自觉,取得了形式上的男女平等,思想观念的改变使她们主动争取婚姻主权,力求实现身体解放。

### (三)徽州女性意识的觉醒与争取身体解放的努力

近代中国社会的急剧变化对原本闭塞的徽州大地造成了不同程度的冲击,女子教育冲破了重重阻力艰难发展,女性意识逐渐觉醒,开始提倡不缠足运动,部分女性在各类报纸上发表文章,呼吁家乡的姊妹要敢于突破旧礼教的樊篱,抵制包办婚姻。接受了新教育、新思想的女性努力重塑自身独立的人格和自我意识,在言行、服饰等方面体现出趋新的倾向,并影响到其他阶层的妇女,虽然大多数妇女受社会环境、传统习俗的束缚依旧沿袭原有的生活方式,但她们的思想底色已有所变化,特别是年轻女子明显地表现出追求新生活的强烈愿望。徽州妇女的诸种努力如同一枚投进水中的石子,不可避免地引起了徽州社会结构的震荡。

---

① 胡佩珍:《我对于中国女子早婚和守节的感想与意见》,《微音》月刊1925年8月3日第25期。
② 参见《强国先强种》,1911年8月3日《大公报》。

徽州是程朱理学的渊源地,生活于其间的妇女深受封建伦理纲常的束缚,节烈风气非常浓厚,很多妇女在悲惨凄凉的环境中牺牲了一生的幸福。晚清以降,随着时代的发展和徽州道路交通条件的改善,外界文明得以传入,而见多识广的旅外徽州人因痛感家乡社会的闭塞落后,积极创办各类报刊,及时地将社会上

清徽州府旌表节妇匾额　　清表彰节妇恭报

发生的重大事件和徽州本土的人情世故报道出来,为徽州民众打开了一扇了解山外社会的窗口,对徽州妇女的思想观念和日常生活产生了深远影响。经受了文化洗礼的徽州妇女不愿再固守传统的生活方式,勇敢地向现存的社会秩序提出挑战,参加集体婚礼者日渐增多,黟县新生活运动促进会成立后,每年举办四次集体婚礼,由县长证婚训词,每次都有三四对新人参加。[①] 在报纸上刊登结婚启事者也时有出现。有人开始主动结束名存实亡的婚姻生活,追求个人幸福,"最近数年来女人的私奔与离婚案件一天多似一天,此风尚不但行之于有知识的妇女,就是一个字不识的,也会说一二句'现在男女自由'了"。民国时期徽州妇女私奔的现象也比较突出,如歙县吴智受之妻汪氏受外界引动,潜逃入城,藏于县城第八保第五甲张进财家内,吴智受后经人帮同寻找,并请该管保长联合办公处主任江天柱出面,才将汪氏领回。《徽州日报》常以大幅标题报道了徽州妇女日常生活中的其他事件,我们仅从《再醮妇大闹山村:廉耻未打破遭人白眼,菊花插满头自认光荣》《孀妇不安于室,两恋奸再醮,妍头骗其婆婆签字,吃醋打架,婆婆气

---

[①] 参见《黟县新运促进会第三届集团结婚志盛》,1936 年 11 月 11 日《徽州日报》。

死》等标题就可略知事情梗概,虽然应当对这类报道的可信度持保留意见,但从中不难看到徽州妇女生活的另一面向,或许这正是活生生的社会现实,而并全非精英分子笔端下所描述的徽州妇女谨言慎行,举止皆合礼仪规制。长久以来为理学家所津津乐道的徽州社会风气在民国时期因受到外界的浸染已无法再延续原有的格调。

在以男性继承为主要原则的中国传统宗法社会中,妇女始终处于从属的地位,而没有财产继承权。宗族延续的前提是要保证宗祧继承,从这个角度而言,财产继承成为宗祧继承的附属品,宗祧继承为何人,则财产由何人继承,宗祧继承的本意在于绵血统,承祭祀,故在以往的法律上,有非男子不得为嗣子的规定。1926年10月,中国国民党第二次全国代表大会关于妇女运动决议案的第九项,即有"女子应有财产权与继承权"的决议。1929年5月15日,国民党中央执行委员会第181次会议,对女子继承财产权的发生效力时期作出决议:"凡财产继承开始,在下列日期后者,虽已嫁女子,将有享受继承财产权:1.第二次全国代表大会关于妇女运动决议案,经前司法行政委员会民国十五年十月通令各省到达之日始;2.通令之日,尚未隶属国民政府各省,则以其隶属之日起。"这次会议作出的决议在法律上正式确立了女子的财产继承权。由于妇女的财产权牵涉议题较多,限于文章篇幅,此处仅考察接受过新式教育的徽州女子如何运用法律武器争取自身财产权的问题。

1930年,休宁隆阜省立第四女子中学学生胡瑶珍因财产继承问题与同父异母长兄胡紫石发生矛盾,呈请县政府依法判决。胡瑶珍的父亲胡毓章是黟县西递人,有二子三女,家资殷富,在其去世后,长子胡紫石勾结他人霸占了家中产业。胡瑶珍看到遗产被吞没,衣食杂用均无着落,学费供给亦告断绝,遂向胡紫石提出将遗产按股均分,但胡紫石恃强不理,胡瑶珍再三据理力争无效,开始向县政府起诉请求依法公判。适值新任县长崔清川刚到任,便极力劝慰原被两告息讼,判令双方出外调处,并令原被告同时推举同族四人进行调解。胡紫石最终仅允百元学费,其余置之不理。胡瑶珍只得再次起诉于县政府。开庭后,第三审判决将全部遗产作五股均分,所有产业契据归紫石保存,长女胡桂荪应得部分,准许让于被告。胡瑶珍不服县审判决,旋即具呈安徽省高等法院第二分院上诉,经高等法院分院开庭审理,由主任推事唐铭徽试行和解办法,胡瑶珍当庭提出两条请求更正原判:第一,根据已嫁女子追溯继承财产权施行细则第六条,已嫁女子之妆奁费应在应得之部分内扣除,则胡桂荪应得部分,亦须扣除妆奁费;第二,根据产业凭契保管,则契据之保管应属于所有权人,既按股均分,契据自应分别保管。胡瑶珍所提条件,被告当庭承认,于是和解成立,全部遗产仍作五股均分,胡瑶珍分到的房屋,由其自行管理,永远执收契据,并立有和解证书。胡瑶珍由歙县返回家中后,敦请亲族遵照和解证书的内容执行,但无一人愿意出面维持,被告亦无履行之意。胡瑶珍见重分无望,只得再至高等法院第二分院提出复诉,申请强制执行,被告闻风潜逃至九江。胡瑶珍争取财产权的过程可谓一波三折,不过她积极运用国家法律争取财产权的努力引起了较大反响,有人以"正义"为笔名在《黟山青年》报道了此起诉讼案件。不过从中也不难看到,虽然国民政府已经颁布法律赋予女子财产继承权,但因其与宗族社会的运行原则有所抵触,在现实社会生活中还是面临较多阻力,胡瑶珍所在宗族不愿过多干涉甚至对胡紫石的做法持默许态度,当《黟山青年》的报道出来后,胡氏族人胡锡三等致函称与事实不符,要求更正。

作为一个群体,徽州妇女所呈现出的面貌是斑驳的,新旧杂陈的。绝大多数妇女在坚守着传统的生活方式,徽州男子多经商在外,留守家中的妇女不但要照顾家务,更要从事高强度的农事劳作,她们和男子一样春耕夏耘,秋收冬藏,终年忙碌。农业劳动之外,徽州妇女还走出家门,充分利用本地丰富的山林资源,进行经济生产,有的甚至演变成职业行为,对家庭生计的维持起着至关重要的作用,但是她们在家庭中的地位并没有太大的改善。女子自出嫁之后,生活情形完全一变,姑娘时代的优越地位顿然失去,经常遭受公婆的打骂、姑叔的欺负。对她们来说,家庭以外的国家、社会、民族是漠然的新名词,她们关心的只是自家的现实琐务。这是广大徽州妇女日常生活的一种状态,在乡村社会中表现更为明显。

随着时代的发展,社会变化的加剧,女权主义逐渐高涨,在各种妇女解放运动中,对妇女影响最为深远的争取是男女教育平等权与女子教育的发展。"欲强中国,必平男女之权;欲平男女之权,必先强女权;欲强女权,必兴女学。"[①]妇女教育不普及,就谈不上真正意义上的妇女解放,这既是社会发展进步所提出的要求,又是妇女谋求男女平等的先决条件。徽州女子教育起始于清末新政期间,经过较长时间的徘徊,到20世纪20年代进入较快的发展阶段,女子教育体系逐步构建,男女开始同校学习,师资力量逐渐加强,课程设置、教材教法等也都走上了正轨。女子教育的发展对提高妇女自身素质,增强妇女的社会参与能力意义重大,接受了新式教育的女子在思想观念、行为举止方面发生了较大的变化,开始积极参与公共话语的制造,不断构建自身的主体性,在鼓吹不缠足运动,反对旧式婚姻,争取自身财产继承权方面迈出了坚实的步伐,如果没有受过教育,开阔了眼界,她们断不会如此勇敢地公开追求自身的幸福。

---

① 1903年4月14日《大公报》。

# 第 四 章
## 抗战前后的徽州文化

  抗日战争全面爆发后,同仇敌忾的抗战宣传与动员,将徽州文化特别是宗族文化推向了一个新阶段。大量从沦陷区——上海和江苏等沿海地区迁入徽州的中学,以其雄厚的师资力量和教学质量,极大地提升了徽州的中学教育水平,促进了徽州中学教育的繁荣。而一批沦陷区高校的迁入,更是填补了徽州高等教育的空白。抗战前,婺源县被划出徽州,曾引发了两次大规模回皖运动的高潮;抗战胜利后,婺源县重新回归安徽。两次回皖运动中,徽州文化成为联结婺源暨安徽民众的血脉和纽带。而抗战前后,"徽学"概念的提出,徽州文书的发现,以及以傅衣凌为代表的一批学者对徽州历史文化和徽商研究成果的推出,直接导致了一门新兴学科——徽学的产生。

# 一　抗战的全面爆发和徽州的抗战动员

1937年7月7日,发生了震惊中外的卢沟桥事变,至此,抗日战争全面爆发。为提高民族抗战意识,充实抗战力量,以有效地与日本帝国主义作斗争,各地都开展了广泛的抗战动员工作。徽州地居皖南,抗战全面爆发后,由于僻处山区,它成为东南战场与敌人进行搏杀的一块坚固堡垒。为了更好地开展抗战斗争,最大限度地动员抗战力量,徽州地区不仅成立了众多的动员机构,而且还实施了一系列抗战动员运动,这些都为抗战的最终胜利作出了重要贡献。

## （一）动员机构的建立

从1938年2月新四军江南部队进入徽州起,到1939年上半年止,徽州地区的抗日救亡运动处于高潮阶段。为配合抗战需要,统一开展动员工作,第三战区皖南总动员委员会在屯溪成立,下设各县区、联保支会,负责抗战动员的宣传、组织工作。为加强社会教育,提高民众的抗战意识,还在屯溪成立了戏剧审查委员会,负责对各戏院每日剧目进行审查纠正,改进戏剧演出,为抗战宣传服务,增强民众的国家与民族意识。新四军到达岩寺前后,中共皖南特委在歙县潜口成立。1938年5月,中共徽州中心县委又在屯溪秘密成立,领导徽州人民开展抗日救亡运动。

除这些官方主办的动员组织机构外,徽州民间也自发地成立了许多动员组织,如在黟县,由于民众抗敌救国的热情十分高涨,"除了党政军主持下,发动组织了县抗敌后援会外,他们自动发动组织的抗敌团体,像'西递''朱村''黟西''黟北''屏山''横冈'……多到十几个单位,在这狭小的山县里,每一个角落都在跳动,活跃了起来,那时他们确乎是像疯狂了"[①]。

## (二)动员措施

在抗战期间,徽州地区开展了一系列抗战动员运动,其动员措施涉及思想文化、经济、服务等诸多方面。

1.文化与思想动员

一是创办抗战刊物,扩大宣传效果。为加强抗战救国宣传,贯彻精神动员要求,许多与抗战宣传有关的刊物也在徽州地区纷纷问世。如由第三战区皖南民众总动员委员会创办的《动员通讯》,其创刊宗旨即为"策动文化运动,贯彻精神动员,以沟通各地动员消息,俾供参考与督导"[②],并设有"动员专论""动员意见""工作写真""生活素描""工作经验""动员文艺"以及"其他有关动员文字"等众多栏目。在祁门县,一些热血青年也自发地创办起了抗战动员刊物,先是于十二月十日出版了一种《祁门旬刊》,不久又出版了一种《总动员周刊》。《祁门旬刊》每期出版两百份,后来增加到每期八百份,"除了在本县赠阅和销售外,还寄赠给每个出征祁门同乡";《总动员周刊》则是每星期日出版五百份,主要"供给各保和各学校等地方阅览"。[③] 他们创办这些刊物的目的,一方面是为民众提供精神食粮,另一方面也是为了介绍动员工作情况,便于相互学习和改进,提高动员工作的能力。正如潘泽筠在《动员通讯》半月刊创刊献语中所言:"我们感觉到动员民众这一

---

① 江继五:《一个轮廓——黟县动员工作概况》,《动员通讯》1939 年 6 月 15 日创刊号。
② 第三战区皖南民众总动员委员会:《动员法规汇编》,1939 年,第 114 页。
③ 《抗建中祁门文化的生长》,《抗建青年》1939 年 3 月 11 日第 4 期。

课题的重大,必须集中所有人的意志,所有人的经验,针对着时空的关系,以从事这工作的普遍与深入。过去的事实所给予我们的认识和教训,使我们深深体念到,各级人员对当前的工作是尽了相当的能力,其收效甚微的症结点,即是墨守成规,互难交换,甲地不知乙地是怎样实施,丙地更不知丁地的情形,这样声气不通,自然是观摩无从了。为了便利督导,便于借镜,上下明了,通力合作起见,本会才出版这种《动员通讯》半月刊。"①此外,中共党员骆耕漠、朱波、黄竞麟与民主人士黄乐民等创办的《皖南人》半月刊,也对当时国内外时事和皖南地区政治、经济、社会状况和抗日军事动态等,进行介绍和评论。徽州各县动员委员会还相继编印和发行了一些报刊,在组织激励民众、宣传抗日工作中发挥了重要的舆论作用。

抗战期间驻守于歙县棠樾军队第19集团军抗日宣传标语

二是举办多种形式的纪念、宣传活动,加强抗战宣传工作,提高民众的抗战救国意识。如1939年7月7日,屯溪各界为追悼阵亡将士与死难同胞,举行了"双七抗战二周年纪念大会"。在活动当日,上午是由《皖报》《徽州日报》两家报社发起献金义卖运动;下午各界民众在劝业场举行了纪念大会,先由戴主任领导行礼,报告开会的意义,再由原卓书记长、程执委、丁团长、孙总干事相继发表演讲,最后向前方战士致电慰问;到了晚上八点,又开始举行火炬大游行,"万人空巷,盛况空前,在第一公园集合,环绕全市,至黎阳邵氏宗祠解散,千万个火炬,光明的灿烂的熊熊之火,如同白昼一般……一时整个山国的民众都兴奋了,怒吼了……打倒日本帝国主义,收复失地,还我河山,纪念'七七',要为阵亡将士及死难同胞复仇,雄壮的口

---

① 潘泽筠:《创刊献语》,《动员通讯》1939年6月15日创刊号。

号和激烈的歌声响激云霄,天地震惊,宇宙辉煌"①,场面十分壮观。类似的抗战纪念活动也经常发生在徽州的万安镇,据称:"万安,这山国的乡镇,自我神圣抗战的序幕揭开后,它一天天的蓬勃起来,活跃了起来,每逢着国耻纪念,各个人的心□都被抗敌救亡的声浪震荡着。"1939年10月10日,当地举行了一场规模宏大的纪念活动,利用庆祝国庆日和湘北抗战大捷之机,通过举办话剧、歌咏、跳舞、京剧、音乐等多种演出活动,来慰问抗战将士,宣传抗战思想,并开展了捐募寒衣的动员工作。在这场活动中,民众的参与热情十分高涨,"万安十里周围的人们都动员了起来……学生,军人,农工,绅商,党政各界与舞台

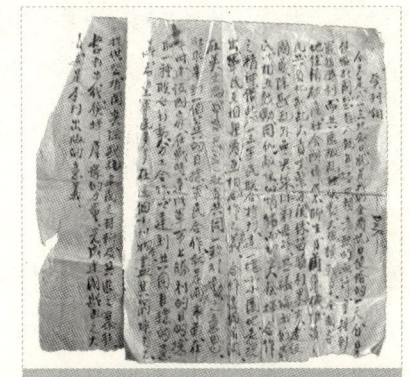

绩溪县宅坦村抗战动员《发刊词》

上的生旦净丑打成一片……这小小山国乡镇的万安,在二十八年双十节的夜晚,整个的活跃了起来,动员了起来"②。同年,皖南总动员委员会宣传组开展了五月国耻纪念宣传活动,参加游行的民众约两千人,"沿途高呼口号,唱抗战歌曲,虽在烈日灼炙下,而参加群众之情绪,则极为兴奋,直至五时许,始游毕散队"③。

2. 经济动员

在抗战时期,由于生产秩序遭到严重破坏,加之交通中断,运输不畅,后方的物资供应十分紧张,民众的日常消费品处于匮乏状态。徽州地处山区,僻居一隅,虽然环境相对安定,但物资供应亦是严峻。为提高抗战能力,充实抗战力量,在战时地方政府的领导下,徽州地区开展了形式多样的经济动员运动,诸如增产节约、平抑物价、查禁敌货等。

---

① 黄经:《屯溪之双七节》,《动员通讯》1939年7月15日第3期。
② 黄经:《二十八年双十节之夜在万安》,《动员通讯》1939年12月1日第11期。
③ 宣传组编辑:《皖南民众总动员委员会工作概况(续)》,《动员通讯》1939年9月15日第8—9期。

(1)增产节约运动。为开源节流,增强抗战的经济力量,这一时期,徽州地区开展了一系列增产节约运动。

在增产工作方面,最值得一提的是一亩地运动。地处皖南山区的徽州在历史上有着"八分半山一分水,半分农田和庄园"之说,由于自然环境所限,当地的粮食种植业素欠发达,人们生存所需的粮食主要依赖外部接济。抗战全面爆发后,由于徽州地处山区,环境相对安全,大量沦陷区的难民拥入境内,造成当地的人口数量呈现出激增态势。在以商业闻名的徽州重镇屯溪,一时间就聚集了大量外来人口,因其"未受戎马摧残,故沪杭一带富商大贾,多猬集其间,工商业因益臻繁盛,为皖南之经济中心"①。人口数量的激增虽然给当地的城镇商业经济带来了畸形繁荣,但也引发了一系列较为严重的经济问题,诸如物资供给吃紧,供需关系失衡,物价飞涨等,这其中尤以粮食问题最为突出,据称:"因滨江一带沦陷后,及邻近京芜各属,许多无家可归的义民,相率携妻挈子,进到徽属一带安全的地方来避难,同时前方大部分的学校亦迁到徽属后方,更是使粮食的消耗格外增加。皖南的粮产已经甚少,而又加以大量的消耗,今日的粮荒,乃为必至之趋势了。"②

为解决粮食问题,有效扩大供给,1941年4月,在包括徽州在内的皖南地区开展了一亩地运动。所谓一亩地运动,"就是要使皖南全民动员,利用原有水旱荒地,来解决皖南粮荒的一个彻底办法,凡党政军机关,学校,工厂,团体,一切人员,及各界民众,不论男女,年龄在十八岁以上五十岁以下者,必须垦荒一亩,农民则除原有耕地外,加垦一亩,种植稻谷、大小麦玉、蜀黍,或其他杂粮,所有收益,统归耕种者自得,藉以鼓励而增生产,充裕军糈民食,俾利抗战"③。经过动员与推行,徽州境内的垦荒成绩较为显著,"绩溪县来苏乡、万箩乡二个很小的乡,各垦了二千多亩,休宁县鹤成乡亦垦了二千多亩,隆兴乡资源保

---

① 安徽省政府:《民国安徽概览》,安徽省政府1944年印,第14页。
② 《皖南战时一亩地运动》,安徽省粮食增产督导处皖南分处1941年印,第24页。
③ 《皖南战时一亩地运动》,安徽省粮食增产督导处皖南分处1941年印,第37页。

一保竟开垦了三百多亩"①。

为增加农业生产,充实抗战资源,在第三战区皖南民众总动员委员会的领导下,皖南地区还举行了"扩大春耕运动",规定"由本会各县分会,会同县政府、驻军、金融机关,办理宣传、设计、指导等事宜,必要时得聘请农业技术人员协助之"②。这一运动在徽州地区得到了积极开展,"为唤起民众注意春耕起见,除制订'扩大春耕运动'宣传大纲一种,先期颁发各县,饬遵照努力宣传外,后以屯溪为总会所在地,观瞻所系,必先推行,以资倡导,爰于本年二月五日,在屯溪劝业场,举行'春耕典礼'暨'扩大春耕运动'宣传大会,计参加民众千余人,由本会直属青工团团会,化装农民,携带真牛至街头巷尾,讲演游行,使春耕运动宣传,普遍而能深入,并散发告民众书,张贴标语,结果民众印象极佳,收效宏大"③。

除增产运动外,徽州地区还开展了厉行节约的动员工作。如1939年,在皖南总动员委员会委员杨中明、程中一等七人的一致提议下,该委员会第31次常委会通过了节约宴会办法,"规定屯溪各界除国家庆典、政府公宴及工商业必要之宴会外,其余一切无关人事之酬酢应尽量减少,其私人宴会属于必须举行者,提倡联名,为主人每席十座,所需不得超过八元,以示限制。各机关学校团体应积极宣传倡导,以茶会或和菜宴客,俾资樽节,除通知本会委员职员首先力行提倡外,并分函各机关团体查照施行,同时并拟定为宴会节约告同胞书一种,令发各县分会翻印,广事宣传,藉收实效"④。此外,还提倡节约献金运动,"为利用节令,举行节约义卖,鼓励输财贡献国家起见",皖南总动员委员会于1939年2月27日,召集各机关团体组织屯溪各界元宵节节约献金义卖运动,并于3月1日召开推行组第一次会议,"由各校及本会

---

① 《皖南战时一亩地运动》,安徽省粮食增产督导处皖南分处1941年印,前言。
② 第三战区皖南民众总动员委员会编:《动员法规汇编》,第三战区皖南民众总动员委员会1939年印,第102—103页。
③ 宣传组编辑:《皖南民众总动员委员会工作概况(续)》,《动员通讯》1939年9月15日第8—9期。
④ 《皖南民众总动员委员会工作概况》,《动员通讯》1939年10月30日第10期。

直属青工团各组组织义卖队、宣传队,一队于事前分发宣传,并于元宵携带报纸、香烟等出发义卖",活动效果明显,"各界人士无不异常热烈争购……是日,虽因天雨受相当影响,但各界节约献金总数仍达二千四百十五元一角五分八厘"。① 至抗战后期,国民政府"为唤起国民节省糜费,直接养成储蓄的习惯,俭朴的风气,间接增强国家经济的力量",提出了"节约建国储蓄运动"。为响应号召,皖南当局发动了大规模的劝储运动,徽州茶商表现踊跃,据称:"祁门、至德、贵池、休宁、歙县各县茶商及茶叶合作社社员,均深明大义,踊跃储蓄,党政当局以及社会人士无不同声称许。"②

(2)平抑物价。抗战期间,因交通阻隔,运输不便,外来物资输入困难,加之外来人口的大量拥入,以及奸商的囤积居奇,导致徽州地区的物价呈现出高涨趋势。以屯溪物价为例,"自战争初起,屯溪因逼近战区,物价之变动已有显著之进展,此后复节节上升。二十七年上涨尚仅百分之二十,二十八年比二十七年上涨五成,二十九年为二十八年涨一倍有余,三十年平均又高出二十九年一倍。总计三十年底,各项物价平均为战前之十二倍"③。物价的快速上涨导致货币购买力急剧下降,货币贬值现象严重,据统计,"屯溪趸售物价指数,既自二十六年上半年之100,涨至三十年十二月份之1317.9,货币购买力乃自100％,直落至6.7％;在二十八年时,即闻'一块大洋只值一毫钱'之语,以誉'长安居,大不易'。其实则当时物价所反映之货币购买力尚在20％以上,迄三十年十月始低于10％,十一月份为8.4％,十二月份为7.6％,一块大洋不复仅'等于'一毫钱,实际价值已只相当于战前七分六厘耳"④,民众的日常生活受到了严重影响。对于物价飞涨所造成的生活艰难,当时有人描述道:"在物价飞涨的今日,生活难,不但表现

---

① 《皖南民众总动员委员会工作概况》,《动员通讯》1939年10月30日第10期。
② 方君强:《茶业界节约储蓄的两种意义》,见皖南节约建国储蓄运委会:《节约建国储蓄特刊》1941年,第22—23页。
③ 许乃茂:《屯溪物价》,第三战区经济委员会驻屯溪办事处1942年印,第14页。
④ 许乃茂:《屯溪物价》,第三战区经济委员会驻屯溪办事处1942年印,第35页。

于一般贫民,就是少有产者,以及薪水阶级的中下的工作者,也感受到同样的痛苦。依照屯溪现在的生活程度,一个三四口的小家庭,每月的生活费用,除了添置衣服,还要刻苦节约,至少也要四五十元。米现在评价是十五元,有时拿钱买不到是常事,就是买到,还是黑市场合的私下交易,十六七元一担都说不定;青菜是一毛钱两斤,还是浸水的菜;鱼是四毛钱一斤,一个三斤重的鱼,肚子里要装着半斤水,肉的评价定是四毛钱一斤,但肉店老板要卖四角四分,也没有听说受到什么惩罚,鸡蛋从每元四十个,涨到每元二十个,以后恐怕还要继续的涨,其他的物品如布、木炭等,同样不断上涨。"①

为稳定物价,安定民众经济生活,徽州地区开展了平抑物价的动员措施。如1939年2月1日,为平衡物价、安定民生,皖南总动员委员会曾召集各机关组织屯溪平衡物价委员会,评定日常生活必需品价格,"以防止奸商故抬物价,扰乱民生",同时制定"本会各县分会(或各级支会)平衡物价委员会组织规程,令饬各县分会分别组设"。② 同年4、5月份,因徽州米价高涨,"较之去年岁底,竟高出三分之一",为解决这一问题,平衡物价委员会"除召集米业代表谈话外,还派员会同米业代表携款前往宣郎广一带产米区域廉价购进,同时并指导米业自动采办赣米,以资调剂"。此后,米价继续高涨,为应对此种局面,又拟订调剂屯溪及附近各地食粮暂行办法,并会同有关机关成立屯溪食米调剂委员会,积极调查屯溪及附近各地存米,统筹采办调剂外,并规定米价不得超过十四元。③ 经过这些措施,徽州米价上涨过快的势头得到了有效控制。

(3)查禁敌货。为打击敌人经济力量,徽州的动员委员会还开展了关于查禁敌货的动员工作。如1939年6月11日,为使屯溪商民彻底明了查禁敌货的意义,自动根绝敌货,动员委员会在屯溪举行了查

---

① 惠庄:《闲话家常》,《动员通讯》,1940年2月1日第13期。
② 《皖南民众总动员委员会工作概况》,《动员通讯》1939年10月30日第10期。
③ 参见《皖南民众总动员委员会工作概况》,《动员通讯》1939年10月30日第10期。

禁敌货扩大宣传活动,"除于本市各报发行查禁敌货特刊外,并制发宣传大纲与告屯溪商界同胞书,函送各中小学组织宣传队,分头出发,扩大宣传,并定于同月十八日实行敌货总检查,以示本会肃清本市敌货之决心,并另订统一各县查禁敌货办法,通饬遵行,期对动员为全面经济封锁,以制暴敌之死命"①。

3.服务动员

抗战期间,为充实抗战力量,服务动员也成为抗战动员工作的一项重要内容。在皖南总动员委员会的主持下,徽州地区开展了征募寒衣、慰问伤员以及抗战宣传技能竞赛等不同内容的服务动员运动。

(1)征募寒衣运动。为救济难民、向前线抗敌战士提供寒衣,在抗战时期,徽州地区组织过多次征募寒衣的动员运动。1938年11月间,皖南民众总动员委员会曾命令各县分会征募寒衣,"计有歙、黟、祁门、休宁等县,其中以休宁成绩最优,计新衣二百五十二件,旧衣一千五百件。至征募总数,计新衣七千五百另六件,旧衣六百四十件,均送寒衣会转发"②。1939年10月10日,为纪念国庆、庆祝湘北大捷,万安各界举行了一场联合庆祝大会,"并于当晚表演各种游艺,计有话剧、歌咏、跳舞、京剧、音乐……票价的收入作为募捐寒衣、慰劳前方英勇杀敌将士之用"③。为扩大寒衣征募工作,寒衣运动组织还积极动员屯溪各商家,向他们宣传说:"我们之所以有今日这样的安逸生活,还不是靠了将士们的庇荫,那么我们对于那为了保卫我们后方民众的身家性命而战的忠勇将士,能忍心再让他们在朔风中受寒吗?献送寒衣不过仅只是后方同胞尽了万分之一的天职,难道这点点的报效,还不肯牺牲吗?还有那一群群与我们一树同枝的难胞,我们亦能忍心让他们冻死、饿死而不加以同情的援助吗?我们相信屯溪的商家个个都是抱着满腔的热血,在这一次寒衣运动中必定有一番惊人的表现。……希望本市

---

① 耀五:《一月来本会工作动态》,《动员通讯》1939年6月30日第2期。
② 宣传组编辑:《皖南民众总动员委员会工作概况》,《动员通讯》1939年9月15日第8—9期。
③ 黄经:《二十八年双十节之夜在万安》,《动员通讯》1939年12月1日第11期。

每一家商店能够把……一年的盈余,抽出十分之几,或竟说百分之几,作为捐献寒衣。"①在寒衣征募动员运动中,徽州中学的师生们也积极参与,"由于学生抗敌协会的发起与全体教职员的指导,乃利用五四青年节的假期时间,进行了扩大征募戎衣运动"。由徽州中学开展的此次征募戎衣运动取得了不错的效果,"本来预定由外界募捐所得和师生自行乐捐所得之总数,制办一千套戎衣,献给前方将士,然而三天劝募结果,居然超出了预定额数,而有制成一千六百套的希望"②。

(2)开展慰问伤员工作。慰问伤员也是抗战时期徽州地区动员工作的一项重要内容,如1939年5月24日,动员委员会开展了慰劳将士活动,慰劳队分四路同时出发,"计第一路由十区党务办事处领队,赴绩溪河、沥溪;第二路由皖南行署领队,赴岩寺杨村;第三路由本会领队,赴歙县南源口深渡;第四路由军委会视导三团领队,赴祁门等地各兵站医院,分别慰劳伤病官兵,计共实发慰劳品现金二百五十三元二角,香烟一百三十八匣,手帕一千六百十六条,袜一千四百五十八双,布鞋九百十八双,毛巾二千三百九十一条,牛肉六百五十五斤,慰劳信一千六百二十八封,共计受慰劳伤病官兵一千六百八十三人,各路慰劳人员每至一院,即会同该院责人召集伤病官兵讲话,宣告政府及后方同胞关怀负伤将士之热忱敬意,并散发本会告负伤将士书,各受慰劳官兵莫不振奋欢慰,期于创伤平复之后,再赴前线重申杀敌之志"③。

(3)开展多种形式的服务技能竞赛。为提高抗战动员能力,在抗战期间,徽州地区还举办了多种形式的服务技能竞赛。如于1939年5月份,徽州中学就曾举办过"四大竞赛",即写作竞赛、讲演竞赛、时事测验和级际篮球锦标赛。"关于写作竞赛方面,这不仅是在训练学生发表意志的技能和增高其对写作的兴趣,而且最主要的还在要使每个学生对国际情势和抗战前途有正确的认识;讲演竞赛的目的是在养成

---

① 学衡:《本届寒衣运动向屯溪商家进一言》,《动员通讯》1939年12月1日第11期。
② 鲍泓:《徽中的五月》,《动员通讯》1939年6月15日创刊号。
③ 耀五:《一月来本会工作动态》,《动员通讯》1939年6月30日第2期。

同学们口头宣传的技能,以谋增进今后抗战宣传工作之效果;时事测验则完全要学生在功课以外,还要对周围的一切环境都了解得透彻清楚;级际篮球锦标赛之用意,乃是鼓励全体学生注重体格锻炼,作异日为国家出力的准备。"①可见,举办这些竞赛的目的,一是为了提高学生们抗战救国的意识,二是为了提高他们开展动员工作的能力。除对中学生进行动员外,为激发儿童的抗战意识,培养他们的宣传技能,第三战区皖南总动员委员会还发动皖南各公私立小学举行儿童抗敌讲演竞赛。1939年5月6日下午3时和5月15日下午4时,在皖南总动员委员会会议室举行了两场屯阳三镇各公私立小学儿童抗敌讲演竞赛,参加的学校分为高级组和初级组。其中,高级组中有徽女中附小2人,黎阳小学2人,茶商小学3人,益群小学2人,启明小学2人,湖边小学2人,屯溪小学1人;初级组中有屯溪小学1人,黎阳小学2人,徽女中附小2人,长干初小4人,茶商小学2人,培基小学3人,益群小学2人,湖边小学1人,新屯初小2人,草市小学4人,难童小学2人。②

  以上所述仅是抗战时期徽州地区抗战动员工作的若干方面,其实,这一时期徽州地区所实行的抗战动员措施还有很多,诸如义卖献金、组织情报网、写作竞赛、组织学生下乡宣传等,不一而足。这一时期徽州地区的抗战动员工作也有一定的特色,如动员对象广泛,包括了妇女、儿童、青年学生、商人等众多社会阶层,动员内容也较为全面,涉及思想文化、经济、服务等多个方面。徽州境内的动员工作在一定程度上充实了皖南地区的抗战力量,这也是皖南抗战力量能得以长期存续的一个重要原因。

---

① 鲍泓:《徽中的五月》,《动员通讯》1939年6月15日创刊号。
② 参见金库:《屯阳三镇儿童抗战讲演竞赛前后》,《动员通讯》1939年6月30日第2期。

## 二　抗战前后徽馆业的兴盛与徽馆伙友要求加资事件

所谓徽馆，是指徽州面馆和酒菜馆的统称。徽馆经历了由"干巴面馆"向酒菜馆演化的过程，早期主要是面馆店，规模较小，在城镇码头、荒村僻壤均能随处而设，本小利微。后来市场竞争日趋激烈，菜品单一、设施简陋的面馆店已无法满足顾客的用餐需求，徽厨们开始对面点菜肴进行革新，不断追加资金投入，扩大经营规模，增加服务项目，将面馆店发展成为酒菜馆。不过需要指出的是，面馆店和徽菜馆不是相互取代的关系，即使到了徽菜馆鼎盛时期，面馆店也仍然大量存在。

### （一）抗战前后徽馆业的兴盛

徽馆创始于何时已不可考，但其出现、发展，与明清以来徽商的大批外出、遍及全国有着密切关系，初期分布在徽州府、屯溪、金华、兰溪、宣城等地。晚清因国门大开，上海、南京等地先后被辟为通商口岸，外国资本主义势力入侵，工商业发展，徽州人的势力逐渐扩展到武汉三镇、芜湖、南京、苏州、上海、杭州等各大都市，徽馆业也随之在这些城市遍地开花，几乎是有徽州人的地方就会有徽面馆、徽菜馆，可以说无市无镇无有徽馆之存在。民国时期，王定九在《上海门径·吃的门径》中分析上海是"被徽气笼罩"的城市时指出："徽人在上海的典质业中服役的最多，富有势力，上海典当押肆，无论

屯溪徽菜馆

哪条街上,终有一二所,徽馆为适合同乡人的口味,所以和典当押肆成正比例,也是每一条街上必有一二所。"①

1930年前后,徽菜馆达到鼎盛期,长江沿线的城市成为徽馆的集中地,如汉口有同庆楼、醉白园等二三十家,苏州有丹凤楼、怡和楼等数十家,芜湖有同庆园数家,南京有别有天、大罗天等20余家。上海是徽菜馆分布的重镇,早在上海被辟为通商口岸以前,便有徽馆零星设立。清末以降,上海的餐饮市场被徽帮、苏帮、闽帮、镇江帮、扬帮、京帮、甬帮、粤帮等几大势力把持,彼此间的竞争非常激烈,但是由于徽馆将自身定位于满足中等社会需求,因而获得了极大的发展空间。1911年,上海的徽馆尚不足50家,但1916年以后,短短数年间即增加到60余家,进入20世纪20年代,更是激增至100余家,上海的大街小巷随处可见徽馆的招牌,时人称:"徽馆之多,在上海菜馆之总数中占其半,无论城厢租界,无徽馆踪迹者极少。"②徽馆在上海的具体分布图如下:在闸北,有大统路之大庆楼,宝山路之复兴园、宝华楼、永乐天,蒙古路之新宝园,恒丰路之同义园,海宁路之大吉楼,鸿兴坊之凤凰楼。在南市,有老西门之丹凤楼、第一春南号,豆市街之最乐园,小南门外之沪南春,大东门外之大辅楼,小东门外大街之新民园、太和春,小北门外之新中华,里马路口之畅乐园,虹桥头之第一楼、福庆园,九亩地之大庆园,城隍庙前之江南春,三角街之三星楼,王家码头之大华楼,七星井之七星楼,民国路之吉庆楼,老北门之荣华楼,十六铺之太白园,小东门外之醉白楼。在英租界,有天妃宫桥之三阳楼,广西路口之申江春,吴淞路之凤记共和春,老闸桥之聚丰园,北四川路之申江楼,盆汤弄之鼎新楼,抛球场之聚华楼,北河南路之新华园,北四川路之同春园,新闸路中之宴宾楼,虬江路口之沪江春,虹口之同乐春,泥城桥之惠和园,福建路之益和春,北山西路之民和楼,四马路之民乐园、第一春、聚和园、聚元楼、亦乐园,广西路之大中楼,西新闸路之西

---

① 转引自王振忠:《徽菜馆》,氏著《日出而作》,生活·读书·新知三联书店2010年版,第332页。
② 《上海菜馆之鳞爪态》,1924年12月21日《申报》。

华春,重庆路之重华楼,兆丰路之兆丰楼,提篮桥之海国春,华德路之民华楼,西藏路之万家春、四面楼,北江西路之同华春,书锦里之同庆楼,棋盘街之天乐园。在法租界,有公馆马路之中华楼、八仙楼、胜乐春,南阳桥之南阳春,唐家湾之富贵春,东新桥口之鸿华楼,曹家渡之一家春。① 到抗战前夕,上海的徽馆已达到148家。②

  1937年抗日战争爆发,随着上海、南京、汉口等徽商聚集的大本营相继陷落,徽馆业也逐步向西南方向推进,绩溪伏岭下村人邵天民于1938年秋沿湘桂铁路南下,至湖南常德、衡阳,广西桂林、柳州,贵州都匀,云南曲靖、昆明等地开馆设店,维系徽馆的薪火不绝。分布在西南各省的徽馆主要有衡阳的苏州大饭店,桂林的上海大酒家、苏州大饭店,柳州的别有天饭店、苏州饭店、新苏饭店、新星饭店,贵阳的中华大饭店及苏州饭店,昆明的苏州大饭店,重庆的乐露春菜馆、松鹤楼菜馆等。据不完全统计,绩溪人从1939年到新中国成立时,在东自衡阳,西至中缅边界畹町的大西南四省二十多个市、县、镇的2000里路线上先后设立了52家徽馆。③ 徽馆如点点繁星散落在国内的通都大邑,先后涌现出了路文彬、张仲芳、胡桂森、邵天民、章祥华、邵粤庭、胡元堂、邵仁卿等在中国饮食文化中具有独特地位的徽州名厨。他们厨艺高超,做得拿手好菜,同时头脑精明,眼光超前,懂得经营,善于管理,在大浪淘沙般的市场竞争中,不断扩大馆业规模,开设了一家家酒菜馆,保持着徽馆的长久影响力。如张仲芳在光绪十七年(1891)于上海二马路创设了鼎丰园,随后又于四马路开设了第一春菜馆,有门面十六间,餐桌百余只,桌椅均由红木制成,桌面为清一色的太湖石,为当时绩溪人在上海开设的规模最大的徽菜馆,声名远播。后张仲芳奔赴汉口另辟天地,开设了杏花天酒楼。张仲芳一生先后创设并控股馆店12家,成为上海滩显赫一时的风云人物。④ 民国时期,财大气粗的徽州名厨将

---

① 参见《本埠徽馆之概况》,1927年4月21日《申报》。
② 参见绩溪县地方志编纂委员会:《绩溪县志》,黄山书社1998年版,第440页。
③ 参见邵之惠、洪璟、张脉贤:《徽菜》,安徽人民出版社2005年版,第167页。
④ 参见邵之惠、洪璟、张脉贤:《徽菜》,安徽人民出版社2005年版,第194—195页。

徽馆业推到了前所未有的高度,像大中华酒楼、大富贵酒楼、鸿运楼酒菜馆这样的百年老徽馆直到今天依然保持着青春。

徽馆的派别大致可分为绩溪帮与歙县帮两帮,即主要是绩溪人和歙县人从事徽馆经营,其中又以绩溪帮开徽馆业之先河,歙县帮则为后起者。绩溪人经营徽馆业的历史可谓悠久,清初就有绩溪人在徽州府开设徽面馆,后来沿徽宁路与徽杭路向外拓展。1963年由台北绩溪同乡会重印的《绩溪县志》附编《绩溪县的经济》中,对绩溪县的馆店业概况进行了细致的分析,并总结了其组织和优点,指出:"每年赖以谋生者,几达全县人口之半,有关全县国民经济的荣枯,于此可见一斑了。"①据现代学者研究,绩溪人历时200余年在全国14省、市开办徽馆412家,仅咸丰至建国初百年中就有350余家,从业者近8000人,为庞大旅外商业队伍中的劲旅。② 就实力而言,绩溪帮也远远在歙县帮之上,上海的复兴园、天丰园、醉白园、民乐园、第一春等60余家悉属绩溪帮,歙县帮开办的徽馆仅有闸北的大庆楼、天妃宫桥的三阳楼、吴淞路的共和春等10余家。但是在20世纪20年代以后,歙县帮开始崛起,呈现出蒸蒸日上之势。③

### (二)徽馆的组织结构、投资及经营

在徽面馆时期,因规模小,人员分工不甚仔细,有老板、管账、打面师傅、堂倌及打杂数人。随着馆店的发展,规模不断扩充,人员不断增加,分工也日趋精细,形成了比较固定的组织结构。对于中等规模以上的徽馆来说,其内部组织大致如下,全馆设经理一人,掌理馆内一切事务,另设协理一人,协助经理处理日常工作。经理之下约分为三部门:第一部门为柜台,设管账一人,俗称"账房先生",处理全馆进出账

---

① 《绩溪县志》第三编《附编·绩溪县的经济·馆店业》,此方志复印件由黄山学院思政部讲师刘芳正博士惠赐,特致谢忱。
② 参见绩溪县地方志编纂委员会编:《绩溪县志》,黄山书社1998年版,第439页。
③ 参见《再谈徽馆》,1925年9月14日《申报》。

务,每日清算盈亏,对经理负责。写堂簿一人或二人,俗称"柜台先生",照应顾客所点菜单,通知厨司照单调味,转知堂倌及时供菜侍应顾客,并指挥学徒,俗称"小先生",代客购买烟酒等零星物品及处理柜台内杂物。第二部门为作场(厨房),设有大司务一人,俗称"把手",二炉一人或二人,三炉一人或二人,分别担任炒菜工作。头刀、二刀一人或二人,分别担任切菜、拼菜工作,下手即学徒数人,负责送菜外出及打杂。作场内工作人员之多寡,随菜馆规模之大小而增减。第三部门为堂口,设领班一人,堂倌、跑堂若干人,堂倌负责接待吃客,跑堂负责端菜。无论馆之大小,至少须十八九人,多则三四十人不等,甚至百余人。

徽馆组织的一个突出特点是蒙上了桑梓情谊的外衣,特别是店里的学徒十之八九为家乡子弟。徽州人向来重视外出经商,十来岁的男子大多背负行囊走向远方,该地曾长期流传着这样的俗谚:"前世不修,生在徽州,十三四岁,往外一丢。"徽州人外出谋生往往是从学徒做起,徽馆里的学徒如年在十二岁以上,则视其知识程度、仪容及其性格、兴趣而定其工作。例如作场(厨房)里的学徒,必须从打杂开始,凭其素质、能力和表现,逐渐提升为二刀、二炉,以至大司务的职务。柜台上的学徒也必须经过三年以上的实习经验,才能正式担任写堂簿的工作。至于在堂口工作的学徒,必须态度和蔼、仪表大方,一只手能同时提带(即一只手掌一次托菜碟等)菜盘七八份,或饭碗八九只,而仍能健步如飞,从不发生意外;有时又能用一只手指顶着一条毛巾往空中一旋,即从甲的手中飞向乙的手中,便可提升为堂倌。可见学徒的提升必须凭借真本领,其间则是辛苦备尝,忍受着常人难以承受的孤独、折磨。

从投资形式上看,绝大多数徽馆可以称为股份公司,但具体的经营过程并不完全遵守股份有限公司章程。徽馆为解决资金难题,由创办人在同乡或同行中进行招股,俗称为"拼股"。徽馆招股的股数、每股数额在各时期、各馆店都不一样,从数十股到百股,从数元到数百元不等,股东认股也从一股到数股,半股亦可任筹。光绪二十七年,上海天福园面酒馆发行 26 股,每股英洋 100 元,共筹集股资 2600 元。[①] 1928 年,西南春菜馆发行 76 股,每股 50 元,共筹集股金 3800 元。[②] 筹募到资金后,一般要召开股东大会,成立董事会,对馆店的股资性质、人事调度、财务管理、收入分配、店纪店规、股东权利和义务等重要问题进行讨论,形成决议,订立合同,并将各股东持股数额记入合同、股单中,股东各执合同书一份。[③] 1917 年,华兴园菜馆在汉口后城马路三新街口开设,发行 80 股,每股 60 元,共计资本 4800 元。持股最多者为章贯之 40 股,其次是章介卿持股 16 股,其余持股者为 4 股、2 股、1 股。股东大会上,十二家股东议定了菜馆规则,内容涉及经理人、众股东及店员的办事规则,并由股东在合同议据上签字花押,其内容如下:"一、本店经理人不得兼司账目,账人不得兼管银钱,或因事故势必兼理者,以三月为限,各股东务宜遵照;二、凡在本店同职股东各宜竭力合作,是实事求是,不得挟持股东,狎邪邀荡,贻误店事,否则较伙友一律随时辞歇,以肃店规;三、合同文为股东征信执照,不准在外抵押银钱,倘有任意借押款项,本店概不认可,以免缪辖;四、本店官利,按月一分,逐月汇兑存店,店中办货尽可持用到年,按股均分,唯平日无论何人不得挪用;五、各股东中如有愿将此业出顶者,须先询店中或在股诸公,如在股诸公及店中均不肯受,始准出顶外人,仍须经得经理人同意;六、店中用人归经理一人调度,各股东不得旨行荐插,或来人果然精干,亦须与经理磋商,以资统一;七、嫖赌二端最耗财志,店中伙友不准在店赌博,亦不准在外大肆狂嫖,否则一律辞歇,以儆效尤;八、本店合同共作十二纸,无论股多股少,均以一纸为凭。如有私自拨据者,概作无效;九、本店系属有限公司,日后生意盈亏,不能逆料,唯经理人务须

---

① 参见《光绪二十七年上海天福园面酒馆信义合同》,转引自邵之惠、洪璟、张脉贤:《徽菜》,安徽人民出版社 2005 年版,第 147 页。
② 参见《商办西南春有限公司股单章程》,转引自邵之惠、洪璟、张脉贤:《徽菜》,安徽人民出版社 2005 年版,第 152 页。
③ 参见邵之惠、洪璟、张脉贤:《徽菜》,安徽人民出版社 2005 年版,第 135 页。

随时宣告会同各股东斟酌维持,以防竭蹶;十、本店股东众多,各望自爱,不得向店支宕银钱,即伙亦不得任意透支,以重店本,尤望各伙友和衷共济,期本业兴隆,倘年终得占盈余,本店另特花红奖偿,以答勤劳。再批:本店资本内拨出洋六百元,合作香烟钱店贸易,即在本店铺面贴邻一间开设,其资本合贯之已下三百元,共成九百元,日后占余亏耗,亦次照该店资本各自认值此据。"①1922年,中兴园徽菜馆开设于上海宝山路宝通路北口,参与订立合同者31人,最高的持股四股,最低的持股半股,每股洋100元,总股本计3200元。合同股据上列出店规七条,规定了股东、经理的权责范围,其内容如下:"一、在店各股东充当职司,必须认真经理,实事求是,不得倚股刁横,荡误店规,如有不公之事,应由众股东评议权操,停歇出店,维持大局;二、合同为股东信用执据,不得在外抵押,如有外款往来,与店无涉;三、官利每月一分,按月提出,如店办货,归店调用,到年有余,照股匀分,平日不得支取,以归划一;四、股东如有另图高就,欲将股本脱出者,先须问明本店股东,如不受,方准外人接收,更须本店经理人允行签字,方免节外生枝;五、本店用人进出,均归经理人调度,凡股东不得擅专硬荐,必须择用得当为正旨;六、在店办事,无论何人,不准聚赌,亦不得任意游荡误公,有此情事,随时查问,随时辞歇,以禁效尤而固店规;七、店规最要,首重经理,勤于指挥,慎于督率,则其兴焉易矣。"②以合资形式解决融资问题是大多数徽馆的选择,只有很少一部分徽馆为独资经营。合资经营能够最大限度地摆脱人为因素的干扰,保持馆店的相对独立性,提高管理的科学性。职业经理人制对乡谊色彩浓厚的徽馆来说尤为重要,经理人掌管店内一切事务,形成权责中心,柜台、厨房、厅堂各部门在其统一指挥下可以避免人浮于事、职责不明的弊端,保证馆店高效运转。经理人也有利于人事管理,对消极怠工、不守店规的伙友能够破除情

---

① 《徽州华兴园菜馆合同议据》,转引自邵之惠、洪璟、张脉贤:《徽菜》,安徽人民出版社2005年版,第150页。
② 《商办中兴园有限公司合同股据(文中所附照片)》,转引自王振忠:《徽菜馆》,氏著《日出而作》,生活·读书·新知三联书店2010年版,第332页。

面严肃处理,化解了馆店东家直接面对矛盾的尴尬。为提高店中伙友的积极性,徽馆还实行了分红制。徽馆中的每一味菜除标价规定以外,另加20%的"加二小账",如一桌酒菜的总成本为20元,则另加小账4元,顾客消费后要付款24元,但是4元不计入馆中的营业额,而是另外记账,月积所得,计算分账,计股东10%,经理10%,作场30%,堂口30%,账房20%。因此上自股东经理,下至学徒的全体店员每月所得,随生意兴淡时有增减,每一位店员均能自动努力,争取顾客,以增加个人的收入,这一制度的施行,既能减轻店馆东家支付店员薪金的压力,也可借以鼓励店员同舟共济,共赴店事。

如前所述,到抗战爆发前,徽馆达到了鼎盛期,但是众所周知,对餐饮业来说,新陈代谢是业内常态,不但要在室内装潢、招待服务上别出心裁,在菜品上更要不断地推陈出新,以源源不断地吸引消费者前来用餐。因而在20世纪20年代徽馆高歌猛进的大好势头中,先后有人提出徽馆亟待改良的建议。如毕卓君在《微音》月刊发表文章,提出徽馆改进三点的意见,一是应该注意卫生,保持食品清洁。他认为徽馆所烹饪的菜肴,总难保证清洁卫生,此点无可讳言,亦不必讳言。徽馆所进原料也不如川、闽、京各帮讲究,厨中打下手的多为年幼之人,做事敷衍,所调菜品不能十分可口。而餐厅亦不甚清洁,杯盏、桌椅也不如外帮。二是应该殷勤招待。堂倌招待周到与否,直接影响营业收入,堂倌要性情温善,做到"有呼必应",但徽馆堂倌在招待方面尚有很大欠缺,故欲改进徽馆,不可不慎选堂倌。三是应该增加资本投入。店中资本充裕,才能在原料上遍购好货,而不致为节约成本使用已经腐坏的食材,同时也能以高薪金招到具有较高素质的堂倌。[①] 为了提高馆店声誉度,扩大影响,徽馆开始借用现代媒体投放广告,对本馆新开发的菜品、用餐环境大力宣传,以引起顾客的关注。1927年6月到9月,上海聚丰园在《申报》上连续刊登广告,宣称本店改良徽式菜肴别

---

① 参见毕卓君:《徽馆亟宜改进说》,《微音》月刊1925年8月13日第25期。

出心裁,"新式楼座清雅,招待周到,一洗从前拘守陈规之办法,于菜肴方面尤为特别改良徽式菜肴之所长而弃其短,一切布置统照京闽各帮"①。聚丰园还针对附近公司职员的用餐需求,推出客饭服务,客饭分为三种,一种大洋三角,一种四角,一种五角,汤肴具备,味道鲜美,一时间前来就餐者不断增加。② 聚丰园又趁势开发出新菜品"海参圈肉",以上等海参包裹鲜肉,内佐五香蕨精蔴菇,利用温火清炖,该菜外表有如藕环,味道佳美,不输于童子鸡。③ 从报纸广告可以看出,改良成为徽馆宣传的主题词,强调一改从前陈规旧俗,并针对徽馆素重油、色,招待不周的弊端,在菜品开发、招待服务上下功夫,以扩大营业。位于上海四马路、浙江路交口的老聚元楼菜馆,在广告中宣称,因夏季到来,卫生最为重要,菜肴务求新鲜洁净,决定聘请有经验的素厨,增设素菜,如什锦瓜甫、草菇杏仁豆腐、什锦生筋、草菇烩生筋、清汤露笋、冰糖杏仁豆腐等,俱为应时素菜。该楼还应各界需要,新添各色冰淇淋、各种冰冻汽水等饮料,以为顾客解热消暑。④ 馄饨鸭是抗战前上海徽馆推出的一道新菜,品尝过的顾客赞誉有加,被评为上海有影响的徽州名菜之一。据大中楼徽菜馆创办人邵华琪回忆:"二十年代,为绩溪县旅沪徽菜馆业的鼎盛年代。当时,徽帮不仅与客帮菜馆竞争相当激烈,而本帮菜馆间也出现互不相让的'拼生意'局面。凡事求其新鲜。徽馆为招徕顾客,多做生意,大中楼厨师们根据本帮菜肴的烹饪特点,别出心裁地创制了这一风味独特的菜肴。嗣后,此菜便在大上海营业的百余家徽馆中争相仿制,确实也招揽不少生意。大中楼也因此名噪十里洋场。'一·二八'事变发生,日本帝国主义轰炸上海,租界上戒备森严,往来食客稀少,营业受挫,迫使一些徽馆歇业,徽厨为避战乱,返回徽州,这款徽菜也从此在沪上销声匿迹了。"⑤ 馄饨鸭打开

---

① 《商场消息·新式徽馆定期开张》,1927年6月20日《申报》。
② 参见《商场消息·聚丰园新增客饭》,1927年6月21日《申报》。
③ 参见《新式徽菜》,1927年6月26日《申报》。
④ 参见《老聚元楼新增应时素菜》,1927年6月25日《申报》。
⑤ 转引自邵之惠、洪璟、张脉贤:《徽菜》,安徽人民出版社2005年版,第65页。

市场后,各大徽馆蜂拥而上,还尝试着开发出了馄饨鸡。上海老聚元楼声称发明了一品馄饨鸭,在秋冬交替宜进补之际,特派专人赴苏州、无锡等处收买老母鸡及童子鸡,精制成珊瑚馄饨鸡,并将这两道菜作为本店的招牌菜大力宣传。① 位于四马路、画锦里口的老民乐园也声称发明了神仙馄饨鸡、和合馄饨鸭。该馆经理邵叔伟为扩充营业起见,不惜斥巨资,在原址建起四层大楼,精致装修,设清新雅座,并从徽州聘请数位名厨掌勺。在装饰一新盛大开业后,为提高影响力,邵叔伟还约请沪上新闻记者前往品尝,当晚到者40余人,受到殷勤招待至九时许,均赞美不止,满意而归。此后,上海各大报纸在显要位置推出宣传民乐园的文章和广告,如《申报》先后推出《老民乐园开幕宴客》《老民乐园开幕后之盛况》等报道,使老民乐园走进了上海市民的视野。② 为招揽顾客,徽馆还利用周年庆、纪念日等具有特殊意义的日子在价格上作出优惠。位于上海四马路、山西路口的第一春菜馆,为十周年纪念,加意点缀,焕然一新,另辟雅室十余间,装潢富丽,布置雅洁,较各大京馆有过之而无不及,所用茶房,也俱加训练,招待极为周到,可谓脱尽徽馆的旧习。还特聘名厨锐意改良,推出美味馄饨鸡、馄饨鸭等名菜。因在纪念期内,该馆为酬答顾客起见,特放盘一月,以吸引顾客前来用餐。③ 1928年,上海同春园菜馆举办十五周年纪念活动,把全部房屋进行重新装修,从九月初三开始放盘一月,放盘期内所有菜肴低价出售,并增加大同馄饨鸭、长春馄饨鸡等新菜,活动推出后,该菜馆门庭若市,生意大好。④ 上述广告反映出一个问题,即徽馆之间存在激烈的甚至是无序的竞争。馄饨鸭推出后,各徽馆一窝蜂地跟进,虽然换了名称,但烹饪之法总是没有根本性的不同。这也说明徽馆存在着刻意追求短期效益的不足。

---

① 参见《商场消息·老聚元楼徽菜之改革》,1928年9月15日《申报》。
② 参见《老民乐园菜馆开幕先馨》,1928年8月17日《申报》;《老民乐园开幕宴客》,1928年8月29日《申报》;《商场消息·老民乐园开幕后之盛况》,1928年9月15日《申报》。
③ 参见《第一春徽菜改良》,1928年8月25日《申报》。
④ 参见《同春园菜馆举行纪念后之盛况》,1928年10月18日《申报》。

### (三）徽馆伙友要求加资事件

徽馆员工伙计大多来自徽州，与馆店老板尽属同乡，桑梓谊切，主雇双方相处甚得，实际上徽馆伙友的待遇较其他行业低得多，每月的报酬不足10元，每日的菜钱只有4文钱。20世纪20年代以后，上海的物价一路攀升，伙友收入愈发微薄，在各业要求增加工资的呼声日益高涨的背景下，伙友也开始四处奔走，谋划成立联合会，向店主提交增加薪金的请求。1922年夏，徽州暴发了山洪，各地受灾严重，米珠薪桂，亟待赈济，但徽馆伙友低廉的收入并不足以赡养家室，急需提高工资。上海徽馆伙友为此成立了旅沪华阳馆业伙友联合会，于当年10月18日在方板桥华园召开全体大会，各店伙友代表到者200余人，公推胡裕桂为主席。参会代表对于众伙友历年受到的种种苛薄待遇异常愤懑，当场提出五项条件，公议即日通函各店主，要求承认，并限五日内给予答复，如逾期得不到圆满解决，众伙友将各自回乡。会议推举出代表三人，与各店主进行接洽。因此事关乎伙友切身利害以及合家老幼生计，故当场有不达目的不罢休的气势，与会人员一致宣誓抗争到底。会议提出的五项条件如下："一、工资一律增加四成。查本业各伙友工资，堂倌每日得三角者约占十之六七，得四角者只十之二，亦有得二角数分者。厨房自二元半起至十元为止，柜台二元起至八元为止。今要求一律加增四成，以资赡养。二、饭菜改为一荤一素。查各伙友每日饭菜，向只每人给钱四文，现下各物昂贵，淡食堪怜，要求一律改为一荤一素，六人一桌，每月四大荤日，务求仍照旧章，每次每人照给鲜肉四两，折资概照市价。三、学徒歇业，资遣回籍。各店学徒，如因违犯店规，而至停业，倘店主不允该学徒转入他店学习，须由店主给资派人伴送回籍，交其父母收领，以免流落异乡。四、伙友进出，仍照旧规。各店东伙间，有因意见不洽，发生分手问题，彼此须照向来旧规办理，以便各伙友从容谋业，店主亦可另免替人。五、承认代表参订新章。将来同业公所成立后,选举董事,参订章程,须由伙友联合会公推代表数人,参预议订。至整饬伙友一节,迨本联合会宣告成立后,严订会章,各伙友(会员为限)在店中如有不法举动,如盗窃银货等事,本会当令出会,取消会员资格,各店永不录用。惟此后各店伙友出进,概由联合会主持举荐,以免散漫无稽。此节俟联合会成立,会章订定,会长举出后,再行通知双方签字实行,现只要求各店主俯允日后照此办理而已。"[1]当日五时散会后,致各店主的公函陆续发出,伙友联合会另在小东门民国路泰新旅馆设立了筹备处。19日午后一时,筹备员会议举行,推举胡汪祥为筹备正主任,胡锡年、章渭仪为副主任,邵增炎为会计主任,并请业外人士邹君为文牍主任,邵增顺、胡裕桂、张瑞汉等16人为筹备员。[2] 各徽馆店主接到公函后,便聚集起来商议对付办法,而英、法两捕房捕头,也非常关注此次加资事件,公共总巡捕房捕头派出警探到各徽馆查抄门牌店号,详细询问工人实数,以及工资等级,并派员至伙友联合会筹备处查询该会宗旨。伙友联合会则在20日上午十二时,推举代表4人,与各店主磋商解决办法。[3] 21日上午十二时,上海徽馆店主邀请伙友联合会筹备处正主任胡汪祥、筹备员胡裕桂二人,在法大马路新中华楼菜馆宴叙,磋商解决办法,店主代表为路文彬、程家福及曹雨君等人。经再三磋商,店主方面对联合会提出的条件作出反馈:第一条"工资加增至四成",只允加一成;第二条"加增伙友菜资"只允每日每人加给菜钱20文,四大荤日,每次每人折给肉资5分;第三条"资遣歇业学徒",承认照办;第四条"伙友生意进出",只允彼此于半月前知照;第五条"承认联合会代表",完全否认。伙友代表胡汪祥、胡裕桂提出,待征求全体伙友意见后再予答复。胡汪祥二人宴毕回至筹备处,于午后三时召集全体筹备员及各伙友开临时会议,周子春任主席,胡汪祥报告了在新中华楼席间,与店主代表路文彬等

---

[1] 《徽帮菜馆伙友要求加资》,1922年10月19日《申报》。
[2] 参见《徽帮菜馆伙友要求加资续志》,1922年10月20日《申报》。
[3] 参见《徽帮菜馆伙友要求加资三志》,1922年10月21日《申报》。

进行磋商的情形,后请各人对于店主的答复发表意见,谈论回复办法。经列席各伙友讨论,认为第一条"加资四成"可以稍微让步,第四条"伙友进出半月前知照",亦可照办,但是第二条菜资及荤日肉资,均须加倍照给,第五条联合会必须承认,因为该会系全体伙友组织,意在联络感情、固结团体,与店主无关,故此事务必做成,万难取消,如满五日期限,无圆满答复,再另商对付办法。① 22 日午后一时,伙友联合会派代表周子春、章渭仪、邵增炎、胡准熙、邵在元五人,与店主代表路文彬等人再次商讨解决办法,至三时许仍未解决,遂决定于次日上午在四马路升平楼,由双方各派代表作最后磋商,以期圆满解决。各伙友认为 24 日将五天期满,如果店主仍然没有解决的表示,定将赴筹备处领取川资洋 3 元,各自回乡。② 23 日上午十二时,两方又在四马路升平茶楼磋商解决办法,上海南北市面的 60 家馆店主均派代表列席,伙友代表到者计胡汪祥、胡锡年、章渭仪、张瑞汉、周志春、邵增炎、章傅高、胡裕桂等 8 人,公共总巡捕房及安徽同乡会劳工总会均派员旁听,公举路文彬为主席,首先对双方进行劝导,后伙友代表允许将工资减让,共加二成,菜资允照前议,每人加钱 20 文,折荤肉资为 5 分,伙友进出允照半月前知照,唯伙友联合会必须承认。继则由主席将各条件交众人表决,各店主对于伙友工资问题,有 40 余家代表允许加二成,只有新老中华楼代表程家福、三星楼张庆涛、海华楼邵增铭等五六家只允加许一成半。经各同业恳劝,始允照办。至于伙友联合会一节,各店主不允承认,故未解决而散。联合会筹备处邀请参加磋商的伙友代表至聚乐园继续讨论,到晚上七时还是没有取得一致意见。③ 随后伙友代表发表声明称,伙友联合会系固结团体,联合感情及整饬各伙友在外嫖赌违犯店规等事,与店主有益无害,且集会结社,系法律赋予之特权,现章程未订,职员未举,本无立即承认的意义,等联合会各项手续齐备,

---

① 参见《徽帮面馆伙要求加资四志》,1922 年 10 月 22 日《申报》。
② 参见《徽帮菜馆伙友要求加资五志》,1922 年 10 月 23 日《申报》。
③ 参见《徽帮菜馆伙友要求加资六纪》,1922 年 10 月 24 日《申报》。

届时店主查明会章,果系有益则承认之,否则听便,故第五条后段"载明此节,俟会章订后再议"①,现无要求承认之必要,可将此条搁置。可以看到伙友方面已作出相当大的让步。双方代表约定25日午后一时签字,但是24日午间,徽店伙友因有店主代表到小东门等处的徽面馆与各店主交相耳语,颇显神秘之意,以致店主悔议的谣言四起,各伙友纷纷至筹备处报告,而各位代表也分别到各店进行调查,并赴巡捕房呼吁,一时间人心惶惶。25日午后一时,双方代表终于坐下签字,伙友代表为胡汪祥、章渭仪、周志春、张瑞汉、章傅高5人,店主代表为路文彬、程家福、邵在亨、邵运豪、章观根5人。双方最终达成的协议为:"一、伙友工资各照原薪饷均加二成;二、点心每晨吃面,不吃,折钱五十文;三、午饭菜每人折钱二十文;四、每夜吃粥,加咸菜或黄豆,听便;五、每月四荤期,每人每期给大洋五分;六、各店工作日期,均以30日结算。"双方代表路文彬、章渭仪等在条约上互相签字,伙友方面准备将所订条约呈请中外官厅备案,并从事组织伙友部联合会,以固结团体。②

徽馆伙友要求加资事件最终以双方互相的让步而达成妥协,对双方来说都取得了应有的效果。伙友的薪金有所增加,伙食有所改善。店主仅是在待遇方面向伙友倾斜,对于伙友提出的其他三项条件均未同意,伙友要求自主权利的条件对店主来说并不是件好事,他们考虑更多的是如果伙友齐心抗争,那么难以管理是一方面,动辄提出加资的要求更是让他们难以忍受,所以他们坚决不同意伙友组织联合会,成立自己的团体。或许近代以来此起彼伏的工人运动已经给徽馆店主上了生动的一课,两年后上海徽墨帮工人也要求加资,双方甚至酿成流血冲突,工人举行罢工进行抗争,最终在同乡的调解下得以解决。这就提示我们思考的问题是,与其他行业的不同是,徽馆、徽墨、茶栈等从店主到店员都来自同乡,蒙上了浓重的桑梓色彩,店主该如何处

---

① 《徽帮菜馆伙友要求加资七志》,1922年10月25日《申报》。
② 参见《徽帮菜馆伙友加资已解决》,1922年10月26日《申报》。

理员工的正常利益诉求呢?

## 三 抗战时期徽州宗族文化的变化

抗战时期,徽州未被侵华日军攻陷和占领,特别是中心城市屯溪成为抗战后方的一座孤岛,中华民国政府派往徽州的驻军,同徽州官民一道,共同在后方做出抗战的部署。而徽州宗族在抗战期间,宗族活动的开展既具有连贯性,同时也表现出与时俱进的一面,在面临国家危难的危急时刻,还迸发出前所未有的保家卫国热情,积极响应抗战动员,宣传抗日,团结宗族成员和旅外徽州族人同仇敌忾,共同为徽州的抗战防御谱写了荡气回肠的精彩一页。

### (一)族人积极参与宗族活动

族人参与宗族活动是一贯的,也是体现其个人价值的一种方式。随着中国社会的发展,民主与科学思想已经渐渐深入宗族建设的各个方面。宗族内的等级观念在渐渐消除,平等参与的方式被认同。据唐力行先生的统计,出现在绩溪县宅坦村龙井胡氏宗族《会议录》中的亲逊堂后裔,约为330人,其中在族中有具体职务或事务者139人,占总数的42%。参加者有在外经商者57名,有本村商人10名,有在北洋政府任职者,扣除以上因素,村民参与宗族活动的大概在300人左右。再进一步分析,在会议录中名字出现一次的有176人,其中担任宗族职务或事务者29人,占16.5%。名字出现2~5次的有107人,其中担任宗族职务或事务者53人,占49%。名字出现6~9次的有34人,其中担任宗族职务或事务者27人,占82%。名字出现10次以上的29人,人人都在族中担任职务。从十五年的时间来看,除去不能参加的女性和未成年男性,说明宅坦村村民参与宗族活动比较积极。村民对宗族集体活动的热心和积极参与,才是宗族能够保持活力的动力,也是宗族建设能够顺利开展的基础。

徽州宗族族人经商多,由于抗战,也促使很多旅居外地的徽商回流本土,所以商人参与宗族的比例比较高。同时,他们的人生经历使得他们的视野相对比较开阔,对新思想与新观念的接受程度更高,因此,他们参与宗族建设更有利于宗族的良性发展。

从会议记录和遗存文书看,宅坦胡氏宗族活动比较频繁,从内容看,族务方面的有修理祠堂、修改章程、祠首、司事以及总管的选举、祭祀、坟山的保护、升主、教育、水利、土地陈报、抚恤、平粜以及一些经济活动。其中数量最多的还是修理祠堂和祭祖升主活动。这些说明,虽然到民国时期,宗族集体活动中还是传统成分居多,但是在传统中也蕴含着不少新生的东西。

### (二)宗族经济与祭祀活动受到影响

抗日战争期间,由于战争以及国民政府的一些经济政策,严重影响了徽州宗族经济。首先是徽州商人对徽州的贡献基本上已经不复存在,其次是通货膨胀的影响。歙县郑村的郑氏宗族济美堂留下了《膳清》账簿,详细记载了郑氏宗族从1932年到1946年这14年的收支情况。[①] 1938年以前,社会经济还比较稳定,以1933年为例,该年宗祠总收入1710元,支出1721元,其中出售干谷683斗,获利191元。那时砖工、木工每天工钱不足0.5元,粗工一天大约0.2元。到1941年,该年宗祠总收入3577元,总支出2791元。1943年,该年总收入12730元,总支出28168元。1945年,总收入176793元,总支出134870元,看似结余较多,但是,当时物价飞涨,一盒火柴也涨到15元,祠堂祠使

---

① 参见2010年内部资料《郑村志》,第51—52页。

祭祀打锣一次,要支付 120 元。作为宗族重要收入来源的谷价甚至一月数变。当年关于谷价的一组数据如下:

  售出 30 斗,计款 2860 元,每斗约 95 元。
  售出 7 斗,计款 1700 元,每斗约 243 元。
  售出 5 斗 7 升,计款 1824 元,每斗约 320 元。
  售出 6 斗 3 升,计款 2205 元,每斗约 350 元。

  这种谷价的急剧变化,对宗族的影响非常大。粮价的巨幅波动造成了通货膨胀,同时,粮食为民生所系,缺少创收的普通农民面对物价骤涨,其生活困境可想而知,宗族的压力也可想而知。

  对徽州宗族来说,最重要的集体活动就是祭祀,由于处于抗战的特殊时期,宗族的祭祀面临着困境。徽州宗族祭祀繁多,如果没有雄厚而稳定的宗族经济来源,就会经常面临祭祀经费不足问题。冬至祠堂祭祖是徽州宗族最为重视的一次祠祭活动。1934 年冬至之前,亲逊堂就贴出告示,通知开会研究冬至祭祖活动,主要原因是"荒年歉收,经费不足"①。1934 年会议结果是冬至祭祖照例举行,但是要减少祭品,停止宴饮和分胙,只是简单地吃些粥、面、小菜。徽州祭祖后一般都要分发祭品,举行宴饮活动,但是前所未有的经济困境迫使宗族大规模缩减祭祖费用。

  1937 年抗战爆发,冬至前,亲逊堂照例召开祠务会议,讨论祭祀如何办理。讨论决定:"当此国难时期,理宜节衣缩食,祠中公款,亦宜假公济公。对于祀典,当不可废,不过聊表而已。决议在国难时期,对于派下胙肉,统行豁免,胙食除粥面外,夜饭免。对祖先祭仪,除正案外,以间为是。纸帛规定:纸四块,锡箔二十把,祠谷即粜百元应用。"②祭

---

① 《亲逊堂第四班民国二十二年七月立会议录》第一册,《民国贰拾三年夏冬月拾壹日接录》,原件藏安徽省绩溪县宅坦村村委会档案室。
② 《亲逊堂第四班民国二十二年七月立会议录》第一册,《民国贰拾三年夏冬月拾壹日接录》,原件藏安徽省绩溪县宅坦村村委会档案室。

祀是宗族很重要的大事,当然不能随便废止,但可以压缩规模和减少费用。

因此,在1938年的会议中就讨论了祭祀改革问题。对于祀典,春分、冬至祭祀除正祭外,还有百世不迁像、能干、配享、酬劳、忠孝节义、土地等祭祀,经费不足的情况下如何处理?该年10月16日第二次祠务会议讨论决定:"值此国难方殷,而加祠漏未整,故对于老人、礼生胙食,一律豁免,以冀修理而存家庙。"①百世不迁、能干等归并为一特祭,于正祭后继续举行,祭祀时内仍设九案,第一案百世不迁,第二案能干,第三案酬劳,第四案配享,第五案忠孝节义外四案,像另加附位两案。祭必发胙包,每人半斤,老人、礼生一律照发。国难当头,经费紧张,宅坦胡氏将正祭外的其他祭祀合并为特祭,节省了开支。

除冬至外,其他祭祀也面临着相似的问题。1939年正月二十六日在亲逊祠内召开了一次临时会议,讨论春分祭祀和清明祭扫。1938年,因为非常时期,加上修理祠堂,花费较多,春分、清明能否同往年一样?讨论决定,春分祭祀照常,参祭者祠内仅供给一粥一面,春分酒及春分包从省,老人胙也停发,清明一切照旧办理。祠祭每年数量较多,清明祭扫只有一次,所以清明祭扫仍然保留了原来礼制。

据《亲逊堂收支总登》统计,1946年亲逊堂共收币1456390元,支出1156195元,余300195元,支出占收入的79%多。支出部分共分十二大类,分别是:

1. 祭祠费用358385元,占支出的31%。
2. 祠堂维修2255元,占支出的0.2%。
3. 升主费用64990元,占支出的5.6%。
4. 收租费用23690元,占支出的2%。
5. 上仓费用15250元,占支出的1.3%。
6. 粜谷费用34400元,占支出的3%。

---

① 《亲逊堂第四班民国二十二年七月立会议录》第一册,《民国贰拾三年夏冬月拾壹日接录》,原件藏安徽省绩溪县宅坦村村委会档案室。

7. 垫石井二保"绥靖费"193300元,占支出的16.7%。

8. 筑塘费用22500元,占支出的2%。

9. 修碓、修碣、修深塘等费用193300元,占支出的16.7%。

10. 贴补族人10000元,占支出的0.9%。

11. 补贴桂枝校10000元,占支出的0.9%。

12. 其他费用(日常费用)221725元,占支出的19.2%。

在所有的祭祀支出中,祭祀费用最大,这是符合徽州实际情况的。如果将祭祀、祠堂维修和升主合并在一起,占支出的36.8%。在所有的祭祀支出中,清明祭扫花费243080元,占祭祀费用的67.8%,春分占13.3%,冬至占11.7%,这三种祭祀的重要性由此可见,其中清明祭扫更是重中之重。

### (三)升主活动中的经济与血缘问题

关于升主,也是非常重要的一项宗族活动,要举行非常隆重的仪式。所谓升主,就是将新神主升入龛座。伴随升主的就是理牌或者整牌,就是将一定代数内的旧神主从龛座上拿下,或者放入特定的砖圹内,或者烧掉。宅坦胡氏宗族在升主时,将龛座上拿下来的旧神主放入砖圹内,而原先放在砖圹中的神主则拿出来烧掉,牌位灰埋在龛座下。龛座上空出来的位置安置新进神主。该族的亡灵牌位一般要经历一个放入龛座—放入砖圹—烧掉埋下的过程。

每个宗族的升主日期也不一样,有的安排在每年特定的日子,如冬至日,有的则是挑选一个吉日。宅坦胡氏升主的具体日期由上门、前门、中门、后门、下门五支祠各推出一人,开列其生肖,再经过占卜、推算而决定升主日期。

1944年年末,因为神主满座,新神主不能进入,祠务会议讨论后决定下次再议。两年之后,1946年6月亲逊堂召集了升主筹备会,由当时的总管胡华茂主持会议。当时亲逊堂祠谷仅有600斤,还无法卖出,

359

现币6万多元。初步决定,将这些钱谷留作升主理牌的费用,并决议,组织升主筹备委员会,内设总务室、经济股、文书校对股、盘察股、庶务股,并公推胡华茂为总务室主任,胡冠英、胡隽臣2人为副主任,胡屯甲等5人负责经济股,胡越兴等14人负责文书及校对股,胡厚彝等2人负责盘察股,胡文明等5人负责庶务股。

在当年年底的祠务会议上,决议每门推出一人,开出各支祠宗子的生肖,请当地有名的星相曹立益先生按照生肖择定升主日期。1947年正月,胡华茂再次主持升主筹备会议,在会上选出了一个庞大的由96人组成的筹备委员会,内设总务、经济、文书、庶务和交际五股,人员和职业也进行了调整,族内精英和旅外的族中富商都囊括其中。7月的祠务会议讨论了向旅沪同乡劝捐和奖励的情况,这说明,该次升主规模比较大,所需费用也很多,宗族现有的财力不够,旅外的族人富商就是理所当然的劝捐目标。9月份又召开了祠务会议讨论升主问题,确定升主时间,经费上除了向旅外族人募集外,还决定向佃户摊派筹集。螟蛉子被允许入祠,但需缴纳经费,甲等100万元,乙等50万元,丙等20万元。据胡维平《龙井春秋》记载,最终升主日期是在1948年,距离前次升主的1920年,已经过了28年。对这样一个大族而言,这次升主时间显然拖得太久。本次向螟蛉子收费入祠,显然与经费不足问题有密切的关系。螟蛉入祠的代价是巨大的,但是同时也应该看到,螟蛉子追求入祠权利是正当的,也是合乎时代发展潮流的。徽州宗族曾经严厉禁止的异姓承继乱宗问题,由螟蛉子神主入祠而得到彻底解决。太平天国之后,由于人口的凋零,徽州不少宗族在异姓承继方面就已经处于默认状态,甚至公开主张抹杀异姓承继的痕迹,让异姓彻底融合于宗族之中。宅坦胡氏宗族顽强坚守到现在,血缘壁垒才终于被打破。

总而言之,在抗战的非常时期,宅坦同样面临着较多的非常支出,但经费来源有限,所以缩减祭祀尤其是祠堂祭祖方面的费用,是一种必然趋势。抗战时期的宗族祭祖打上了深刻的时代烙印。

### （四）家族与时俱进，积极支援抗战

抗战八年，安徽省划归第三战区管辖，徽州虽然没有被日军侵略者占领，但是徽州人依然在极度艰难的情况下，为抗战作出了力所能及的贡献。徽州人在外地的比较多，有工人、商人、知识分子和青年学生，随着上海、杭州、安庆、南京、武汉等地相继沦陷，这些在外地的徽州人也辗转逃亡，陆续回到家乡。他们一路上目睹日寇的暴行，饱受逃亡之苦，回到家乡，自然会同仇敌忾，宣传抗日，使得徽州的抗日情绪空前高涨，一些抗日活动也轰轰烈烈地开展起来。祠堂作为当时公共活动的空间，自然成为宣传抗战活动的主要场所。如绩溪仁里村，当时成立了抗战俱乐部，地点就是在程氏支祠光启堂。抗日俱乐部里聚集了一些教师和其他知识分子，他们把自己与抗战有关的书刊捐献到祠堂里，供乡亲们阅览。还不时地组织座谈、演讲，以及其他活动。宗族祠堂作为公共活动的场所，自然也就成为抗日活动的公共场所。八年抗战期间，大仁里建立了各种军事设施，很多也是在祠堂里，如下祠堂是军人招待所，上祠堂是登源乡公所及乡自卫队队部，当时有30多名自卫队员，光启堂是军人医院。当时的仁里已经成为第三战区一个军事指挥中心，战区副司令上官云相的司令部就设于此，还有战区情报电讯处、日俘审讯看守所等。后来，仁里还驻扎过32集团军司令部，40师师部等军事首脑机关。

绩溪县上庄胡氏宗族可能由于胡适的影响，表现出与时俱进的一面。当时上庄成立了一个正风进修社，据参加者胡祥模后来回忆[①]，村里人推举胡适的侄媳妇李庆萱为正风进修社的监事长。该社没有什么经费来源，社址设在柏枝亭下坡的二份厅内。二份厅为上庄除了胡氏宗祠外最大的祖祠。社里没有书籍，当地村民向该社捐献书籍。看

---

① 参见 2009 年内部资料《上庄村志》，第 404 页。

社的人员没有工资支出,社里管事人员与胡氏祠堂负责人胡立生洽商,同意在沿河对面的霞井山上砍了两棵树出卖,作为社里的经费开支。正风进修社也积极宣传抗日,为纪念抗战七周年,该社在上庄祠堂下堂搭台演戏。祠堂外面贴了一副对联,上联为"欲谋社会改良,环境改善,当从正风着手",下联为"须知学问精湛,科学宏博,均赖进修成功"。演出的是两幕话剧,分别是《救护伤员》和《林则徐禁烟》,都具有极强的现实性。救护伤员是为了支持抗日,禁烟则是针对当时的社会风气,据回忆,当时村里烟赌场所林立,为有识之士所深忧。1945年日本宣布投降之际,村民奔走相告,欢欣鼓舞。正风社发动毓英小学师生,扎成不少纸灯,于第二天晚上在村里和沿边村游行,庆祝抗日战争的胜利。上庄村的正风进修社体现了胡氏宗族与时俱进的一面。从其对联可以看到,正风、进修都是手段,正风针对的是社会,其目的则是要达到"社会改良"和"环境改善";进修则针对的是个人,通过个人的学习,积累科学知识,培养科学素养。由此,由个人而社会,与传统儒家的修齐治平颇为一致,科学与民主正是新文化运动所鼓吹,胡适对家乡的影响清晰可见。

  对宗族来说,除了宣传抗日,更重要的是在经济方面支持抗日。抗战时期宅坦胡氏宗族的开支较和平时期更多。早在1937年12月14日的宗祠会议记录中,就有"当此国难时期,理宜节衣缩食,祠中公款,亦宜假公济公"[①]。1938年10月16日的祠务会议记录:"第二次破坏公路,由公众暂借款七十五元,应如何归还案。"决议是:"由亲逊祠拨付(而待联保清单拨付后)。"破坏公路是为了阻止日军进入徽州,这是关系到家族、地方和国家的大事,自然由祠堂经济承担。

  族人中有参军的,或者因之负伤或牺牲,宗族要承担起抚恤军烈属的义务。1945年3月10日的祠务会议讨论了"为抚恤胡乾健出征家属应如何处理案",决议:"每年秋收时本祠津贴四秤,此生直至该壮

---

① 《亲逊堂第四班民国二十二年七月立会议录》第一册,《民国贰拾三年夏冬月拾壹日接录》,原件藏安徽省绩溪县宅坦村村委会档案室。

丁之母逝世为止。如该壮丁回家后,即行停止。"①

当时绩溪县组织了抗日自卫队,其经费由地方负担。在宅坦村有一张《绩溪县自卫队捐》,内容如下:"今收到第一甲胡亲逊祠给纳自卫队给养费三元正,用特临时收据为质。经手保长胡品常。"②1938年12月,抗日部队18军67师1000多人进驻宅坦休整,他们住在祠堂里,由祠堂负责接待。宗族还承担着驻军的柴火、粮草供应。1944年12月5日的祠务会议讨论了"关于两保不通本祠擅行砍伐墓霞荫木暨种植树木及坟屋修理应如何处理案"。决议:"对墓霞荫木时日已经砍伐五株,尽行拨缴,供给驻军。本村两保应摊之材,究擅行砍伐者,不得剥取分毫。本日继砍之树,拟议处罚该各砍伐诸人,以儆将来。处罚办法,由祠首事派人会同两保前往墓霞点收汇缴不论,对停止砍伐,不邀回砍付者之材,工资充当罚金。"③

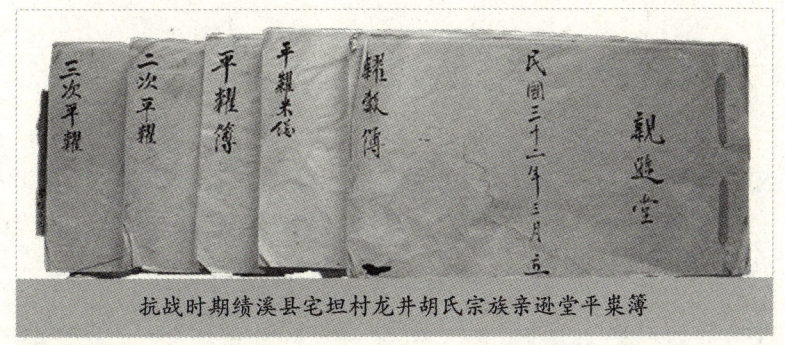

抗战时期绩溪县宅坦村龙井胡氏宗族亲逊堂平粜簿

宅坦胡氏宗族还为驻军垫付军粮。在宅坦村现存的散件文书中,还保留有两张1944年胡氏宗族垫付驻军军粮的文书。两件文书内容如下:

兹因驻军主食领借到胡亲逊堂乾谷十秤贰仟贰佰伍拾斤,待

---

① 《亲逊堂第四班民国二十二年七月立会议录》第二册,《亲逊祠会议录民国三十三年十月廿日制附三十四五年》,原件藏安徽省绩溪县宅坦村村委会档案室。
② 原件藏安徽省绩溪县宅坦村村委会档案室。
③ 《亲逊堂第四班民国二十二年七月立会议录》第二册,《亲逊祠会议录民国三十三年十月廿日制附三十四五年》,原件藏安徽省绩溪县宅坦村村委会档案室。

层峰发还时如数归偿。此据。

具领借人　石井保保长　胡学校(印)

中华民国三十三年二月日(方形图记)

  具借据中门保办公处,因驻军食米,奉乡公所令各保暂垫。本保派垫食米,向亲逊祠借到租谷贰仟贰佰伍拾市斤。该项借谷由上峰指定何项公谷时,再行发还。各即由保办公处负责筹征而为还之。此据为证。呈亲逊祠台核。

        经手保长　华光(印)

中华民国三十三年二月日("绩溪县龙井乡中门保办公处图记"方印)①

### (五)宗族与驻军血脉相连,互相声援

  进驻宅坦、旺川和上庄等地的67师官兵纪律严明,在1938年12月至1939年3月的70多天时间里,宅坦和上庄的胡氏宗族以及旺川的曹氏宗族,不仅在经济上给予驻军以强有力的支持,而且在文化上血脉相连,同仇敌忾,互相声援。在上庄、宅坦和旺川等古民居的墙壁上,至今还保留有当年67师的抗日宣传标语。旺川的宣传标语有两处,分别写道:"地无分东西南北,人不分男女老幼,团结起来,一致抗日!""有钱出钱,有力出力,把日本侵略者赶出去",其中后一幅标语还绘有攥紧拳头的图画。67师的爱国热情,深深地感染了上庄、宅坦和旺川的宗族,旺川的曹芬、曹殿姐弟率先提出了春节期间举办劳军晚会的倡议。在征得了朝夕相处的莫与硕师长的同意后,旺川曹氏宗族动员族中知识青年,以前所未有的热情投入节目的编排活动。劳军晚

---

① 该文书现藏于绩溪县宅坦村村委会档案室。

会在1938年的正月初一日晚上在旺川举行,在当地行政负责人和莫与硕师长各自致辞后,节目便开始演出了。据当事人回忆,到场观看演出的官兵有一个团之众,村民则站在四周观看,人山人海,盛况空前。舞台上悬挂两盏汽灯,灯光四射。当晚演出的节目除抗战歌曲《义勇军进行曲》《大刀进行曲》《松花江上》等合唱和独唱外,还有《募寒衣》和《最后一计》等话剧,以及哑剧《工农兵学商一起来救亡》等。[①] 旺川的春节劳军晚会在绩溪县岭北一带引起了轰动,紧接着,上庄、宅坦、镇头、坦头甚至更远的杨村和高村等都纷纷组织排练剧目,到旺川来进行劳军慰问演出。

第19集团军驻地歙县棠樾、国民党第七战区刘湘部驻地岩寺、国民党第三战区前敌总司令部驻地屯溪阳湖,各种抗日动员的宣传运动都开展得如火如荼。1938年元旦,中共领导的七政训练班工作人员就曾在岩寺街头演出话剧《放下你的鞭子》。

绩溪旺川一户民居墙壁上的抗战标语

值得一提的是,在1938年纪念"八一三抗战"一周年之际,宅坦胡氏宗族还抄录油印了抗战刊物。在该刊的《发刊词》中,胡氏宗族站在时代的前列,呼吁军民团结,为着一个共同的目标,"军民合作就是两方面,在平时建设国家,在战时达成军事上的胜利目的,采取一种联合行动,分工合作,以达到共同目标"[②]。总之,在国家和民族处于危亡时期,徽州宗族发挥了传统的家国一体、忠孝两全的精神,同仇敌忾,共赴时艰,在抗战中起到了中流砥柱的作用。

---

① 参见旺川老年人协会:《旺川古今》,第63—65页。
② 《发刊词》抄件,原件藏安徽省绩溪县宅坦村村委会档案室。

## 四　抗战时期徽州教育的繁荣

经历民国初年整体缓慢发展,至 1937 年 7 月 7 日抗日战争全面爆发以后,国难当头,大敌当前。整个抗战期间,徽州地区广大师生同仇敌忾,矢志向学,宣传抗战,报效祖国,特别是在上海、南京等地内迁徽州的学校和师生进入徽州以后,徽州的教育出现了繁荣发展的势头。

### (一)抗战前后徽州中小学校的发展

抗战前后,徽州的中小学校建设粗具规模,一批小学纷纷在抗战烽火中建立了起来,六县中学建设也一改民国初年徘徊不前的局面,基本上建立起了公立和私立中学(初等中学)的学校教育体系,职业教育在此时得到了长足发展,一些山区乡村也建立起了私立的职业学校。尤为值得一提的是,此一时期,沦陷区的大学也不断迁入徽州,从而填补了徽州无大学的历史空白。

抗战前后,徽州的小学教育得到长足发展,学校不仅在数量上大大超过 20 年代和 30 年代初期,而且在质量上也堪称上乘。下面是一组据不完全数据统计的《徽州六县抗战前后小学数量的最比表》[①]:

---

[①] 本表根据《徽州地区简志》(黄山书社 1989 年版)、《歙县志》(黄山书社 2010 年版)、《休宁县志》(黄山书社 2011 年版)、《黟县志》(黄山书社 2012 年版)、《绩溪县志》(黄山书社 1998 年版)和《婺源县志》(档案出版社 1993 年版)等数据制作。

表 4-1 徽州六县抗战前后小学数量的最比表

| 项目 | 年份 | 歙县 | 休宁 | 祁门 | 黟县 | 绩溪 | 婺源 | 合计 |
|---|---|---|---|---|---|---|---|---|
| 学校数 | 1931 |  |  |  |  | 29 | 61 |  |
|  | 1933 |  |  |  |  | 76 | 87 |  |
|  | 1934 |  | 114 |  |  | 87 |  |  |
|  | 1936 |  |  |  |  |  | 144 |  |
|  | 1937 |  |  | 59 |  |  | 204 |  |
|  | 1938 |  |  |  |  |  | 241 |  |
|  | 1939 | 206 | 145 | 58 | 15 | 88 |  |  |
|  | 1940 |  |  |  |  | 91 |  |  |
|  | 1942 |  |  | 101 | 54 |  |  |  |
|  | 1943 |  |  |  |  | 96 |  |  |
|  | 1944 |  |  |  | 70 |  |  |  |
|  | 1945 |  |  |  |  | 109 |  |  |
|  | 1947 |  | 266 |  | 43 |  |  |  |
| 学生数 | 1931 |  |  |  |  |  |  |  |
|  | 1933 |  |  |  |  |  | 4065 |  |
|  | 1934 |  | 4536 |  |  | 5265 |  |  |
|  | 1936 |  |  |  |  |  |  |  |
|  | 1937 |  |  | 2496 |  |  |  |  |
|  | 1938 |  |  |  |  |  |  |  |
|  | 1939 | 4915 | 8346 |  |  | 5858 |  |  |
|  | 1940 |  |  |  |  | 5850 |  |  |
|  | 1942 |  |  | 6100 |  |  |  |  |
|  | 1943 |  |  |  |  | 6278 |  |  |
|  | 1944 |  |  |  | 4175 |  |  |  |
|  | 1945 |  |  |  |  | 7611 |  |  |
|  | 1947 |  | 17826 |  | 4207 |  |  |  |

抗战时期，徽州的小学教育在百业萧条的大背景下，独能出现大发展和大繁荣局面，这与徽州社会历来重视教育的传统是分不开的。特别是抗战期间，许多在外经营或工作的徽州籍商人、官员和其他人士纷纷返回故里躲避战乱，他们用自己并不特别宽裕的资金支持家乡

办学,回报家乡父老。

全面抗日战争爆发的前一年即1936年,全徽州地区仅有五所公立中等学校,即位于歙县的省立徽州师范学校、休宁万安原省立第二师范学校旧址的省立徽州中学①、屯溪隆阜省立徽州女子初级中学、绩溪省立徽州农林学校、婺源县立紫阳中学。其余则多系私立,且数量极少。抗战时期,徽州的中学发展一举突破了民国初年以来缓慢徘徊的瓶颈,呈现出迅猛发展的状态。抗战时期徽州中学的迅猛发展,一得益于当地政府和社会精英的提倡、捐助和支持,二是东南沦陷区学校的大规模迁入。两大因素共同作用,最终促成了抗战时期徽州中等学校教育繁盛的局面。以黟县为例,抗战前,黟县无一所中学。抗战爆发后,1938年,苏州东吴大学附属中学迁入黟县,并在碧阳镇碧阳书院复课。当时有高中、初中和商业补习班等共五个班级,学生近两百人,规模虽然不大,仅开办了一个学期就迁回上海。但东吴大学附中的开办,开创了黟县教育史第一所中学之始。不久,复旦大学附属中学又迁到了黟县,并于1938年9月正式开学,当年学校共开办初中班3个、高中班1个,学生共150人。随着来自沦陷区学生的不断增多,复旦附中出现了超负荷运转的状况,在校学生最多时甚至达到了600余人。至1943年,黟县全县各类小学毕业生愈来愈多,仅仅一所复旦附中已根本无法满足小学毕业生的升学要求。在这一背景下,在社会精英人士的强烈呼吁和要求下,黟县政府召开扩大会议,通过了筹备建立初级中学的决定。9月,黟县地方精英和旅居屯溪的同乡共同发起成立了"筹设县立初中常委会",共向社会各界筹集办学资金法币近20万元。1944年,黟县县立初级中学正式对外招生开学。至此,黟县的中学教育步入正轨。在歙县,1937年,项崇伟在王村上店创办了私立战时中学,招生初一、初二两个班级。同年,许国钧在大梅口创立私立南山中学,招生学生120人。1940年,南山中学迁霞坑,更名私立青年中

---

① 1928年省立第二师范学校更名省立二中,省立三中并入二中。1933年省立二中更名为徽州中学。

学。这两所私立中学在办不久也因种种原因停办。

在抗战期间,迁入徽州的沦陷区中学就总量而言,已经超越了当地兴办的中学,而且办学质量也因其雄厚的师资而享誉遐迩。据不完全统计,这一时期迁入徽州各地的沦陷区的主要中学见下表。

表4-2 抗战时期迁入徽州各地办学的沦陷区主要中学一览表

| 序号 | 迁入中学 | 迁入时间、地点 | 办学规模 | 迁出时间 |
| --- | --- | --- | --- | --- |
| 1 | 芜湖私立芜关中学 | 1939年,歙县 | | 1945年迁出 |
| 2 | 南京私立钟英中学 | 1937年,歙县棠樾 | | 1938年 |
| 3 | 长淮临时中学 | 1938年,歙县 | | 1939年迁出 |
| 4 | 南京安徽中学徽州分校 | 1937年,屯溪 | | 1945年迁出 |
| 5 | 中央大学实验中学 | 1937年,屯溪 | 10月招生,新老学生781人 | 1938年停办 1945年迁出 |
| 6 | 南京私立钟英中学 | 1938年,屯溪 | | 1939年停办 1945年迁出 |
| 7 | 江苏省立第一临时中学 | 屯溪 | | |
| 8 | 江苏省立第二临时中学 | 屯溪 | | |
| 9 | 南京私立现代中学 | 1938年,休宁 | | |
| 10 | 私立上海法学院附中 | 1942年,屯溪 | | |
| 11 | 苏州东吴大学附中 | 1938年,黟县 | | 1939年迁出 |
| 12 | 复旦大学附中 | 1938年,黟县 | | 1946年迁出 |
| 13 | 江苏省立第五临时中学 | 1943年,绩溪坦头 | | 1945年迁出 |

抗战前后特别是抗战期间,由于内迁徽州山区的著名中学拥有阵容整齐的高质量师资队伍,因此,在人才培养方面取得了极为突出的成就。以迁入黟县的复旦大学附中为例,当时校方不惜重金聘请一批名师,在教材缺乏的情况下,他们自编讲义,黑板画图,采用课堂教学和课后辅导相结合的方式,认真审查学生的日记,抽查课外作业。空前的国难,也激发了学生的学习报国之心。这一时期的中学生在极其

艰苦的条件下,苦中作乐,发奋学习,还组织读书会、修身会、故事会和诗歌朗诵会,丰富课余生活。1941年,高中毕业的同学有五人总成绩平均超过85分,被保送中山大学。其后,先后有多人通过毕业会考被西南联合大学、中央大学、复旦大学、同济大学和浙江大学等名校录取。

### (二) 抗战期间徽州高等教育的起步

徽州的高等教育,抗日战争全面爆发之前,完全是一张白纸。即使是抗战开始的头两年,还依然是空白。直到1939年年底,由于私立上海法学院迁入屯溪瑶溪建校办学,徽州地区才开始拥有历史上第一所高等学校。可以说,上海法学院的迁入和开办,开创了近代徽州高等教育的先河。

上海法学院迁至徽州复校办学不久,私立上海法政学院也在1941年日本袭击美国珍珠港事件导致太平战争爆发后迁来屯溪,在屯溪的柏树建校招生。该校尽管在徽州办学时间不长(前后近三年),但在艰苦岁月里,该校坚持办学,培养人才。

1943年秋,国民政府教育部长陈立夫至屯溪视察,住在皖南行署主任张宗良家中。陈立夫在张宗良的陪同下视察了屯溪附近数县,对徽州的学校和教育现状表示满意。他对张宗良说:"想不到前方还有这样大片的土地,而且这样的稳定。"张宗良向陈诉说了人才的缺乏,准备办一所切合地方需要的高等学校而又无经费的苦衷。陈立夫表示可由皖南行署造一预算,由他批准在全国教育经费内拨一笔款。经费问题解决了,张宗良即指示有关部门,一面积极筹备建校,一面设法延揽人才。几经张罗,于1944年秋,一所皖南地方自办的高等学校"安徽学院皖南分院"在休宁县万安镇徽州中学校址内诞生了。分院由张宗良兼任院长,茶叶专家胡浩川任教务长,并从江西泰和中正大学聘请了几位安徽籍教授来徽州任教。分院设了两个系和两个专修科,两个系是经济系和农学系,两个专修科是银行会计专修科和茶叶专修科。系的修业年限四年,同大学本科;专修科修业年限两年,低于大学本科。为了弥补专职教师不足,张宗良以他的皖南行署主任兼院长的身份,聘请了一些国民党在屯的专业机构负责人为兼课教师,这些人中间有地区银行监理官夏安修、中茶公司经理高成书、复兴公司经理吴廓民、茶业专家傅宏镇、经济学家吴企云等。分院开办一年以后,日本宣布无条件投降,抗日战争胜利了。考虑到两个专修科的学生再有一年就要毕业了,所以分院延续到1946年暑期结束。两个专修科学生完成了学业,两个系的学生则分别转到有关院校。

日本侵略者发动的侵华战争给徽州人民带来了深重的灾难,不断的空袭使徽州地区人民遭受了巨大的生命和财产损失。但徽州人民在困境中求生存、求发展,抓住沦陷区学校内迁的时机,促成了战时教育事业的勃兴。特别是在这样一个非常时期,徽州的教育得到了前所未有的发展。内迁名校名师,使近代徽州极度缺乏良好师资的局面有所改观,徽州地区的学生得到了良好的正规训练和教育。内迁徽州的两所上海的私立高等学校不仅揭开了徽州近代大学教育的序幕,而且以此为契机,直接催生了徽州本土高等教育的发展。安徽学院皖南分院的创建,正是在两艘内迁大学的刺激下兴办的。内迁高校和安徽学院皖南分院的设立,不仅改写了徽州教育史上高等学校零的纪录,而且大大改变了徽州教育的落后局面。

### (三)中小学师生积极投身抗日救亡宣传活动

在日寇飞机不时轰炸、国难当头的危难之际,无论是本地兴办还是由外地迁入的中小学校师生,都拥有强烈的爱国情怀,抗日情绪十分高昂。他们积极投身抗日救亡的宣传活动,为抗战时期徽州各地城乡的文化生活增添了亮丽的色彩。

在绩溪县仁里村,1938年寒假,从休宁万安徽州中学、屯溪隆阜女子中学、屯溪阳湖安徽中学、歙县徽州师范学校回乡的学生,与在外地工作返乡避难的知识分子、工人和商人一道,共同投入抗日救亡的宣传和动员工作中。他们张贴标语、编写壁报、高唱《义勇军进行曲》《太行山上》《松花江上》等抗日歌曲,表演抗日戏剧如话剧《放下你的鞭子》《死里求生》《最后的枪声》等,控诉日军暴行。① 在绩溪冯村,私立云庄小学师生同仇敌忾。1938年,总务教师冯百川亲自撰写《难民倭寇勇士》和《瞎算命》等抗战宣传短剧,抗日宣传晚会演出,激起大家的共鸣。冯百川还作《自勉词》云:"冲锋!冲锋!谁是中华英雄,我们!总动员的抗战到底,没有和降妥协,不要纸上谈兵,誓灭倭寇,育我学子,备作干城,同心合作地复兴民族。自力更生。"②在婺源,1938年12月,徽州师范学校的婺源籍学生20多人,利用寒假时间,组成"徽师、徽中婺源籍同学回乡抗敌宣传队",深入婺源该县东北乡的江湾、大畈、汪口、上晓起、下晓起、段莘等乡村,进行抗日救亡宣传活动。宣传队通过演唱《义勇军进行曲》《大刀进行曲》《太行山上》《黄河大合唱》等抗日歌曲,编演《放下你的鞭子》《打倒汉奸卖国贼》《送郎参军》等剧目和进行演讲、编写墙报、刷贴抗日标语、绘制抗日宣传漫画等形式,进行了历时一个月的抗日救亡宣传,总共巡回演出20余场,所到之处很受百姓欢迎,极大地激发了广大群众的抗战热情。③

  迁自上海的复旦大学附中还广泛动员学生上街宣传抗日,进行募捐,支援前线将士。李家珍、章渭渲两位老师还带领学生远赴石台、太平、青阳、贵池等地巡回演出,深受民众拥护和喜爱。为宣传抗日救亡,做好在迁徙地的教学工作,南京安徽中学徽州分校(简称"皖中")还于1937年11月1日专门出版发行了《国难旬刊》。该校还在驻歙县岩寺新四军的影响下,组建了"学生抗敌协会""皖中剧团"等社团组织,积极参加捐募寒衣、慰问伤兵、动员民众和组织训练等抗日救亡活

---

① 参见汪俊庚:《千年仁里》,2009年印刷,第244—245页。
② 中共长安镇冯村支部委员会、长安镇冯村村民委员会:《冯村志》,2007年印,第96页。
③ 参见孙兆铎:《婺源县文史资料》第五辑,2000年印刷,第51—52页。

动。校内各班级还组织有歌咏队、口琴队、演出队、宣传队,利用音乐、戏剧、漫画、木刻、壁报、标语、演讲、讲座等形式进行宣传,以"唤起民众的民族意识,灌输抗战智能"。教唱歌曲有《义勇军进行曲》《大刀进行曲》《救亡进行曲》《黄河大合唱》《枪口对外》《松花江上》《打杀汉奸》《游击队之歌》《募寒衣》《毕业歌》《国际歌》《马赛曲》《铁蹄下的歌女》等 20 余支;演出剧目有《放下你的鞭子》《打倒汉奸卖国贼》等。校外,有程中一、李莅之、余华所创办的"前锋剧团",团员大多来自皖中、徽师、女中学生,程绍懋便是该团的副团长之一。1938 年 9 月,国民党军事委员会第三厅郭沫若领导的抗敌演剧二队来屯演出期间,曾主办了一次以皖中为主体的抗日救亡歌曲千人大合唱,其声势浩大,轰动山城。这年冬,校方规定各班学生寒假中,必须完成三个乡镇以上的抗日救亡宣传工作,取得当地乡镇公所证明,在新学期开始,方可报名入学。当时,在屯溪的一些同学中有凌丹生、江启侯、李润之、洪政民、严济棠等八名同学,自动组成宣传队,自编、自排歌剧《民族公敌》《送棉衣》及口琴合奏等节目,休宁溪边村、潜阜镇、黄芳村等山区演出,深受群众欢迎。1988 年 10 月台湾回大陆探亲的洪政民,分别会见了一些尚健在的同学,回忆当年一起睡地铺、吃大锅饭、刷标语、贴海报的情景,那种抗日爱国热情不禁油然而生。1939 年至 1940 年,学生除经常在屯溪附近街镇演出宣传外,还在柏山操场搭台举行一次各班级演出竞赛活动。连续两晚,周围村落群众,打着灯笼火把,从四面八方接踵来看演出。程绍懋、孙励真(女)、黄永丰等主演的大型抗日话剧《古城的怒吼》,除在本校演出外,还曾在屯溪大舞台与查景韩编导的话剧同台演出。观众见到敌人蹂躏同胞的罪行,都悲愤填膺,台上台下同仇敌忾、群情激昂。

总之,抗战时期,包括内迁学校在内的徽州各地各级各类学校,在民族危机、国难当头之际,不仅致力于刻苦的学习,锻炼自身的本领,以报效祖国,而且,广大师生还通过组织抗日救亡宣传队、办报刊、墙报板报、歌咏演出、募捐衣物甚至参加童子军、直接参军等不同方式,不辱使命,投入徽州当地抗日救亡的洪流之中,发挥了自己所能起到的重要作用。

## 五 抗战结束后婺源的回归与划出

### (一) 婺源回皖问题的形成

婺源现属江西省管辖,是该省东北部一个美丽的小县城,地处皖浙赣三省交界地,东与浙江开化毗邻,北与安徽休宁县接壤,西连景德镇市,南接德兴县,西南与乐平县相邻。历史上,婺源原属安徽省行政管辖范围,与皖南的歙县、祁门、绩溪、休宁、黟县同属旧徽州府属地。

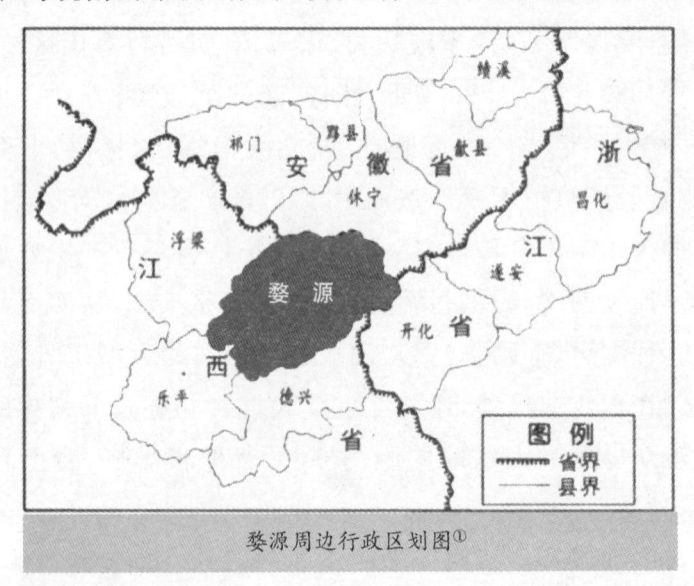

婺源周边行政区划图①

---

① 参见徐建平:《互动:政府意志与民众意愿——以民国时期婺源回皖运动为例》,《中国历史地理论丛》,2007年第1期。

## 第四章 抗战前后的徽州文化

婺源回皖问题起因于国民党的一次军事安排。为便于"剿灭"共产党,1934年,国民党军事委员会南昌行营"以婺源僻处山陬,层峦叠嶂,匪薮难除,为便利'清剿'起见,议将婺源划为赣辖",并绘具简图,提交国民政府行政院第166次会议通过。① 同年6月,国民政府内政部正式公布将安徽省婺源县和福建省光泽县划归江西省管辖。②

消息传出后,婺源民众倍感震惊,"莫不奔走骇汗,惶惶不可终日"③,因为在他们看来,婺源从来就是徽州的一部分,与徽州其他各县有着密不可分的联系,"以言历史,则与徽属各县同隶皖省千余载,以言地理,则与徽属各县同为黄山山脉之高原,以言文化,则与徽属各县同受朱熹江戴诸先哲学说之熏陶,以言经济,则与徽属各县同为土质硗瘠,农事不兴,民多远涉经商,以谋生计。盖婺源之与徽属各县,风尚从同,情感甚笃,一旦改隶,则不啻远离礼教乡邦,而投于勇悍之异域,岂惟生活极感不安,而精神之扞格,且倍蓰焉"④。婺源改隶江西,意味着从此就要脱离于徽州,这对婺源人来说,心理上是难以接受的,正如当时有人所指出的那样:"在徽州人——尤其是徽属的婺源人看去:婺源本是徽州府属六县之一;它的隶属关系,历史已有一千多年;于今,徽州府虽已撤废了念三年,但是,一般人说起来,总还是拿婺源县放在徽州一个单位内;就是省政府的政治施设,地方民众的社会组织,旅外人士的联络结合,以及宗教信仰,文化事业,风俗习惯……婺源和整个的徽州,也都关系密切,影响深厚,绝对的不可分离。"⑤

为了挽回局面,他们立即组织动员,并以旅外同乡为主要力量极

---

① 参见李训洲撰述、汪漱碧编辑:《婺源回皖运动实录》,中华日报社1947年版,第1页。关于婺源改隶赣省动机,民间存有两种说法:"一为陈调元任粤闽赣湘预备军总司令时,驻节婺源,以婺地不属范围以内,指挥未便,故创议改划,以利事功;一为熊式辉任江西省主席时,婺茶过境,抗缴产销税,勒令扣留,嗣经茶商一再以茶产安徽,销于外洋之理由,诉愿中央,始准放行,故创议改划,以裕税收。"
② 参见《国民政府训令》第487号,民国二十三年七月十七日,见《中华民国国民政府公报》,(台北)成文出版社有限公司1972年版,第82册。
③ 李训洲撰述、汪漱碧编辑:《婺源回皖运动实录》,中华日报社1947年版,第1页。
④ 李训洲撰述、汪漱碧编辑:《婺源回皖运动实录》,中华日报社1947年版,第1页。
⑤ 明之:《婺源改隶赣省问题》,《人言周刊》,1934年第一卷第26—50期下册。

力向国民政府请愿,希望政府能收回成命。从此,"婺源回皖"这一民众运动正式拉开帷幕。这场"回皖运动"自1934年国民政府将婺源划归江西省管辖开始,一直坚持到1947年才最终成功,前后历经了14年时间。

### (二) 抗战结束前婺人力争回皖的努力

在抗战胜利以前,婺源的回皖运动主要以各旅外同乡为主力。据称,自沪报刊登改隶消息后,"婺源旅沪同乡会首先呈请层峰,收回成命,徽宁旅沪、安徽旅沪两同乡会,相继通电呼吁,上海市徽宁会馆董事汪澎年,更以个人名义,上书政院,痛陈利弊,推派代表,赴京请愿,婺源旅沪四团体,联合宣言,历举军事、政治等方面与皖不可分离之特点,以期唤醒邦人作一致努力"①。这些旅外同乡身处大城市,具有消息灵便、反应迅速、舆论影响大等优势,联络他们开展请愿活动,不仅可以有效地向政府施加压力,还能借此向政府表明,婺源是安徽的一部分,力争回皖不仅是婺源民众的要求,更是全体徽州人乃至安徽人的民意。正如他们在电文中所言:"徽州六邑之结合,千有余载矣。民乐其群,地同其俗,历史之所纲维,经济之所互助,几无一不显其区域之特性;固无怪乎一闻婺源划隶江西之议,即奔走号呼,谋有以力争而挽回之者,不限片言,不止于一地,同心一德而莫之离,穷年累月而莫之息,愿望虽乖,精诚而间,正其谊而待其功,其深有如此者,呜呼!婺人不惮自争,而徽人仍争之;徽人争之而不得,复益以皖人争之;举省瞳瞳,万目一的,真正民意,不当如是耶!"②可见,他们在极力地向政府表达这样一种信息,即婺源与徽州乃至安徽有着密不可分的联系,政府将婺源划归江西管辖的做法,不仅违背了婺源人民的意愿,更是徽州乃至安徽民众所不能接受的。为争取更多同乡的支持,扩大舆论影

---

① 李训洲撰述、汪漱碧编辑:《婺源回皖运动实录》,中华日报社1947年版,第1—2页。
② 婺源旅沪同乡会:《力争婺源管辖案牍汇编·序言》,中华民国二十四年十一月。

响,早日实现回皖目标,婺源本地民众与各旅外同乡一直保持着积极互动。在得知改隶消息后,婺源县紫阳书院暨各公法团随即向旅沪安徽同乡会、徽宁同乡会致电,表示"婺源与安徽之关系,较全省任何县为密切,观散布各省之安徽团体组织,皆以朱子标榜,表示一省之人文与历史上之殊誉,已成永远不可磨灭与改变之情形,婺源乃朱子故乡,今划婺源归江西管辖,不啻动摇安徽全省根本……敬请一致声援,以保省誉而全乡谊"①。

为使国民政府收回成命,婺源旅外同乡从习俗、经济、文化、历史等诸多方面详细地向国民政府陈述了要求回皖的理由。对于这些理由,时任"剿匪"总司令的蒋介石不以为然,他认为这些都是地方的狭隘之见,"于应行改隶意旨,亦乏深切体会"②。为表明态度,同时也为了安抚民意,他亲自撰文,在《中华民国国民政府军事委员会委员长令婺源县政府文》中,从政治、军事、交通等三个方面对婺源改划赣省管辖的理由作出说明,并对婺源民众要求回皖的理由逐条进行了驳斥。他提到:

在政治方面,"查婺源设治,始自唐玄宗时代,隶属江南之歙州,宋代以该县山南诸水皆流入江西,曾议改属赣省,依茅岭、新岭为界。今查其地势,大部分突入江西境内,为浮梁、乐平、德兴三县所环抱,于皖省甚觉奇零,一切政务设施均感不便,如不予以改隶,则格于现状,不能扩张政治力量"。

在军事方面,"现值'剿匪'工作特别紧张之际,肃清'零匪'实为当务之急。婺源与浮梁、乐平、德兴三县地域犬牙相错,因分隶两省之故,对于肃清'零匪'之一切必要措施,如团队之防堵以及'围剿'计划等等,甚形隔阂,实予'赤匪'以窜扰苟延之机会。一经改隶,则事权属于一省,责任既专,指挥尤便,扑灭'残匪'计日可期"。

---

① 《婺人力争改省问题》,1934年6月26日《申报》,第10版。
② 《训令婺源县政府令知该县此次改隶之要义及各方呈请免改不当情形仰即遵照随时宣传劝导》,《军政旬刊》1934年第28—29期。

在公路方面,"婺白、婺德两路,一由婺源经德兴之九都至白沙关,一由婺源至德兴之香潭,此两路关系'剿匪'军事及地方交通至为密切,若不将婺源划归赣辖,则两路分属两省,运输管理均觉不易统筹。值此'匪患'未靖之秋,断不容稍涉松懈,致误时机"。①

对于婺源各团体请求免以改隶的理由,蒋介石认为其在理论、内容两方面都过于牵强,于是在说明改隶缘由后,又从四个方面对婺源民众请求回皖的理由逐条给予驳复。

甲、皖省共辖六十余县,婺源言语、习尚除与其邻境休、歙两三县外,绝不与其他各县相同,即就旧徽属六县而言,恐亦不无扞格。此殊不能成为理由。

乙、查行政区划与各县人民团体组织,截然两事。民国纪元,旧徽州府制既经废除,迄今时逾廿载,徽属六县各地会馆及公债资产固依然存在,绝不闻有分析或发生纠纷情事。此次改隶赣省,不过省行政管辖区域变更,该徽属六县人民,事实上仍可维持向来组织,法令上并未强其分裂;致经济基础一点,则甲县与乙县之人民,尽可各事不同之职业,彼此绝无影响。即在同隶一县之人民,业农、业工、业商,各有其自由之意旨与环境,甲固不能强乙操同样之职业,矧在县与县之间乎?

丙、查朱子为吾国理学明儒,教泽所被,广而且远,国人袗式先哲,无论隶属何省,均可景仰师承,光大余绪,固不必抱封建思想,强分异域,将先贤据为一区域所私有,盖吾人崇拜先哲之心理,在景仰其伟大人格,与夫嘉言懿行,天下之善一也。婺源隶皖,皖人可奉祀朱子,亦不能禁止非皖人之奉祀朱子,与皖省之文化殊誉亦不加益;婺源隶赣,皖人仍可奉祀朱子,赣人不能禁止皖人奉祀朱子,与皖省之文化殊誉亦不加损。皖赣同属中国版图,

---

① 《训令婺源县政府令知该县此次改隶之要义及各方呈请免改不当情形仰即遵照随时宣传劝导》,《军政旬刊》1934年第28—29期。

隶甲隶乙何须怀部落见解,故事争持,致改隶后虑被恶化一节,此则为必无之事。婺源教育是否较德兴、乐平、浮梁为优,事实上尚待考察,假定较优,则婺人知识必较邻县为高,尚何恶化可虑。

丁、查政治设施固应注重历史关系,然揆时度势,斟酌损益,以适应事实所需要,亦属施政必有之举动。世岂有不变之大法,亦决无墨守之常规。婺源改隶,自有其事实之需要,不能藉口历史沿革,而置现实于不顾。民国建元以来,省行政区变更多矣!其最大者,以热、察、绥、宁夏、川边之建省,南京、上海、青岛、北平之设市,苟利于国,自当积极改善,不容习故蹈常,胶守现状。①

从上揭引文中可以看出,作为国民党最高军事统帅,蒋介石对婺源改划江西管辖的态度是明确的,对他而言,"围剿"共产党是当时的头等大事,对婺源行政区划的调整是出于"围剿"共产党这一大局考虑;在他看来,婺源民众请求回皖的理由缺乏全局意识,是一种封建、保守的地方主义思想。②

虽然婺源民众的回皖请求遭到了国民政府的拒绝,但是婺源旅外同乡并没有因此而停止其请愿活动。在蒋介石对婺源的训令发布之后,婺源"旅沪四团体俱发起二次宣言,对蒋委员长之宣示,重加申述以谋贯彻初衷,并电安徽省政府,从缓移交,俾资挽救,旅外同乡十四团体,一致响应,向五中全会联合请愿"③。由于双方立场的分歧,婺源民众的回皖请求最终还是没能得到国民政府的支持,在1934年9月4

---

① 蒋介石:《中华民国国民政府军事委员会委员长令婺源县政府文》,见《婺源县志》,档案出版社1993年版,第653—655页。

② 其实,在对待婺源回皖问题上,并不是所有徽州人都是从地方主义立场出发、积极支持这场运动的,如《婺源改隶赣省问题》一文作者就曾写到:"我以徽州人的立场,对于故乡这种纠纷,自然是表示不幸;对于同乡们维持桑梓完整的热心,自然是表示同情! 不过,要是站在整个国家地位上讲,我觉这事是并不十分重要的,并没有甚么利害得失的大关系的——楚弓楚得,无论那一方占优胜,不都是中国人么? 这和日本占去东北四省相较,不仅不相类;变算勉强比附,它们轻重悬殊,直九牛一毛不啻了——希望热心这事的人们,还是把这一番热烈情绪,投向关外去吧!"(见明之:《婺源改隶赣省问题》,《人言周刊》1934年第一卷第26—50期下册。)

③ 李训洲撰述、汪漱碧编辑:《婺源回皖运动实录》,中华日报社1947年版,第2页。

日,江西省政府正式从安徽省手里接过了对婺源的管辖权。至此,这一阶段的婺源回皖运动以地方民意的败北而陷入低谷。

尽管如此,婺源的回皖运动仍在继续。1935年9月,在婺源改隶江西管辖一周年之际,婺源县政府举行了周年庆典,屯溪的《徽州日报》报道了此事。婺源旅外同乡在看到报道内容后,立即给徽州日报社发了电文,谓:"徽州日报馆鉴:顷阅贵报鱼日评论,惶骇异常!查婺源归赣,瞬历周年。凡我同乡,痛心已极;力争归皖,此志不移,一息尚存,誓不自馁!此次敝县举行九四改隶纪念,全系县府行动,并非婺人意思。诚恐各界误会,为特代电声明,敬希察照!婺源旅沪同乡会叩回。"①从电文内容可以看出,婺源旅外同乡并不认可婺源县政府举行的庆祝活动,他们希望报社能向大众澄清,说明这次活动的性质是政府行为,而非婺源民意,并重申婺源民众回皖的决心从未改变。1935年12月,徽宁、婺源两旅沪同乡会又以婺源隶赣一年多来的情形,再次向国民政府诉求民意,指出:婺源"隶赣经年,而庶政实施未餍民望",并"列举改隶后精神物质所受之损失,恳请重加核议",结果"以案经确定,未获邀准",②这次婺源民众的回皖努力仍未收到成效。不久,抗日战争全面爆发,国家进入全民抗战时期。此时,婺源民众依然没有放弃回皖的念头。1939年5月,婺源旅休(宁)、歙(县)同乡又"以地方问题严重,并为适应抗战形势",呈请安徽省政府皖南行署、军事委员会西南行营,"准予划婺回皖"。③这次他们试图以稳定地方局势、适应抗战形势需要为由,希望国民政府同意将婺源重新划归皖省,但这时的国民政府根本无暇顾及此事,最终也一直未予以批示。1945年,国民参政会会议在重庆举行,婺源县耆绅与旅屯同乡"复电赣皖籍参政员,宣达民隐";同年,在皖南行署召开政治谈话会时,婺源民众"亦以经济、文化诸端,本县与徽属难分",再次向皖省当局及中央诉求民意,表

---

① 婺源旅沪同乡会:《力争婺源管辖案牍汇编》,中华民国二十四年十一月,正编卷一。
② 李训洲撰述、汪溦碧编辑:《婺源回皖运动实录》,中华日报社1947年版,第2页。
③ 李训洲撰述、汪溦碧编辑:《婺源回皖运动实录》,中华日报社1947年版,第2页。

达回皖意愿,但这两次请求均无果而终。①

在这一阶段,婺源的回皖运动主要以旅外各团体为活动主力,他们希望通过接连不断的请愿活动,并借助舆论的力量,以使当时的国民政府改变将婺源划归江西的决定,但"由于缺乏统一的组织,力量比较分散,再加上大环境的纷乱,因此,这一阶段的'回皖运动'应该说影响力是很弱的,最终也没有达到回皖的目的"②。

### (三)抗战结束后婺源回皖运动的再次高涨

1945 年 8 月 15 日,日本宣布无条件投降,这场长达 8 年的抗日战争最终迎来了胜利。抗战结束后,出于对和平的期盼及战后重建的需要,民众对和平建国的呼声日渐高涨。与此同时,国民政府也结束了训政时期,开始进入宪政阶段,以民主为标榜的国民大会也即将召开。国内外环境的变化给婺源回皖运动带来了重要转机,婺源民众又重新拾起了回皖的信心,要求回皖的心情也更为迫切,"比胜利光临,此与徽州有千余年密切联系之婺源,仍为赣省之一县,生活习惯既多殊异,语言风俗亦不尽同。婺人抚今思昔,乃不得不毅然兴起,纷向中枢呼吁,自去岁始,婺源回皖之呼声,不仅弥漫于婺源全县,即全国各地,凡婺人旅寄之所,盖无一不闻风兴起,以响应此一运动者。此可证其怀蓄之久,思望之切,绝非任何人所可鼓动,亦非任何力量所可遏止者也。"③

1946 年,在国民政府还都南京、国民大会筹备召开之际,婺源民众认为争取婺源回皖的时机已经成熟,"兹者抗战早告胜利,而迁都在

---

① 李训洲撰述、汪潄碧编辑:《婺源回皖运动实录》,中华日报社 1947 年版,第 2 页。
② 徐建平:《互动:政府意志与民众意愿——以民国时期婺源回皖运动为例》,《中国历史地理论丛》2007 年第 1 期。
③ 李训洲撰述、汪潄碧编辑:《婺源回皖运动实录·序七》,中华日报社 1947 年版,第 7 页。

即,国大将临,吁请中央俯准划回,此其时矣"①。为早日实现回皖目标,他们开始积极行动,全力组织动员,"迨抗战胜利,忍痛难安,隶赣主因,既已完全消失,婺之不宜于赣,亦已事理甚明。非集中全力,争取回皖,地方问题,不能解决"②。

同年4月20日,婺源县参议会举行了临时座谈会,围绕婺源回皖问题通过了四项决议,内容大致是:"其一,为了在国民代表大会召开期间争取主动,拨款五万元给身在南京的婺籍商人汪大成,让他四处活动,联络各地国大代表,为国民大会期间将婺源回皖作为一项提案而打点上下。其二是分别联络婺源旅外同乡会,特别是各主要城市的同乡会,同时分别致电安徽各县的参议会,希望他们通电响应即将成立的婺源回皖运动委员会的各项举措。其三,为了将婺源回皖运动的气氛推向高潮,决定召集扩大筹备会组织回皖运动周。其四,由专人制定详细的回皖运动计划大纲。"③4月22日,婺源回皖运动扩大筹备会议召开,讨论并通过了回皖运动计划大纲,提出"婺源之改隶江西,实属悖谬环境、乖违民意。迄今屈指已越十有三年矣。兹者外患敉平,国是稳定,举凡政府一切措施,自应以民意为归。举县睽睽、万目一的之回皖念头,莫不油然而兴。特依本县扩大回皖运动筹备委员会决议,订定本计划大纲,积极展开运动,同心一德,贯彻初衷,务期达成愿望而后已"④。这次会议的召开,明确了婺源回皖运动委员会的具体目标。随后,婺源回皖运动委员会成立,下设总务组、宣传组、请愿组、游行组、纠察组及劝募组六个小组,各组有专人负责。

4月27日,在回皖运动委员会的领导下,婺源全县罢市、罢工、罢课,举行民众大会,进行游行请愿活动。游行队伍"自场中走出,数千

---

① 转引自徐建平:《互动:政府意志与民众意愿——以民国时期婺源回皖运动为例》,《中国历史地理论丛》2007年第1期。
② 李训洲撰述、汪漱碧编辑:《婺源回皖运动实录》,中华日报社1947年版,第2页。
③ 转引自徐建平:《互动:政府意志与民众意愿——以民国时期婺源回皖运动为例》,《中国历史地理论丛》2007年第1期。
④ 《婺源回皖运动特辑》,婺源县回皖运动委员会1946年7月编印,婺源县档案馆藏,卷宗号26—53—14,第1页。

人一个喊声,无数的游行小旗连成一条长虹,绕县政府门前。请愿组的老先生们,鱼贯由跨入县府,请梅县长要把下情上达后,接着小北门、正北门、儒学前、西关外,折入程家街、正街、城隍庙、后街,汗水、泥水湿透了衣裳。他们不顾衣裳不顾疲劳,喘着气在嘶喊:'我们要回到安徽去……'"①。这次游行活动引起了各方注意,当时的一些主流报纸如《大公报》《中央日报》《申报》等都纷纷给予了集中报道,婺源各旅外同乡也纷纷发出电文,彼此呼应。面对舆论压力,中央内政部也不得不给予关注,并特意向江西省政府询问意见,江西省的答复是"皖赣应以茅岭、新岭为界,婺源应归赣辖,十年以来,相安无事,现时无改划之必要"。随后,内政部复电给婺源旅京旅沪同乡会,其意见是:"……现时无改划之必要,自应暂维现状,俟将来缩划省区时,予以注意,以免多纷更,仰即知照。"②

为进一步扩大声势,促成即将召开的国民大会通过婺源回皖提案,11月20日,婺源全县再次举行罢工、罢市、罢课,召开民众大会,进行游行请愿活动,"并公推代表,会同各旅外同乡,组织请愿团,在京请愿,电恳国民大会,参政会,府、院、内部,暨皖赣省府、参议会,并县政府,讯请划婺回皖"。对此,安徽省政府、省参议会,暨各县参议会作出回复,以"案悬未结,民气激昂,转请中央核办"③。

除在县内进行组织与动员外,婺源各旅外同乡也积极配合,努力争取各方支持。如10月31日,婺源旅外同乡在《为请划婺回皖上国民大会书》中,针对江西省的答复内容和内政部的裁定决议进行了反驳,"查关于赣省府议复内政部情节,殊与事实不符,盖婺源公法团体及旅外同乡历年呼吁文件,均见报载,其于隶赣以后,不但'匪患'未除,即施政一切情形,亦有未餍民望之处",接着从历史、军事、文化、政治、经济五个方面再次申述了婺源应划回皖省的理由,最后从宪法角度提出

---

① 《婺源回皖运动特辑》,婺源县回皖运动委员会 1946 年 7 月编印,婺源县档案馆藏,卷宗号 26—53—14,第 23 页。
② 李训洲撰述、汪漱碧编辑:《婺源回皖运动实录》,中华日报社 1947 年版,第 9 页。
③ 李训洲撰述、汪漱碧编辑:《婺源回皖运动实录》,中华日报社 1947 年版,第 3 页。

"县为自治单位……人民有创制、复决、选举、罢免之权,国父手订建国大纲,与中华民国训政时期约法,均有明文规定。况值兹进入宪政,实行民主,民意所归,尤宜重视;婺源之应归皖省管辖,本属因地制宜,而人民一致主张划回,亦含有创制复决之义,钧会为全国最高民权机构,应请俯察婺源与赣省一切设施扞格难通,无法收联络之效,赐予提案通过,转请国父仍划回皖省管辖,以利庶政,而慰民望"①。由此也可以看出,随着宪政意识的增强,这一时期婺源民众所提的回皖理由也包含了更多的政治权利诉求。

11月底,国民大会临近开幕,婺源旅屯同乡会会长江植棠亲自赶往南京,联络皖籍国大代表,向中央呼吁将婺源划回安徽,并在胡适的帮助下,向府院部递交了由多数皖籍代表共同签名的请愿书。略将其内容摘引如下:

> 国民政府主席蒋、行政院长宋、内政部部长张钧鉴:窃查婺源县自唐代设治,即隶徽州,于徽属各县,在地理形势上,则山河连贯,宛如唇齿相依;在经济上,则互相利济倚赖,特维密切;举凡人情风俗,六县莫不相同,而先贤朱晦庵、江慎修,又为中国思想学术之宗师,故皖人之视婺源,犹鲁人之视曲阜,精神联系,无可析离。中枢曩年为便利"剿匪",将婺源划归赣辖,十余年来,该县同胞因赣政设施,诸多扞格,深感不安。历年叠经请求还隶皖省,不下百数十次之多,只以"剿匪"与抗战尚未结束,未邀准允。兹当本会开幕,该县人士及旅外团体与省县参议会,纷纷呈请准予划回皖省管辖等由,代表等以婺民思归皖省心切,凡属皖人,靡不同情。虽地方配隶,中央自有权衡,而民意所趋,政府似应重视。除分电国民政府外,谨此陈请,伏祈俯顺舆情,准予仍将婺源县划回安徽,以慰民望,无任企幸。国民大会安徽代表李应生、高一涵、

---

① 李训洲撰述、汪漱碧编辑:《婺源回皖运动实录》,中华日报社1947年版,第9—13页。

杨亮功……胡适。①

　　经过积极活动,婺源的回皖请求得到了多数皖籍国大代表的支持,他们通过联名上书请愿,表达了对婺源民意的支持,并希望国民政府也能重视民意、俯顺舆情,批准婺人的回皖请求。

　　此外,在国民大会召开期间,婺源旅外同乡还纷纷向国民大会致电,呼吁请愿。1946年11月22日,婺源旅景同乡会特意向国民大会发了一份请愿电文,称:"婺源赣隶以来,民情扞格,吁十余年来,呼吁不断,所应回皖各情,屡经各省县市同乡会,及本县参议会,痛陈在案,群情激荡,不可遏止。兹逢钧会开会之际,特再电陈,恳祈提案通过,迅请中央赐予划回,以慰民望而利庶政,相应奉达,即请一致响应,婺源旅景同乡会戌养。"②

　　在各方的努力推动下,1947年,行政院最终决定派员前往婺源实地会勘,由内政部方舆司派出视察员杨秀岩,会同江西地政局长刘已达和安徽省第七行政督察区长官宋振夔共同赴婺查勘回皖实情。婺源回皖运动委员会认为"这是婺源能否划回安徽的关键",为继续扩大声势,他们决定掀起更大规模的运动,全县县级公务员一致辞职,这场罢工使得整个县政府处于瘫痪停滞状态,县长也被迫辞职,转由湛亚逵接任。③此时,婺源旅外同乡也积极配合县城举行的回皖行动,纷纷致电呼吁。3月21日,安徽旅苏同乡会向杨秀岩致电,表示"婺源划归皖治,民意所趋,敬祈俯顺民情,转陈中枢,赐早实现,无任盼祷"④。

　　3月25日,宋振夔从屯溪出发,大量旅屯婺籍同乡前来送行,沿途受到了热烈欢迎,在五城,墙壁上贴着红红绿绿的标语,内容写道:"欢迎宋专员、吴主任把婺源划回安徽""婺源与安徽有历史上分不开关

---

① 李训洲撰述、汪漱碧编辑:《婺源回皖运动实录》,中华日报社1947年版,第6页。
② 李训洲撰述、汪漱碧编辑:《婺源回皖运动实录》,中华日报社1947年版,第9页。
③ 参见徐建平:《互动:政府意志与民众意愿——以民国时期婺源回皖运动为例》,《中国历史地理论丛》2007年第1期。
④ 李训洲撰述、汪漱碧编辑:《婺源回皖运动实录》,中华日报社1947年版,第57页。

系""要绥靖婺边境盗匪,必须把婺源划回安徽"等,场景十分热烈,"那些婺籍旅五的民众们,更是手执红红绿绿小旗,拥挤道心,塞得来往行人不得通过,门额上悬挂欢迎旗帜,他们热血确实沸腾到极点,恨不得马上把婺源划归安徽来"①。至婺、休边界塔岭,又有一群人在此专门等候,个个高举旗帜,大声高呼"我们要回安徽去""请宋专员带我们回安徽去"。婺源县参议会也特地派出代表赶至此地,向宋专员呈送电文,表达欢迎之意。② 在婺源西北重镇江湾,迎接场面也颇为壮观,在距离该镇三华里的地方,即见"红旗高举,万人群集","道路两旁站成一字长蛇阵,学生,农人,商贾,无一不有";请求回皖的标语也随处可见,如屠店门上写着"放下屠刀,立回安徽",学校大门外贴着"放下书本,争取划回安徽",商店门外写着"放下算盘,争取划回安徽",等等,甚至在茶点席中所陈列的每一盆糕点上,也有"回皖去""快快回皖去""我们要回安徽去"等字样。③ 类似的场景也同样发生在汪口镇,当地"男女老少约六七千人,个个手执欢迎旗帜,一见宋专员,不管三七二十一,鞭炮齐鸣,高呼'我们要回皖安徽去','我们决定要回安徽去','请宋专员带我们到安徽去'等口号,尤其那些小朋友们,个个摩拳擦掌,每个人脸上还表现出一种激昂愤慨的形色"④。3月29日,宋专员一行终于达到婺源县城所在地紫阳镇,当地的欢迎场面更为热烈,参加欢迎的人数多达三万以上。另一路赴婺会勘人员杨秀岩、刘已达则从景德镇出发,并于3月31日抵达婺源县城,与宋振榘会合。一路上他们也受到了热烈欢迎,正如杨秀岩所言:"本人此次奉中

婺源回皖运动图片之一

---

① 李训洲撰述、汪潄碧编辑:《婺源回皖运动实录》,中华日报社1947年版,第14页。
② 参见李训洲撰述、汪潄碧编辑:《婺源回皖运动实录》,中华日报社1947年版,第16页。
③ 李训洲撰述、汪潄碧编辑:《婺源回皖运动实录》,中华日报社1947年版,第17—18页。
④ 李训洲撰述、汪潄碧编辑:《婺源回皖运动实录》,中华日报社1947年版,第20页。

第四章 抗战前后的徽州文化

央命令来婺源查勘,沿途见各邨各处热烈欢迎,本人极为感动。"①4月1日,在杨秀岩的召集下,皖、赣两省会勘代表,以及婺源当地乡绅代表50多人举行了茶话会,会议的主要目的是征询民意。在对待婺源回皖的立场上,各位会勘代表表示,他们会站在公正的立场上,如实地向中央传达民意,但最终结果还要听从中央裁定,正如4月2日宋振絮在欢迎大会上所言:"我们三人,虽代表的机关不同,而立场

婺源回皖运动图片之二

却是一样,什么立场呢?就是我们会勘,完全站在公正的立场,'公'就是不私,'正'就是不偏,我们就站在不私不偏的立场来勘察,几天来,把婺源的问题研究得很清楚,知道要求回皖,确实系出于二十万民众内心表现,我们绝对不私不偏、很正确实地据情报导中央,听候合理解决。"②在充分了解情况之后,4月3日,会勘代表们启程离开婺源,这场三方会勘活动也正式宣告结束。

会勘结束之后,婺源旅屯同乡又于5月向皖籍国大代表参政员致电,介绍了会勘情况,并希望代表们能鼎力协助,代吁中枢,使婺源早日成功回皖,"以利庶政,而安人心"③。经过各方积极努力,至1947年8月,国民政府最终裁定将婺源重新划归安徽管辖,同年8月4日,皖赣两省正式交接其管辖权,隶属于安徽省第七行政区。至此,婺源又重新回到了安徽的怀抱。1949年5月1日,婺源获得解放,出于军事管理需要,婺源被划归江西省赣东北行政区浮梁专区管辖;9月,改属江西省乐平专区;11月重属浮梁专区。1952年10月,划归江西省上饶专区管辖,一直延续至今。

---

① 李训洲撰述、汪漱碧编辑:《婺源回皖运动实录》,中华日报社1947年版,第30页。
② 李训洲撰述、汪漱碧编辑:《婺源回皖运动实录》,中华日报社1947年版,第35页。
③ 李训洲撰述、汪漱碧编辑:《婺源回皖运动实录》,中华日报社1947年版,第58页。

## 六 抗战结束后徽州文书的外传与徽学研究的初步发展

### （一）抗战胜利后徽州文书的发现和外传

作为徽学学科成立的学术基础和资料支撑的徽州文书，至今已经经历三次发现和向外流传。其中抗战胜利后的次年暮春，方豪在南京地摊上发现和购买的徽州文书，是迄今所知徽州文书的第一次也是时间最早的一次发现和外传。

抗日战争胜利后，1946年4月流落南京、上海和杭州等地的徽州人便开始把家中所收藏的一些文书拿到市场上出售，以换取微薄的收入，接济窘困的生活。这是迄今所知，徽州文书向外流传的最早记录。徽州文书的这次流出虽然没有引起有关部门的重视，以致目前学术界依然把徽州文书的最早外传时间视为20世纪50年代之后，但意义重大，它至少揭开了存封千年的徽州契约文书的神秘面纱，为徽学学科奠定了扎实的学术基础和坚实的资料支撑。其学术价值和理论意义是极为重大而深远的。

关于徽州文书的这次向外流传，方豪曾在南京收集到一些。正是方豪的这次收购和之后在台湾的研究与公布，才使我们得以清晰了解徽州文书首次发现和外传的过程。

在1971—1973年，方豪在台湾复刊的《食货》上，以《战乱中所得资料简略整理报告》为副标题，连续发表了12篇论文，正式对这批徽州文书进行初步研究并向外公布。在《明万历年间之各种价

*方豪教授*

格——战乱中所得资料简略整理报告之一》一文的前言中,方豪对自己所收这批文书的由来、文书发生地和品相等作了简单说明,他说:"民国三十五年暮春,寓居南京,难民充斥,地摊上百物杂陈。有人以大批原始文献求售,本拟全部收买,但财力不足,乃选购若干。藏诸箧笥,忽忽二十五年矣。琐事丛脞,董理为难,会食货索稿,乃决定逐期发表。仅稍稍分类排比,加标点,略加按语,至于深入研究,则有待乎来哲。全部资料,似均出于皖南;时间则多属明代,而余收购部分中,亦有清代初叶、中叶而末叶者。一切文件,保存情形非常良好。仅少数有残损;惟字迹则有许多为三四百年前商人习惯写法,或亦有地方俗体字。"① 为进一步证实该批文书出于皖南徽州,方豪在《明万历年间富家产业抄存——战乱中所得资料简略整理报告之二》一文中再次对上篇论文中的说明进行了补充,指出,"文件中无府县名,上期拙文中曾云:'全部资料似均出于皖南',因当时未能收购之资料,豪亦曾加浏览,如信封则有屯溪、潜阜、徽州等信箱或信柜、分箱及邮政代办等戳记;又有'陈金寿信局挂号联票'上之红印,作'代步临溪'四字,临溪距潜阜约二十余里。在余所得之文件中,又有一件为'乾隆五十五年自休宁之一角至北平旅行用帐'(此题为后人所加),又从本文件中业主与佃户之姓氏观之,均可知此批文件多出于歙县及休宁一带"②。可见,徽州文书在流传于当时南京地摊市场,其数量当是不少的。方豪苦于财力不济,未能大量收集,殊为可惜。至于当时地摊上那未能被方豪收购的徽州文书,至今流落何处,恐怕是永远都难以知晓了。

这一段时间流传出来的包括徽州家谱在内的徽州文书,不仅被一些收藏家和研究者所收藏,而且上海图书馆等国立图书馆和研究机构

---

① 《食货》月刊复刊 1971 年第一卷第 3 期。
② 《食货》月刊 1971 年第一卷第 5 期。

也开始在上海、杭州等地有目的地进行徽州文书和徽州家谱的收购与收藏工作。

### (二)"徽学"的提出和徽学研究的初步发展

作为一门以徽州区域整体历史文化为研究内容的徽学,是在20世纪30年代提出,并随着40年代以后徽州契约文书的不断规模发现和深入研究而逐步产生与发展起来的新兴研究领域。

1932年,黄宾虹在给许承尧的一封书信中,率先提出了"徽学"的概念,指出:"歙中他姓族谱记载轶闻,往往有所见。如见书画篆刻之人,能分类录存,亦徽学之关系于国粹者,祈公赞助之。"[①]这里,黄宾虹不仅提出了徽学的概念,而且提出了徽学和国粹之间的关系,或者说,黄宾虹认为,徽学对中国的国粹具有重要影响,是国粹的重要组成部分。后来,他还在与许承尧的通信中提出了"歙学"的概念。1937年,在与许承尧的信函中,黄宾虹进一步提出了"宣歙国学"的概念,认为,"宣歙国学占中邦最高地位,至今任其消沉,极为可惜"[②]。

徽学、歙学到宣歙国学概念的不断提出,反映了黄宾虹在徽州历史文化、文物文献研究价值认识的不断深化,同时也反映了作为一门独立学术研究领域的徽学在萌芽阶段的幼稚和不成熟。

黄宾虹著《黄宾虹文集》书影

但不可否认的是,黄宾虹对徽学学科发生和早期建设确实作出了卓越的贡献,是徽学学科萌芽阶段的奠基人和开创者。正如诸伟奇在为许承尧点校整理本《歙事闲谭》所作的《序》文中所指出的那样,"二十世纪二三十年代以许承尧、黄宾虹

---

① 卢辅圣、曹锦炎:《黄宾虹文集·书信编·与许承尧》,上海书画出版社1999年版,第162页。
② 卢辅圣、曹锦炎:《黄宾虹文集·书信编·与许承尧》,上海书画出版社1999年版,第154页。

为代表的学人对徽州文化的关注和所做的大量工作,可不可以视作徽学研究的早起藉端或预备阶段。……本书几乎囊括了当今徽学研究领域的所有问题,对徽歙文化的各种文化现象都进行了较为全面的整合和展示,为徽学研究提供了一系列的重要资料和线索。可以这样说,在许承尧之前没有任何人、在《歙事闲谭》之前没有任何书,如斯人书这样对徽歙各种文化现象给予如此丰富而精致的载述。即使在《歙事闲谭》问世以后的 60 余年间,尽管徽学界在研究的学理性和专题的深度、力度上有了重大的进展,但像《歙事闲谭》这样从原始文献出发、全面展示徽州历史文化、具有学术见解的史料长编,仍告阙如。从这个意义上说,许承尧为徽学研究的先导,《歙事闲谭》为徽学研究的开山之作,似不为过誉"[①]。

尤为值得我们注意的是,徽学主体研究中的核心内容——徽州的奴(佃)仆制和徽商,此时进入学界同仁视野,并受到高度关注。

吴景贤于民国二十六年(1937)在《学风》月刊(第七卷第 5 期)发表了题为《明清之际徽州奴变考》一文,对顺治年间爆发于徽州黟县等地宋乞等领导的奴(佃)仆武装反抗斗争,作了专题研究。文中涉及明末清初盛行于徽州的奴(佃)仆制一些内容,这是国内较早对徽州奴(佃)仆制进行探索的少数力作之一。民国三十六年(1947),著名社会经济史研究专家傅衣凌对明清时期商业舞台上最大的地域性商帮——徽商作了开拓性的研究。在《明代徽商考——中国商业资本集团史初稿之一》[②]中,傅衣凌对徽人从事商业的时间、徽商的富名、徽商经营的领域、活动的地点、徽商资本的出路和徽商在中国商业史上的地位与作用等问题进行了详细而深入的系统研究,指出:徽商最早的活动时期为宋

傅衣凌教授照片

---

[①] 许承尧撰,李明回、彭超等校点:《歙事闲谭》上册《序二》,黄山书社 2001 年版,第 20—21 页。
[②] 《福建省研究院研究汇报》1947 年第 2 期。

代,徽商经营遍及盐业、木材、典当、刻书、茶业、陶瓷和海外贸易等领域,徽州人大量外出经商,主要是为了生计问题。在对徽商商业资本进行了深入剖析后,傅衣凌指出:"在中国封建社会里,凡是商业资本愈发达的地区,乡族势力也愈为浓厚。"徽商资本在分解封建社会的过程中起了一定的作用,"且产生有不少新的资本主义成分的萌芽因素,然终被这旧生产方式的坚固性和内部结构紧紧的限制着,于是遂使得徽商资本的发展,一方面,受着古旧的老朽的生产方式的残存所压迫;另一方面,又为资本主义生产的不断发展所苦,死者捉住生者,形成了徽商资本的一个基本特点"。傅衣凌的《明代徽商考——中国商业资本集团史初稿之一》一文,是迄今为止系统深入研究徽商真正的开山之作。

傅衣凌《明代徽商考》的发表,是徽学萌芽阶段最具代表性的力作,同时也奠定了徽学作为整体史架构下的区域史研究而不是徽州地方史研究的理论基础。对此,徐晓望指出,"在他(指傅衣凌——引者注)看来,每一个地方的商帮都有其经营特点、内容及商帮组织,一篇以地方商人研究为主的论文,应当能够揭示它的地域性特点。因此,他对地域性商人集团的研究,开拓了中国区域史研究的先河。以徽商的研究来说,今天对徽商的研究已经成为国际学术界的显学,而查其源头,徽商最早在学术界引起注意,实与傅先生这篇论文有关"[①]。

《明代徽商考》发表 40 年之后,傅衣凌应邀在为刘淼辑译《徽州社会经济史译文集》所作的《序言》中指出:"我对于徽州研究的发端,应追溯到三十年代。那时对于中国奴隶制度史研究感兴趣,曾从事于这一方面史料的搜集。嗣又见到清雍正年间

傅衣凌著《明清时代商人及商业资本》书影

---

[①] 徐晓望:《论傅衣凌的史学道路》,载陈支平:《相聚休休亭:傅衣凌教授诞辰 100 周年纪念文集》,厦门大学出版社 2011 年版,第 17 页。

曾下谕放免徽州的伴当和世仆。唤起我的思索，特别是接触到明清时期的文集、笔记等，发现有关徽商的记载甚多。当时最引起注意的是谢肇淛的《五杂俎》内云：'富室之称雄者，江南则推新安，江北则推山右。'因而决心进行徽商资料的搜集和研究，曾于1947年写成《明代徽商考》一文，发表在《福建省研究院研究汇报》。新中国成立前后，从徽商的研究中，又引起我对于明代其他地区商人的探讨，如山陕商人、洞庭商人、闽粤海商、江西商人，以及其他小地区的商人如龙游商人等。"①

两年之后，傅衣凌又发表了关于明末"奴变"研究的专题论文《明季"奴变"史料拾补》，其中于明代十分盛行的徽州佃仆制多有揭示，并对徽州与福建、广东等地的奴仆制进行了比较研究，指出："在长期的中国封建社会里，由于地主经济的存在，商业资本的畸形发展，以及游牧民族的不断内侵这许多因素的作用，于是使得这东方型的家内奴仆的残存物，遂长久地渗透于中国人的经济生活里维持不坠。因而这个地方，我们见到奴隶的使用，于家庭劳役之外，还广泛地参加农工商业甚至政治诸方面的劳动，为了此故，当历代动荡之际，特别是宋元明清诸朝，奴仆也如求解放的佃农一样，同样扮演着社会运动中的重要角色。关于明清之际的奴变问题，自梁启超先生首先提出之后，嗣陈守实、谢国桢、吴晗诸氏均有所述作，其规模之大、波及之广，为中国史上奴变之最，举凡江苏，浙江、安徽、山东、陕西、湖北、广东、福建诸省，差不多都爆发有或大或小的奴变风潮。下面，我拟掇拾同时代的徽州、广东、福建三地的奴变史料，为上引诸氏所未及者，补述如次。很有趣的，这三个地方都是中国的主要商业社区，同时，又是使用奴仆最多之地，像我们所晓得徽州的伴当、世仆，是很有名的，使用奴婢亦多。……以上虽只是史料的类辑，不过我们为理解中国商业资本的发展特性与东方型的家内奴仆的长久存在的社会根据，那么，对于现存史料的搜集，当不会没有意义的。"②

---

① 傅衣凌：《序言》，载刘淼辑：《徽州社会经济史研究译文集》，黄山书社1988年版，第1页。
② 原文载福建协和大学：《协大学报》1949年第1期。

明清徽商和徽州佃仆制研究的开启,标志着徽学在萌芽之后得到初步的发展,并逐渐步入主流轨道。正如陈支平所指出的那样:"这篇文章的发表,反映了傅衣凌先生已经奠定了日后从事徽学研究的两个基本点,即徽州商人及商业资本与农村农民、佃仆制度的研究。……他对徽学的研究,更多的是作为区域例证之一融入这些较为宏观的研究之中,因而他对徽学的研究,始终没有间断过。……纵观傅衣凌先生四十年来对徽学的研究,人们无不公认傅先生的论著是建国前研究徽州的代表作和奠基作,其学术地位是无可替代的。"[①]

---

[①] 陈支平:《傅衣凌与徽学研究》,《徽学》第七卷,安徽大学出版社2012年版。

# 附 录

## 新中国成立前徽州当地所办报刊一览表

| 报刊名称 | 刊期 | 开张 | 创、终刊时间 | 主办单位、负责人 | 社址 | 备注 |
| --- | --- | --- | --- | --- | --- | --- |
| 新安报 | 2日刊 | 4开3张 | 1912年12月16日创刊 | 共和党人 | 屯溪还淳巷 | |
| 徽州新闻 | | 16开本 | 1913年创刊 | 主笔吴愚父 | 歙县县城上路中街 | |
| 休宁农会杂志 | | | 1922年冬创刊 | 负责人夏湄生,编辑主任戴琴泉 | 屯溪隆阜第一农业公司内 | |
| 先声报 | 3日刊 | | 1925年10月10日创刊 | 隆阜青年励志社 | 屯溪隆阜务滋堂 | 载6县新闻,注重教育商业 |
| 新声月刊 | 月刊 | | 1925年11月创刊 | 新安少年俱乐部,主编胡希圣 | 歙县县城 | |
| 徽音 | | 4开4本 | 1928年4月21日创刊 | 省立第四女子中学 | 屯溪隆阜 | |
| 闻潮 | 周刊 | | 1930年8月创刊 | 祁门县立小学 | 祁门县城 | |
| 黄山赤潮 | | | 1932年春创刊 | 中共黟县特支委,余纪一、王希直、舒政海 | 黟县县城 | 出版过3期 |

395

续表

| 报刊名称 | 刊期 | 开张 | 创、终刊时间 | 主办单位、负责人 | 社址 | 备注 |
|---|---|---|---|---|---|---|
| 徽州日报 | 日刊 | 对开4版 | 1932年10月10日创刊,1949年4月终刊 | 社长先后是曹霆声、章锡骐、马民导、戴瑞 | 屯溪 | |
| 练江报 | 3日刊 | 4开4版 | 1932年11月12日创刊,1934年冬终刊 | 社长汪则孙、副社长程齐燮 | 歙县县城 | |
| 婺源星报 | 3日刊 | | 1933年12月11日发行 | 县政府第一科科长史次耘为社长,第二科科长李用和为副社长。 | | |
| 皖南日报 | 日刊 | 4开4版 | 1933年2月创刊,翌年9月30日终刊 | 社长兼主编吴乐尧 | 歙县县城小北街口 | 社址后迁东门许家祠堂 |
| 黄山日报 | 日刊 | 4开4版 | 1934年1月创刊 | 主笔吴惠民 | 屯溪下街木瓜园 | |
| 生存 | 双月刊 | 16开本 | 1934年3月1日始刊 | 负责人汪希直、余纪一,主编程仿尚 | 黟县 | 前身《群言》,1932年创刊 |
| 徽声日报 | 日刊 | 对开4版 | 1934年7月9日创刊,1937年年底终刊 | 社长先后是方念谐、柳戟门,主笔先后是洪聿修、汪尉云 | 歙县县城南街 | |
| 胜利报 | | 8开2版 | 1934年10月创刊 | 中共江边特委,编辑小组长纪刚 | 黟县柯村新棚 | 出版10期左右 |
| 祁报 | 5日刊 | 8开2版 | 1935年9月25日创刊 | 国民党黟祁县党部,社长陈世高 | 祁门县城 | 后改为3日刊,4开4版 |
| 皖南新报 | 日刊 | 对开4版 | 1937年元旦创刊,同年7月13日终刊 | 董事长冯剑声,社长李汝祥,副社长唐石英 | 屯溪下街 | |

续表

| 报刊名称 | 刊期 | 开张 | 创、终刊时间 | 主办单位、负责人 | 社址 | 备注 |
|---|---|---|---|---|---|---|
| 徽州晚报 | 日刊 | 4开4版 | 1937年3月1日创刊 | 国民党歙县县党部,江毓仙、邵痴公 | 歙县 | |
| 国难旬刊 | 旬刊 | | 1937年11月创刊 | 南京安徽中学,徽州分校 | 屯溪柏山 | |
| 前线日报 | 日刊 | 4开4版 | 1938年10月1日创刊,翌年4月初迁上饶 | 社长李俊龙,总编辑马树礼 | 屯溪正街 | |
| 抗建青年 | 旬刊 | | 1938年11月20日创刊 | 屯溪抗建青年社,刘杜醒 | 屯溪第一公园 | |
| 皖报(屯溪版) | 日刊 | 对开4版 | 1938年12月创刊,1944年6月终刊 | 国民党安徽省党部,首任社长卓衡之 | 屯溪西镇街 | |
| 祁门旬刊 | 旬刊 | 16开4版 | 1938年12月创刊 | 国民党祁门县党部,发行人陈大瑞 | 祁门县城 | |
| 祁门新土 | | 8开1张 | 1938年创刊 | 祁门县动委会,编辑人戴光辉 | 祁门县城 | 只出3期 |
| 战友 | | | 1938年创刊 | 休宁县动委会,编辑人李莅之 | 休宁县城 | 只出1期被责令停刊 |
| 徽钟旬刊 | 旬刊 | | 1939年元旦创刊 | 省立徽州中学 | 休宁县万安 | |
| 徽州导报 | 5日刊 | 8开2版 | 1939年11月12日创刊,1944年9月终刊 | 国民党歙县党部,首任社长方念谐 | 歙县县城南街 | |
| 前锋 | 半月刊 | | 1939年12月15日创刊 | 国民党第十区党务指导专员办事处,负责人程中一 | 休宁县城 | |
| 团结旬刊 | 旬刊 | | 1939年创刊,约于1941年终刊 | 安徽省战时文化动委会 | 屯溪下黎阳 | |

397

续表

| 报刊名称 | 刊期 | 开张 | 创、终刊时间 | 主办单位、负责人 | 社址 | 备注 |
|---|---|---|---|---|---|---|
| 扫荡简报（徽州版） | 日刊 | 8开2版 | 1939年底创刊 | 国民政府军委会政治部，扫荡简报22班主编 | 歙县潭渡 | |
| 皖南人 | 半月刊 | 16开本 | 1940年7月16日创刊，同年11月5日停刊 | 编委黄乐民、骆耕漠、李茈之、朱波、唐海 | 屯溪黎阳 | |
| 火炬报 | 周刊 | 4开4版 | 1940年9月18日创刊，1945年9月迁芜湖 | 发行人王远江 | 屯溪司门前 | 前身《火炬周刊》，16开本 |
| 皖南政工 | 半月刊 | 32开本 | 1940年9月18日创刊 | 安徽省动委会皖南办事处 | 屯溪下黎阳 | |
| 扫荡简报（皖南版） | 3日刊 | 8开2版 | 1940年11月创刊 | 国民政府军委会政治部扫荡简报42班 | 黟县渔亭 | 发行人姚安祥 |
| 扫荡简报 | 3日刊 | 8开2版 | 1940年创刊 | 国民政府军委会政治部扫荡简报63班 | 歙县岩寺 | 发行人龙叔韬 |
| 动员通讯 | | | 1940年创刊，翌年终刊 | 省动委会皖南办事处、省战时文化动委会 | 屯溪下黎阳 | |
| 皖南行政 | 半月刊 | 16开本 | 1941年春创刊 | 皖南行署 | 屯溪 | |
| 动员旬刊 | | 8开2版 | 1941年7月创刊，1947年停刊 | 祁门县动委会 | 祁门县城 | |
| 祁门白话报 | 5日刊 | 16开4版 | 1941年9月1日创刊 | 国民党祁门县党部，发行人许泽仁 | 祁门县城青云里 | |
| 皖南青年 | 旬刊 | | 1941年10月10日创刊 | 三青团屯溪分团部 | 屯溪 | |

附 录

续表

| 报刊名称 | 刊期 | 开张 | 创、终刊时间 | 主办单位、负责人 | 社址 | 备注 |
|---|---|---|---|---|---|---|
| 新生 | 月刊 | 16开本 | 1941年11月创刊 | 贸委会新生社,负责人毕尚莹 | 屯溪霞资 | 综合性刊物,内容偏重经济 |
| 新休半月刊 | 半月刊 |  | 1941年11月15日创刊 | 休宁县新县制辅成会 | 休宁县城 |  |
| 皖南经济通讯 | 月刊 | 16开本 | 1941年创刊 | 负责人吴企云 | 屯溪隆阜 |  |
| 安乐乡讯 | 月刊 | 32开本 | 1941年创刊 | 负责人金慰农 | 休宁县瓯山 |  |
| 中央日报(安徽版) | 日刊 | 始4开4版,后对开4版 | 1942年7月18日创刊,1945年10月迁沪 | 国民党东南区战地宣传专员办事处 | 屯溪栗里 | 社长冯有真,总主笔李秋生 |
| 现代中国 | 月刊 |  | 1942年11月复刊 | 社长张文伯 | 屯溪 |  |
| 东南半月刊 | 半月刊 | 16开本 | 1942年11月12日创刊 | 国民党东南区战地宣传专员办事处 | 屯溪栗里 | 主编先后是潘谌钧、周家治 |
| 黟报 | 5日刊 | 8开2版 | 1943年9月11日创刊,1948年11月再次复刊 | 发行人王衍之 | 黟县县城考棚 | 总编辑先后是汪桐芳、胡考 |
| 力行 |  |  | 1943年6月创刊 | 国民党安徽省党部皖南办事处 | 屯溪下黎阳96号 | 社长张一寒,主编胡养濛 |
| 新休宁报 | 3日刊 | 4开4版 | 1943年10月26日创刊,1947年2月终刊 | 国民党休宁县党部县政府,发行人戴瑞、吴梅先 | 休宁县西街 | 1946年年底迁屯溪 |
| 新歙县 | 月刊 | 16开本 | 1944年元旦创刊 | 歙县县政府,发行人莫寒竹,主编史鉴章 | 歙县县城 |  |

399

续表

| 报刊名称 | 刊期 | 开张 | 创、终刊时间 | 主办单位、负责人 | 社址 | 备注 |
|---|---|---|---|---|---|---|
| 复兴日报 | 日刊 | 对开4版 | 1944年4月1日创刊，1946年1月迁芜湖 | 皖南行署，社长吴博全，总主笔陈友琴 | 屯溪下黎阳 | 始为4开4版 |
| 明报 | 周刊 | 4开4版 | 1944年7月7日创刊，翌年8月终刊 | 国民党苏浙皖边区挺进军司令部，社长唐升节 | 歙县县城斗山街86号 | |
| 长江报（晚刊） | 日刊 | 8开2版 | 1944年8月13日创刊，同年11月底终刊 | 社长曹秉乾，副社长尹元甲、陈旭年 | 屯溪民生路 | |
| 中国日报 | 日刊 | 4开4版 | 1944年9月1日创刊，翌年9月1日迁南京 | 社长张一寒，副社长肖继宗 | 屯溪阳湖 | 总编辑汪蔚云 |
| 民族正气 | 双周刊 | | 1944年9月8日创刊 | 国民党苏浙皖边区挺进军总司令部党政处 | 歙县县城 | 主编娄子匡 |
| 祁门简报 | 周刊 | 8开2版 | 1944年9月18日创刊，1947年6月复刊 | 国民党祁门县党部、县政府，许泽仁，谭文品 | 祁门县城青云里 | 曾多次停刊 |
| 正义报 | 3日刊 | 4开4版 | 1944年9月18日创刊 | 发行人马正九，主笔吴克进 | 屯溪民生路10号 | |
| 中国民报 | 日刊 | 对开4版 | 1945年元旦创刊，同年9月16日迁镇江 | 社长李寿雍，副社长李莫折，主笔李日刚 | 屯溪栗里 | 总编辑茅锦泉 |
| 祁门青年 | 旬刊 | 8开 | 1945年6月1日创刊 | 三青团祁门县分团部，发行人宛敬 | 祁门县城 | 主编叶光炯 |

续表

| 报刊名称 | 刊期 | 开张 | 创、终刊时间 | 主办单位、负责人 | 社址 | 备注 |
|---|---|---|---|---|---|---|
| 新生月刊 | 月刊 | 16开本 | 1945年8月10日创刊 | 周起凤、庄瑞源、黄振伦主编 | 屯溪 | |
| 黟县青年 | 周刊 | 8开2版 | 1945年8月26日创刊 | 发行人郭庆瓌 | 黟县县城 | |
| 祁门政讯 | 周刊 | | 1945年9月创刊 | 祁门县政府,主编谭文品 | 祁门县城 | |
| 青年周刊 | 周刊 | | 1945年11月19日核准登记 | 三青团休宁县分团部,负责人刘少基 | 休宁县城庙街 | 创刊时间不详 |
| 秋崖简报 | | | 1945年创刊 | 发行人方明德、江达灼 | 休宁县万安省立徽州中学内 | |
| 中华日报 | 日刊 | 4开4版 | 1946年2月25日创刊,翌年6月底终刊 | 社长殷全道,主笔陈陶庵、汪振中 | 屯溪黎阳 | 一度停刊,1947年初复刊 |
| 复兴日报（屯溪版） | 日刊 | 4开4版 | 1946年9月1日创刊,同年年底终刊 | 发行人吴力坚、主笔黄宝华、经理姚少轩 | 屯溪阳湖 | |
| 力行 | 半月刊 | | 1946年10月创刊 | 三青团歙县分团部,主编吴承钟 | 歙县县城 | |
| 思潮导报 | 旬刊 | 16开4版 | 1947年元旦创刊,1949年4月终刊 | 三青团歙县分团部,社长毕兆龙 | 歙县太白楼 | 后改为8开2版 |
| 大众报 | 3日刊 | 4开4版 | 1947年3月22日创刊,同年12月终刊 | 社长陈陶庵 | 屯溪交通路 | |
| 基政旬刊 | 旬刊 | 8开2版 | 1947年6月创刊 | 祁门县各乡镇合办,社长叶光炯 | 祁门县祁山镇 | 副社长郑安宽,主编谢临清 |

续表

| 报刊名称 | 刊期 | 开张 | 创、终刊时间 | 主办单位、负责人 | 社址 | 备注 |
|---|---|---|---|---|---|---|
| 青年导报 |  | 4开幅 | 1947年7月创刊 | 三青团休宁县分团部,发行人李智福 | 休宁县城南街 | 总编辑黄宝华 |
| 教育周报 | 周刊 |  | 1947年10月10日创刊 | 歙县教育局 | 歙县县城 |  |
| 大道报 | 日刊 | 8开2版 | 1947年11月20日传快攻,1948年10月终刊 | 社长吴克进,副社长李承舜、汪则之 | 屯溪正街 | 前身《大道旬刊》 |
| 美溪报 |  | 8开2版 | 1948年年底创刊 | 黄西工委工作组,组长黄鼎 | 黟县五溪乡革命根据地 |  |
| 大众报 | 不定期 | 8开2版 | 1948年创刊,翌年4月下旬终刊 | 中共皖浙工委,社长黄土芳 | 皖浙边区游击根据地 | 主编许泉石 |

资料来源:黄山市报业志编纂委员会编《黄山市报业志》,黄山书社1998年版。

# 参考文献

## 一、史料文献

### (一)正史、政书

[1]陈子龙等.明经世文编[M].北京:中华书局,1962.

[2]大清法规大全[M].政学社,1910.

[3]董诰等.全唐文[M].北京:中华书局,1983.

[4]甘韩.皇朝经世文新编续集[M].台北:联经出版事业公司,1998.

[5]丁宝桢.重修两淮盐法志[A].顾廷龙、傅璇琮.续修四库全书[C].上海:上海古籍出版社,1996.

[6]汤球.九家旧晋书辑本[M].郑州:中州古籍出版社,1991.

[7]吴廷芬.皖南茶税请免该厘增课全案录[M],1885.

[8]赵尔巽等.清史稿[M].北京:清史馆,1928.

[9]中华民国国民政府公报[M].台北:成文出版社有限公司,1972.

[10]朱寿朋.光绪朝东华录[M].北京:中华书局,1958.

### (二)方志

[1]安徽省徽州地区地方志编纂委员会.徽州地区简志[M].合肥:黄山书社,1989.

[2]程成贵.徽州文化古村——六都[M].合肥:安徽大学徽学研究中心,2000.

[3]罗愿.新安志[M].北京:中华书局,1990.

[4]何应松.休宁县志[A].中国地方志集成安徽府县志辑[C].南京:江苏古籍出版社,1998.

[5]冯煦.皖政辑要[M].合肥:黄山书社,2005.

[6]重修安徽通志[A].中国地方志集成[C].南京:凤凰出版社,2011.

[7]程文瀚.善和乡志[A].中国地方志集成乡镇志辑[C].南京:江苏古籍出版社,1998.

[8]吴鹗,汪正元.婺源县志[M].1883.

[9]董钟琪,汪廷璋.婺源乡土志[M].婺源县:畅记公司,1908.

[10]胡步洲.绩溪乡土地理[M].1925.

[11]胡成业.名城遗韵[M].绩溪县,1999.

[12]胡承哲.上庄村志[M].绩溪县,2009.

[13]胡稼云.绩溪乡土历史[M].1930.

[14]黄山市报业志编纂委员会.黄山市报业志[M].合肥:黄山书社,1998.

[15]安徽通志馆.安徽通志稿[M].台北:成文出版社.

[16]石国柱,许承尧.歙县志[M].台北:成文出版社,1975.

[17]葛韵芬,江峰青.婺源县志[M].1925.

[18]吴克俊,舒斯笏.黟县四志[M].黟县:藜照堂,1923.

[19]黟县乡土地理[M].清抄本.

[20]吴甸华,俞正燮.黟县志[M].1812.

[21]绩溪县地方志编纂委员会.绩溪县志[M].合肥:黄山书社,1998.

[22]绩溪县上庄镇旺川老年人协会.旺川古今[M].1999.

[23]绩溪县上庄镇旺川村旺川古今编委会.旺川古今续集[M].2007.

[24]柯灵泉.歙县民间艺术[M].合肥:安徽人民出版社,2006.

[25]清华大学校史研究室.清华人物志[M].北京:清华大学出版社,1992.

[26]祁门县地方志编纂委员会.祁门县志[M].合肥:安徽人民出版社,1990.

[27]歙县地方志编纂委员会.歙县志[M].合肥:黄山书社,2010.

[28]周溶,汪韵珊.祁门县志[M].台北:成文出版社,1975.

[29]谢永泰,程鸿诏.黟县三志[M].台北:成文出版社,1975.

[30]陈嘉策,何棠.绩溪县志[M].1581.

[31]李乔岱.休宁县志[M].1607.

[32]休宁县地方志编纂委员会.休宁县志[M].合肥:安徽教育出版社,1990.

[33]休宁县地方志编纂委员会.休宁县志[M].合肥:黄山书社,2012.

[34]休宁县文化局.海阳漫话(续集)[M].休宁县,1983.

[35]休宁县文化局.海阳漫话(第三辑)[M].合肥:安徽美术出版社,1989.

[36]休宁县文化局.海阳漫话(第四辑)[M].合肥:安徽美术出版社,1996.

[37]汪大道.徽州文化古村——潜口[M].合肥:安徽大学徽学中心,2000.

[38]汪汉水.荆州遗韵[M].绩溪县,2009.

[39]汪俊庚.千年仁里[M].绩溪县,2009.

[40]婺源县地方志编纂委员会.婺源县志[M].北京:档案出版社,1993.

[41]黟县地方志编纂委员会.黟县志[M].合肥:黄山书社,2012.

[42]中共上庄镇余川村支部委员会.余川村志[M].绩溪县,2004.

[43]中共长安镇冯村支部委员会,长安镇冯村村民委员会.冯村志[M].绩溪县,2007.

## (三)文集

[1]曹天生.王茂荫集[M].北京:中国档案出版社,2005.

[2]陈去病.五石脂[A].丹午笔记 吴城日记 五石脂[C].南京:江苏古籍出版社,1999.

[3]程庭.春帆纪程[A].小方壶斋舆地丛钞[C].杭州:杭州古籍书店,1985.

[4]戴启文.新安游草[M].清刻本.

[5]戴震.戴震集[M].上海:上海古籍出版社,1980.

[6]飞白,方素平.汪静之文集文论卷[M].杭州:西泠印社,2006.

[7]傅抱石.傅抱石美术文集[M].上海:上海古籍出版社,2003.

[8]傅岩.歙纪[M].明崇祯刻本.

[9]高廷瑶.宦游纪略[M].清同治刻本.

[10]古之贤.新安蠹状[M].徽州:明万历刻本.

[11]顾炎武,黄汝成.日知录集释[M].长沙:岳鹿书社,1994.

[12]胡适.丁文江这个人[M].台北:传记文学出版社,1979.

[13]胡适,唐德刚.胡适口述自传[M].桂林:广西师范大学出版社,2005.

[14]胡适.胡适红楼梦研究论述全编[M].上海:上海古籍出版社,1988.

[15]胡适.胡适留学日记[M].长沙:岳麓书社,2000.

[16]胡适.四十自述[M].合肥:安徽教育出版社,1999.

[17]胡适.胡适文存[M].合肥:黄山书社,1996.

[18]季羡林.胡适全集[M].合肥:安徽教育出版社,2003.

[19]李孝美.墨谱[M].北京:故宫博物院图书馆,1930.

[20]梁章钜.浪迹丛谈 续谈 三谈[M].北京:中华书局,1981.

[21]刘汝骥.陶甓公牍[M].安庆:安徽印刷局,1911.

[22]罗长铭.罗长铭集[M].合肥:黄山书社,1994.

[23]阮元.研经室再续集[A].顾廷龙,傅璇琮.续修四库全书[C].上海:上海古籍出版社,1996.

[24]上海书画出版社,上海博物馆.黄宾虹文集[M].上海:上海书画出版社,1999.

[25]邵力子.邵力子文集[M].北京:中华书局,1985.

[26]唐德刚.胡适杂识[M].北京:华文出版社,1990.

[27]陶澍.陶澍集[M].长沙:岳麓书社,1998.

[28]陶行知.陶行知全集[M].长沙:湖南教育出版社,1983.

[29]廖腾煃.海阳纪略[M].清康熙刻本.

[30]汪辟疆,王培军.光宣诗坛点将录笺证[M].北京:中华书局,2008.

[31]汪士铎.汪悔翁乙丙日记[M].江宁:文芸阁精印,1936.

[32]王茂荫.王侍郎奏议[M].合肥:黄山书社,1991.

[33]王士性.广志绎[M].北京:中华书局,1982.

[34]夏炘.景紫堂文集[A].沈云龙.近代中国史料丛刊[C].台北:文海出版社,1986.

[35]许承尧.歙事闲谭[M].合肥:黄山书社,2001.

[36]许承尧.疑庵诗[M].合肥:黄山书社,1990.

[37]俞正燮.癸巳类稿[M].合肥:商务印书馆,1957.

[38]章太炎.章太炎全集[M].上海:上海人民出版社,1962.

[39]赵吉士.寄园寄所寄[M].合肥:黄山书社,2008.

[40]郑复光.镜镜詅痴[M].1847.

[41]郑由熙.木樨香[M].1890.

[42]周骏富.碑传集补[M].台北:明文书局,1986.

[43]朱自清.朱自清全集[M].南京:江苏教育出版社,1988.

[44]诸可宝.畴人传三编[M].1886.

## (四)族谱

[1]陈昭祥.文堂乡约家法[M].祁门县,1572.

[2]程弘宾.歙西岩镇百忍程氏本宗信谱[M].歙县,1590.

[3]吴翟.茗洲吴氏家典[M].歙县:紫阳书院,1735.

[4]叶有广.南屏叶氏族谱[M].黟县:叙秩堂,1812.

[5]胡叔咸.西递明经胡氏壬派宗谱[M].黟县,1826.

[6]裴有耀,裴元荣.湾里裴氏宗谱[M].黟县:敦本堂,1855.

[7]胡廷瑞.武溪陈氏宗谱[M].祁门县:敦厚堂,1873.

[8]鲍存良.歙新馆鲍氏著存堂宗谱[M].歙县:著存堂,1875.

[9]高美佩.梁安高氏宗谱[M].绩溪县,1877.

[10]汪邦忠.歙西堨田汪氏家谱[M].歙县,1878.

[11]李元瑞.严田李氏宗谱[M].婺源县,1881.

[12]许文源.绩溪南关憞叙堂宗谱[M].绩溪县,1889.

[13]王启魁.双杉王氏宗谱卷[M].婺源县,1893.

[14]杜冠英.仙源杜氏宗谱[M].太平县,1895.

[15]富溪程氏中书房祖训家规封丘渊源考[M].休宁县,1911.

[16]葛光汉.枢密葛氏宗谱[M].绩溪县,1911.

[17]周善鼎等.仙石周氏宗谱[M].绩溪县:善述堂,1911.

[18]许桂馨,许威.涧洲许氏宗谱[M].绩溪县:追远堂,1914.

[19]胡上林等.婺源清华东园胡氏勋贤总谱[M].婺源县:文和堂,1915.

[20]汪立中.余川越国汪氏族谱[M].绩溪县,1916.

[21]胡鸣鹤等.清华胡氏宗谱[M].婺源县:勋贤堂,1917.

[22]李世禄.鹤山李氏宗谱[M].黟县,1917.

[23]耿全.鱼川耿氏宗谱[M].绩溪县,1919.

[24]方树.绩溪城南方氏宗谱[M].绩溪县:汤乙照斋,1919.

[25]胡宝铎,胡宣铎.明经胡氏龙井派宗谱[M].绩溪县,1921.

[26]金应沣等.祁西金氏族谱[M].祁门县:天合堂,1921.

[27]凌雨晴,凌克让.河间凌氏宗谱[M].祁门县,1921.

[28]王德藩等.盘川王氏宗谱[M].绩溪县:五教堂,1921.

[29]柯立功.新安柯氏宗谱[M].徽州.1926.

[30]曹成瑾.旺川曹氏宗谱[M].绩溪县:旺川敦睦堂,1927.

[31]洪潘瑞.坦川洪氏宗谱[M].绩溪县:承敬祠,1928.

[32]方为国.府前方氏宗谱[M].歙县,敦本堂,1931.

[33]王集成.绩溪庙子山王氏谱[M].绩溪县,1935.

[34]曹成瑾.绩邑柳川胡氏宗谱[M].绩溪县:叙伦堂,1946.

[35]汪云卿.吾族先贤大略[M].黟县.

## (五)文书

[1]崇祯十年至康熙四十九年祝圣会簿[M].休宁县.

[2]光绪至民国祝圣会簿[M].休宁县.

[3]刘伯山.徽州文书(第一至四辑)[M].桂林:广西师范大学出版社,2005—2011.

[4]亲逊堂奉先录[M].绩溪县.

[5]亲逊堂第四班民国二十二年七月会议录(全二册)[M].绩溪县.

[6]环溪王履和堂养山会簿[M].祁门县。

[7]王钰欣、周绍泉.徽州千年契约文书[M].石家庄:花山文艺出版社,1993.

[8]咸丰八年——同治四年清明会簿[M].休宁县.

[9]光绪元年八月父亲谢世[M].绩溪县,1875.

[10]祝圣会簿[M].休宁县.

## (六)资料汇编

[1]安徽省政府.民国安徽概览[M].安徽省政府,1944.

[2]第三战区皖南民众总动员委员会.动员法规汇编[M].第三战区皖南民众总动员委员会,1939.

[3]绩溪县胡稼民教育思想研究会.绩溪现代教育史料续集[M].绩溪县,2006.

[4]绩溪县胡稼民教育思想研究会.绩溪现代教育史料(第三集)[M].绩溪县,2009.

[5]李训洲撰述、汪漱碧.婺源回皖运动实录[M].南京:中华日报社,1947.

[6]农工商部统计处.第二次农工商统计表[M].1910.

[7]彭泽益.中国近代手工业史资料(第一卷)[M].北京:三联书店.

[8]瞿秋白.鲁迅杂感选集[M].哈尔滨:北方文艺出版社,2006.

[9]舒新城.中国近代教育史资料[M].北京:人民教育出版社,1961.

[10]汤志钧.康有为政论集[M].北京:中华书局,1981.

[11]皖南战时一亩地运动[M].屯溪:安徽省粮食增产督导处皖南分处,1941.

[12]章炳麟.吴承仕藏章炳麟论学集[M].北京:北京师范大学出版社,1982.

[13]婺源旅沪同乡会.力争婺源管辖案牍汇编[M].1935.

[14]许乃茂.屯溪物价[M].屯溪:第三战区经济委员会驻屯溪办事处,1942.

[15]张湘炳,蒋元卿,张子仪.辛亥革命安徽资料汇编[M].黄山书社,1990.

[16]中国第一历史档案馆.清末筹备立宪档案史料[M].北京:中华书局,1979.

[17]中国人民政治协商会议安徽省绩溪县委员会文史资料委员会.绩溪文史资料第一辑[M].绩溪县,1985.

[18]中国人民政治协商会议安徽省绩溪县委员会文史资料委员会.绩溪文史资料第二辑[M].绩溪县,1988.

[19]中国人民政治协商会议安徽省绩溪县委员会文史资料委员会.绩溪文史第四辑[M].绩溪,1996.

[20]中国人民政治协商会议安徽省绩溪县委员会文史资料委员会.绩溪文史资料第三辑[M].绩溪县,1993.

[21]中国人民政治协商会议江西省婺源县委员会文史资料研究委员会.婺源县文史资料第二辑[M].婺源县,1987.

[22]中国人民政治协商会议江西省婺源县委员会文史资料研究委员会编.婺源县文史资料第三辑[M].婺源县,1989.

[23]中国人民政治协商会议江西省婺源县委员会文史资料研究委员会.婺源县文史资料第四辑[M].婺源县,1993.

[24]中国人民政治协商会议江西省婺源县委员会文史资料研究委员会.婺源县文史资料第五辑[M].婺源县,2000.

二、学术论著

[1]卞利.徽州民俗[M].合肥:安徽人民出版社,2005.

[2]卞利.明清徽州社会研究[M].合肥:安徽大学出版社,2004.

[3]曹树基.中国人口史[M].上海:复旦大学出版社,2001.

[4]陈支平.相聚休休亭[A].傅衣凌教授诞辰100周年纪念文集[C].厦门:厦门大学出版社,2011.

[5]程富金.徽州风俗[M].合肥:黄山书社,1996.

[6]顾颉刚.当代中国史学[M].沈阳:辽宁教育出版社,1998.

[7]胡武林.徽州茶经[M].北京:当代出版社,2003.

[8]黄书光.胡适教育思想研究[M].沈阳:辽宁教育出版社,1994.

[9]梁启超.中国近三百年学术史[M].北京:中国书店,1936.

[10]刘淼.徽州社会经济史研究译文集[M].合肥:黄山书社,1988.

[11]邵之惠,洪璟,张脉贤.徽菜[M].合肥:安徽人民出版社,2005.

[12]汪世清,汪孝文,鲍义来.汪采白诗画录[M].合肥:安徽省徽州学会,1993.

[13]王乐匋.新安医籍考[M].合肥:安徽科技出版社,1999.

[14]王明德.近代中国的学术传承[M].成都:巴蜀书社,2010.

[15]王振忠.徽州社会文化史探微[M].上海:上海社会科学院出版社,2002.

[16]王振忠.日出而作.[M],北京:生活·读书·新知三联书店,2010.

[17]谢国兴.中国现代化的区域研究——安徽省[M].台北:"中央研究院"近代史研究所,1991.

[18]徐道彬.徽学与皖派传承[M].合肥:黄山书社,2012.

[19]詹鸣铎.我之小史[M].合肥:安徽教育出版社,2008.

[20]张海鹏.安徽文化史[M].南京大学出版社,2000.

[21]张舜徽.中国史学家传[M].沈阳:辽宁人民出版社,1984.

[22]子通.胡适评说八十年[M].北京:中国华侨出版社,2003.

[23]周绍泉,赵华富.'95国际徽学学术讨论会论文集[M].合肥:安徽大学出版社,1997.

[24]邹怡.明清以来徽州茶业与地方社会(1368－1949)[M].上海:复旦大学出版社,2012.

# 后 记

　　2006年年末,安徽省徽学学会决定编纂三卷本《徽州文化史》,这对徽学研究者来说,无疑是一件大好事。二十卷本的皇皇巨著——《徽州文化全书》业已在2005年全部出版。作为一部专题史,《徽州文化全书》的出版,在徽学研究的发展史上,可以说具有里程碑式的意义。但是,如何在此基础上继续深入对徽州文化史进行探讨和研究,这就要求我们须从纵的方面对徽州文化产生、发展和演变的历程,进行全景式的探索和分析,以期发现与揭示徽州文化发展及其演变的进程和规律。有鉴于此,安徽省徽学学会以非凡的远见卓识提出了组织撰写《徽州文化史》的动议。这一动议得到了大家的一致支持。

　　很快,来自芜湖和黄山的学者便就《徽州文化史》的撰写进行了分工,翟屯建和周晓光教授主动承担了《徽州文化史》先秦至元代卷和明清卷的写作,而近代卷则落到了我的肩上。俗话说,说起来容易做起来难,毕竟自己长期从事的是明清徽州的研究,突然承担近代徽州文化史的写作任务,对我来说不啻是一个全新的挑战。何况学术界对近代徽州的研究刚刚起步,没有多少现成的研究成果可资参考和利用。而且,近代徽州的资料浩若烟海,极为分散,要想在短时间内收集全面,绝非易事。果不出所料,在撰写之初,即遇到了几乎难以克服的困难,一是原来计划组成的研究和撰写团队成员因工作与其他原因,最终有两位退出。这样,在不断收集资料的过程中,又重新组织人员。重新组织起来的团队成员全部来自安徽大学徽学研究中心,他们尽管都有自己的科研课题和研究计划,但当我邀请他们参加《徽州文化史》近代卷的撰写任务后,他们二话没说,便积极投入了资料的收集和撰写工作。在此,我谨向参加本卷撰写任务的徐道彬研究员、胡中生、张小坡副研究员和张绪助理研究员表示衷心的感谢!可以说,没有他们的鼎力支持和无私奉献,这部30余万字的《徽州文化史》近代卷可能还会遥遥无期。

本书是集体研究、精诚合作的成果,具体撰写的分工如下:

卞利,负责全书写作提纲的拟定以及统稿修改、图片选用任务,同时撰写引论,第一章第二、三、四、五、六,第二章第一(二)(三)和第四、五、六、八,第三章第一、三、六,以及第四章第四、六部分。

徐道彬,负责撰写第二章第七和第三章第四部分。

胡中生,负责撰写第二章第一(一),第三章第二,以及第四章第三部分。

张小坡,负责撰写第一章第一,第二章第二、三,第三章第五、七、八,第四章第二,以及附录部分。

张绪,负责撰写第四章第一、五部分。

本书的撰写得到安徽省徽学学会和安徽人民出版社领导的大力支持与关照。在此,谨向他们致以真诚的感谢!

本书成于众人之手,加之水平有限,时间仓促,其中一定存在很多不足甚至错误,不少内容因资料原因,未能撰写入书,留下许多遗憾。这些遗憾,只有等将来修订或再版时予以修改、补充和完善了。

卞 利

2014 年 4 月 29 日于

安徽大学徽学研究中心

# 《徽州文化史》
# 后　记

　　2005年,我国徽学领域具有里程碑意义的二十卷本《徽州文化全书》出版,在国内外产生重大影响,赢得广泛赞誉,有力推动了徽学研究事业。此后,《徽州文化全书》编撰出版工作委员会把该套丛书后期工作全权移交安徽省徽学学会。《徽州文化全书》的绝大部分作者系徽学学会的领导成员或学术骨干,学术顾问也与徽学学会建立了深厚的情谊和良好的合作关系。如何组织好优秀的学术力量和充分发挥这一优势学术资源继续为我省徽学研究和文化强省建设服务,是徽学学会面临的重要任务和职责。我们认为,《徽州文化全书》已经对诸多领域的徽州文化现象各立专著,详加阐述,全面、系统地展示了徽州文化,从横向上展现了徽州文化的博大精深。但从史学的角度,将徽州文化放在历史长河中进行全面系统的考察,对徽州文化的起始渊源、形成原因、发展阶段等,进行深入的探索和研究,追溯徽州文化的源头,探寻徽州文化的生成机制,阐释徽州文化的发展特征,从纵向上揭示徽州文化的演变历程,国内外学术界尚涉足较少,成果也仅限于一些散见的文章。因此,组织徽学学会的中坚力量编撰出版《徽州文化史》,就徽学,就史学,就文化学而言,均具有填补空白的重大意义。该书也可视为《徽州文化全书》的姊妹篇。

　　基于此,安徽省徽学学会决定组织编撰《徽州文化史》并成立了编委会,由安徽省政协原常务副主席、徽学学会会长杜诚任主任,由安徽省新闻出版局原局长、徽学学会副会长刘苹，安徽省社科联原党组书记、徽学学会副会长马康盛，安徽省社科联副主席、徽学学会副会长洪永平任副主任，由学会副会长金久余担任总策划。聘请国内著名徽学学者安徽师范大学王世华教授、广东省社科院叶显恩研究员、中国社科院栾成显研究员担任学术顾问。聘请黄山市地方志办公室翟屯建研究员、安徽大学周晓光教授、安徽大学卞利教授分别担任分卷主编。从2006年年底开始，本书经过策划、立项，深入调研、探索，几经论证、审定，反复修改、完善，在全体作者、学术顾问和编委会的共同努力下，历时近八年，终于完成。

本书的编撰出版得到中共安徽省委宣传部、省社科联、省社科规划办的大力支持。本书系国家出版基金资助项目、安徽省哲学社会科学规划项目、安徽大学徽学研究中心重点项目。本书出版始终得到安徽人民出版社领导的高度重视，集全社之力确保编辑出版工作顺利进行，各责任编辑付出了艰辛劳动。付梓之际，敬致谢忱！

由于这是首部系统阐述徽州文化史之作，难免有所纰漏，尚乞识者教正。

安徽省徽学学会

2014年8月22日